Margarete Jäger · Siegfried Jäger

Deutungskämpfe

Medien – Kultur – Kommunikation

Herausgegeben von
Andreas Hepp und
Waldemar Vogelgesang

Kulturen sind heute nicht mehr jenseits von Medien vorstellbar: Ob wir an unsere eigene Kultur oder ‚fremde' Kulturen denken, diese sind umfassend mit Prozessen der Medienkommunikation durchdrungen. Doch welchem Wandel sind Kulturen damit ausgesetzt? In welcher Beziehung stehen verschiedene Medien wie Film, Fernsehen, das Internet oder die Mobilkommunikation zu unterschiedlichen kulturellen Formen? Wie verändert sich Alltag unter dem Einfluss einer zunehmend globalisierten Medienkommunikation? Welche Medienkompetenzen sind notwendig, um sich in Gesellschaften zurecht zu finden, die von Medien durchdrungen sind? Es sind solche auf medialen und kulturellen Wandel und damit verbundene Herausforderungen und Konflikte bezogene Fragen, mit denen sich die Bände der Reihe „Medien – Kultur – Kommunikation" auseinander setzen wollen. Dieses Themenfeld überschreitet dabei die Grenzen verschiedener sozial- und kulturwissenschaftlicher Disziplinen wie der Kommunikations- und Medienwissenschaft, der Soziologie, der Politikwissenschaft, der Anthropologie und der Sprach- und Literaturwissenschaften. Die verschiedenen Bände der Reihe zielen darauf, ausgehend von unterschiedlichen theoretischen und empirischen Zugängen das komplexe Interdependenzverhältnis von Medien, Kultur und Kommunikation in einer breiten sozialwissenschaftlichen Perspektive zu fassen. Dabei soll die Reihe sowohl aktuelle Forschungen als auch Überblicksdarstellungen in diesem Bereich zugänglich machen.

Margarete Jäger · Siegfried Jäger

Deutungskämpfe

Theorie und Praxis
Kritischer Diskursanalyse

VS VERLAG FÜR SOZIALWISSENSCHAFTEN

Bibliografische Information Der Deutschen Nationalbibliothek
Die Deutsche Nationalbibliothek verzeichnet diese Publikation in der
Deutschen Nationalbibliografie; detaillierte bibliografische Daten sind im Internet über
<http://dnb.d-nb.de> abrufbar.

1. Auflage März 2007

Alle Rechte vorbehalten
© VS Verlag für Sozialwissenschaften | GWV Fachverlage GmbH, Wiesbaden 2007

Lektorat: Barbara Emig-Roller

Der VS Verlag für Sozialwissenschaften ist ein Unternehmen von Springer Science+Business Media.
www.vs-verlag.de

Umschlaggestaltung: KünkelLopka Medienentwicklung, Heidelberg
Druck und buchbinderische Verarbeitung: Krips b.v., Meppel
Gedruckt auf säurefreiem und chlorfrei gebleichtem Papier
Printed in the Netherlands

ISBN 978-3-531-15072-7

Inhalt

Einstieg: „Muss das, was selbstverständlich ist, wirklich selbstverständlich sein?"[1]

Michel Foucault hat sich immer wieder die Frage gestellt, ob das, was selbstverständlich ist, wirklich selbstverständlich sein muss. Diese Frage ist eine Art Leitlinie für das gesamte Schaffen dieses anregenden und teilweise aufregenden Philosophen gewesen. Aber wie macht man das: Evidenzen aufheben, Selbstverständliches in Frage stellen? Gibt es dafür eine Methode, ein Verfahren, das man an die Wirklichkeit heranträgt und mit dem man sie zwingt, ihre Wahrheit preiszugeben? Foucault selbst hat sich dazu weitgehend ausgeschwiegen, sich sogar von seinen eigenen Versuchen, etwa seiner „Archäologie des Wissens" distanziert. Er hat jedoch eine Fülle von Anregungen hinterlassen, eine methodologische „Werkzeugkiste" zu entwickeln, die dazu geeignet ist, Diskurse als Ketten von *Aussagen* zu analysieren und damit erst eigentlich kritisierbar und problematisierbar werden zu lassen, also das zu tun, was ihn sein ganzes Leben lang umgetrieben hat, sich immer wieder „aufs Neue diese Frage zu stellen".

Foucault ging es um „Wahrheit", und er betonte:

> „Die Wahrheit ist von dieser Welt; in dieser wird sie aufgrund vielfältiger Zwänge produziert, verfügt sie über geregelte Machtwirkungen. Jede Gesellschaft hat ihre eigene Ordnung der Wahrheit, ihre ,allgemeine Politik' der Wahrheit: d.h. sie akzeptiert bestimmte Diskurse, die sie als wahre Diskurse funktionieren lässt; es gibt Mechanismen und Instanzen, die eine Unterscheidung von wahren und falschen Aussagen ermöglichen und den Modus festlegen, in dem die einen oder anderen sanktioniert werden; es gibt bevorzugte Techniken und Verfahren zur Wahrheitsfindung; es gibt einen Status für jene, die darüber zu befinden haben, was wahr ist und was nicht." (Foucault 1978: 51)

Genau an dieser Aussage setzt Kritische Diskursanalyse an. Wahrheiten werden somit der Wirklichkeit zugewiesen. Wirklichkeit wird gedeutet, nicht „erkannt". Und sie wird unterschiedlich gedeutet, je nach Interessenlage, nach Zielvorstel-

---

1 Foucault 2005b: 928

lungen, Traditionen und unterschiedlicher Geschichte. Daher gibt es immer einen Streit um Wahrheit, um die Geltung von Normen, Werten, Gültigkeiten. So verstanden mischt sich Diskursanalyse immer auch in diese politischen Deutungs-Kämpfe ein. Sie hinterfragt Selbstverständlichkeiten und problematisiert sie und ermöglicht Kritik an den herrschenden Diskursen. Sie kann Vorschläge zur Veränderung von Seh- und Deutungsgewohnheiten erarbeiten und zur Diskussion stellen. Insofern ist Diskursanalyse auch ein politisches Projekt, das sich der Fiktion wissenschaftlicher Wertfreiheit radikal widersetzt.[2] Dazu haben wir eine Methode entwickelt, die wir als Kritische Diskursanalyse bezeichnen.[3]

In diesem Band stellen wir, orientiert an Michel Foucault und in Auseinandersetzung mit anderen Ansätzen kulturwissenschaftlicher Sozialforschung, dieses Verfahren vor, seine theoretischen Grundlagen und seine methodologischen Voraussetzungen. Um die Bandbreite der Anwendungsmöglichkeiten Kritischer Diskursanalyse zu verdeutlichen, dokumentieren wir die Ergebnisse einiger empirischer Diskursanalysen, die wir im Duisburger Institut für Sprach- und Sozialforschung (DISS) seit Anfang der 1990er Jahre bis in die Gegenwart durchgeführt haben.

Das gibt uns an dieser Stelle zugleich die Gelegenheit, uns bei den Mitarbeiter*innen* des DISS zu bedanken, die an diesen Projekten maßgeblich mitgearbeitet haben, so bei Iris Bünger-Tonks, Gabriele Cleve, Martin Dietzsch, Helmut Kellershohn, Jobst Paul, Ina Ruth, Alfred Schobert, Ernst Schulte-Holtey und Frank Wichert.

Die hier vorgenommene Auswahl von Artikeln verfolgt somit ein doppeltes Ziel:

1. Sie führt in Theorie, Methode und Praxis Kritischer Diskursanalyse ein.
2. Sie dokumentiert exemplarische Anwendungsmöglichkeiten Kritischer Diskursanalyse, wobei diese sich insbesondere auf gesellschaftliche Konfliktdiskurse konzentriert (wie Einwanderung/Rassismus, Rechtsextremismus/ Neo-Konservatismus, Krieg und Frieden, Biopolitik/Biomacht und Soziale Brennpunkte).[4]

---

2 Vgl. dazu Peter 2006, bes. 591ff.
3 Vgl. dazu z.B. M. Jäger 1996, S. Jäger 1993a, 2004a.
4 Weitere Projektthemen der letzten Jahre waren im DISS: Gender-Studies, Arbeitslosigkeit und die sogenannte ‚Ausländerkriminalität'. Zu allen Projekten sind Buchpublikationen entstanden: siehe dazu die Kurzdarstellungen und Buchvorstellungen unter www.diss-duisburg.de.

Zu den Artikeln

Die im Folgenden vorgestellten Artikel sind alle in gemeinsamer Autor*innen*-schaft entstanden und gemeinschaftlich verfasst, wobei die Federführung durchaus variierte.[5] Es handelt sich dabei größtenteils um bisher nicht veröffentlichte Texte und/oder solche, die andererorts erschienen und für diesen Band überarbeitet und aktualisiert worden sind.

Im ersten Teil „Grundlagen Kritischer Diskursanalyse" stellen wir die theoretischen und, darauf aufbauend, die methodologischen Grundlagen Kritischer Diskursanalyse sowie zwei wichtige diskurstragende Kategorien, die Kollektivsymbolik und das Konzept des Normalismus dar.

Der zweite Teil des Bandes „Projekte und Analysen" beginnt mit dem Themenkomplex Einwanderung und Rassismus.

Das Kapitel „Die BILD-Zeitung als Großregulator" enthält eine Analyse von 70 aufeinander folgenden Ausgaben der BILD-Zeitung und zeigt, auf welche Weise 1993 ein drohender Notstand medial zu bewältigen versucht wurde, der sich nach massenhaften Brandanschlägen und nach der faktischen Abschaffung des Asyl-Artikels 16 GG abzuzeichnen begann. Unterschiedliche Diskurssträge, der der Einwanderung und der eines linken Terrorismus, wurden gegeneinander gesetzt, was dazu führte, dass Normalisierungseffekte entstehen konnten.

In dem folgenden Kapitel „Das Dispositiv des Institutionellen Rassismus" wird der Versuch unternommen, die immer noch umstrittenen Begriffe Rassismus und Institutioneller Rassismus auf dem Hintergrund des Foucaultschen Dispositivbegriffs zu klären. Es zeigt sich, dass die Ablehnung dieser Begriffe mit der Leugnung der damit bezeichneten Handlungen und Vorgänge korrespondiert.

Die sich daran anschließende Analyse der Auseinandersetzungen um das muslimische Kopftuch mit dem Titel „Gefährlich fremd?" kann zeigen, wie durch das Zusammenwirken unterschiedlicher Diskurssträge und -ebenen rassistische Effekte im Diskurs der Einwanderung erzeugt werden.

Besonderes Aufsehen erregte die mediale Befassung mit dem Karikaturenstreit, der von der dänischen Zeitung JYLLANDS-POSTEN im Frühjahr 2006 provoziert wurde und weltweite Proteste unter Muslimen hervorrief. Die Analyse dieses diskursiven Ereignisses in den Print-Medien unter der Überschrift „Rassisierende Deutungen" kann zeigen, dass dieser Streit den deutschen Einwanderungsdiskurs zusätzlich rassistisch aufgeladen hat.

Das Thema Einwanderung betrifft aber nicht nur den medio-politischen Diskurs, sondern auch das alltägliche Sprechen und Handeln ,eingeborener' Bür-

---

5   Vgl. dazu die Angaben bei den „Nachweisen".

gerinnen und Bürger. Wie sehr dies der Fall ist, zeigt ein Vergleich von fünf synchronen Schnitten durch den alltäglichen Einwanderungsdiskurs zwischen 1992 und 2005 in dem Kapitel „'Wir hatten einen Schwarzen...'".

Rechtsextremismus und Neokonservatismus stellen weitere konfliktäre Themen dar. Anhand der Feinanalyse eines typischen Artikels aus der Wochenzeitung JUNGE FREIHEIT im Kapitel „Der 'konservative Revolutionär' bei der Schreibtischarbeit" wird die rechte Diskursposition dieser Zeitung jenseits der Position der Unionsparteien anhand ihres Verständnisses von Nation und nationale Identität herausgearbeitet.

Das folgende Kapitel „Die zahnlose Kritik der Medien am NATO-Krieg in Jugoslawien" referiert insbesondere die Art und Weise, wie die Medien den Krieg kritisiert haben. Es zeigt sich, dass die Medienberichterstattung zur Erzeugung von Ohnmachts- und Zerrissenheitsgefühlen in der Bevölkerung, die mehrheitlich den Krieg ablehnte, beigetragen hat. Der methodische Schwerpunkt dieses Textes ist die inhaltliche Verzahnung von Struktur- und Feinanalyse, deren Zusammenschau die Grundlage für die Interpretation ganzer Diskursstränge darstellt.

Das Kapitel „Zwischen Antisemitismus, Rassismus und Solidarität" enthält die Ergebnisse einer Untersuchung des Mediendiskurses für das erste Jahr der Zweiten Intifada. Die Analyse wird anhand von vier aufeinanderfolgenden diskursiven Ereignissen vorgenommen und zeigt, dass die Darstellung der Kombattanten, also sowohl der Israelis wie auch der der Palästinenser, geeignet ist, massive Vorurteile zu schüren und bei den Rezipient*innen* Denormalisierungsängste zu bestärken.

Der darauf folgende Artikel „Ein Puzzle, das sich zu einem Gesamtbild zusammensetzen lässt" geht von Foucaults Konzept der Biomacht/Biopolitik aus. Biomacht/Biopolitik haben nach Foucault seit etwa zwei Jahrhunderten repressive Herrschaftsstrukturen zumindest teilweise abgelöst. Biomacht bezieht sich nicht so sehr auf die Körper der Menschen, sondern auf deren Seelen, die auf diesem Wege „zum Gefängnis des Körpers" werden. Die Medienanalyse von acht Zeitungen und Zeitschriften eines ganzen Jahrgangs zeigt, dass medial ausgeübte Biomacht sehr facettenreich ist und als solche erst dann erkennbar und kritisierbar wird, wenn die einzelne Elemente zu einem Mosaik zusammengesetzt werden. Ein Diskursstrang (Biopolitik) wird in diesem Artikel auf einer Diskursebene (Medien) unter besonderer Berücksichtigung unterschiedlicher Diskurspositionen diskursanalytisch aufbereitet.

Der Begriff des Dispositivs, den Foucault nur in Ansätzen operationalisiert hat, versucht das Zusammenspiel von diskursiven und nicht-diskursiven Praktiken sowie deren Resultaten (Vergegenständlichungen) zu erfassen. Obwohl in aller Munde konnte er bisher aber für sozialwissenschaftliche Untersuchungen nicht wirklich fruchtbar gemacht werden.[6] In einem abschließenden Arbeitsbericht zu einer Analyse eines „Stadtteils mit besonderem Erneuerungsbedarf" stellen wir Möglichkeiten zur Diskussion, am ganz konkreten Beispiel eines Stadtteils und seiner Bevölkerung ein solches Dispositiv zu analysieren.

Im Anhang zu diesem Buch dokumentieren wir einen Leitfaden zur Durchführung von Diskursanalysen, in dem die Analyseschritte und -instrumente knapp zusammengefasst sind.

---

6   Vgl. jetzt aber Link 2006c und bereits Jäger 2001c.

Grundlagen
Kritischer Diskursanalyse

Diskurs als „Fluss von Wissen durch die Zeit".
Ein transdisziplinäres politisches Konzept zur Deutung
gesellschaftlicher Wirklichkeit

Vorbemerkung

Kritische Diskursanalyse, wie wir sie im Duisburger Institut für Sprach- und
Sozialforschung (DISS) seit Mitte der 1980er Jahre entwickelt haben und wie sie
in einer Vielzahl von Forschungsprojekten angewendet wurde, stellt nicht den
Anspruch, objektive Wahrheiten zu produzieren. Es geht darum, diskursive Sag-
barkeitsfelder darzustellen, diese zu interpretieren und einer Kritik zu unterziehen. Das hat zur Folge, dass auch die Diskurspositionen der Analysierenden in
diese Analysen einfließen. Das ist unvermeidlich, denn Human- und Sozialwissenschaften sind immer, ob sie es zugeben oder nicht, politisch. Sie haben immer
schon gesellschaftliche Wirklichkeit gedeutet, und das geschah und geschieht
immer auf dem Hintergrund eines Wissens, das das jeweilige wissenschaftliche
Subjekt im Lauf seines Lebens erworben hat, das an es weitergegeben worden ist
und während seines Lebens mancherlei Veränderungen erfahren hat. Und dies
gilt nicht nur für die in den jeweiligen Wissenschaften agierenden Subjekte, sondern auch für den jeweiligen wissenschaftlichen Diskurs.

Dies zu reflektieren, wenn es um die Deutung von (nicht nur gesellschaftlicher) Wirklichkeit geht, zu wissen, dass man auch als Wissenschaftler*in* immer
dazu Position bezieht, auch wenn man sich dessen vielleicht nicht immer bewusst
ist, hat m.E. Leitlinie aller Wissenschaft (und nicht nur der Wissenschaft) zu sein.

Ulrich Brieler spricht von der „Unerbittlichkeit der Historizität" (Brieler
1998) und meint damit, dass in jede wissenschaftliche Aussage auch die jeweilige historische Position des Sprechenden eingeht. Michel Foucault konstatiert:
Der Wissenschaftler

> „wirkt oder kämpft auf der allgemeinen Ebene dieser Ordnung der Wahrheit, die
> für die Struktur und das Funktionieren unserer Gesellschaft fundamental ist. Es
> gibt einen Kampf ‚um die Wahrheit', oder zumindest ‚im Umkreis der Wahrheit',

wobei nochmals gesagt werden soll, daß ich unter Wahrheit nicht ‚das Ensemble
der wahren Dinge, die zu entdecken oder zu akzeptieren sind' , verstehe, sondern
‚das Ensemble der Regeln, nach denen das Wahre vom Falschen geschieden und
das Wahre mit spezifischen Machtwirkungen ausgestattet wird'; daß es nicht um
einen Kampf ‚für die Wahrheit' geht, sondern um einen Kampf um den Status der
Wahrheit und um ihre ökonomisch-politische Rolle. Man darf die politischen Probleme der Intellektuellen nicht in den Kategorien ‚Wissenschaft/Ideologie' angehen, sondern in den Kategorien ‚Wahrheit/Macht'." (Foucault 1978: 53)[1]

Das aber heißt, da wir der Wirklichkeit keine Wahrheiten entnehmen können,
sondern sie mit Wörtern und Begriffen immer nur deuten, wird es immer einen
Kampf um unterschiedliche Deutungen geben. Insofern ist Wissenschaft immer
auch politisch.[2]

Mag dies irritieren, so vielleicht auch die Charakterisierung dieses Konzepts
als transdisziplinär. Ich spreche von Transdisziplinarität, weil sich dieses Konzept auf Inhalte aller Art einlässt, auf Themen der Wissenschaften und der Medi-
en, auf Themen der Politik wie des Alltags.

Vor diesem Hintergrund möchte ich in diesem Beitrag eine knappe Skizze des
diskurstheoretischen und diskursanalytischen Ansatzes liefern, mit dem wir im
Duisburger Institut für Sprach- und Sozialforschung (DISS) unsere empirischen
Projekte zum Politiker-, Medien- und Alltagsdiskurs entwerfen und umsetzen.[3]
Dabei muss ich auf eine ausführliche Darstellung der konkreten Vorgehensweise
sowie der „Werkzeugkiste", also der Ausbreitung des methodologischen Instru-
mentariums, verzichten.[4]

---

1   Das bedeutet nicht, dass Wissenschaftler nicht auf klare Begriffe angewiesen wären
    und somit auch keine Beliebigkeit. Es bedeutet aber, dass kein Begriff und keine
    Theorie den Anspruch auf immer gültige Wahrheiten stellen kann. Es gibt keine
    Werturteilsfreiheit. Vgl. in diesem Zusammenhang auch die Diskussion Max Webers
    zum Konzept der „Idealtypen", mit denen oft über lange Zeiträume hinweg sinnvoll
    gearbeitet werden kann, die gelegentlich aber auch der Revision bedürfen. So spricht
    er von der Notwendigkeit der „Konstruktion von Zusammenhängen, welche unserer
    Phantasie als zulänglich motiviert (...) erscheinen" (Weber1985: 192); siehe auch
    seine Überlegungen zum „Verhältnis zwischen Begriff und Realität" (Weber 1985:
    145). Interessant in diesem Zusammenhang ist auch die Erinnerung an Kuhn 1996
    (zuerst engl. 1962).
2   Foucault operiert allerdings auch mit einem zweiten Wahrheitsbegriff, wenn er sagt:
    „Alle diejenigen, die sagen, dass es für mich *die* Wahrheit nicht gibt, sind Geister, die
    es sich zu leicht machen." (Foucault 2005b: 825) Hier geht es offenbar um ein ethi-
    sches Wahrheitsverständnis, das auch Grundlage aller Problematisierung von und
    Kritik an herrschender Wirklichkeit ist.

Theoretische Grundlagen Kritischer Diskursanalyse: Diskurstheorie (Diskurs, Wissen, Macht, Subjekt, Gesellschaft)

Unser Konzept von Diskursanalyse orientiert sich an den Schriften Michel Foucaults, der selbst zwar keine explizite Methode der Diskursanalyse entwickelt hat und sich zudem vornehmlich (aber nicht nur) mit Diskursen der Wissenschaften befasst hat, während wir versucht haben, ein Verfahren zu entwickeln, das sich für die Analyse von Diskursen auf allen diskursiven Ebenen eignet, also für Wissenschaft, Medien, Politik, Alltag und auch für fiktionale Diskurse.[5]

Dabei haben wir auch die Rezeption Foucaults in angrenzenden (Sozial-)Wissenschaften[6] und in der germanistischen Sprachwissenschaft zur Kenntnis genommen und berücksichtigt. Letztere beschränkte sich lange Zeit auf die historische Semantik.[7] Busse/Teubert (1994) diskutieren in einem grundlegenden Aufsatz aber immerhin bereits die Frage, ob der Diskurs ein sprachwissenschaftliches Objekt sei und unterstreichen die Notwendigkeit der Beachtung der Inhalte von Texten.[8] Eine diskursanalytisch begründete Textlinguistik, die sich auf Michel Foucault bezieht, stellt Ingo Warnke (2002a u. b) vor.[9] Und auch der Sprachwissenschaftler Matthias Jung (2001) beruft sich auf Foucault.[10]

Diese insgesamt begrüßenswerten Versuche scheuen jedoch offenbar (noch) davor zurück, die Grenzen traditioneller (Text-)Linguistik zu überschreiten. Denn dies würde bedeuten, dass sie sich in Richtung einer transdisziplinär oder

---

3   Sie behandeln so unterschiedliche Bereiche wie Rechtsextremismus, Migration, Krieg und Frieden, die zweite Intifada, Kriminalität, Gentechnik u.a. Vgl. dazu die Projektberichte S. Jäger (Hrsg.) 1988, S. Jäger 1996a, M. Jäger/S. Jäger/Ruth/ Schulte-Holtey/Wichert (Hrsg.) 1997, S. Jäger/M. Jäger 2003, M. Jäger 1996, M. Jäger/Cleve/Ruth/S. Jäger: 1998, S. Jäger/Kretschmer/Cleve u.a. 1998, M. Jäger/S. Jäger 2002. S. auch www.diss-duisburg.de.

4   Vgl. dazu S. Jäger 2004a sowie die Darstellung und Begründung unserer „Werkzeugkiste" als Analyseleitfaden in S. Jäger 1995. Ein knapper Abriss des von uns verwendeten Analyseleitfadens befindet sich im Anhang.

5   Zur Analyse fiktionaler Diskurse vgl. insbesondere die *„zeitschrift für angewandte diskurstheorie kultuRRevolution"*, hrsg. in Verbindung mit der Diskurswerkstatt Bochum von Jürgen Link.

6   Vgl. dazu etwa Keller/Hirseland/Schneider/Viehöver 2001 und 2003.

7   Vgl. dazu Busse 1987, Busse 1992 sowie Busse/Hermanns/Teubert (Hrsg.) 1994.

8   Ihnen geht es jedoch um die Untersuchung größerer semantischer Beziehungsnetze bzw. um Diskursgeschichte und historische Semantik. Vgl. dazu auch die Artikel in Busse/Hermanns/Teubert (Hrsg.) 1994.

9   Vgl. auch Adamzik 2001 sowie Bluhm u.a. 2000.

10 Vgl. dazu Diaz-Bone 2003: 82ff.

mindestens doch interdisziplinär ausgerichteten Kulturwissenschaft öffnen müssten, indem sie sich auf Inhalte und Themen bezögen, die Gegenstand (aller) anderen wissenschaftlichen Disziplinen sind. Mit anderen Worten: Sie müssten Diskurse als Träger von „Wissen" untersuchen. Und: Da mit Wissen auch immer Macht (und oftmals Herrschaft) verbunden ist, wäre es zusätzlich erforderlich, Macht- und Wissenskritik zu betreiben, wovor die erwähnte Diskurslinguistik aber offensichtlich zurückschreckt.

Dennoch sind diese Ansätze zu begrüßen, weil sie dazu führen können, der Sprachwissenschaft einen Stellenwert zurückzugeben, die diese in den letzten Jahrzehnten offensichtlich verloren hat. Das gilt – in abgeschwächter Form – auch für die Sprachkritik. Es wäre durchaus sinnvoll, sich Victor Klemperers zu erinnern, dessen Überlegungen zur Kritik der nationalsozialistischen Sprache kritischer Diskursanalyse in vielen Hinsichten bereits sehr nahe stehen.[11]

Den für eine kulturwissenschaftliche Orientierung der Diskursanalyse wohl fruchtbarsten Ansatz im Gefolge Michel Foucaults haben der Literaturwissenschaftler Jürgen Link und sein Team entwickelt.[12] Ihnen wie uns geht es vor allem um die Analyse aktueller Diskurse und ihrer Macht-Wirkung, um das Sichtbarmachen ihrer (sprachlichen und ikonographischen) Wirkungsmittel, insbesondere um die Kollektivsymbolik, die zur Vernetzung der verschiedenen Dis-

---

11 Vgl. Klemperer 1987 (zuerst 1947) sowie seine Tagebücher 1933-1945. Zu Klemperers Nähe zur kritischen Diskursanalyse vgl. S. Jäger 1999. Hinzuweisen ist auch auf Schiewe (1998), dessen verdienstvolle Geschichte der Sprachkritik allerdings um das Kapitel „Kritische Diskursanalyse" erweitert werden sollte.

12 Erstaunlicherweise fehlt dieser elaborierte diskurstheoretische Ansatz in der Überblicksarbeit von Titscher u.a.. 1998, abgesehen von einem knappen Hinweis auf die „Kollektivsymbolik" auf Seite 225. Auch der Überblicksartikel von Bluhm u.a. 2000 verzichtet auf die Darstellung des Ansatzes von Link u.a. Dies ist leider immer noch symptomatisch für die Kooperation von Sprach- und Literaturwissenschaft. Zu diskursanalytischen Arbeiten in der Tradition Michel Foucaults im Bereich der Literaturwissenschaft s. neben Link auch die Arbeiten von Rolf Parr, Ute Gerhard, Klaus Michael Bogdal, Achim Geisenhanslüke, Clemens Kammler, um nur einige zu nennen. Hinzuweisen ist auch auf die in der Tradition von Foucault stehenden diskursanalytischen Arbeiten der Sprachwissenschaftler*innen* Adi Grewenig (2000) und Franz Januschek (1994). Vgl. aber auch bereits Voigt 1987. – Auch eine gründliche Rezeption des Link'schen Ansatzes in den Sozialwissenschaften steht weitgehend noch aus. – Einen sehr guten Überblick über die Rezeption Foucaults in unterschiedlichen Disziplinen geben Keller/Hirseland/Schneider/Viehöver (Hrsg.) 2001 und 2003. Vgl. auch Keller 2004. – Eine vorzügliche Einführung in das Werk Foucaults unter besonderer Beachtung seiner Bedeutung für die Geschichtsschreibung ist Brieler 1998.

kursstränge beiträgt, und insgesamt um die Funktion von Diskursen als herrschaftslegitimierenden und -sichernden Techniken in der kapitalistischen bzw. globalisierten Gesellschaft.[13] Dabei ist insbesondere die normalisierende Wirkung von Diskursen zu beachten. Moderne Industriegesellschaften, sind, wie Jürgen Link nachdrücklich gezeigt hat, normalisierte Gesellschaften, die durch ein Wechselspiel von flexibel- und protonormalistischen Dispositiven gleichsam auf Kurs gehalten werden.[14]

Die knappeste Definition von Diskurs bei Link lautet: Diskurs heißt „eine institutionell verfestigte redeweise, insofern eine solche redeweise schon handeln bestimmt und verfestigt und also auch schon macht ausübt und verfestigt."[15]

Diskurse sind nicht Ausdruck gesellschaftlicher Praxis, sondern sie üben Machtwirkungen aus. Dies tun sie, weil sie institutionalisiert, geregelt und an Handlungen angekoppelt sind.[16]

Der angesprochene Aspekt des Zusammenhangs von Diskurs und Macht ist allerdings sehr komplex, denn „Machtwirkungen übt eine diskursive Praxis in mehrfacher Hinsicht aus. Wenn eine diskursive Formation sich als ein begrenztes ‚positives' Feld von Aussagen-Häufungen beschreiben lässt", so begründen Link/Link-Heer diese Kopplung, „so gilt umgekehrt, daß mögliche andere Aussagen, Fragestellungen, Blickrichtungen, Problematiken usw. dadurch ausgeschlossen sind. Solche, sich bereits notwendig aus der Struktur eines Spezialdis-

---

13 Dabei geht es um Gesellschaften, in denen eine „Politik der Globalisierung" durchzusetzen versucht wird (Pierre Bourdieu). Globalisierung wird also nicht, wie sonst vielfach geschehen, als eine Art Naturgesetz angesehen.

14 Link konstatiert: „Die historische Spezifik des Normalismus (...) erweist sich darin, daß er (...) als ‚response' auf das ‚challenge' der modernen Dynamik verstanden werden muß. Normalitäts-Dispositive sind in allen Einzelsektoren und im integrierenden (interdiskursiven) Bereich kompensierende, ´versichernde´ Dispositive gegen die tendenziell ´exponentiellen´ und damit tendenziell ´chaotischen´ growth-Kurven der Moderne." (Link 1995a: 26) Vgl. dazu auch ausführlich Link 1996 sowie die Darstellung der Theorie des Normalismus und der Terror normalisierenden Berichterstattung der BILD-Zeitung in diesem Band.

15 Link 1983b: 60 (Kleinschreibung und Hervorhebungen im Original.) In einem Interview von 2005 präzisierte Link: Diskurse sind "geregelte, ansatzweise institutionalisierte Redeweisen als Räume möglicher Aussagen, insofern sie an Handlungen gekoppelt sind und dadurch Machtwirkungen ausüben." (Link 2005) Zum Begriff der *Aussage*, der in dieser Neudefinition eine zentrale Rolle spielt, s. weiter unten.

16 „(...) der Begriff *Macht* (wird) gebraucht, der viele einzelne, definierbare und definierte Mechanismen abdeckt, die in der Lage scheinen, Verhalten oder Diskurse zu induzieren." (Foucault 1992: 32)

kurses ergebenden Ausschließungen (die ganz und gar nicht als manipulative Intentionen irgendeines Subjekts oder auch Intersubjekts mißdeutet werden dürfen!) können institutionell verstärkt werden." (Link/Link-Heer 1990: 90) Diskursanalyse zielt demnach auch auf die Kritik von Macht und Machtverteilung. Sie problematisiert und kritisiert Wissen als nur „jeweils gültiges Wissen", das sich oftmals als „ewig und objektiv" oder auch nur als „vernünftig", „evident" oder „alternativlos" und/oder „Sachzwängen geschuldet" ausgibt.

Was die Autor*innen* hier zu wissenschaftlichen Diskursen sagen, gilt u.E. jedoch für alle Diskurse, also z. B. auch für den Alltags-, Politiker - und Mediendiskurs. Zur Frage der Macht der Diskurse hat Foucault einmal gesagt:

> „Es ist das Problem, das fast alle meine Bücher bestimmt: wie ist in den abendländischen Gesellschaften die Produktion von Diskursen, die (zumindest für eine bestimmte Zeit) mit einem Wahrheitswert geladen sind, an die unterschiedlichen Machtmechanismen und -institutionen gebunden?" (Foucault 1983: 8)

Diskurse üben als „Träger" von (jeweils gültigem) „Wissen" Macht aus; sie sind selbst ein Machtfaktor, indem sie Verhalten und (andere) Diskurse induzieren. Sie tragen damit zur Strukturierung von Machtverhältnissen in einer Gesellschaft bei.

Zu diesem komplexen Problem möchte ich Foucault etwas ausführlicher zu Wort kommen lassen. In seinem Vortrag „Was ist Kritik?" (Foucault 1992) erläutert Foucault sein Verständnis des Verhältnisses von Wissen und Macht:

> „Offensichtlich haben diese beiden Begriffe nur eine methodologische Funktion: mit ihnen sollen nicht allgemeine Wirklichkeitsprinzipien ausfindig gemacht werden, es soll gewissermaßen die Analysefront, es soll der relevante Elemententyp fixiert werden. (...) Jene beiden Worte sollen auch in jedem Moment der Analyse einen bestimmten Inhalt, ein bestimmtes Wissenselement, einen bestimmten Machtmechanismus präzis bezeichnen können; niemals darf sich die Ansicht einschleichen, daß ein Wissen oder eine Macht existiert - oder gar das Wissen oder die Macht, welche selbst agieren würde. Wissen und Macht – das ist nur ein Analyseraster. Und dieser Raster ist nicht aus zwei einander fremden Kategorien zusammengesetzt - dem Wissen einerseits und der Macht andererseits (...). Denn nichts kann als Wissenselement auftreten, wenn es nicht mit einem System spezifischer Regeln und Zwänge konform geht – etwa mit dem System eines bestimmten wissenschaftlichen Diskurses in einer bestimmten Epoche, und wenn es nicht andererseits, gerade weil es wissenschaftlich oder rational oder einfach plausibel ist, zu Nötigungen oder Anreizungen fähig ist. Umgekehrt kann nichts als Machtmechanismus funktionieren, wenn es sich nicht in Prozeduren und Mittel-Zweck-beziehungen entfaltet, welche in Wissenssystemen fundiert sind. Es geht also

nicht darum, zu beschreiben, was Wissen ist und was Macht ist und wie das eine das andere unterdrückt oder mißbraucht, sondern es geht darum, einen Nexus von Macht-Wissen zu charakterisieren, mit dem sich die Akzeptabilität eines Systems – sei es das System der Geisteskrankheit, der Strafjustiz, der Delinquenz, der Sexualität usw. – erfassen läßt." (Foucault 1992: 32f.)

An anderer Stelle führt er aus:

„(...) die Macht ist nicht eine Institution, (...) ist nicht eine Mächtigkeit einiger Mächtiger. Die Macht ist der Name, den man einer komplexen strategischen Situation in einer Gesellschaft gibt. (...) Die Macht kommt von unten, d. h. sie beruht nicht auf der allgemeinen Matrix einer globalen Zweiteilung, die Beherrscher und Beherrschte einander entgegensetzt und von oben nach unten auf immer beschränktere Gruppen und bis in die letzten Tiefen des Gesellschaftskörpers ausstrahlt. Man muß eher davon ausgehen, daß die vielfältigen Kraftverhältnisse, die sich in den Produktionsapparaten, in den Familien, in den einzelnen Gruppen und Institutionen ausbilden und auswirken, als Basis für weitreichende und den gesamten Gesellschaftskörper durchlaufende Spaltungen dienen." (Foucault 1983: 114-115)

Und er fährt fort:

„Wo es Macht gibt, gibt es Widerstand. Und doch oder gerade deswegen liegt der Widerstand niemals außerhalb der Macht." (Foucault 1983: 116)

Hier wird deutlich, wie man sich das Verhältnis von Macht und Diskurs vorstellen kann. Macht wird diskursiv transportiert und durchgesetzt. Dabei ist davon auszugehen, dass

„die Welt des Diskurses (...) nicht zweigeteilt (ist) zwischen dem zugelassenen und dem ausgeschlossenen oder dem herrschenden und dem beherrschten Diskurs. (...) Die Diskurse ebensowenig wie das Schweigen sind ein für allemal der Macht unterworfen oder gegen sie gerichtet. Es handelt sich um ein komplexes und wechselhaftes Spiel, in dem der Diskurs gleichzeitig Machtinstrument und -effekt sein kann, aber auch Hindernis, Gegenlager, Widerstandspunkt und Ausgangspunkt für eine entgegengesetzte Strategie. Der Diskurs befördert und produziert Macht; er verstärkt sie, aber er unterminiert sie auch, er setzt sie aufs Spiel, macht sie zerbrechlich und aufhaltsam." (Foucault 1983: 122)

Doch welche Rolle spielt in diesem Zusammenspiel das Subjekt? Foucault argumentiert hier völlig eindeutig:

„Man muß sich vom konstituierenden Subjekt, vom Subjekt selbst befreien, d.h. zu einer Geschichtsanalyse gelangen, die die Konstitution des Subjekts im geschichtlichen Zusammenhang zu klären vermag. Und genau das würde ich Genealogie nennen, d.h. eine Form der Geschichte, die von der Konstitution von Wissen, von Diskursen, von Gegenstandsfeldern usw. berichtet, ohne sich auf ein Subjekt beziehen zu müssen, das das Feld der Ereignisse transzendiert und es mit seiner leeren Identität die ganze Geschichte hindurch besetzt." (Foucault 1978: 32)

Foucault bzw. seine Diskurstheorie leugnet also nicht, wie ihm gelegentlich zum Vorwurf gemacht wurde, die Existenz von Subjekten. Er will zu einer Geschichtsanalyse gelangen, die die Institution des Subjekts im geschichtlichen Zusammenhang, im sozio-historischen Kontext, also in synchroner und diachroner Perspektive zu klären vermag. Das ist nicht gegen das Subjekt gerichtet, sondern nur gegen Subjektivismus und gegen Individualismus. *Den* Menschen gibt es demnach bei Foucault nicht, wohl aber das jeweils unterworfene Subjekt.

Das tätige Subjekt ist voll dabei, wenn es um die Realisierung von Machtbeziehungen geht. Es denkt, plant, konstruiert, interagiert und fabriziert. Und als solches hat es auch das Problem, zu bestehen, d.h. sich durchzusetzen, seinen Ort in der Gesellschaft zu finden. Es tut dies aber im Rahmen eines wuchernden Netzes diskursiver Beziehungen und Auseinandersetzungen. Dies bedeutet denn auch nicht, dass das Subjekt den Diskursen schlicht ausgesetzt ist, von ihnen in seiner Subjektivität/Identität schlicht determiniert wird. Und dies bedeutet auch nicht, dass diese Überlegungen nicht zu erklären vermöchten, wieso es unterschiedliche und vielschichtige Subjekte/Identitäten gibt.[17] Die diskursiven Bedingungen, die durch die unterschiedlichen Lebens- und damit Lernbedingungen einhergehen, führen zu einer Vielzahl unterschiedlicher und sich verändernder Subjektpositionen, die jederzeit selbst wieder kritisch hinterfragbar sind.[18]

Diesen Prozess/diese Prozesse darf man sich nicht als Determinismus vorstellen, etwa in der Weise, dass die Rezeption einzelner Texte/Diskursfragmente bereits zu festen Wissenselementen führen würde. Wissen/feste Bewusstseinselemente entstehen erst durch die Rezeption von Diskursen, d.h. durch dauerhafte und sich über lange Zeiträume erstreckende Konfrontation mit immer den gleichen oder doch sehr ähnlichen Aussagen. Erst diese Rekursivität führt zu ihrer Verankerung im Bewusstsein der Subjekte. Das so entstehende Wissen stellt die

---

17 Als Beispiel für eine solche Position siehe Hall 2004: 178ff.

18 Bereits Victor Klemperer hat darauf hingewiesen, dass es ein Entrinnen aus der Macht der kollektiven (z.B. faschistischen) Ansprache gibt, indem man sich dieser Ansprache *nicht* unbewusst und unkritisch hingibt. In seiner LTI heißt es z.B., wenn auch etwas blumig: „Sprache dichtet und denkt nicht nur für mich, sie lenkt auch mein Gefühl, sie steuert mein ganzes seelisches Wesen, *je selbstverständlicher, je unbewußter ich mich ihr überlasse.*" (Klemperer 1987: 21, meine Hervorhebung, S.J.)

Applikationsvorlagen für das Handeln der Subjekte bereit und damit letztendlich auch für die Gestaltung gesellschaftlicher Wirklichkeit.[19]

Der Diskurs als ganzer ist also infolge der Rekursivität seiner Wissenselemente eine regulierende Instanz; er formiert Bewusstsein. Er tut dies, wie andernorts ausführlich entwickelt, als rhyzomartig verzweigter mäandernder „Fluss von ‚Wissen' bzw. sozialen Wissensvorräten durch die Zeit"[20], der durchaus auch einmal rückwärts fließen, Seen hinterlassen oder durchqueren kann, zeitweilig oder auch restlos versiegen kann, und er schafft die Vorgaben für die Subjektbildung und die Strukturierung und Gestaltung von Gesellschaften, die sich entsprechend als außerordentlich vielgestaltig erweisen.[21]

Zur Vertiefung dieser Problematik ist es erforderlich, dass ich mich etwas genauer mit dem Verhältnis von Diskurs und gesellschaftlicher Wirklichkeit auseinandersetze. Deutlich dürfte bereits geworden sein, dass sich in den Diskursen gesellschaftliche Wirklichkeit nicht einfach widerspiegelt, sondern dass Diskurse gegenüber der Wirklichkeit ein „Eigenleben" führen. Sie sind keine wesenhaft passiven Medien einer In-Formation durch Realität und nicht Materialitäten zweiten Grades, nicht ‚weniger materiell' als ‚echte' Realität. Diskurse sind vielmehr vollgültige Materialitäten ersten Grades unter den anderen.[22] Sie bestimmen und formen Realität, natürlich immer nur über die dazwischentretenden tätigen Subjekte.

Diese Charakterisierung der Diskurse als materiell bedeutet zugleich, dass Diskurstheorie eine strikt materialistische Theorie darstellt. Man kann Diskurse auch als gesellschaftliche Produktionsmittel auffassen. Sie produzieren Subjekte

---

19 Bührmann (2005, bes.: 238-246) kritisiert u.a. in einer ausführlichen Rezension unseres Projektberichts zum Medienbild Israel (vgl. S. Jäger/M. Jäger 2003), dass dort ein solcher Determinismus vertreten werde und dort die neuere Medienwirkungsforschung übergangen worden sei. Dass dies für unser Konzept der Kritischen Diskursanalyse nicht der Fall ist, zeigt ein Blick in die kritisierte Studie (vgl. S. Jäger/M. Jäger 2003: 31f. und S. Jäger, 2004a: 169ff.). Jeder Projektbericht wäre allerdings überfordert, wenn er immer wieder alle Aspekte einer Methode der Diskursanalyse erneut in aller Ausführlichkeit referieren wollte. – Auch ein weiterer Kritikpunkt sei wegen seiner Grundsätzlichkeit zurückgewiesen. Uns sei entgangen, dass der Tod eines Kindes, über den berichtet wird, möglicherweise nicht durch israelische Soldaten verursacht worden sei (vgl. Anm. 31). Diese „Möglichkeit" wird im untersuchten Print-Mediendiskurs jedoch an keiner Stelle angesprochen und gehört nicht zu diesem printmedialen Sagbarkeitsfeld.
20 Vgl. S. Jäger 2004a.
21 Vgl. dazu auch S. Jäger 2006b.
22 Vgl. dazu insbesondere Link 1992b.

und, vermittelt über diese, als Bevölkerung gedacht, gesellschaftliche Wirklichkeiten.

Es geht bei der Diskursanalyse folglich auch nicht (nur) um Deutungen von etwas bereits Vorhandenem, also nicht (nur) um die Analyse einer Bedeutungszuweisung post festum, sondern um die Analyse der Produktion von Wirklichkeit, die durch die Diskurse – vermittelt über die tätigen Menschen – geleistet wird. Dies deshalb, weil die Diskurse die Applikationsvorgaben für die Gestaltung von Wirklichkeit bereitstellen.

Diskurstheorie geht aber nicht davon aus, dass Sprache die „Weltsicht" determiniere, wie dies in einigen idealistischen Sprachtheorien unterstellt wird. Diskurstheorie bezieht sich auf das in jeweiligen Gesellschaften vorhandene Wissen, das die Tätigkeit der Menschen und die Gestaltung gesellschaftlicher Wirklichkeit leitet.

Wer aber macht die Diskurse? Welchen Status haben sie?

Das Subjekt macht den Diskurs nicht, eher ist das Umgekehrte der Fall. Der Diskurs ist überindividuell. Alle Menschen stricken zwar am Diskurs mit, aber kein einzelner und keine einzelne Gruppe bestimmt den Diskurs oder hat genau das gewollt, was letztlich dabei herauskommt.[23]

Eine solche Bestimmung mag manchem gegen den Strich gehen, der die Einzigartigkeit des Individuums oder den (überhistorisch autonomen) Menschen vor Augen hat. Auch ist zu bedenken, dass es deshalb nicht leicht ist, diesen Gedanken nachzuvollziehen, weil wir – in Abgrenzung zum Sprachidealismus – gelernt haben, dass Sprache als solche Wirklichkeit nicht verändert. Wenn wir jedoch menschliches Sprechen (und menschliche Tätigkeit generell) als Tätigkeit im Rahmen gesellschaftlicher Tätigkeit begreifen, als eingebunden in historische Diskurse, nach deren Maßgabe Gesellschaften ihre Praxis organisieren, und „wirkliche Wirklichkeit" als in Auseinandersetzung mit dem „Rohstoff" der Wirklichkeit (Materie, Natur) entstanden und entstehend begreifen, dürfte sich die Vorstellung leichter einstellen, dass Diskurse ebenso Macht ausüben wie Macht durch das Einwirken mit Werkzeugen und Gegenständen auf Wirklichkeit ausgeübt wird.

---

23 Das schließt nicht aus, dass Diskurse institutionell verstärkt werden. Die mediopolitische Klasse hat das längst erkannt und lanciert ihre (z.B. neoliberale) ‚Ideologie' beharrlich in die Bevölkerung hinein; und das nicht allein durch Werbung sondern oftmals kampagnenartig, wobei sie in aller Regel besonders auf die Diskurspositionen der jeweils anzusprechenden Zielgruppen achtet. Vgl. dazu z.B. Müller 2006.

Grundlagen Kritischer Diskursanalyse

Die Struktur des Diskurses
Die vorangegangenen Überlegungen prägen die von mir vorgeschlagene Analysemethode, inklusive der vorgeschlagenen Instrumente der Formanalyse bzw. der Analysekategorien.[24]

Diskurse sind eng miteinander verflochten und miteinander verschränkt; sie bilden in dieser Verschränktheit ein „diskursives Gewimmel", das zugleich im „Wuchern der Diskurse"[25] resultiert und das Diskursanalyse zu entwirren hat.

Es stellt sich zunächst die Frage, wie Diskurse trotz ihres „großen Wucherns" und ihrer Heterogenität und Verflochtenheit überhaupt analysiert werden können. Dazu mache ich die folgenden terminologisch/pragmatischen Vorschläge, die dazu geeignet sind, die prinzipielle Struktur von Diskursen durchschaubarer und infolgedessen erst eigentlich analysierbar werden zu lassen. Es handelt sich dabei um Analysekategorien und nicht etwa um Signifikanten realer Gegebenheiten und Prozesse.

Diskursstränge – synchron und diachron, aktuell und historisch
Im gesellschaftlichen Gesamtdiskurs tauchen die verschiedensten Themen auf. Thematisch einheitliche Diskursverläufe (in der Regel mit einer Vielzahl von Unterthemen bzw. bestehend aus unterschiedlichen Diskursfragmenten) bezeichne ich als Diskursstränge. Ihre Analyse fördert *Aussagen* und deren Häufungen zu Tage, wobei unter Aussagen homogene Inhalte zu verstehen sind. Foucault

---

24 Der Sozialwissenschaftler Reiner Keller (1997) möchte die folgenden Fragestellungen an „Allgemein öffentliche und Spezial-Diskurse" herantragen: „– wie sie entstanden sind, – welche Veränderungen sie im Laufe der Zeit erfahren, – auf welche Gegenstandsbereiche und welches Publikum sie sich beziehen, – welche manifesten und/oder latenten Inhalte (kognitive Wahrnehmungsschemata, moralische und ästhetische Bewertungsschemata für ‚Sachverhalte') sie transportieren, – welche (rhetorischen) Mittel dazu eingesetzt werden, – welche materialen Praktiken verwendet werden, – welches ihre Träger sind, – in welchem Verhältnis sie zu anderen (konkurrierenden) zeitgenössischen oder historischen Diskursen stehen, – wie erfolgreich sie sind, d.h. welche Außenwirkungen sie haben." (ebd.: 318f.) Solche Kataloge entsprechen im Großen und Ganzen meinen Vorschlägen; sie zeigen aber auch, dass die methodologische Werkzeugkiste im Prinzip immer offen steht. Der jeweils untersuchte Gegenstand ‚schreibt vor', welcher Instrumente man sich bedienen muss, welche Fragestellungen sich aufdrängen etc. Vgl. auch den Überblick über diverse diskursanalytische Ansätze bei Keller 2004.
25 Vgl. dazu Bublitz/Bührmann/Hanke/Seier (Hrsg.) 1999.

unterscheidet belanglose und eher zufällige *Äußerungen* (‚Geplapper') von (festen) Aussagen, die er auch als „Atome des Diskurses" bezeichnet (vgl. Foucault
1981: 115ff.). Aussagen sind also nicht als „Sätze" zu verstehen, sondern als der
inhaltlich gemeinsame Nenner, der aus Sätzen und Texten gezogen werden kann.
Diskursanalyse zielt auf die Ermittlung von Aussagen bzw. auf die „Tiefenstruktur des Wissens" (Diaz-Bone 2003: 65), indem sie Diskursfragmente gleicher
Inhalte, getrennt nach Themen, Unterthemen sowie den darin eingenommenen
Diskurspositionen, empirisch auflistet und deren Inhalte und Häufungen sowie -
auf der Ebene der Äußerungen - die formalen Beschaffenheiten zu erfassen sucht
und interpretiert.[26]

Nun hat jeder Diskursstrang eine synchrone und eine diachrone Dimension.
Ein synchroner Schnitt durch einen Diskursstrang hat eine gewisse qualitative
(endliche) Bandbreite. Ein solcher Schnitt ermittelt, was zu einem bestimmten
gegenwärtigen Zeitpunkt bzw. in jeweiligen Gegenwarten sagbar ist.[27] Bei der
Analyse der diachronen Dimension, insbesondere bei längeren historischen Ver-
läufen, besteht die ‚Kunst' der Analyse vor allem darin, authentische Archive zu
ermitteln und sich nicht (allein) auf die überlieferten und schon garnicht auf die in
der gängigen Geschichtsschreibung angeführten Quellen zu verlassen.[28]

---

26 Diaz-Bone (2003: 64f.) fasst die Ausführungen Foucaults zum Begriff der *Aussage*
    (Foucault 1988: 115-190) folgendermaßen zusammen: „Diskurse sind für FOU-
    CAULT letztlich (zumindest temporär stabile) Aussagensysteme, die durch ein inhä-
    rentes Regelwerk abgrenzbar sind. Wichtig ist zu verstehen, wie FOUCAULT die
    Aussagen als durch eine kollektive diskursive Praxis und nicht durch Sprecher her-
    vorgebracht auffasst. Natürlich müssen immer noch Menschen sprechen, aber den
    Status von Aussagen haben nicht die gesprochenen Sätze an sich, sondern gespro-
    chene Sätze insofern sie anschlussfähig sind in einem sozialen Feld unter bestimmten
    Bedingungen gesagt werden konnten und insofern sie durch den Diskurs als einen
    Aussagenkontext gesagt werden konnten. Die diskursive Praxis ist durch ein Regel-
    werk gekennzeichnet, so dass es einer Diskursanalyse möglich sein soll – so FOU-
    CAULT – aus dem Aussagenkorpus die enthaltenen Denkkategorien, die
    Begriffsordnung, die im Diskurs errichtete Ordnung der Dinge, die akzeptablen
    Sprechweisen, sowie die sich damit eröffnenden Strategien als ein Wissenssystem zu
    rekonstruieren."
27 Was unter Zeitpunkt und jeweiliger Gegenwart zu verstehen ist, richtet sich nach dem
    Untersuchungsgegenstand oder Thema. So kann etwa die Zeitdauer des Irak-Krieges
    als „Zeitpunkt" für einen synchronen Schnitt fungieren, ähnlich können der Beginn
    und das Ende einer medialen und politischen Auseinandersetzung zur Stammzellen-
    forschung Anfang und Ende eines Zeitpunktes markieren.

Diskursfragmente

Als Diskursfragment bezeichne ich einen Text oder Textteil, der ein bestimmtes Thema behandelt, z.B. das Thema Ausländer/Ausländerangelegenheiten (im weitesten Sinne). Diskursfragmente verbinden sich demgemäß zu Diskurssträngen. Ihre Erfassung bildet die Grundlage für die Bestimmung von Aussagen.

Diskursive Ereignisse und diskursiver Kontext

Zwar haben alle Ereignisse diskursive Wurzeln; sie lassen sich auf bestimmte diskursive Konstellationen zurückführen, deren Vergegenständlichungen sie darstellen. Als diskursive Ereignisse sind jedoch nur solche Ereignisse zu fassen, die (vor allem medial und politisch) besonders herausgestellt werden und als solche Ereignisse die Richtung und die Qualität des Diskursstrangs, zu dem sie gehören, und auch andere Diskurse, grundlegend beeinflussen. Ein Beispiel wäre der Mord an dem holländischen Filmemacher Theo van Gogh im November 2004, der den europäischen Einwanderungsdiskurs erheblich veränderte und verschärfte und selbst ferner liegende Diskurse wie den zur Frage des EU-Beitritts der Türkei stark (negativ) beeinflusste.

Die Ermittlung diskursiver Ereignisse kann für die Analyse von Diskurssträngen auch deshalb sehr wichtig sein, weil ihre Nachzeichnung den diskursiven Kontext markiert bzw. konturiert, auf den sich ein aktueller Diskursstrang bezieht. So kann etwa die Analyse eines synchronen Schnitts durch einen Diskursstrang dadurch seine historische Rückbindung finden, dass man diesen synchronen Schnitt an eine Art Chronik der diskursiven Ereignisse zurück bindet, die thematisch zu diesem Diskursstrang gehören. Solche Rückbindungen sind für die Analyse und die Interpretation aktueller Schnitte durch Diskursstränge ausgesprochen hilfreich.

---

28 Da es mir hier vor allem um die Analyse aktueller Diskurse geht, will ich auf einige Arbeiten zur historischen Diskursanalyse nur verweisen, etwa neben Brieler 1998 auf Landwehr 2001, Martschukat 2002, Maset 2002 und Sarasin 2003a. S. aber auch S. Jäger 2006a. Besonders spannend ist hier die Auseinandersetzung mit der Kritik an Foucault, die seitens der traditionellen Geschichtswissenschaft vorgetragen wird. – Bei der Analyse historischer Diskurse wird besonders deutlich erkennbar, wie wichtig die Reflexion der eigenen Diskursposition des Analysierenden ist. Sie ist immer auch eine *Deutungs*position. Zur damit verbundenen „Wahrheitsproblematik" vgl. auch Kiesow / Simon (Hrsg.) 2000.

Diskursebenen

Die jeweiligen Diskursstränge operieren auf verschiedenen diskursiven Ebenen (Wissenschaft(en), Politik, Medien, Literatur, Erziehung, Alltag, Geschäftsleben, Verwaltung etc.).[29] Man könnte solche Diskursebenen auch als die sozialen Orte bezeichnen, von denen aus jeweils gesprochen oder geschrieben wird. Dabei ist zu beobachten, dass diese Diskursebenen aufeinander einwirken, sich aufeinander beziehen, einander nutzen etc. So werden etwa auf der Medien-Ebene Diskursfragmente eines wissenschaftlichen Spezialdiskurses oder auch des Politikerdiskurses aufgenommen etc.

Zu beachten ist dabei, dass die einzelnen Diskursebenen in sich stark verflochten sind, dergestalt, dass z. B. auch renommierte Leitmedien Informationen und Inhalte aller Art übernehmen, die bereits in anderen Medien aufgetaucht sind. Das berechtigt umso mehr, von *dem* Mediendiskurs zu sprechen, der insgesamt, insbesondere was die hegemonialen Medien betrifft, in wesentlichen Aspekten als relativ einheitlich betrachtet werden kann,[30] was nicht ausschließt, dass dabei unterschiedliche Diskurspositionen mehr oder minder stark zur Geltung kommen.

Diskurspositionen

Die Kategorie der Diskursposition, mit der ein spezifischer politischer Standort einer Person oder eines Mediums gemeint ist, erweist sich als sehr hilfreich dafür, die Vielstimmigkeit der untersuchten Diskurse bestimmen zu können. Margarete Jäger definiert die Kategorie der Diskursposition wie folgt:

> „Unter einer Diskursposition verstehe ich den Ort, von dem aus eine Beteiligung am Diskurs und seine Bewertung für den Einzelnen und die Einzelne bzw. für Gruppen und Institutionen erfolgt. Sie produziert und reproduziert die besonderen diskursiven Verstrickungen, die sich aus den bisher durchlebten und aktuellen Lebenslagen der Diskursbeteiligten speisen. Die Diskursposition ist also das Re-

---

29 Link (1983c) unterscheidet dagegen zwischen Spezialdiskursen (der Wissenschaften) und dem Interdiskurs (journalistische, politische und literarische Diskurse). Spezialdiskurse haben danach ihr jeweils eigenes typisches Vokabular, ihre eigene typische Syntax, ihre eigenen typischen „Rituale". Man könne die einzelnen Diskurse danach unterscheiden, wie groß ihr jeweiliger interdiskursiver Anteil sei, also die Häufigkeit des Auftretens solcher diskursiven Elemente, die nicht in einem Diskurs, sondern in mehreren Diskursen auftreten. Typisch dafür seien Kollektivsymbole. Diese aber treten in allen Diskursen auf, so dass eine präzise Abgrenzung durch interdiskursive Elemente nicht leicht fallen dürfte.

30 Vgl. dazu Huhnke 1993.

sultat der Verstricktheiten in diverse Diskurse, denen das Individuum ausgesetzt war und die es im Verlauf seines Lebens zu einer bestimmten ideologischen bzw. weltanschaulichen Position (...) verarbeitet hat." (M. Jäger 1996: 47)

Was für die Subjekte gilt, dies gilt entsprechend für jeweilige Medien. Zu beachten ist aber auch:

> „Dieses Diskurssystem können Gruppen und Individuen durchaus unterschiedlich bewerten. Z. B. kann der hegemoniale Diskurs das Symbol des Flugzeugs positiv besetzen, während der antihegemoniale Diskurs Flugzeuge ablehnt und für Bäume, Fahrräder etc. schwärmt. Wichtig (...) ist dabei aber, daß sich abweichende Diskurspositionen auf ‚die gleiche diskursive grundstrukur' (Link 1986) beziehen." (M. Jäger 1996: 47)

Solche Diskurspositionen lassen sich erst als Resultat von Diskursanalysen ermitteln.[31] Zugleich ist darauf hinzuweisen, dass Diskurspositionen innerhalb eines herrschenden bzw. hegemonialen Diskurses relativ homogen sind, was bereits als Wirkung des jeweils hegemonialen Diskurses verstanden werden kann. Deutlich davon abweichende Diskurspositionen lassen sich Gegendiskursen zuordnen.

Diskurs(strang)verschränkungen

Zu beachten ist auch, dass ein Text thematische Bezüge zu verschiedenen Diskurssträngen enthalten kann und in der Regel auch enthält. Mit anderen Worten: In einem Text können Diskursfragmente aus unterschiedlichen Diskurssträngen enthalten sein; diese treten also in aller Regel von vornherein bereits in verschränkter Form auf. Eine solche Diskursverschränkung liegt vor, wenn ein Text klar verschiedene Themen anspricht, aber auch, wenn nur ein Hauptthema angesprochen ist, bei dem aber Bezüge zu anderen Themen vorgenommen werden. So kann ein Zeitungskommentar zwei Themen behandeln, die nichts miteinander zu tun haben bzw. zu haben scheinen. In diesem Fall liegen hier in einem Text zwei verschiedene miteinander verschränkte Diskursfragmente vor. Andererseits kann aber ein thematisch einheitlicher Text (= ein Diskursfragment) auf andere Themen mehr oder minder lose Bezug nehmen, das behandelte Thema mit einem oder mehreren anderen gleichsam verknoten. Dies ist zum Beispiel der Fall,

---

31 Traditionelle sozialwissenschaftliche Zuschreibungen zu Personen wie Alter, Geschlecht, Beruf, Einkommen etc. erweisen sich dabei als untauglich für empirische Untersuchungen, da sie, und dies zudem vergröbernd, Subjektpositionen im Vorhinein festzulegen versuchen. Dies führt meist zu einer Vielzahl von ‚Ausreißern', die nicht selten wegzuerklären versucht werden.

wenn in einem Text zum Thema Einwanderung auf den ökonomischen Diskurs-strang verwiesen wird oder auf den Frauendiskurs etc. So könnte ein Kommentar etwa enden: „Und im übrigen kostet Integration Geld." Oder: „Zu bedenken ist auch, dass bei den X. das Patriarchat noch eine ganz andere Rolle spielt als bei uns."

Der gesamtgesellschaftliche Diskurs

In einer gegebenen Gesellschaft bilden die Diskursstränge zusammen den ge-samtgesellschaftlichen Diskurs, der natürlich nie restlos homogen ist. Ebenfalls zu beachten ist, dass der Gesamtdiskurs einer Gesellschaft Teil-Diskurs eines (selbstverständlich überaus heterogenen) globalen Diskurses oder anders: eines Weltdiskurses ist, der sich – mit aller Vorsicht gesagt – ebenfalls seit 1989 zu-gleich homogenisiert (in der westlichen Welt) und umgepolt hat (von West gegen Ost tendenziell zu West gegen Orient, Islam).

Sicher stellt der gesellschaftliche Gesamtdiskurs ein äußerst verzweigtes und ineinander verwurzeltes Netz dar. Diskursanalyse verfolgt das Ziel, dieses Netz zu entwirren, wobei in der Regel so verfahren wird, dass zunächst einzelne Dis-kursstränge auf einzelnen diskursiven Ebenen herausgearbeitet und analysiert werden. Beispiel: Der mediale Einwanderungs-Diskurs(strang).

An eine solche Analyse schließen sich weitere an, etwa die Analyse des poli-tischen Diskursstrangs über Einwanderung, des Alltags-Diskursstrangs über Ein-wanderung etc.

Bei diesen Analysen stellt sich in aller Regel die Frage, in welcher Beziehung die diskursiven Ebenen des betreffenden gesamten Diskursstranges zueinander stehen. Hier wäre etwa die Frage zu beantworten, ob und wie der politische Dis-kurs sich in den medialen und den alltäglichen verzahnt, wie und ob der mediale den alltäglichen beeinflusst, sich sozusagen in ihn hineinfrisst etc.

Diskursgemeinschaften

Eine weitere wichtige Kategorie Kritischer Diskursanalyse, die hilfreich für die Strukturierung des diskursiven Gewimmels ist, ist die der Diskursgemeinschaft. In einem Essay, der 1996 erschienen ist, habe ich Kulturen „als Gruppen von Menschen relativ gleicher Bedeutungszuweisung zur Wirklichkeit" bezeichnet, um dann fortzufahren: „Man könnte sie auch Diskursgemeinschaften nennen oder besser, wenn auch ziemlich umständlich: Gemeinschaften (relativ) homoge-ner Bedeutungszuordnungskonventionen." (S. Jäger 1996: 9) Foucault selbst spricht von „Diskursgesellschaften". Diese haben „die Aufgabe (...), Diskurse aufzubewahren oder zu produzieren, um sie in einem geschlossenen Raum zirkulieren zu lassen und sie nur nach bestimmten Regeln zu verteilen, so daß die Inhaber bei dieser Verteilung nicht enteignet werden." (Foucault 1994: 27) Damit lässt sich die obige Definition von Kulturen präzisieren: Kulturen bestehen aus sehr vielen Diskursgemeinschaften und stellen demnach auch höchst heterogene diskursive Gebilde dar. Auch der Begriff der Diskursgemeinschaft lässt sich nun etwas genauer fassen: Es handelt sich um Gruppen, die durch die Anerkennung und Befolgung relativ homogener Aussagensysteme (Doktrinen, Ideologien, Diskurspositionen, ‚Wahrheiten') zusammengehalten werden. Man gehört dazu oder fühlt sich doch dazugehörig. Beispiele sind diverse Glaubens- und Religionsgemeinschaften, politische Gemeinschaften, die sich etwa um ein Organ oder einen Führer scharen, Parteien, Sekten, Vereine u.ä. Weitere Binnendifferenzierungen sind natürlich gegeben. Es kann über die „Doktrin" und über geteilte Wahrheiten gestritten werden; es können sich Fraktionen bilden etc. Weichen Subjekte oder Fraktionen jedoch erheblich von den geteilten Doktrinen etc. ab, führt dies in aller Regel zur Ausschließung. „Die Doktin bindet die Individuen an bestimmte Aussagetypen und verbietet ihnen folglich alle anderen; aber sie bedient sich auch gewisser Aussagetypen, um die Individuenen miteinander zu verbinden und sie dadurch von allen anderen abzugrenzen. Die Doktrin führt eine zweifache Unterwerfung herbei: die Unterwerfung der sprechenden Subjekte unter die Diskurse und die Unterwerfung der Diskurse unter die Gruppe der sprechenden Individuen." (Foucault 1994: 29)

Zu beachten ist zudem, dass Subjekte durchaus verschiedenen Diskursgemeinschaften zugehören können. Man kann zugleich einer Klasse, einer Nation, einer Partei und einer Religion angehören. Und das gilt auch für die Diskursgemeinschaften selbst, die unterschiedlichen übergeordneten Diskursgemeinschaften angehören können: z.B. einer Religion, die international verbreitet ist, und einer einzigen Nation, wie z.B. gläubige Juden in Deutschland.

Geschichte, Gegenwart und Zukunft der Diskursstränge

Diskurse haben eine Geschichte, eine Gegenwart und eine Zukunft. Es wäre daher erforderlich, größere Zeiträume diskursiver Abläufe ebenfalls zu analysieren, um auf diese Weise ihre Stärke, die Dichte der Verschränkungen der jeweiligen Diskursstränge mit anderen, Änderungen, Brüche, Versiegen und Wiederauftauchen etc. aufzeigen zu können. Mit anderen Worten: Es wäre (in Anlehnung an Foucault) eine „Archäologie des Wissens" oder, wie er später sagt „eine Genealogie" zu betreiben, die die Entstehung und Entwicklung der Diskurse untersucht. Dies wäre auch die Basis für eine (vorsichtige) diskursive Prognostik, die in Gestalt der Entfaltung von Szenarien vorgenommen werden könnte, die aber jeweils unterschiedliche in der Zukunft erwartbare diskursive Ereignisse (= Ereignisse, die medial groß herausgestellt werden) in Rechnung zu stellen hätte.[32]

Solche Analyseprojekte sind sehr umfangreich und lassen sich nur in Gestalt einer Vielzahl von Einzelprojekten angehen. Solche Einzelprojekte sind aber bereits sehr sinnvoll, weil sie immerhin zu bestimmten diskursiven Teilbereichen sehr verlässliche Aussagen zulassen und die Basis für eine Änderung des „Wissens" bilden und damit selbst auf den weiteren Verlauf des betreffenden Diskursstranges Einfluss nehmen.

Die Wirkung des Diskurses auf individuelles und kollektives Bewusstsein

Diskursanalyse ist zugleich als Wirkungsanalyse zu verstehen. Dies deshalb, weil sie mögliche Konsequenzen des diskursiv vermittelten Wissens für das individuelle und kollektive Handeln und damit für die Gestaltung der Wirklichkeit aufzeigt.

Der Begriff der „Wirkung", der in den Medienwissenschaften eine so große und umstrittene Rolle spielt (vgl. etwa Merten 1994, Bonfadelli 2004), soll hier direkt in zweifacher Weise angesprochen werden: einmal als Wirkung auf das individuelle und das Massenbewusstsein, das hier „geprägt" wird; zum anderen aber im Hinblick auf Macht. Es geht also nicht allein um die Wirkung auf das Bewusstsein bzw. auf die individuelle und kollektive Subjektbildung, sondern zugleich um die Folgen dieser Wirkung: das subjektive Handeln in und die kollektive Gestaltung von gesellschaftlicher Wirklichkeit, die ja beide Bewusstsein bzw. Wissen zur Voraussetzung haben. Insofern versteht sich Diskursanalyse als angewandte Diskurstheorie auch als Beitrag zur (Medien-)Wirkungsforschung.[33]

Deutlich zu unterscheiden ist zwischen diskursiver Wirkung und Textwirkung. Der einzelne Text bzw. das einzelne Diskursfragment wirkt minimal und kaum spür- und erst recht schlecht nachweisbar; demgegenüber erzielt der Diskurs mit seiner fortdauernden Rekurrenz von Inhalten, Symbolen und Strategien nachhaltig Wirkung, indem er im Laufe der Zeit zur Herausbildung und Verfesti-

---

32 Insofern kann nur mit aller Vorsicht von der prognostischen Kraft der Diskursanalyse gesprochen werden. Eine Prognose kann nur zutreffen, wenn der betreffende Diskurs über einen längeren Zeitraum hinweg (relativ) homogen ist. Mit Brüchen, Versiegen, kontingenten Veränderungen ist jedoch jederzeit zu rechnen.

33 Im Rahmen dieses Artikels kann dies nicht in der notwendigen Differenziertheit dargestellt werden. Die knappen Überlegungen stützen sich auf Foucaults Ausführungen zum Verhältnis von Subjekt und Diskurs. Vgl. dazu ausführlich Çelik 2005, bes.: 18-40.

gung von mehr oder minder festen ‚Wissenskernen' führt. Link schreibt mit Blick auf die Kollektivsymbolik:

> „Entscheidend ist (...) nicht die Hermeneutik von Einzelbeispielen (einzelnen Karikaturen, 'Sprachbildern', Fotos, Texten, Filmen etc.), sondern der ständige Wiederholungseffekt großer Massen von Applikationsvorlagen und punktuellen Applikationsvorgängen. Aus diesem ständigen massenhaften Recycling der Symbole (das in der frühesten Kindheit beginnt und erst mit dem Tode endet) resultiert in den Gehirnen der normalistischen Subjekte so etwas wie eine große Katachrese aus ‚medizinischem Körper' und den ‚High-Tech-Vehikeln' als Folie sowohl des ‚Ich' wie des ‚Wir'." (Link 1992a: 69)

In die Diskurse gehen immer wieder die gleichen kleinen oder mittleren Erzählungen ein, die offenbar als eine Art elementarer diskursiver Versatzstücke fungieren.[34] Diese Beobachtung lässt sich m. E. auf die Wirkung von Diskursen mit all ihren Wirkungsmitteln insgesamt ausdehnen. Auch Argumente, Inhalte, Bauformen etc. ‚wirken' durch ständige Rekurrenz und tragen so mit dazu bei, Bewusstsein zu formieren, Wissen aufzubauen und zu verfestigen und damit Machtwirkungen auszuüben.

Dieser Umstand ist von der gesamten Wirkungsforschung bisher viel zu wenig beachtet worden.[35] Doch bereits Victor Klemperer spricht, wenn auch etwas bildhaft, in seiner Lingua Tertii Imperii davon, dass die faschistische Sprache wie die fortlaufende Verabreichung kleinster Arsendosen wirkt(e) und so erst ihre „Giftwirkung" entfaltet(e). (Klemperer 1987) Insofern sollte man sich dessen bewusst sein, dass die Analyse eines Artikels bzw. Diskursfragments auch immer als Analyse eines Exemplars einer Gattung geschieht, wobei erst die Analyse vollständiger Diskursstränge die gesamte Bandbreite der diskursiven Wirkung

---

34 Vgl. dazu Link 2000, der von „mittleren Geschichten" im Unterschied zu den „großen Erzählungen" und „kleinen Erzählungen" (Lyotard) spricht. Diese mittleren Geschichten, so Link, liegen „als selbstverständlich von allen Beteiligten vorausgesetzte Basislinie allen einzelnen Ereignissen und Episoden zugrunde." (ebd.: 245) Hinzuweisen ist auch auf die regelmäßige Verwendung solcher narrativer Versatzstücke im Alltag; vgl. dazu S. Jäger 1996a: 267-279.

35 Zur durchaus umstrittenen und vielgestaltigen Medienwirkungsforschung vgl. etwa Merten 1994, Jäckel 2002/2005, Burkart 2002: 186-268, Kunczik/Zipfel 2001: 285-420, Weber-Menges 2005. Faulstich 1994: 82 spricht das Problem der Wirkung „über einen längeren Zeitraum" an, ohne es aber weiter auszuführen. Mit seinem Konzept einer „Mediensozialisation" kommt er aber unseren Vorstellungen sehr nahe. Die Berücksichtigung der Diskurstheorie steht für die Medienwirkungsforschung dagegen weitgehend noch aus.

offenlegt.[36] Da dies in der Regel an erhebliche Grenzen stößt, was Arbeitsaufwand, zur Verfügung stehende finanzielle und personelle Ressourcen angeht, schlage ich daher auch vor, ganze Archive einer Strukturanalyse zuzuführen, die die wesentlichen Inhalte erfasst und nach Aussagen gruppiert, zudem aber auch die auffälligsten Oberflächenmerkmale; daneben aber auch eine oder mehrere Feinanalysen für den untersuchten Diskurs möglichst typischer Diskursfragmente. Die Zusammenschau bzw. der Bezug von Struktur- und Feinanalyse aufeinander ermöglicht dann im Resultat erst die eigentliche Diskursanalyse. Das ist nicht nur ein pragmatischer Behelf, sondern erweist sich auch als überaus sinnvoll, da es die Strukturanalyse ermöglicht, den Aussagenrahmen abzustecken, während die Feinanalyse zeigen kann, mit welchen filigranen Wirkungsmitteln und –strategien die Aussagen an der sprachlichen Oberfläche erscheinen. Ich erinnere in diesem Zusammenhang z.B. an die Wirkung der Kollektivsymbolik oder an das Funktionieren von Normalisierungsstrategien im Diskurs. Erst auf diesem Hintergrund sind Schlussfolgerungen dazu möglich, welche Wirkung Diskurse erzielen oder anders: welchen Beitrag zur Verfestigung oder auch Infragestellung von Wahrheiten sie leisten.[37]

Kritische Diskursanalyse
In jeder Gesellschaft wird „die Produktion des Diskurses zugleich kontrolliert, selektiert, organisiert und kanalisiert (...) – und zwar durch gewisse Prozeduren, deren Aufgabe es ist, die Kräfte und die Gefahren des Diskurses zu bändigen, sein unberechenbar Ereignishaftes zu bannen, seine schwere und bedrohliche Materialität zu umgehen." (Foucault 1994: 10f.) Auf diese Prozeduren (und ihre Strategien) richtet sich Kritische Diskursanalyse.[38]

Diskurse können bereits dadurch kritisiert und problematisiert werden, dass man sie analysiert, ihre Widersprüche und Fluchtlinien aufzeigt, die Mittel deutlich werden lässt, durch die die Akzeptanz nur zeitweilig gültiger Wahrheiten herbeigeführt wird – von Wahrheiten also, die als rational, vernünftig oder gar als über allen Zweifel erhaben bzw. als objektive Wahrheiten dargestellt werden. Diskursanalyse erfasst das in einer bestimmten Zeit jeweils Sagbare in seiner qualitativen Bandbreite bzw. alle Aussagen, die in einer bestimmten Gesellschaft

---

36 Dabei wird ein Diskursstrang dann als *vollständig* erfasst angesehen, wenn bei beliebiger Ausdehnung des Archivs inhaltlich und formal nichts Neues mehr auftritt. Siehe dazu die ausführliche Begründung in S. Jäger 2004a: 204-214.

37 Diese Kombination von Struktur- und Feinalyse haben wir in einer Vielzahl von Projekten praktiziert. Sie lässt sich für alle Diskursebenen anwenden.

zu einer bestimmten Zeit geäußert werden (können), aber auch die Strategien, mit denen das Feld des Sagbaren ausgeweitet oder auch eingeengt wird, etwa Verleugnungen, Relativierungen etc.

Das Auftreten solcher Redeweisen verweist oft auf Aussagen, die zu einem bestimmten Zeitpunkt in einer bestimmten Gesellschaft nicht sagbar sind, da es besonderer ‚Tricks' bedarf, wenn man sie doch äußern will. Das Sagbarkeitsfeld kann durch direkte Verbote und Einschränkungen, Gesetze, Richtlinien, Anspielungen, Implikate, explizite Tabuisierungen aber auch durch jeweils (mehr oder minder) gültige Normen, Konventionen, Verinnerlichungen und sonstige Bewusstseinsregulierungen eingeengt oder auch überschritten werden.[39] Der Aufweis der Begrenzung oder die Entgrenzung des Sagbaren stellt demnach einen wichtigen kritischen Aspekt von Diskursanalyse dar. Foucault bezeichnet diese Art der Kritik als „Parrhesia", als Wahrsagen, freimütig die Wahrheit sagen, und weist darauf hin, dass damit immer Risiken für den „Parrhesiastes", den die Wahrheit Sagenden, einhergehen.[40] Johann Jakob Christoffel von Grimmelshausen hat es daher auch in seinem „Simplicissimus" vorgezogen, „mit Lachen die Wahrheit zu sagen."

Kritische Diskursanalyse beschränkt sich also nicht auf die Analyse von Sprache. Da Kritische Diskursanalyse den Diskurs zum Gegenstand hat, richtet sich ihre Kritik eben auf diesen Diskurs, der sich als Fluss von Wissen durch die Zeit darstellt, wobei dieses Wissen im wesentlichen (wenn auch nicht nur) in Text und Rede auftritt, die natürlich aus Wörtern und Sätzen bestehen, so dass sich eine solche Kritik auch auf diese diskursiven Elemente beziehen kann und

---

38 Foucault bezeichnet solche Prozeduren auch als „Zwangssysteme" (ebd.: 39) und möchte zugleich deren „Genealogie" aufzeigen, also „wie sich durch diese Zwangssysteme hindurch (gegen sie oder mit ihrer Unterstützung) Diskursserien gebildet haben; welche spezifischen Normen und welche Erscheinungs-, Wachstums- und Veränderungsbedingungen eine Rolle gespielt haben." (ebd.) Hier verbindet sich die Analyse synchroner Diskurs-Archive mit diachronen Diskurs(archiv)verläufen und deren Veränderungen. „Der kritische Teil der Analyse zielt auf die Systeme, die den Diskurs umschließen; er versucht, die Aufteilungs-, Ausschließungs- und Knappheitsprinzipien des Diskurses aufzufinden und zu erfassen. (...) Der genealogische Teil der Analyse zielt hingegen auf die Serien der tatsächlichen Formierung des Diskurses." (ebd.: 43f.)

39 Vgl. dazu Foucault 1994: 12ff. Er möchte die „Prozeduren der Ausschließung" (das Verbot, die Grenzziehung und den Willen zur Wahrheit, der andere Wahrheiten nicht zulässt oder doch ständig zurückzudrängen bemüht ist), kritisch erfassen.- Solche „Instrumente" sind daher auch Elemente der Foucaultschen „Werkzeugkiste".

40 Foucault 1996.

muss, etwa auf Euphemismen, Argumentationsformen, Anspielungen, Redensarten, allgemeine stilistische Besonderheiten etc. Diese Elemente sind daher ebenfalls Bestandteil der analytischen „Werkzeugkiste", die daneben aber eine Fülle weiterer (nicht-linguistischer) „Instrumente" enthält.

Ein wichtiges Bindemittel der Diskurse stellt die Kollektivsymbolik dar. Kollektivsymbole sind „kulturelle Stereotypen (häufig ‚Topoi' genannt), die kollektiv tradiert und benutzt werden." (Drews/Gerhard/Link 1985: 265) [41]

Mit dem Vorrat an Kollektivsymbolen, die alle Mitglieder einer Gesellschaft kennen, steht ein Repertoire an Bildern zur Verfügung, mit dem wir uns ein Gesamtbild von der gesellschaftlichen Wirklichkeit bzw. der politischen Landschaft der Gesellschaft machen, mit dem wir diese deuten und – insbesondere durch die Medien – gedeutet bekommen. [42]

Die wichtigsten Verkettungsregeln, durch die dieser Zusammenhang hergestellt wird, sind Katachresen oder Bildbrüche. Diese funktionieren in der Weise, dass sie Zusammenhänge zwischen Aussagen und Erfahrungsbereichen stiften, Widersprüche überbrücken, Plausibiltäten und Akzeptanzen erzeugen etc. und die Macht der Diskurse verstärken. Die Analyse der Kollektivsymbolik inklusive der Katachresen stellt demnach ein weiteres kritisches Moment der Diskursanalyse dar. [43]

Für die Diskursanalyse bedeutet Kritik auch nicht, dass die Diskurse verzerrte Wirklichkeitssichten oder (notwendig falsche) Ideologie enthalten - wie dies beim Konzept „Ideologiekritik" orthodox marxistischer Ansätze häufig zu beobachten ist. Die Diskurse stellen eine eigene Wirklichkeit dar, die gegenüber der „wirklichen Wirklichkeit" keineswegs nur Schall und Rauch, Verzerrung und Lüge darstellt, sondern eigene Materialität hat und sich aus den vergangenen und (anderen) aktuellen Diskursen ‚speist'. [44]

---

41 Vgl. dazu auch den Beitrag von Margarete Jäger zur Bedeutung der Kollektivsymbolik in Konfliktdiskursen in diesem Band.

42 Die Kollektivsymbole bilden ein „System". Vgl. dazu besonders Link 1982, Drews/ Gerhard/Link 1985, Link/Link-Heer 1994, Becker/Gerhard/Link 1997.

43 Damit ist nicht gesagt, dass Kollektivsymbole als solche ‚böse' wären. Es kommt immer darauf an, in welchem Kontext sie auftreten.

44 Vgl. dazu auch Link 1995b, der die *formierende, konstituierende* Kraft der Diskurse unterstreicht und den Diskurs (mit Foucault) als „materielles Produktionsinstrument" begreift, mit dem auf geregelte Weise (soziale) Gegenstände (wie Z.B ‚Wahnsinn', ‚Sex', ‚Normalität' usw.) wie auch die ihnen entsprechenden Subjektivitäten produziert werden. (ebd. Sp. 744).- Zur historischen Diskursanalyse vgl. die schöne Arbeit von Ulrich Brieler 1998, die die Denkentwicklung des *Historikers* Michel Foucault akribisch nachzeichnet und kritisch kommentiert.

Kritik leisten zu können, was ja Kritische Diskursanalyse zu leisten beansprucht, beschränkt sich allerdings nicht darauf; selbstverständlich kann sich der/
die Diskursanalytikerin auch auf Normen und Werte berufen, auf die Verfassung,
auf die Allgemeinen Menschenrechte. Mit anderen Worten: er/sie kann (und
muss) Position beziehen. Dabei muss er/sie sich aber darüber im Klaren sein,
dass er/sie sich damit immer nur in die Diskurse hinein begibt und sich immer nur
auf diese als Teilnehmer am Diskurs bezieht und sich nicht auf eine allgemeine
und objektive Wahrheit stützen kann.[45]

Der politische Einsatz der Diskursanalyse

Kritische Diskursanalyse stellt insofern ein politisches Konzept dar, als sie in der
Lage ist, herrschende Diskurse zu hinterfragen, zu problematisieren und zu de-
konstruieren. Sie ist in der Lage, Vorschläge zur Vermeidung herrschender
Missstände zu entwickeln, indem sie nicht nur vor euphemistischem und sensati-
onslüsternem Sprachgebrauch warnt, nicht nur Sprachkritik, sondern Gesellschaftskritik betreibt, und angesichts der hochgehaltenen Normen von Demokratie, Gerechtigkeit und allgemeinen Menschenrechten geradezu dazu zwingt, Position zu beziehen, sei es, gegen Krieg, gegen Rassismus[46], gegen Ausgrenzungen aller Art, gegen ökologische Fehlentwicklungen oder gegen die Anhäufung
von Reichtum auf Kosten sozial ohnedies schwacher Bevölkerungsteile und vieles mehr.[47] Solche Kritik ist nicht ideologisch. Der Ideologe beruft sich immer
auf eine, seine (objektive oder ewig gültige) Wahrheit. Diskursanalyse ist darauf
aus, zu erkennen, „wie Wahrheitswirkungen im Innern von Diskursen entstehen,
die in sich weder wahr noch falsch sind." (Foucault 1978: 34) Die wichtigste
theoretische Voraussetzung Kritischer Diskursanalyse scheint mir zu sein, dass
sie darauf besteht, dass keiner die Wahrheit gepachtet hat, keiner beanspruchen
kann, seine Macht damit zu legitimieren, und damit auch, dass keiner endgültig
im Recht ist. Das ist die Grundbedingung dafür, dass vernünftige Kompromisse
geschlossen werden können und dass darüber hinaus erkannt wird, dass die
Macht nicht nur die Macht einiger Mächtiger ist. Damit ist sie zugleich ein Instrument, jede Art von Fundamentalismus zu problematisieren und in Frage zu stellen.

---

45 Vgl. dazu Foucault 1992. Ich diskutiere dieses Problem ausführlicher in S. Jäger
2004a, bes.: 215-232.
46 Zu unserem Verständnis von Rassismus vgl. auch unsere Ausführungen zum Institutionellen Rassismus in diesem Band.
47 Vgl. dazu auch Derridas Zehn-Punkte-Programm (Derrida 1995, bes.: 127ff.).

Das „Sysykoll". Kollektivsymbolik als diskurstragende Kategorie, am Beispiel von Konfliktdiskursen

Vorbemerkung

Als institutionalisierte und verfestigte gesellschaftliche Redeweisen entfalten Diskurse Machtwirkungen. Sie bestimmen das Wissen und die sich darauf stützenden Handlungsstrategien von Personen und Institutionen und produzieren dadurch nicht nur gesellschaftliche Wirklichkeiten, sondern formieren darüber hinaus Subjekte.

Das System der Kollektivsymbolik trägt dazu entscheidend bei und kann deshalb als ein wichtiges diskurstragendes und -stützendes Element angesehen werden. Es sind vor allem zwei Eigenschaften, die sie zu einem solchen diskursstabilisierenden Element machen:

Aufgrund ihres spezifischen Symbolcharakters erzeugen Kollektivsymbole rationales wie auch emotional gefärbtes Wissen, weil und indem sie komplexe Wirklichkeiten simplifizieren, plausibel machen und damit in spezifischer Weise deuten.

Insofern Kollektivsymbole ihre Wirkung innerhalb eines Systems entfalten, erzeugen sie dieses Wissen innerhalb einer bestimmten Ordnung, die bestimmte Logiken und (Handlungs-)Optionen nahelegt, die sich aus diesem Wissen speisen.

Beide Eigenschaften treten besonders in Konfliktdiskursen hervor, wenn und sofern durch den Einsatz der Kollektivsymbolik bestimmte Zustandsdeutungen dramatisiert und de-normalisiert werden (können) und gleichzeitig die Notwendigkeit produziert wird, die so wahrgenommenen Zustände wieder zu normalisieren und in geregelte Bahnen zu führen. Dies gilt insbesondere (aber nicht nur) für den Mediendiskurs.

Im Folgenden soll das System der Kollektivsymbolik als ein wichtiges Instrument von Diskursanalysen dargestellt werden.[1] Anhand ihres Einsatzes in aktuel-

len Konfliktdiskursen wird anschließend erläutert, welche Wirkungen Kollektivsymbole entfalten und wie sie zur Subjektbildung beitragen.

Das System der Kollektivsymbolik

Das System der Kollektivsymbolik lässt sich als eine Art interdiskursiv wirken-
des Regelwerk vorstellen, wobei unter interdiskursiv solche Elemente verstanden
werden, mit denen sich verschiedene Spezialdiskurse miteinander verschränken.[2]

Jede moderne Industriegesellschaft verfügt über ein solches System kollektiver Symbolik. Es dient dazu, dass sich die Personen in ihrer Welt, die dem einzelnen immer als komplexer Zusammenhang gegenübertritt, zurechtfinden und orientieren können. Mit Hilfe des Systems kollektiver Symbole lässt sich jede Veränderung – und sei sie noch so dramatisch – symbolisch integrieren, und es lässt
sich z.B. zwischen „Normalität" und „Abweichung" unterscheiden. (Vgl. Link
1992a.)

Unter Kollektivsymbolen sind dabei „kulturelle Stereotypen (zu verstehen)...,
die kollektiv tradiert und benutzt werden." (Drews/Gerhard/Link 1985, 265)[3]

Kollektivsymbole entfalten ihre Wirkung innerhalb eines topischen Systems,
das für westliche moderne Industriegesellschaften folgendermaßen skizziert werden kann. (s. Abb. 1) [4]

Die Grundstruktur lässt sich danach als ein kreisförmiges Gebilde vorstellen,
dessen Grenzen gleichzeitig auch die Grenzen des sozialen Systems symbolisieren.

Dieses soziale System lässt sich weiter horizontal, vertikal und diagonal
zweiteilen.

---

1   Dabei stütze ich mich von allem auf die Arbeiten von Jürgen Link, der seit 1982 (bis
    1991 zusammen mit Ulla Link-Heer) in der Zeitschrift kultuRRevolution dieses syn-
    chrone System kollektiver Symbole („Sysykoll") entwickelt hat und mit aktuellen
    Analysen ständig auf seine Gültigkeit hin befragt. Vgl. auch die Forschungsberichte
    Drews / Gerhard / Link 1985 und Becker / Gerhard / Link 1997.
2   So kann der Mediendiskurs in hohem Maße als interdiskursiv charakterisiert werden.
3   Im Unterschied zum Verständnis von Symbolen als einfache Zeichen sind Kollektiv-
    symbole „sekundäre" Zeichen, was ich weiter unten im Einzelnen erläutern werde.
4   Andreas Disselnkötter und Rolf Parr haben (unter grafischer Mitwirkung von Doro-
    thea Hein) das ursprünglich von Willi Benning entworfene und von Jürgen Link
    modifizierte und ausgearbeitete Schema des Systems kollektiver Symboliken in eine
    Serie von elf aufeinander aufbauenden Einzeldarstellungen zerlegt. Auf diese Weise
    werden die verschiedenen Aspekte des Systems separiert und dadurch didaktisch
    umgesetzt. Disselnkötter/Parr 1994: 52. Die folgenden Abbildungen sind diesem
    Text entnommen.

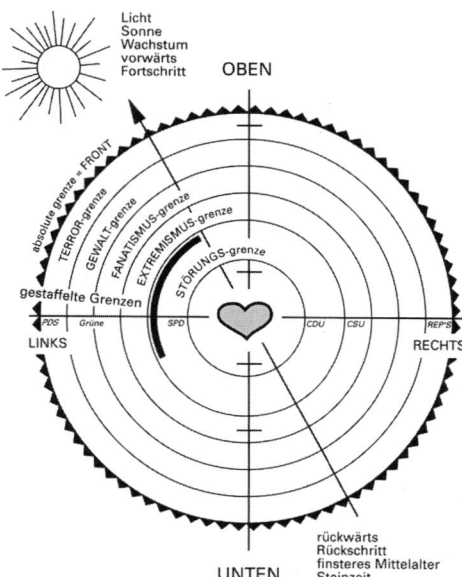

Abb.: 1 Topik der Kollektivsymbolik

Dadurch ergibt sich zum einen eine Rechts-Mitte-Links-Achse. Sie ist vor allem für eine Verortung politischer Positionen, Parteien, Gruppierungen etc. charakteristisch. Es handelt sich um eine Achse, „die vor allem die Symbolik der 'Waage' und damit den – wegen seiner 'Stabilität' besonders positiv gewerteten – Ort der 'Mitte' favorisiert." (Disselnkötter/Parr 1994, 52)

Die vertikale Oben-Unten-Achse hebt nicht nur die hierarchische Gliederung des Symbol-Systems hervor. Sie kann auch als Körper topografiert werden, dessen Kopf im oberen Teil, dessen Herz in der Mitte und dessen Genitalien unten lokalisiert werden.

Schließlich lässt sich durch die diagonale Achse Fortschritt bzw. Rückschritt des Systems markieren.

Rund um dieses Kreissystem existieren verschiedene gestaffelte Grenzen, die das System nach Außen hin abgrenzen. Störung liegt der Mitte am nahesten und kann schnell wieder behoben werden. Sie wird gefolgt von der Extremismusgrenze, der dann die Fanatismus- und Gewaltgrenze folgt. Schließlich markiert die Terrorgrenze eine absolute Grenze, die nur noch durch die Front gesteigert wird. Diese Grenzen zeigen gleichzeitig an, dass und wann durch die symbolische Codierung von Ereignissen Handlungsbedarf angsagt ist. Spätestens bei der Grenze des Terrorismus ist die Gesellschaft aufgerufen, wieder einen Zustand von „Normalität" herbeizuführen.

Diese Grundtopik wird nun durch verschiedene Symbolserien konkret 'aufgefüllt' und damit 'sprechend' gemacht. Für Konfliktdiskurse, die z.B. in den Medien häufig als Kriegs-Diskurse auftreten, sind diese Symbole besonders wichtig, da mit ihnen die Bereiche Innen und Außen codiert werden (können). Und diese sind für die Subjektbildung der Beteiligten von großer Bedeutung. Mit diesen Symbolen bzw. Symbolserien kann markiert werden, wer zur eigenen Gruppe gehört und bei wem dies nicht der Fall ist, wer also Freund und wer Feind ist.

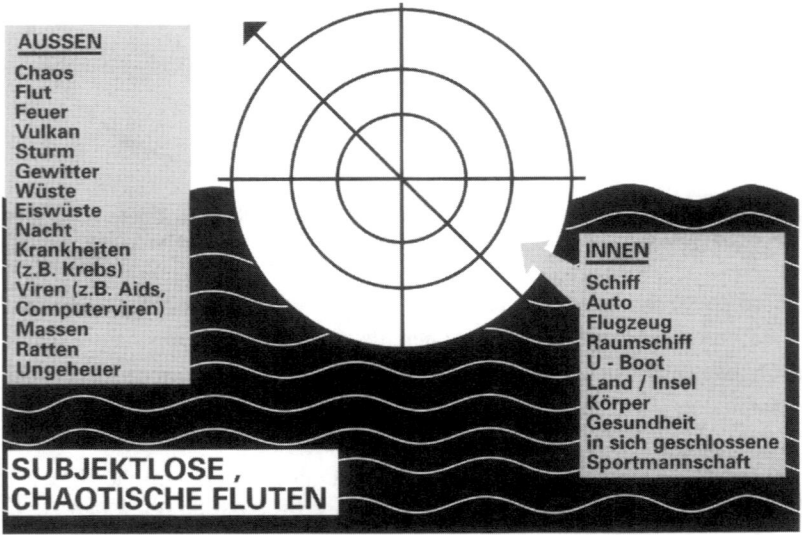

Abb. 2: Kollektivsymbole des Innen und des Außen

Bei den Symbolserien lassen sich entscheidende Unterschiede festhalten. Die Innenwelt, also 'der Westen' oder 'Deutschland', wird in der Regel als Flugzeug, Auto, Schiff, Haus etc. codiert. Für die Außenwelt gelten solche Symbole wie etwa Ungeziefer, Stürme, Fluten, Gifte etc.

> „Entscheidend dabei ist nun, dass das eigene System stets Subjektstatus besitzt, ‚Subjekt' im engen Sinne einer autonomen, zurechnungsfähigen, quasi-juristischen Person, eines Rechts-Subjekts genommen. Es ist ein Körper mit Kopf, der sich Therapien gegen die Krankheit überlegen kann; es ist ein industrialistisches

Vehikel mit Fahrer, der den Fuß vom Gas nehmen kann, es ist ein Haus mit vernünftigen Bewohnern, die die Tür zumachen können usw. Dieser Subjektstatus gilt (...) nicht (...) für das außersystemische Chaos als solches." (Link 1993: 388)

Auf dieser Grundlage trägt der Einsatz von Kollektivsymbolen zur Strukturierung von Diskursen erheblich bei, auch deshalb, weil mit ihrer Codierung aufgrund ihrer bildlichen Logik Handlungsanweisungen vorgegeben werden.[5] Diese Logik wird durch mehrere Eigenschaften, die die Kollektivsymbole ausmachen, hergestellt. Denn nicht jedes Symbol ist ein Kollektivsymbol – auch dann nicht, wenn nahezu alle Menschen der Gesellschaft dieses Symbol dechiffrieren können. Auf diese Eigenschaften soll im Folgenden kurz eingegangen werden:

Eigenschaften der Kollektivsymbolik
Grundsätzlich lässt sich also zwischen einer kollektivsymbolischen Topik und Kollektivsymbolen unterscheiden. Die kollektivsymbolische Topik ist immer dann im Spiel, wenn auf die grundsätzliche Struktur von Oben-Mitte-Unten, Rechts-Mitte-Links sowie auf eine Fortschritts-Rückschrittsachse und die damit jeweils imaginierten Grenzen angesprochen wird. Diese Topik wird symbolisch aufgeladen durch Kollektivsymbole, die folgende sechs Kriterien erfüllen müssen.[6]
1. Kollektivsymbole sind immer semantisch sekundär. D.h. sie haben eine indirekte Bedeutungsfunktion. Das Bezeichnete, z.B. Eisenbahn, wird zu einem Signifikanten eines anderen Signifikaten. Eisenbahn steht für „Fortschritt". „Der Zug in eine bessere Zukunft darf nicht verpasst werden".
2. Kollektivsymbole lassen sich visuell darstellen. Eine Eisenbahn lässt sich fotografieren, zeichnen, malen etc.
3. Das Verhältnis zwischen der ersten (nicht symbolischen) und zweiten (symbolischen) Bedeutung des Kollektivsymbols ist nicht zufällig, sondern motiviert. D.h. die Eisenbahn kann auch deshalb für Fortschritt stehen, weil eine Eisenbahn sich tatsächlich ja auch fortbewegt – eben „fortschreitet".

---

5   Dies geschieht nicht durch die Wirkung eines einzelnen Kollektivsymbols, sondern durch deren ständige Wiederholung (Rekurrenz). Dadurch können sie zu einer „Fähre" werden, auf der Wissen ins Bewusstsein der Menschen ‚transportiert' wird. Zum Verhältnis von Diskurs, Wissen und Handeln vgl. den voranstehenden Beitrag von Siegfried Jäger in diesem Band.
6   Vgl. zum folgenden Link/Link-Heer 1994. Die Kriterien müssen zwar nicht alle vorliegen, um ein Bild als Kollektivsymbol zu bestimmen. Es gibt starke Kollektivsymbole, bei denen dies der Fall ist, es existieren allerdings auch schwächere Kollektivsymbole, bei denen nur ein Teil der Kriterien zutrifft.

4. Kollektivsymbole sind immer mehrdeutig. So kann die Eisenbahn z.B. nicht nur für Fortschritt, sondern je nach Kontext auch für den „Westen", für „Zivilgesellschaft" etc. stehen.

5. Kollektivsymbole entfalten eine syntagmatische Expansivität. D.h., sie lassen sich weitererzählen. Wenn von Eisenbahn die Rede ist, tut sich ein weiteres Feld von Symbolen auf, die diesem Bedeutungsfeld angehören: Lokomotive, Waggons, Weichen, Bahnhöfe, Schienen etc. Beim Symbol des Hauses können dies Fenster, Keller, Obergeschoss, Dach, Haustüre etc. sein.[7]

6. Kollektivsymbole erlauben Analogiebeziehungen zwischen dem Bezeichnenden (Signifikanten) und dem Bezeichneten (Signifikat). So kann man sagen: Die Lokomotive ist im Verhältnis zu den Waggons das, was der technische Fortschritt für die Demokratie darstellt.

Alle diese Eigenschaften bewirken, dass Kollektivsymbole eine Logik entfalten, die über das Symbolisierte hinausgeht und Handlungsstrategien aufruft. Wenn z.B. argumentiert wird, dass das Boot, mit dem unsere Gesellschaft symbolisiert wird, voll sei, so ist damit auch eine Schlussfolgerung nahe gelegt: Es kann keiner mehr hinein. Die Schotten müssen dichtgemacht werden.

Das bedeutet nicht, dass das Nachdenken über andere Schlussfolgerungen dadurch restlos determiniert ist: Aber es wird schwierig, dieser Logik zu entkommen. So kann gegen die Behauptung: Das Boot ist voll, auch eingewendet werden, dass dies sich gar nicht so verhalte. Dem kann dann entgegnet werden:

> „Natürlich ist rechnerisch ‚das Boot noch lange nicht voll'. Wir sind, gemessen am Gros der anderen, immer noch ein reiches Land. Aber Chaos und Panik können auch ein halbvolles Boot zum Kentern bringen."[8]

Dies macht deutlich, wie Kollektivsymbole funktionieren: Es muss nicht unbedingt und ausschließlich die Masse von Flüchtlingen sein, die das Boot, also die Gesellschaft, zum Kentern bringen könnte. Bei einer rationalen ‚Entkräftung' dieses Arguments sind damit weitere Ursachen, die gleichfalls durch den Symbolkomplex nahe gelegt werden, denkbar. Hier werden „Chaos" und „Panik", die sich entfalten können, genannt. Die Kollektivsymbolik erzählt sich also weiter, indem auf unwägbares Wetter, auf Stürme, durch die das Boot zum Kentern

---

7   „Das Symbol ist also eine komplexe semantische Kette. Aus diesem Kriterium der syntagmatischen Expansion erklärt sich die häufige Tendenz, Symbole narrativ auszuspinnen." (Link/Link-Heer 1994, 45)

8   So geschehen in der WELT v.10.8.1991.

gebracht werden kann, wie auch auf Unruhe im Boot, durch die dieses in eine Schieflage geraten und gefährdet werden kann, angespielt wird. Dabei wird mit der befürchteten Schieflage wiederum die Gleichgewichtstopik aufgerufen.[9] Entscheidend für die nachhaltige Wirkung von Kollektivsymbolen ist aber nicht nur, dass sie aufgrund ihrer bildlichen Logik Strategien des Handelns nahe legen. Hinzu kommt noch, dass sie durch Bildbrüche miteinander verkoppelt werden (können), ohne dass die Verständlichkeit des Gesagten dadurch beeinträchtigt wird. Es ist ohne weiteres möglich, innerhalb einer thematisch einheitlichen Abhandlung das Symbol des Hauses mit dem des Flugzeugs oder der Eisenbahn zu verbinden. Dies funktioniert deshalb, weil diese Symbole innerhalb des synchronen Systems der Kollektivsymbolik ähnliche Positionen einnehmen und daher semantisch äquivalent funktionieren (vgl. Link/Link-Heer 1994: 46).

Als ein Beispiel, bei dem die Bildspender der Kollektivsymbole mehrfach ausgewechselt werden, ohne dass dies als Stilbruch oder unlogisch erscheint, kann die folgende Passage aus einem Zeitungsartikel gelten:

„Einer Bevölkerung, die sich vor *Invasion* geschützt fühlt, kann die Verantwortung für das Elend der Welt leichter nahe gebracht werden als einer solchen, die Angst vor einer *Überschwemmung* durch die Notleidenden hat. Es gibt genug zu tun für Ausländerfreundlichkeit, auch wenn man die Fremden nicht mehr ans *Knusperhäuschen* heranlockt, es gibt Größeres zu tun, als ihnen einen Platz in dessen *Käfig* auf dem *Hinterhof* zu garantieren: Es gilt, den *Rückbau* des aus zu billig eingekauftem Kakao gebauten *Schokoladenhauses* in Angriff zu nehmen und das *Gebäude* durch eine anständige Unterkunft zu ersetzen, die nicht diejenigen mehr anlockt, durch deren Ausbeutung und Schindung der *Bau des Hauses* möglich war. Nur weil man den chaotischen *Zustrom* durch eine bewusste Fremdenpolitik ersetzen will, verliert man seine vom *Linkssein* herübergerettete *Identität* keineswegs...“[10]

Zunächst wird die Militär-Symbolik angesprochen, dann die Flut-Symbolik, schließlich die Haus-Symbolik, um endlich zur Flut-Symbolik zurückzukehren. Interessant ist auch der Bezug auf die Innen-Außen-Topik und die Verwendung der Links-Rechts-Achse, wobei die Identität (= Herz) in die Mitte verlegt wird.

Solche Kopplungsmöglichkeiten innerhalb der Kollektivsymbolik haben einen integrierenden Effekt: Sie wirken plausibel, obwohl sich mit ihnen durchaus

---

9 Dass Kollektivsymbole aber auch unabhängig von ‚normaler' Logik verstanden werden, wird durch die Schlagzeile der BILD-Zeitung vom 2. April 1992 sinnfällig. Dort heißt es: „Die Flut steigt - wann sinkt das Boot?"

10 FAZ v. 17.11.92, zitiert nach: Bade 1994a, S. 107. Die Kursivierungen markieren Kollektivsymbole bzw. Verweise auf die kollektivsymbolische Topik.

Widersprüche verdecken lassen. Auf diese Weise tragen sie dazu bei, dass die Kollektivsymbole sich „wie ein Netz über die Diskurse ziehen und ihnen außerordentliche Festigkeit verleihen" können (S. Jäger 2004a: 137). Ein Ausstieg aus dieser Symbolik ist damit zwar nicht unmöglich, er wird allerdings in der Regel oft durch variantenreiche Einsätze erschwert, wie das obige Beispiel vom vollen Boot zeigt.

Wohl auch deshalb bezeichnet Jürgen Link das System kollektiver Symboliken als den

> „kitt der gesellschaft, es suggeriert eine imaginäre gesellschaftliche und subjektive totalität für die phantasie. während wir in der realen gesellschaft und bei unserem realen subjekt nur sehr beschränkten *durchblick* haben, fühlen wir uns dank der symbolischen sinnbildungsgitter in unserer kultur stets zuhause. wir wissen nichts über krebs, aber wir verstehen sofort, inwiefern der terror *krebs* der gesellschaft ist." (Link 1982: 11)[11]

Ein Effekt der Interdiskursivität der Kollektivsymbolik sei, dass hierdurch der „eindruck kultureller einheit" entstehe (ebd.).

Das System kollektiver Symbole reguliert insofern Verhaltens- und Rezeptionsweisen dadurch, dass bestimmte Bildfolgen einen zentralen Stellenwert erhalten und bestimmte Schlussfolgerungen nahelegen. Dennoch ist dieses Regelwerk nicht starr und unbeweglich. Dadurch, dass Kollektivsymbole immer mehrdeutig sind, besteht prinzipiell die Möglichkeit ihrer Um- oder Andersdeutung. So lässt sich feststellen, dass in Verbindung mit dem Aufkommen bzw. der Etablierung des ökologischen Gegendiskurses das Symbol des Fahrrads von bestimmten Gruppen in der Bevölkerung als ein Symbol des Fortschritts wahrgenommen wird, während es für andere als ein rückständiges Vehikel gilt. Insgesamt funk-

---

11 An dieser Stelle zeigt sich auch, dass Kollektivsymbole dem sehr nahe kommen, was an anderer Stelle und von anderen Autoren als Metaphorik bezeichnet wird. (Vgl. Lakoff/Johnson 1980.) Jürgen Link und Ursula Link-Heer betonen diese Nähe, wenn sie schreiben: „Wie George Lakoff und Mark Johnson in ihrer bereits klassischen Darstellung *Metaphors we live by* gezeigt haben, wird jenes elementare Wissen, mit dessen Hilfe die Individuen einer gegebenen Kultur sich in ihrer ‚Welt'orientieren, großenteils durch stereotype ‚bildliche' Vorstellungen geprägt. Die Gesamtheit solcher kulturspezifischer, kollektivstereotypischer 'Bildlichkeit' wird im folgenden als ‚Kollektivsymbolik' bezeichnet. Lediglich ein Teil der Metaphern im präzisen Sinne gehören zu dieser Kollektivsymbolik, die im übrigen auch andere als metaphorische Elemente umfaßt." (Link/Link-Heer 1994: 44) Solche Elemente sehen sie zum Beispiel in der Synekdoche, als die Kollektivsymbole durchaus auftreten können (z.B. die Eisenbahn als Symbol für technischen Fortschritt).

tioniert die Kollektivsymbolik aber als interdiskursive Hintergrundfolie, deren Betrachtung bei der Analyse von Diskursen von zentraler Bedeutung ist.

Kollektivsymbolik im Einwanderungsdiskurs

Die angeführten Beispiele zeigen bereits, dass gerade der Einsatz von Kollektivsymbolen in Verbindung mit der Thematisierung von Einwanderung und Flucht sehr dominant ist.

So war in Verbindung mit dem Einwanderungsdiskurs der 90er Jahre die Flut- und Boots-Symbolik vorherrschend und prägt diesen bis in die Gegenwart. Oft war von der „Asylantenflut" oder auch vom „Flüchtlingsstrom", den es „einzudämmen" gelte, die Rede. Wir lasen von „brechenden Dämmen" oder von der Gefahr, Deutschland werde von Flüchtlingen „überflutet".

Abb. 3: SPIEGEL Nr. 37 vom 9.9.91

Besonders deutlich hat sich in dieser Hinsicht der SPIEGEL hervorgetan. Das Titelbild seiner Ausgabe vom 9.9.91 ist mit einem hoffnungslos überfüllten Boot ausgestattet, mit dem zugleich auf die Arche Noah angespielt wird. Hier ist es das „Schiff", das gleichzeitig auch als ‚unser Dorf', ‚unsere Stadt' oder ‚unser Haus' gelesen werden kann, das in der Gefahr steht, überflutet zu werden. Diejenigen, die in diesem Haus, auf diesem Boot sitzen, sehen sich der Gefahr des Untergangs in den Fluten ausgesetzt.

Doch die Flutsymbolik ist nicht der einzige Bildspender, mit dem im Einwanderungsdiskurs ausgrenzende und auch rassistische Effekte erzielt werden. Hinzu kommen militärische Symbole. Die Berichte und Kommentare über Einwanderung und Flucht erinnern oftmals an eine Kriegsberichterstattung. Diese Assoziation taucht etwa dann auf, wenn ein Artikel mit der Überschrift aufmacht: „Flüchtlinge sammeln sich an den Grenzen Westeuropas." (WAZ v. 8.8.91) Andere berichten über die „Abwehr illegaler Einwanderer" und darüber, dass sich die „Lage an den Ostgrenzen verschärft" habe. (WELT vom 3./4.8.1991) Da ist im Zusammenhang mit Flüchtlingen von der „Einfallsroute" und vom „Hinterland" die Rede (FR) oder von der Forderung, „Soldaten an die Grenzen ..., um den Ansturm abzuwehren" (SPIEGEL). Maßnahmen, mit denen weitere Einwanderung verhindert werden sollen, werden als „Rückschlag" (WAZ) bezeichnet, zu dem die EG sich angesichts der zunehmenden Flüchtlingszahlen gezwungen sähe.

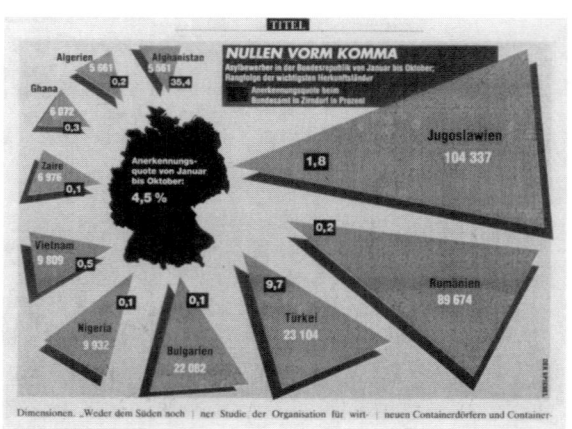

Abb. 4: SPIEGEL 37 v. 9.9.91

Auch in Schaubildern wird dieser Zusammenhang gelegentlich nahegelegt. Zur Verdeutlichung von Migrationsbewegungen werden z.B. nach Deutschland weisende Stoßkeile als Symbole verwendet, die Flüchtlinge und Einwanderer symbolisch zur militärischen Bedrohung werden lassen, zu einer Armee, die Deutschland bzw. Westeuropa belagert.

Dazu passt auch das Symbol der „Bombe", wenn Einwanderung mit Sprengsätzen oder Zeitbomben gleichgesetzt wird (z.B. SPIEGEL vom 14.4.1997).

Eine Kombination solcher verschiedenen Symbole hat das Magazin FOCUS in seiner Ausgabe vom 29.8.1994 vorgenommen. In dem Artikel, dem der Aufmacher vorangestellt ist, geht es um die Einwanderung nach Deutschland. (Abb. 5)

Wir sehen eine unüberschaubare Menge nicht-europäischer Personen, meist dunkelhäutig, die auf einem Pfeil postiert sind und den Betrachter von unten anblicken. Die Personen sind in Gestalt einer Schlange oder eines Stromes angeordnet, der sich im Hintergrund verliert. Damit wird das Kollektivsymbol des Stroms aufgerufen. Der Pfeil wiederum knüpft an die militärische Symbolik an, zumal er in die Mitte von Deutschland weist. Die Grafiken im Vordergrund, die im einzelnen auf den ersten Blick nicht zu entziffern sind, symbolisieren Zunahme von Handlungsbedarf, da die Diagramme eindeutig nach unten wie nach oben ausschlagen. Insgesamt wird mit diesem Aufmacher eine Dramatik von Einwanderung ins Bild gesetzt, zu der - wie die Überschrift kenntlich macht - die Politik schweigt..

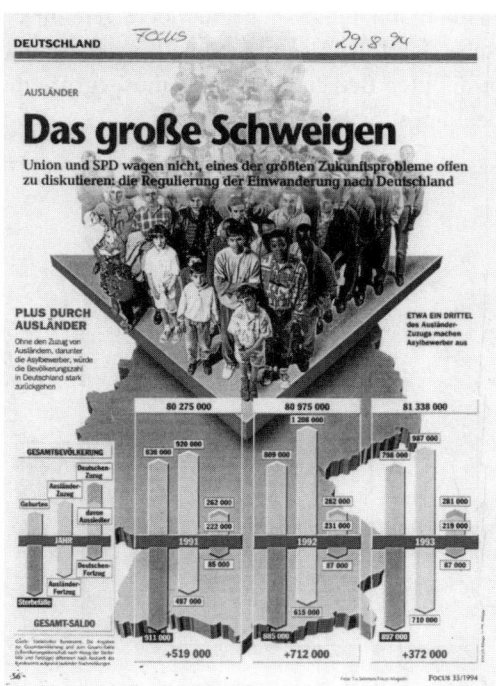

Abb 5: FOCUS vom 29.8.1994

Diese Beispiele zeigen, dass die verschiedenen Symbole nicht isoliert von einander funktionieren, sondern in einem Zusammenhang stehen. Insgesamt kann durch die Symbolik ein Bild entworfen werden, durch das die rezipierenden Subjekte in eine bedrohliche Situation versetzt werden, eine existentielle Situation, die nach Handlungsbedarf schreit. Und genau hier ist das Moment auszumachen, an dem die Kollektivsymbolik, wenn sie medial so verbreitet wird, nicht nur mit dazu beiträgt, ein vergiftetes Klima zwischen Einwandern und Eingeborenen entstehen zu lassen, sondern auch dazu, dass sich Handlungsbereitschaften bis hin zur Anwendung von Gewalt entwickeln können bzw. dass direkte oder strukturelle Gewalt, zum Beispiel bei und durch Abschiebungen, akzeptiert wird.

Kollektivsymbolik in Kriegsdiskursen

Das Beispiel des NATO-Kriegs gegen Jugoslawien
Diesen Effekt kann die Kollektivsymbolik selbstverständlich auch entfalten, wenn es in Verbindung mit kriegerischen Auseinandersetzungen um den Aufbau bzw. die Etablierung von Feindbildern geht. In solchen Situationen können militärische Begriffe zu so genannten Pragma-Symbolen werden, d.h. zusätzlich zu ihrer direkten Bedeutung werden die Begriffe mit einer weiteren symbolischen Bedeutung aufgeladen. [12]

Abb. 6:
FRANKFURTER RUNDSCHAU
vom 21.45.1999

Dies kann zum Beispiel in Gestalt einer Karikatur geschehen, wie sie während des Nato-Kriegs in Jugoslawien z.B. in der FRANKFURTER RUNDSCHAU (21.5.1999) veröffentlicht wurde: Sie zeigt ein altes, schrottreifes Auto, das Rich-

---

12 Vgl. zur Pragma-Symbolik auch den Beitrag zur Berichterstattung über den NATO-Krieg gegen Jugoslawien in diesem Band, bei dem es jedoch vor allem um die Darstellung des Zusammenhangs von Struktur- und Feinanalysen geht. Vgl. auch die Ausführungen zur medialen Darstellung des „Kopftuchs" in diesem Band.

tung Kosovo unterwegs ist und von einer Rakete überflogen und überholt wird. Symbolisiert wird hier die Überlegenheit moderner Technik, die die Diplomatie ‚überflügelt' habe. Hier fungiert die Rakete sowohl in ihrer direkten Bedeutung wie auch als Symbol für Spitzentechnologie.

Vor allem aber können Kollektivsymbole, eingesetzt in Kriegsdiskursen, dazu beitragen, Feindbilder in der Bevölkerung aufzubauen. Dabei gehe ich mit Jürgen Link davon aus, dass es zwei Haupttypen von Feindbildern gibt, die miteinander kombiniert werden können, was vor allem nach dem 11.9.2001 auch zunehmend der Fall war.[13]

Es gibt subjektlose Feinde und solche, denen ein Subjektstatus zuerkannt wird. Subjektlose Feindbilder können durch wimmelnde Insekten, durch Überflutungen etc. symbolisiert werden. Zu personalisierten Feindbildern werden vor und in kriegerischen Auseinandersetzungen häufig Politiker der gegnerischen Seite aufgebaut. Aufgrund ihres Subjektstatus sind zwar Verhandlungen mit diesen Feinden im Prinzip möglich – während mit Fluten und Insekten nicht verhandelt werden kann. Doch werden solche Personen symbolisch bei einer Konfliktzuspitzung entsubjektiviert, indem ihnen die Fähigkeit abgesprochen wird, rational zu handeln. Dies gilt z.B. für Saddam Hussein im Vorfeld und während des Golfkriegs von 1990. Die Bild-Zeitung bezeichnete ihn in einer Serie vom 9.8.1990 bis zum 20.8.1990 als „Irren" („Was macht der Irre jetzt", „Deutsche entkam dem Irren", „Jetzt quält der Irre auch Deutsche", „Der Irre ist umzingelt" usw.). Nach verbreiteter Ansicht sind aber Irre nicht verhandlungsfähig, denn sie halten sich nicht an Vereinbarungen; vor solchen Personen muss die Gesellschaft möglicherweise auch mit gewaltsamen Mitteln geschützt werden.

Nach den Terroranschlägen vom 11.9.2001 haben wir es häufig mit einer Kombination dieser beiden Feindbilder zu tun. Wir begegnen zum einen der zum Teufel dämonisierten Person Bin Laden, dessen Portrait massenhaft in den Zeitungen abgebildet wurde. Zum anderen existieren aber auch – vor allem in Deutschland – so genannte „Schläfer". Damit sind Terroristen gemeint, die völlig unauffällig in Deutschland leben und auf Abruf Terroranschläge begehen. Dieser unsichtbare, weil mit der Gesellschaft verwobene Feind hat in dieser Gestalt keinen Subjektstatus. Hinzu kommen Beschwörungen eines terroristischen Virenangriffes. Auch hier wird mit dem Pragma-Symbol der Krankheit und Seuchen an Feindbildern gestrickt. So etwa, als nach den Terroranschlägen in den Medien

---

13 Link 2002: 45

immer wieder von drohenden Terroranschlägen mit Milzbranderregern die Rede
war.

Abb. 7: BILD-Zeitung vom 27.3.1999

Im Kosovo-Krieg, als Deutschland sich erstmalig an einem Angriffskrieg beteiligte, bestand das personalisierte Feindbild in Slobodan Milosevic. Die BILD vom
27.3.1999 bezeichnet ihn als „Schlächter", der „immer wahnsinniger" werde.

Die flüchtenden Personen, die wie ein Strom angeordnet sind, dessen Ende nicht erkennbar ist, kommen auf den Betrachter zu. Sie können insofern als Bedrohung des eigenen Systems gelten, die zwar durch die Taten dieses „Wahnsinnigen" entstanden ist, gleichzeitig aber eine selbstständige Gefahr für die eigene Gesellschaft werden.

Nun ist bei diesen Beispielen, die aus der Zeit des NATO-Kriegs in Jugoslawien stammen, zu berücksichtigen, dass Deutschland hier Kriegspartei war. Unsere Diskursanalysen, mit denen wir die mediale Berichterstattung dieses Krieges ausgewertet haben, enthalten denn auch zusätzlich den Befund, dass durch den Einsatz von Bildern die in der Bevölkerung durchgängig vorhandene Skepsis gegenüber diesem Krieg so zu kanalisieren war, dass sich keine nennenswerte Bewegung gegen den Krieg entwickeln konnte.[14] Und dies geschah nicht nur durch die Dämonisierung von Milosevic als Schlächter.

Abb. 8:
WAZ vom 31.3.1999

Verzweifelt: Geflohene Kosovo-Albaner bei ihrer Ankunft in Mazedonien.   dpa-Bild

Vielmehr wurden vor allem in der Anfangsphase massenhaft Bilder von flüchtenden Personen reproduziert, die – anders als in der BILD-Zeitung – als verletzbare Individuen gezeigt wurden, denen durch das Bombardement geholfen werden sollte.

Über Wochen wurden weinende Mütter mit ihren Kindern oder alte gebrechliche Frauen z.B. auf der ersten Seite der WAZ abgebildet. Es wurden verzweifelte Flüchtlinge gezeigt, denen der Schock ihrer Vertreibung ins Gesicht geschrieben stand. Solche Bilder gehen dem Betrachter zu Herzen. Auch wenn dies nicht beabsichtigt war, so verhalfen diese Bilder den Politikern und Militärs zu Rück-

---

14 Vgl. den Projektbericht M. Jäger/S. Jäger (Hrsg.) 2002.

halt und Akzeptanz für den Krieg in der Bevölkerung – zumal gleichzeitig im redaktionellen Teil der Krieg immer wieder als alternativlos propagiert wurde.

Dies war zwar in keiner Weise logisch, da die Bilder mit den flüchtenden Menschen ja geradezu sinnfällig machten, dass die Bomben ihnen gerade nicht helfen konnten. Kollektivsymbolisch gesprochen, wurden aber die Flüchtlinge aus dem Kosovo durch die bildliche Inszenierung für einen Moment zum Teil des eigenen Systems, das durch den Krieg verteidigt werden muss.

Sie konnten dies werden, weil die Bilder als „authentisch" gelten konnten. Mit authentisch ist hier gemeint, dass die Bilder eine Distanzlosigkeit „im Sinne unvermittelter Augenzeugenschaft" produzierten. (Link 2000: 241) Die Betrachter erlebten durch ihren Anblick die Ereignisse quasi so mit, als ob sie am Ort des Geschehens gewesen wären. Ihnen musste kein Reporter erklären, um was es sich handelte. Die Betrachter erlebten das Leiden der Menschen, und sie wussten bzw. ahnten, dass sie zuschauen und nicht helfen können. Hilflosigkeit und Ohnmacht konnten sich auf dieser Grundlage breitmachen.

Der Krieg konnte so als eine Art Naturkatastrophe erlebt werden. Und die Menschen, nicht nur in Deutschland, reagierten entsprechend. Sie spendeten Geld wie bei Erdbeben oder Flutkatastrophen. Sie wandten sich an Nicht-Regierungs-Organisationen, die die Schäden rmindern sollten: Das Rote Kreuz, Ärzte ohne Grenzen etc. Auf diese Weise wurde dem Krieg der politische Raum entzogen, er wurde entpolitisiert. Die Zustimmung zu den Bomben war eine Möglichkeit, das innere Gleichgewicht wieder herzustellen.

Insofern lässt sich sagen, dass die Empörungen, die solche Bilder beim Betrachter – zumal massenhaft eingesetzt – auslösten, ein Nachdenken darüber blockierten, dass sie eigentlich das Gegenteil von dem bewiesen, was sie beweisen sollten. Sie blockierten aber nicht nur, sie verhinderten ein Nachdenken darüber, dass die Bomben möglicherweise sogar den Effekt haben, die serbischen Bevölkerung zusammenzuschmieden, mit der Konsequenz, dass die in Jugoslawien ja durchaus auch vorhandene Opposition zu Milošević zum Schweigen gebracht wurde.

Hinzu kam, dass die Brüchigkeit der Argumentation auch dadurch in den Hintergrund gerückt werden konnte, dass gleichzeitig mit den Fluchtbildern vom Elend die Fülle von ebenfalls häufig eingesetzten ‚sauberen' Infografiken demonstrierte, dass die NATO-Militärs strategisch klug und gezielt operierten (vgl. Abb. 9). Solche Infografiken zeigten z.B. topografische Karten, technische Details der eingesetzten Waffen etc.

Mit zunehmender Dauer des Krieges präsentierten die Medien jedoch auch andere Bilder: Aufnahmen von zerbombten Brücken, Aufnahmen von durch

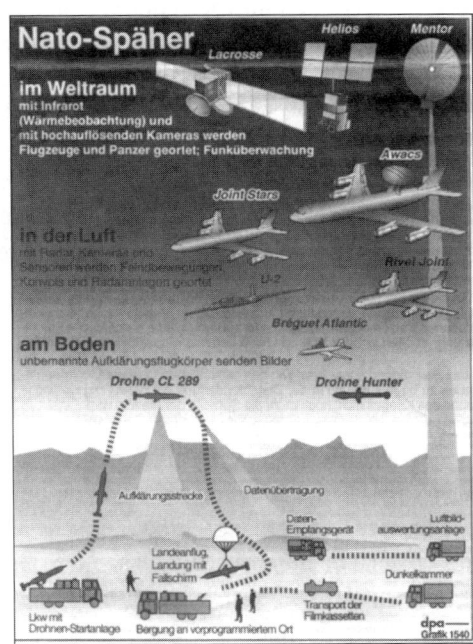

Abb 9:
<small>FRANKFURTER RUNDSCHAU v. 10.4.1999</small>

Nato-Bomben zerfetzten Menschen. Diese Bilder haben die kritische Diskussion um den Euphemismus der „Kollateralschäden" angefacht. Und auch diese Bilder verfehlten ihre Wirkung nicht – nun allerdings in kriegskritischer Hinsicht. So fragte dann auch Lothar Löwe in der Bild-Zeitung vom 17.4. 99 in seinem Kommentar mit dem Titel „Wie lange"? danach, ob „das westliche Bündnis den Druck der Öffentlichkeit - angesichts schrecklicher TV-Bilder unabsichtlich zusammengebombter Zivilisten - aushalten" könne. (BILD vom 17.4.99)

Allerdings konnte die massenhafte Positionierung der Kosovo-Albaner als Opfer einer serbischen Vertreibungspolitik die deutsche Sicht auf Flüchtlinge nicht nachhaltig verändern. Dies nicht nur deshalb, weil auch während des Krieges immer auch Artikel veröffentlicht wurden, die die flüchtenden Kosovo-Albaner in die Nähe von Kriminellen stellten (WAZ 21.4.99). Gleichzeitig wurden die Fluchtbewegungen auch durch Massenkonvois und durch endlose Karawanen symbolisiert. Dadurch wurde auch während der Kriegszeit die Lesart aufrechterhalten, dass Flüchtlinge als „Flüchtlingsflut" für das eigene gesellschaftliche System bedrohlich werden können.[15]

---

15 Vgl. hierzu Kirchner / Kreischer / Ruth: 29-72.

Das Beispiel der Nahostberichterstattung zur Zweiten Intifada

Wenn über kriegerische Konflikte berichtet wird, in die das eigene Land unmittelbar involviert ist, kann eine Abgrenzung der eigenen Gruppe von der Gruppe der Fremden oder gar der Feinde relativ leicht vorgenommen werden. Bei Berichten über Kriege, die andernorts und ohne eigene Beteiligung stattfinden, ist dies nicht der Fall.

Für eine Kollektivsymbolanalyse ist hier zusätzlich zu beachten, dass die verfeindeten Konfliktparteien symbolisch beide im Außen angesiedelt sind.[16]

Wir haben es hier in gewisser Weise mit einem doppelten Außen zu tun, das – je nachdem ob Israel oder die palästinensischen Gebiete angesprochen werden – symbolisch unterschiedlich kodiert wird. Zwar wird der gesamte Nahe Osten als das Konfliktgebiet angesehen. Dennoch steht Israel, obwohl außen, als Industriegesellschaft modernen Stils, dem westlichen Deutungsmodell näher als Palästina, das deshalb auch als ein Außen des Außen gedeutet werden kann.

Die Berichterstattung über die Zweite Intifada ist reich mit Kollektivsymbolen ausgestattet. Durch sie wird das Geschehen häufig dramatisiert, oder es werden Personen nicht nur negativ charakterisiert, sondern zum Teil auch dämonisiert und mit Tieren gleichgesetzt. Eine Feindbildkonstruktion im engeren Sinne findet aber nicht statt.[17]

Wellen der Gewalt: Natur-Symbolik

Vor allem Natursymbole rücken das Geschehen in den Bereich des menschlich nicht zu bewältigenden Konflikts und des Selbstlaufs. Dies geschieht über Wendungen und Bezeichnungen wie *Welle* der Gewalt, *Welle* des Terrors, *Welle* des Hasses, *Flächenbrand*, *Feuersbrunst*, *Lauffeuer*. Der Konflikt wird auch als ein Beben charakterisiert; die Hoffnung auf Frieden *verbrenne*.

Technik-Symbolik

Auch durch den Einsatz von Techniksymbolen werden die Geschehnisse im Nahen Osten als eigendynamisch und kaum kontrollierbar unterstrichen: hier dominiert das Symbol des *Druckes*, insbesondere auch das der *Spirale* der Gewalt und

---

16 Das DISS hat 2002 eine Analyse der Nahostberichterstattung über die Zweite Intifada angefertigt und dabei auch die verwendete Kollektivsymbolik und ihre Funktionen untersucht. Dabei stellte sich heraus, dass aus deutscher Perspektive Israel (und die palästinensischen Autonomiegebiete) zwar beide zum Außen gerechnet werden und als zwei unterschiedliche Außenwelten gelten, die allerdings miteinander verzahnt sind. Vgl. dazu S. Jäger / M. Jäger 2003.

17 Im Folgenden sind die Kollektivsymbole kursiv gesetzt.

des Terrors. *Ventile* sollten geöffnet werden. Es ist von einer *Kettenreaktion* blinder oder kalkulierter Gewaltsamkeit die Rede. Im Nahen Osten herrsche *Hochspannung*, man befinde sich dort auf einem *Pulverfass*, das jederzeit *explodieren* könne.

Durst nach Blut und Tränen: Körper-Symbolik
Mit dem Einsatz von Körpersymbolen wird das verletzbare Selbst, das Fehlen von Vernunft, die Gefährdung des Lebens etc. herausgestellt. Der Konflikt wird mit *Irrsinn* in Verbindung gebracht, womit allen Beteiligten Vernunft abgesprochen wird. Es ist die Rede vom tiefen Tal *der Angst* und der *Tränen* oder vom Friedensprozess, der *im Blut ertrinke*. Es gäbe „immer noch einen riesigen Durst nach Blut und Tränen" (SPIEGEL). Die Blutmetapher ist insgesamt stark verbreitet, womit die Auseinandersetzung zwischen Israel und den Palästinern als besonders brutal und atavistisch gekennzeichnet wird. Auch hier ist die pragmasymbolische Lesart zu berücksichtigen, da im Nahen Osten natürlich durch Attentate und militärische Angriffe viel Blut vergossen wird.

Aus dem Gleichgewicht: Symbole der Normalisierung
Selten finden sich in der Konfliktberichterstattung Bilder des Ausgleichs und der Normalisierung. Sie treten aber dann auf, wenn der Nahe Osten als eine Region von De-Normalität und Instabilität gezeichnet wird und Wege aus dieser Situation beschworen werden: So heißt es z.B., dass wieder eine Position des *Gleichgewichts* eingenommen werden müsse, dass ein Weg zurück zur Normalität eingeschlagen werden müsse, der von *messbaren Maßnahmen* begleitet sein sollte. Zu diesem Komplex gehören auch Symbole wie *Pause, Ruhe, Fixierung, Stillstand*, etc.

Prozess in Flammen: Dramatisierende Symbolketten
In der Regel tauchen diese Kollektivsymbole als eine Kette von Bildbrüchen (Katachresen) auf. Sie mäandern gleichsam durch die Texte, so dass hochgradig kollektivsymbolisch aufgeladene Szenarien entstehen. Das folgende Beispiel zeigt eine besonders dichte Verkettung solcher Symbole aus unterschiedlichen Bildspendebereichen und kann demonstrieren, wie ihr Einsatz ein dramatisches Szenario entstehen lässt.

Bereits in der Überschrift eines Artikels der SZ vom 2.10.2001 ist von „Pyromanen" die Rede, die Politik machen. In der Unterschrift heißt es: „In Nahost wird ein Flächenbrand gelegt, und die Verantwortlichen gießen Öl ins Feuer." Der Artikel selbst beginnt folgendermaßen:

„Rauchschwaden ziehen übers gelobte Land, der Friedensprozess zwischen Israelis und Palästinensern scheint in *Flammen* aufzugehen. Vom Jerusalemer Tempelberg aus haben sich die Unruhen wie von *schnellen Winden befeuert* über die palästinensischen Autonomiegebiete ausgebreitet. Ein *Flächenbrand* droht, und das hat viele Ursachen: Der *Boden*, also die Basis für den Frieden, ist allzu *trocken* und das *Unterholz verdörrt*. Doch das *Feuer* ist nicht von selbst *entflammt*, das ist kein Unfall und keine *Naturkatastrophe*. Dieses *Feuer* ist *entfacht* worden von zwei Seiten. Das dadurch ausgelöste *Chaos* entspringt also verantwortungslosem *Kalkül*.
Auf beiden Seiten finden sich die politischen *Pyromanen*, die von der Gewalt zu *profitieren* glauben. Als oberster *Brandstifter* Israels hat sich in diesem Fall der Likud-Führer Ariel Scharon profiliert bei seinem Besuch auf dem Tempelberg mit den islamischen Heiligtümern am Donnerstag. Eine unerhörte Provokation war das und somit die *Initialzündung*. Doch ans *Löschen* dachte auch auf der Gegenseite zunächst keiner. Vielmehr schleppten die Palästinenser eilfertig die *Ölkanister* herbei. Tagelang kein Wort von ihrem Präsidenten Jassir Arafat zur *Eindämmung* der Gewalt."

Auch wenn in dem Text selbst bestritten wird, dass es sich um eine Naturkatastrophe handele, so verweist die Kollektivsymbolik dennoch darauf, dass der Konflikt ähnlich schwer unter Kontrolle zu bringen ist. Hier verketten sich Symbole der Natur, der Technik, der Mathematik und der Ökonomie.

Insgesamt kann gesagt werden, dass der Einsatz der Kollektivsymbolik in solchen kriegerischen Konflikten, wie sie der Nahost-Konflikt darstellt, vor allem bewirkt, dass die Gebiete zu einem Ort des Chaos und der totalen Denormalität werden, in dessen Schatten die Zustände in unserer Gesellschaft als absolut normal markiert werden können.

Die Kollektivsymbolik und die Macht der Diskurse: Schlussbemerkung

Es sollte deutlich geworden sein, dass nicht die Kollektivsymbole als solche oder gar die kollektivsymbolische Topik die skizzierten Effekte zeitigen. Vielmehr ist es ihr spezifischer Einsatz, mit dem gesellschaftliche Situationen als Ort von Denormalität markiert werden, was dann den Wunsch nach Normalisierung nach sich zieht. Das bedeutet, dass denjenigen, die z.B. in den Medien an der Produktion von Wissen und damit an Diskursen arbeiten, dieser Einsatz bewusst sein sollte. Es sollte ein Bewusstsein nicht nur über die Macht der Diskurse insgesamt, sondern auch darüber, welche Effekte mit dem Einsatz von Bildern aller Art erzielt werden, entstehen und gefördert werden.

Ein positives Beispiel ist z.B. ein Kommentar in der WAZ vom 28. März 2003, also während des Irak-Krieges. Dort problematisiert Alfons Pieper die Begrifflichkeiten, mit denen dieser Krieg als führbar verharmlost werde:

> „Man wundert sich über so manche Wendung in den Reaktionen auf den Krieg. Als wenn Krieg nicht Opfer forderte, Tote, als wenn Krieg nicht zu Verwüstungen führen würde. Das Gerede von den Präzisionswaffen und chirurgischen Eingriffen. Der Vergleich zu Ärzten ist zynisch. Chirurgen in aller Welt müssten dagegen protestieren. Bomben und Chirurgie. Das ist ein absurder Vergleich. Das eine heilt, das andere tötet. Wir aber stellen beides nebeneinander." (WAZ v. 28.3.2003)

Die kritische Hinterfragung der Anwendung dieser Kollektivsymbolik kann bereits einen positiven Beitrag leisten, indem die bildliche Logik durchbrochen wird. Darüber hinaus gilt es aber, in den Medien auf den Einsatz spektakulärer Bilder und Symbole dann zu verzichten, wenn sie geeignet sind, Konfliktdiskurse aufzuheizen und damit vorhandene Konflikte eskalieren, statt deeskalieren zu lassen, Kriege zu legitimieren und als akzeptabel erscheinen zu lassen.

Normalität um jeden Preis? Normalismus und Normalisierung als diskurstragende Kategorien in modernen Industriegesellschaften[1]

Diskursanalysen, die an Arbeiten von Michel Foucault anschließen, stoßen – sofern sie sich auf Diskurse von Industriegesellschaften westlichen Typs beziehen – sehr bald und umfassend auf den Komplex von Normalität und Normalisierung. Diese Kategorien sind nicht erst seit dem Kollaps des systemischen Gegenmodells „Sozialismus" von Bedeutung. Allerdings ist festzustellen, dass seit dieser Zeit die Kategorie der „Normalität" einen diskursiven Durchbruch erlebte, in dem sie mehr und mehr als ein Zustand betrachtet wird, der gesellschaftlich anzustreben sei. Der durchaus bereits vor dieser Zeit vorhandene normalistische Charakter von Gesellschaft trat mit den Ereignissen von 1989 und danach deutlich hervor. Normalismus, Normalität und Normalisierung können insofern als diskurstragende Kategorien in dem Sinne verstanden werden, als Diskurse ohne sie nicht funktionieren würden.[2]

Doch was bedeutet eigentlich Normalität? Wie funktioniert Normalismus? Dazu hat Jürgen Link – im Anschluss an Michel Foucault – ein umfassendes theoretisches Konzept vorgelegt, dessen Grundzüge im folgenden dargestellt

---

1 Beim „Normalismus" handelt es sich um eine bedeutende „diskurstragende Kategorie". Darunter „sind in der Regel nicht isolierte einzelne Wörter zu verstehen, sondern ganze semantische Komplexe einschließlich ihrer Praxisbezüge." (Link 1996: 15). Auch deshalb gehört es in die „Werkzeugkiste" einer Kritischen Diskursanalyse. In den beiden folgenden Artikeln stellen wir zunächst das Konzept des Normalismus dar, wie es von Jürgen Link entwickelt worden ist (Vgl. dazu Link 1996 sowie die erheblich erweitere Fassung Link 2006a). Sodann führen wir anhand einer Analyse der BILD-Berichterstattung zu der Serie von Brandanschlägen nach dem mörderischen Angriff auf eine türkische Familie im Frühjahr 1993 in Solingen vor, wie Normalismus medial funktioniert.

2 Jürgen Link führt dazu aus: „Zöge man diesen Komplex etwa aus dem Diskurs der deutschen mediopolitischen Klasse seit 1989 heraus, so könnte dieser Diskurs keinen Augenblick länger ‚tragen'." (Link 1996: 15)

werden sollen.[3] Es erklärt, wie Normalität produziert wird und welche Funktion
Normalismus für Subjekte und Kollektive hat, also für die Gesellschaften, in
denen er wirkt, und für ihre Mitglieder.

Normalität und Normativität

Um den Stellenwert von Normalität und ihre diskursive Funktion zu erfassen, ist
es sinnvoll diese Kategorie vom Konzept der Normativität zu unterscheiden. So
betont Link, dass Normen oder Normativität in allen Gesellschaften existieren.
Bei ihnen handelt es sich um „explizite oder implizite Regulative, die material
oder formal bestimmten Personengruppen ein bestimmtes Handeln vorschrei-
ben." (Link 1995a: 24) Aus diesem Grunde sind Normen stets dem Handeln prä-
existent. Sie existieren, bevor gehandelt wird und leiten insofern Handeln an.

Demgegenüber existiert Normalität als Kategorie nicht in allen Gesellschaften. Sie ist vornehmlich in modernen okzidentalen Gesellschaften von Bedeutung. Normalität setzt „ganz wesentlich statistische Dispositive voraus und wird
in Bezug auf ‚Durchschnitte' definiert." (Link 1995a: 24) Aus diesem Grunde ist
Normalität immer post-existent. Ob etwas normal ist oder nicht, ist erst im Nachhinein mit Sicherheit feststellbar.

Entwicklungsschübe der Normalität

Was heute als „Normalität" wahrgenommen wird, hat sich historisch seit Beginn
des 19. Jahrhunderts in Schüben herausgebildet. Der erste Schub vollzog sich in
der Medizin, an die sich dann die Psychiatrie, die Psychologie und die Sozialpsy-
chologie etc. anschlossen. Im Zuge dieser Entwicklung wurde der Begriff „Ge-
sundheit" durch „Normalität" abgelöst.

Die zweite Phase vollzog sich innerhalb industriell-technischer Entwicklungen (Normungen), an die sich dann Ökonomie, Versicherungsökonomie, Ergo-
nomie etc. anschlossen. Beide Entwicklungslinien hatten wesentlich Statistiken
zur Voraussetzung. Massenhafte Verdatung von Werten, die Berechnungen von
Durchschnitten, Bestimmung von Grenzwerten und Toleranzen konnte nur auf
diesem Untergrund geschehen.

Nach Link sind beide Entwicklungslinien miteinander in Kontakt getreten
und haben sich gegenseitig verstärkt.

Ein dritter Entwicklungsstrang erfasste schließlich übergreifende Sektoren

---

3   Link geht dabei von ersten Überlegungen Foucaults aus, wie er sie etwa in „Überwa-
     chen und Strafen" angestellt hat. Vgl. dazu Link 1996: 132ff. Die folgenden Ausfüh-
     rungen beziehen sich in erster Linie auf Link 1995a bzw. Link 1996.

wie „das Soziale (...), den ‚Alltag' und die Politik." (Link 1995a: 25) „Diese Entwicklung führte schließlich die heutige partiell dominante Stellung des Normalismus in der Gesamtgesellschaft und Gesamtkultur herbei." (Link 1995a: 25f.)

Die historische Funktion des Normalismus ist darin zu sehen, dass sie eine Antwort auf die Herausforderungen der modernen Dynamiken darstellt.

„Normalitäts-Dispositive sind in allen Einzelsektoren und im integrierenden (interdiskursiven) Bereich kompensierende, ‚versichernde' Dispositive gegen die tendenziell ‚exponentiellen' und damit tendenziell ‚chaotischen' growth-Kurven der Moderne." (Link 1995a: 26)

Mit der Herausbildung des Normalismus konnten also die dynamischen gesellschaftlichen Prozesse, bei denen es immer um Wachstum und Weiterentwicklung geht und die deshalb auch immer die Gefahr eines chaotischen Umschlags in sich bergen, kontrolliert und reguliert werden. Das macht seine Potenz aus.

Diese Kontrolle und Regulation kann vor allem deshalb stattfinden, weil und sofern die Grenzen der im Nachhinein festgestellten Normalität sich „stets dynamisch auf einem Kontinuum" verschieben lassen. (Link 1995a: 26) Das heißt, es gibt zwar Grenzen zwischen normal und nicht-normal, doch wo sich die Grenze auftut, hängt immer davon ab, wie sich die diskursiven Kämpfe entwickeln. Wir erleben dies z.B. in der Umweltpolitik. Wenn dort Grenzwerte angegeben werden, nach deren Eintreten z.B. Smogalarm angesagt ist, so kann diese Grenze – je nach politischer Einschätzung der Regierenden – mal nach oben und mal nach unten korrigiert werden.

Diese prinzipielle Verschiebbarkeit führt aber bei den Subjekten zu einer „Denormalisierungsangst". Die Frage „Bin ich normal?" ist Ausdruck dieser latenten Angst. Diese beiden Komponenten – die prinzipielle Verschiebbarkeit der Normalitätsgrenzen und die daraus folgende Denormalisierungsangst – führen zu zwei verschiedenen Umgangsweisen damit, wie Normalitätsgrenzen festgelegt werden.

Eine bestimmte Strategie, die im 19. Jahrhundert und der ersten Hälfte des 20. Jahrhunderts vorherrschte, bezeichnet Jürgen Link als protonormalistische Strategie. In diesem Falle sollen möglichst enge und starre Toleranzgrenzen gegen Denormalisierung versichern. Das Risiko dieser Strategie liegt darin, dass enge Grenzen Wachstumsdynamiken auch blockieren können. Dies wiederum könne, so Jürgen Link „in Stau-Krisen mit Deichbrüchen und daraus folgenden katastrophischen Denormalisierungen" enden. (Link 1995a: 27)

Im Gegensatz zur protonormalistischen Strategie legt eine flexibel-normalistische Strategie möglichst breite Toleranzzonen fest. Sie ermöglichen, dass auch bei einer unvorhergesehenen Dynamik der statistischen Werte kurzfristig neu adjustiert und eingestellt werden kann. Bei dieser Strategie liegen die Risiken darin, dass die Grenzen verschwimmen und dadurch „ebenfalls u.U. katastrophische Denormalisierungen ausgelöst werden können." (Link 1995a: 27)

Beide Normalisierungsstrategien bergen somit Risiken in sich. Optimal wäre deshalb eigentlich, dass zwischen beiden Strategien ein ständiger Wechsel stattfände. Wenn die flexible Strategie versagt, könnte sie durch eine protonomalistische abgelöst werden. Doch eine solcher Wechsel ist deshalb nicht möglich, weil die unterschiedlichen bzw. gegensätzlichen Strategien unterschiedliche bzw. gegensätzliche Subjektivitäten herausbilden, die nicht so ohne weiteres ausgewechselt werden können.

Protonormalistische Normalitätsstrategien erfordern ein autoritär strukturiertes Subjekt; flexibler Normalismus erfordert ein weitgehend „autonomes" Subjekt, das in der Lage sein muss, sich selbst zu regulieren.

Andererseits handelt es sich bei beiden Strategien um normalistische Strategien, die sozusagen im gleichen „normalistischen Bett" liegen. Sie sind prinzipiell umkehrbar und „gehen wechselseitig wiederholt auseinander hervor, lösen einander wechselseitig wiederholt ab." (Link 1995a: 28)

Dieses bestimmte Verhältnis der beiden Strategien zueinander nennt Jürgen Link eine „aporetische siamesische Bifurkation" (Link 1995a: 28). Beide Strategien hängen gleichsam wie siamesische Zwillinge aneinander, trotzdem sind es Sackgassen, aus denen es nach vorne hin keinen Ausweg gibt. Wo der flexible Normalismus versagt oder in die Krise gerät, ist Protonormalismus angesagt und umgekehrt.[4]

Zur Funktion der Massenmedien im Normalismus

Bei der Durchsetzung und Etablierung von Normalismus erfüllen die modernen Massenmedien verschiedene wichtige Funktionen.

Sie sind es, die die Fülle von Daten, Kurven, Durchschnitts- und Toleranzwerten öffentlich machen. Dadurch liefern sie den Gesellschaftsmitgliedern die Applikationsvorgaben für ihr ‚normales' Verhalten. Ein Beispiel, das gleichzei-

---

4   Historisch lässt sich sagen, dass sich z.B. in Deutschland vor 1914 flexibel-normalistische Tendenzen verstärkten, die dann im Vorfeld von Faschismus zum Protonormalismus wurden, der bis etwa 1945 andauerte. Insgesamt setzt sich eine flexibel-normalistische Strategie in der ersten Hälfte des 20. Jahrhunderts in den USA und nach 1945 in allen okzidentalen Kulturen als *dominante* Strategie durch.

tig für diese Funktion einschneidend war, ist die Veröffentlichung des Kinsey-Reports, der das Sexualverhalten der Menschen normalisierte. Nach Veröffentlichung dieses Reports wussten die Amerikaner, ob ihr sexuelles Verhalten normal ist oder nicht. Sie konnten die dort veröffentlichten Daten zur Grundlage ihres eigenen Verhaltens machen oder auch ihr Verhalten dadurch legitimieren.

Zur Funktion der Verbreitung von Daten und Fakten durch die Massenmedien gehört auch die Versorgung mit Meinungsumfragen. Meinungsumfragen erfüllen eine ganz fundamentale normalistische Funktion. Sie besteht darin, dass mittels solcher Umfragen und ihrer Veröffentlichung „‚offene Debatten' innerhalb eines ‚normalen' Meinungsspektrums organisier[t] und aus[ge]strahl[t werden], wodurch symbolisch die ‚Mitte' und die ‚Extreme' (Normalitätsgrenzen) dieses Spektrums markiert (und häufig erst mit etabliert) werden." (Link 1995a: 29)

Meinungsumfragen weisen Ereignissen und persönlichen oder politischen Optionen explizit oder auch nur implizit mit Hilfe einer kollektiven Symbolik imaginäre Orte auf dem ‚Links-Mitte-Rechts'-Schema zu und suggerieren dadurch „Normalität" bzw. „Anormalität"

Dabei kann die Tatsache, dass die Medien plural darüber berichten, selbst noch einmal dafür sorgen, dass Normalisierung integrierend wirkt. Keines der Organe definiert verbindlich, was normal ist und was nicht; es ist die Gesamtheit des Diskurses, die diese Funktion wahrnimmt. Und selbstverständlich können die einzelnen Medien dabei stärker flexiblen- oder protonormalistischen Tendenzen folgen.

Der Normalismus ist für seine Regulierung – gleich ob als Proto- oder als flexibler Normalismus – auf Prognostik angewiesen. Und dies gilt natürlich auch für ihn selbst. Dies führt zu der Frage, wann die Grenzen der jeweils eingeschlagenen Strategie jeweils erreicht sind. Wann kann es zu einem Umschlag vom flexiblen Normalismus zum Protonormalismus kommen?

Jürgen Link diskutiert diese Frage u.a. anhand der Asyl- und Einwanderungspolitik in Deutschland.

Eigentlich wäre es ja sinnvoll, das Problem von Zuwanderung und Flucht durch ein flexibel-offenes System zu kontrollieren. Wenn die Zahl der Flüchtlinge wächst, wird der Hahn flexibel zugedreht, um gegebenenfalls auch wieder aufgedreht zu werden. Im Feld der Einwanderung in Deutschland ist dieser Gedanke in Verbindung mit der Diskussion um die Greencard auch diskutiert worden. Nachdem sich 1998/1999 herausgestellt hatte, dass der Computerindustrie die notwendigen Experten fehlen, hat sich die damalige Bundesregierung entschlossen, den Einwanderungshahn ein wenig zu öffnen, damit diese Experten ins Land kommen können. Doch gerade hier zeigt sich, dass die restriktive Einwanderungspolitik, die zuvor jahrzehntelang propagiert und durchgesetzt worden war und die eher protonormalistische Züge trug, nicht auf Knopfdruck auf eine flexible Strategie umgestellt werden kann. Die Gründe dafür liegen in den unterschiedlichen Subjektivitätstypen, die diese Strategien hervorbringen bzw. erforderlich machen.

Protonormalistische Subjektivitätstypen sind durch mauerartige Kompaktheit und Schmalheit fixer Normalitätsgrenzen in allen Bereichen charakterisiert. Diese Grenzen werden den Individuen vor allem von außen bzw. von oben vorgegeben und eindressiert. Bei flexibel-normalistischen Subjektivitäten werden diese Grenzen als flexibel und variabel imaginiert. Es existieren ‚breite' Normalitätsgrenzen, die sich zudem in verschiedenen Bereichen unterscheiden können.

Zwar können sich bei den Individuen durchaus je individuelle Normalitäten-Mixe einstellen. So „kann eine bis ins ‚Perverse' ‚verbreiterte' Toleranzen- und Grenz-Zone beim Sex" bei den gleichen Personen durchaus „mit einer ‚enger' angesetzten Toleranz-Zone bei Einwanderung koexistieren. Entscheidend ist (aber) die ‚autonome' Selbst-Adjustierung und prinzipielle Bereitschaft zur Modifikation der Ein-Stellungen". (Link 1995a: 32f.)

Protonormalistische Subjektivitäten dagegen können mit flexiblen Toleranzen nicht oder nur sehr schlecht umgehen. Doch können flexibel-normalistische Subjektivitäten durchaus protonormalistische Strategien in ihren Mix integrieren.

Link vertritt die These, dass sich die beiden beschriebenen Strategien deshalb nicht unbegrenzt flexibel mischen können, weil Subjektivitäten nicht so schnell ‚umgebaut' werden können.

Da aber flexibel-normalistische Subjekte innerhalb ihres Konzepts protonormalistische Strategien zumindest für eine gewisse Zeit akzeptieren können, nimmt er an, dass es eine Art ‚Kippschaltung' gibt, mit der vom flexiblen Normalismus auf Protonormalismus umgeschaltet werden kann. Und er sieht die Grenze des flexiblen Normalismus dort gegeben, wo dieses Umschalten nicht mehr verhindert werden kann.

In der Asyl- und Ausländerpolitik sei in Deutschland jahrelang eine protonormalistische Grenze aufgebaut worden. Die Massenmedien signalisierten und signalisieren ständig – mal mehr, mal weniger – Denormalisierungen oder Risiken von Denormalisierung in diesem politischen Feld. Deshalb kann insgesamt gesagt werden, dass die Anwesenheit von Einwanderern in Deutschland als nicht normal angesehen wird – vor allem dann, wenn es sich um farbige Personen handelt: [5]

„Die Grenze des flexiblen Normalismus läge also, konkret auf die Funktion und den Effekt der Medien bezogen, dort, wo größere Sektoren des Publikums die medial suggerierten Normalitätsgrenzen subjektiv nicht mehr applizieren könnten und entweder als ‚normal' suggerierte Umstände subjektiv als ‚anormal' erlebten oder umgekehrt." (Link 1995a: 35)

Da bei der Grenze der Normalität aber immer zwei Extreme mitgedacht werden, bei deren Eintreffen ‚Anormalität' angezeigt wird, existieren auch zwei Bevölkerungsgruppen, bei denen die projezierte Normalität subjektiv nicht mehr aufgenommen werden kann.

Hier haben wir zum einen gewalttätige Personen, die die von den Medien und Politikern ausgesendeten Denormalisierungssignale wahrnehmen und Einwanderer und Flüchtlinge überfallen, um sie zu töten oder aus dem Land zu prügeln. Wobei solche Gewalttaten gegenüber Ausländern erneut Denormalisierungen produzieren.[6]

Zur zweiten Gruppe gehören diejenigen, die weiterer Einschränkungen von Zuwanderung und Errichtung von Barrieren gegenüber Flüchtlingen nicht zustimmen können. Aus dieser Perspektive können Abschiebungen mit den teilweise brutalen Begleitumständen nicht als normal erlebt werden. Jürgen Link sieht hier gewisse Grenzen von Normalisierungsstrategien:

„Wenn das schiere Grauen statistisch dominant wird, wird es dann normal? Oder gibt es eine anthropologische Grenze der Normalisierung? Die Verkehrstoten sind aufgrund der Statistik normal, die Ladendiebstähle ebenfalls – könnten Mord und Totschlag in unseren Städten, sollten sie statistisch zunehmen wie Verkehrstote, auf die gleiche Weise normalisiert werden? Offensichtlich hängt das von Faktoren wie symbolische Gewichtung, individueller Wahrnehmung trotz Statistik, von der medialen bzw. außermedialen Sichtbarkeit und schließlich von so etwas sie ‚psychisch-nervlichen' Toleranzen der Individuen ab." (Link 1995a: 36)

---

5 Bei der Herstellung von Denormalität oder Denormalisierungsrisiken spielt das System der Kollektivsymbolik eine große Rolle, da durch ihren Einsatz gleichzeitig Handlungsbedarf produziert wird. (S. dazu auch den Beitrag zur Kollektivsymbolik in diesem Band). Jürgen Link betont, dass in den Medien flexibel-normalistische und protonormalistische Strategien durchaus nebeneinander existieren. Allerdings sieht er beim Massenblatt BILD beide Formen vereinigt: Im Bereich Sex und Sport sei flexibler Normalismus, im Bereich Einwanderung, Kriminalität, Terror und Arbeitslosigkeit dagegen Protonormalismus vorherrschend. (Link 1995a)

6 Umgekehrt haben die gewalttätigen Ausschreitungen und Mordversuche an Einwanderern und Flüchtlingen, die 1993 das Land in Atem hielten, selbst nicht unerheblich dazu beigetragen, dass die politische Klasse die faktische Abschaffung des Artikel 16 Grundgesetz beschließen konnte.

Insofern seien Abschiebungen „ein protonormalistischer Dorn im Fleisch des flexiblen Normalismus" (Link 1995a: 36), weshalb sie gerne auch der öffentlichen Sichtbarkeit entzogen werden.

Die Frage, weshalb dieser Dorn nicht einen erheblichen Teil der deutschen Bevölkerung auf die Nerven geht, erklärt sich für Jürgen Link aus dem Verhältnis von medialer und nicht-medialer Sichtbarkeit.

In einer hochgradig arbeitsteiligen Gesellschaft lassen sich nicht alle Fakten und Ereignisse medial darstellen. Die Medien verrichten diese Tätigkeit quasi exemplarisch-symbolisch, und es entsteht bei der Bevölkerung so etwas eine Normalitätsvermutung. Das heißt, man geht davon aus, dass die wirklich schlimmen Dinge durch die Medien mit Sicherheit ans Tageslicht gefördert werden:

> „Während der Proto-Normalismus durch flexible Elemente stets krisenhaft gestört wird, kann der Flexibilitäts-Normalismus umgekehrt größere protonormalistische Enklaven verkraften, indem er sie entweder manipulativ dem Blick entzieht oder sie symbolisch durch flexible Ereignisse wie Frauenquoten oder Freigabe weicher Drogen überdeterminiert und übertönt." (Link 1995a: 37)

Doch solche Enklaven tendieren zur Verbreiterung.

> „Je mehr sie proliferieren, um so häufiger werden sie mehr und mehr flexibel-normalistische Individuen ‚stören', um so schwieriger und brisanter werden manipulative Tilgungen der Friktionen in den Medien und um so näher rückt die eigentliche Grenze des flexiblen Normalismus, an der er in die Gefahr des ‚Umkippens' in protonormalistische Dominanz geriete." (Link 1995a: 37)

Allerdings setzt Link die „Kapazität des Flexibilitäts-Normalismus" sehr hoch an. Ein Beispiel hierzu liefert ihm die Statistik des „neorassistischen Terrors". Nach den Brandanschlägen von Solingen im Frühjahr 1993 befand sich der flexible Normalismus in einem Engpass. Da war es quasi „ein Geschenk des Himmels" (Link 1995a: 37), dass es in der Folge vorkam bzw. in den Medien besonders betont wurde, dass auch Ausländer Wohnungen in Brand setzten, etwa um Versicherungen zu betrügen. Auf diese Weise wurden die Brandanschläge ‚normalisiert'.

> „Ebenso könnten Abschiebungen eines Tages normalisiert erscheinen – es sei denn, es wären dadurch protonormalistische, neorassistische Subjektivitäten produziert worden, die uns eines Tages den ‚dritten deutschen Versuch' ... auf nicht erwünschte Weise bescheren würden." (ebd.: 38)

Wie dies im einzelnen medial funktioniert und inszeniert wird, kann die nun folgende Tag-zu-Tag-Analyse der Berichterstattung der BILD-Zeitung aus dem

Frühjahr/Sommer 1993 zeigen: Die große Anzahl Brandanschläge, die nach den Morden in Solingen stattfanden, wurden nicht nur von der BILD-Zeitung als hochgradige Denormalisierung aufgenommen, auf die fast mit dem harten proto-normalistischen Konzept der Ausrufung des Staatsnotstandes reagiert worden wäre. Das Normalisierungskonzept, mit dem – nicht nur – die BILD-Zeitung (re)-agierte, bediente sich jedoch anderer Mittel.

Projekte und Analysen

Die BILD-Zeitung als Großregulator.
Die Berichterstattung über Einwanderung und Flucht und die Fahndung nach der RAF im Frühjahr 1993 und ihre normalisierenden Effekte

Vorbemerkung

Dass die Medien erheblich zur Produktion und Reproduktion von Rassismus beitragen, ist inzwischen fast zu einer Binsenweisheit geworden.[1] Trotz mancher guten Analysen ist allerdings immer noch zu wenig bekannt, wie dieser Prozess funktioniert und welche Regulations- und Normalisierungstechniken dabei Verwendung finden.

BILD ist für eine solche Untersuchung deshalb besonders geeignet,

1. weil sie das größte und einflussreichste Massenblatt in Deutschland ist,
2. weil sie vielfach die ,großen' Themen für andere Medien vorgibt[2] und damit indirekt auch Leserinnen erreicht, die keine BILD-Zeitungsleser sind,
3. weil sie einen erheblichen Beitrag zu einer politischen Rechtsentwicklung leistet, der sie zu einer realen Gefahr für die Demokratie macht.

Zusammenfassend gesagt: Weil sie die „große Hure" des mediopolitischen Diskurses ist (so Karl Kraus in einem Offenen Brief an sein Publikum von Oktober 1908 über die NEUE FREIE PRESSE).

Die Abschaffung von GG Art. 16 und das Entstehen eines diskursiven Ereignisses

Bei einer Von-Tag-zu-Tag-Analyse der Berichterstattung der BILD-Zeitung über den rassistisch motivierten Terror und die Fahndung nach der RAF vom 25. Mai 1993 bis zum 1. August 1993 (70 Ausgaben) zeigte sich, dass der Brandanschlag

---

1 Vgl. u.a. Jäger/Link (Hrsg.) 1993, Jäger u.a. 1998, sowie den wichtigen Überblick bei Geißler/Pöttker (Hrsg.) 2005. – Zum Begriff des Rassismus vgl. unsere Ausführungen zum Institutionellen Rassismus in diesem Band.
2 Vgl. dazu Huhnke 1993.

von Solingen und die tausenden von Anschlägen auf Einwanderer und Flüchtlinge, die danach stattfinden, in Verbindung mit der Berichterstattung über die damals geplante und in der Untersuchungszeit durchgeführte Veränderung des Asylartikels des Grundgesetzes (Art. 16) stehen. Zugleich konnte die Analyse zeigen, wie BILD diese Ereignisse diskursiv zu nutzen verstand, um ihre Politik der Stärkung rechts-konservativer Tendenzen in der Bundesrepublik fester zu verankern.

Insofern gibt diese Von-Tag-zu-Tag-Analyse einen Einblick in die Werkstatt der BILD-Zeitung. Sie macht plastisch sichtbar, wie BILD ihre rechts-populistische Politik hartnäckig und zielstrebig im Alltag durchsetzt und welcher Instrumente sie sich dabei bedient.[3] Die Darstellung verfolgte denn auch den Zweck, über die Ergebnisse des Projektberichtes von 1993 hinaus (S. Jäger 1993b) beispielhaft die regulativen und normalisierenden Möglichkeiten der Medien aufzuzeigen. Damit will sie dazu beitragen, dass wir uns aus den ‚Verstrickungen' undemokratischer Diskurse herausarbeiten können.

Das ursprüngliche Motiv dafür, die Berichterstattung von BILD im Vorfeld und nach der faktischen Abschaffung des Artikels 16 GG zu analysieren, war meine Befürchtung, dass hier ein diskursives Ereignis im Entstehen war, in dessen Gefolge mit einer weiteren Eskalation rassistisch motivierter Verbrechen zu rechnen sein würde.

Ich ging zudem davon aus, dass es von der Art und Weise der Darstellung dieses Ereignisses der Grundgesetzänderung in den Medien, insbesondere in BILD, abhängen würde, wie sich das künftige Klima in Deutschland entwickeln würde, insbesondere was den Diskurs der inneren Sicherheit und die Haltungen der Deutschen gegenüber Einwanderern und Flüchtlingen generell betrifft.[4]

Die Ursache für den dann schließlich auch erfolgten Schwenk im Hinblick auf die ‚Zielgruppe' von Flüchtlingen und Asylbewerbern auf Ausländer generell sehe ich in der hochgeputschten Diskussion um die sich bereits lange abzeich-

---

3 Als rechts-populistisch verstehe ich eine mediale Ansprache, der es darum zu tun ist, ein in der Bevölkerung vorhandenes allgemeines Unbehagen gegenüber gegebener politischer Praxis für die eigenen Ziele bzw. für die Durchsetzung der eigenen rechten Diskursposition zu instrumentalisieren. Es geht nicht um Umsturz, Putsch und Diktatur über die Menschen, sondern um die Regulierung/Normalisierung des Massenbewusstseins mit dem Ziel, die Bevölkerung ohne offene Gewalt zu einer Zustimmung und Stützung einer autoritären Gesellschaftsentwicklung zu veranlassen.

4 Zur Entwicklung der Thematik nach dem 11.9.2001 s. S. Jäger 2004b. – Zum Diskurs der Inneren Sicherheit vgl. jetzt Kunz 2005. Er untersucht den Diskurs der (bedrohten) inneren Sicherheit und den seiner Kritiker von 1972-1998.

nende faktische Abschaffung des Artikel 16 des GG in Verbindung mit den provozierten Brandanschlägen in Rostock-Lichtenhagen, mit denen die Endphase der politischen Diskussion um die Änderung des Artikel 16 eingeläutet wurde.[5]

Meine zweite Annahme war, dass – nachdem in BILD das ‚Asylanten'-Problem als erledigt dargestellt sein würde – nun insbesondere diejenigen kriminalisiert würden, die gegen eine Änderung des Grundgesetzes demonstrierten oder sonstwie widerständig agierten. Die Analyse zeigte, dass letzteres für einen kürzeren Zeitraum auch eintraf.

Wie und dass BILD die Gegenwehr von Türken und die Ereignisse um die Fahndung gegen mutmaßliche RAF-Terroristen für ihre Zwecke nutzen würde, war natürlich nicht absehbar, obwohl die diskursive Struktur dieses Vorgehens nicht neu ist. Linke „Chaoten" waren für BILD immer schon ein gefundenes Fressen, wenn es darum ging, die Leserinnen vom Geschehen auf dem ‚rechten Flügel' (der bis in die großen Parteien hineinreicht), abzulenken.[6] In Verbindung damit zeigte sich aber noch etwas anderes: Die Aufbauschung der RAF-Aktivitäten zu diesem Zeitpunkt diente zugleich dazu, einen normalisierenden Ausgleich auf der kollektivsymbolischen Rechts-Mitte-Links-Achse herzustellen.[7]

BILD greift alle wesentlichen Themen auf, die die Menschen in unserem Lande bewegen bzw. durch die sie bewegt werden sollen. Der Schwerpunkt der Analyse lag zwar bei der Darstellung von ‚Problemen' mit der Einwanderung und Anwesenheit von ‚Fremden' in Deutschland. Doch dieser Diskursstrang ist fast immer mehr oder minder eng mit anderen Diskursen verknüpft, insbesondere mit dem Sozial-Diskurs (meist in Gestalt eines Angst machenden Diskurses als Armutsdiskurs[8]). Diese beiden Diskursstränge spielen eng zusammen und nehmen

---

5   Vgl. dazu auch den ARD-Film von Gerd Monheim „Wer Gewalt sät... Von Biedermeiern und Brandstiftern", der eine politische Analyse der Ereignisse in Rostock darstellt. Er wurde Januar 1993 gesendet. – Wie langfristig sich Diskurse erstrecken können, ehe sie dann in eine konkrete politische Praxis „umschlagen", zeigt sehr schön die Arbeit von Wichert, der sich mit dem Thema Asyl im deutschen Bundestag befasst hat. (Wichert 1995)

6   Wie sehr dies der Fall ist, belegt die Warnung von Heiner Geißler vor einer Verschiebung des politischen Koordinatensystems nach rechts: Um diese zu verhindern, müsse auch der Kampf gegen die Randbereiche der eigenen Partei (der CDU) aufgenommen werden. (FRANKFURTER RUNDSCHAU vom 9.8.1993: 4)

7   So schreibt Jürgen Link bereits 1986: „Die BZ stülpt ... der gesamten Gesellschaft ihre Normalisierungs-Geschichten über den Kopf, sie *schafft* mit ihren Narrationen ihre ‚normale Welt'..." (Link 1986a: 229)

8   Auch dieser verfolgt das Ziel, Armut langfristig als völlig normal erscheinen zu lassen. Vgl. dazu auch Uske 1995.

die Bevölkerung quasi in die ideologische Zange, mit dem Ergebnis, angeblich wachsende Armut und Zukunftsunsicherheit zugleich den ‚Ausländern' zuzuschreiben und Handlungsbereitschaften gegen sie zu entfachen.[9]

BILD ist eine reale Gefahr für ein gedeihliches Zusammenleben von Einwanderern und ‚Eingeborenen'.

Die Analyse der 70 Ausgaben von BILD hat mit Blick auf den Einwanderungsdiskurs zu den folgenden Ergebnissen geführt:

1. BILD verurteilt rassistisch motivierte Gewalttaten und schürt zugleich einen latenten Rassismus, der den Boden für neue Gewalttaten bereitet.[10] In der Bevölkerung wird dies so aufgenommen, dass die rassistisch motivierten Terror-Anschläge zunehmend auch verurteilt werden.[11] Doch zugleich herrscht auch hier weiter die Ablehnung des ‚Fremden', des Unangepaßten vor. Der Boden für weitere Anschläge bleibt so erhalten. Und es war zu beobachten: Auch nach den Brandanschlägen in Solingen im Mai 1993 gingen die Überfälle auf Türken und Kurden und Angehörige anderer Nationalitäten bzw. ‚fremd aussehende Personen' ungebrochen weiter - mit Schwerverletzten und Toten; doch solche Taten wurden (und werden) in BILD kaum noch zur Kenntnis gebracht. Meist werden sie in kurzen Artikeln

---

9   Der soziale Diskursstrang, den BILD ‚bereichert', steht nicht im Mittelpunkt der folgenden Analysen, auch wenn ich ihm einiges Gewicht für die Zuspitzung rassistischer Haltungen beimesse. In meinem Projektbericht (S. Jäger 1993b) bin ich nur auf besonders krasse Beispiele (insbesondere) des Armuts-Diskurses in BILD eingegangen (und i.R. nur die auf S. 1 der BILD abgedruckten Artikel). Auch andere Diskursstränge, die BILD regelmäßig in den Mittelpunkt rückt, etwa den Krankheits- und Gesundheitsdiskurs (Aids!), den Diskurs der Bedrohung durch Naturgewalten (Ozon!), den Prominenten-Beziehungs-Diskurs (gescheiterte Ehen, Krebs bei Prominenten etc.!), den Sport-Diskurs, flankieren den rassistisch aufgeladenen Einwanderungsdiskurs und treten auf der ersten Seite in dieser Zeit auch manchmal an seine Stelle. Verschlingungen und Verzahnungen von Diskurssträngen treten dabei häufig auf (etwa Sport und Rassismus), vgl. dazu auch M.Jäger/S.Jäger 1993. Eine genaue Analyse des Zusammenspiels dieser Diskursstränge und der wechselseitigen Durchdringung dieser Diskursstränge und von deren Folgen kann hier nicht geleistet werden. Besondere Beachtung hätte der Sex-Diskurs und der Sport-Diskurs (Sportismus) verdient. Beide könnten im Sinne von Michel Foucault als bio-politisch und herrschaftssichernd bezeichnet werden. Vgl. Foucault 1993 und Reinfeldt/Schwarz 1992.

10 Diese Doppelstrategie ist seit vielen Jahren zu beobachten, selbst nach den Verbrechen in Hoyerswerda, Hünxe, Rostock, Mölln und Solingen etc. Siehe DISS 1993 oder unsere (knappe) Analyse von BILD zum Herbst 1991 (Quinkert/Jäger 1991).

11 Das zeigt die Analyse der Alltagsinterviews, die wir seit Mitte der 90er Jahre zum Thema Einwanderer durchgeführt haben. S. auch den Überblicksartikel zum Einwanderungsdiskurs im Alltag in diesem Band.

oder als knappzeilige Nachrichten versteckt oder gänzlich unterdrückt.[12]
BILD fördert und verstärkt so den Rassismus im Einwanderungsdiskurs, der
(in Teilen) der Bevölkerung Dispositionen zur Gewaltanwendung gegenüber
Einwanderern, Flüchtlingen und ihren Kindern erzeugt, insbesondere wenn
dieser Diskurs von einem Sozialdiskurs begleitet wird, der das Gespenst
zunehmender Verarmung der Bevölkerung an die Wand malt (vgl. dazu M.
Jäger/S. Jäger 1993) und zugleich dazu beiträgt, diese langfristig als völlig
normal und hinzunehmen darzustellen.[13]

2. Die Verbrechen gegen Einwanderer und Flüchtlinge werden als Randgrup-
penproblem verharmlost. Die Täter werden als ,Spinner', dumme Jungs oder
als ein paar ausgeflippte und/oder betrunkene Rechtsextremisten dargestellt.
Dadurch wird davon abgelenkt, dass das Erstarken rassistischer Diskurse ein
gesamtgesellschaftliches Problem ist, das in der 'Mitte' der Gesellschaft
angesiedelt ist.

3. BILD unterscheidet zwischen guten und schlechten ,Ausländern' und spaltet
damit diese Gruppe. Gute Ausländer: das sind diejenigen, die sich anpassen
(assimilieren!): Dies sind insbesondere die sogenannten Gastarbeiter, sofern
diese sich deutschen Sitten und Gebräuchen mehr oder minder restlos unterwerfen.

Schlechte ,Ausländer': das sind diejenigen, die sich nicht an die deutsche
Normalität anpassen, die ihre eigenen Sitten und Gebräuche pflegen, insbesondere ihre Religion (meist in Gestalt des Islam) praktizieren, die auf
,unsere' Kosten leben, usw. Dabei richtet sich BILD vor allem gegen Flüchtlinge und Asylsuchende, die sie weiterhin fast durchgängig als ,Asylanten'
bezeichnete, obwohl dieses Wort nachweislich als ein Schimpfwort oder gar
Kill-Wort verstanden wird, das den so bezeichneten Leuten Eigenschaften
zuweist, die sie als Menschen zweiter Klasse erscheinen lässt bzw. ihnen den
Subjektstatus abspricht.[14]

Zwar wird gelegentlich auch ein ,guter' Türke (z.B. als Schützenkönig von
Soest) gefeiert, aber er muss ein deutscher Türke sein und zumindest mit

---

12 Zur Dokumentation dieser Tatsache habe ich im Projektbericht jeweils am Ende der
Tagesdarstellung Meldungen über Attacken auf Einwanderer und/oder Flüchtlinge,
die anderen Medien entnommen sind, wiedergegeben. Für die zwei untersuchten
Monate geht deren Zahl in die Hunderte. Ich stütze mich dabei auf die Auflistungen
des Archivs für Sozialpolitik/Frankfurt, wie sie in der Zeitschrift KONKRET regelmäßig abgedruckt wurden, und auf andere Pressemeldungen.

13 Dass dies umgekehrt dazu beiträgt, dass sich viele Einwanderer 'abschotten', liegt
auf der Hand. Diese werden dann häufig als integrationsunwillig oder sogar -unfähig
kritisiert, statt solche Verhaltensweisen als Folge einer verfehlten Integrationspolitik
und des durchgängigen alltäglichen und institutionellen Rassismus zu thematisieren.

Spitznamen „Siggi" heißen. Die nicht oder weniger integrierten oder besser noch: die nicht assimilierten Türken sind für BILD im allgemeinen ein Ärgernis; sie sind für sie allesamt potentielle Gewalttäter, extrem, fremd und gehören nicht ins Bild einer „deutschen Gesellschaft".

4. BILD drängt die Politiker zur Verschärfung von Gesetzen, die die „innere Sicherheit" gewährleisten sollen, besonders aber von solchen, die sich gegen Einwanderer und Flüchtlinge richten.[15]

BILD-Politik: Die Erzeugung von „Normalität" und die Integration von Elementen völkischen Denkens in die ‚Mitte' der Gesellschaft

Letzteres gehört seit Jahren zur Politik des Blattes: Es geht dabei um eine Integration (zumindest von Teilen) völkisch nationalistischer Ideologie in die ‚Mitte' der Gesellschaft.[16] Diese Verschiebung der politischen Landschaft wird durch die Technik der Normalisierung des Nicht-Normalen erzeugt.

Anfang der 90er Jahre eskalierten in Deutschland bekanntlich die rassistisch motivierter Straftaten. Diese richteten sich zu Beginn vor allem auf Flüchtlinge und ihre Unterkünfte. Doch spätestens mit den Morden an Türkinnen in Mölln erhielt der militante Rassismus eine neue Qualität. Nun gerieten auch türkische Mitbürger*innen*, die bereits seit langem in Deutschland leben und arbeiten, ins Visier der Straftäter. Es gab und gibt zwar weiterhin auch solche gegen Flüchtlinge, doch führte die Ausweitung der Anschlagsopfer auf Einwanderer für eine kurze Zeit dazu, dass in Deutschland eine bürgerkriegsähnliche Situation entstand.

Eine solche Denormalisierung wollte und will auch BILD nicht. Die Tag-für-Tag-Analyse zeigt im einzelnen, dass es BILD sehr darum zu tun war, die Situation nicht weiter eskalieren zu lassen.

Wie diese Prozesse genau vonstatten gehen, können die folgenden Beispiele aus der Analyse der 70 Ausgaben aufzeigen. Durch Aufbauschen und Dramatisieren, durch Verschweigen und Nahelegungen, durch die Vermengung von The-

---

14 Vgl. schon Link 1983a. – Die Begründungen der rassistischen Ablehnung von Einwanderern verlagern und verändern sich im Verlauf des Diskurses. Nach den sozialen Argumenten folgten die der besonderen Kriminalität von Einwanderern („Ausländerkriminalität") und der Gefahr des Terrorismus. Vgl. dazu M. Jäger 1996, M.Jäger/ Cleve/Ruth/S. Jäger 1998, sowie S. Jäger 2004b.

15 Das 2005 in Kraft getretene sogenannte Zuwanderungsgesetz ist denn auch derart restriktiv, dass es die Hoffnungen nahezu aller Rassisten, zumindest bis auf Weiteres, erfüllt. Dazu wie zur medialen Rezeption der Verabschiedung dieses Gesetzes vgl. Jäger 2004b und Carius 2004.

16 Zu diesem Begriff vgl. ausführlich Kellershohn 1992.

men, durch die Verwendung suggestiver Kollektivsymbole[17], wird im Frühjahr/ Sommer 1993 durch BILD zu einer ‚Rechts'verschiebung der politischen Landschaft beigetragen.

Ein Blick in die Werkstatt von BILD: Wie die Regulation und Normalisierung des Diskurses funktioniert

Am Dienstag, dem 25. Mai 1993, einen Tag vor der entscheidenden Bundestagssitzung zur Änderung des GG-Asyl-Artikels, erscheint auf der ersten Seite von BILD ein kleiner Artikel mit der Überschrift:

> „Asyl. Ganz Bonn ist eine Festung."

Er enthält eine Warnung vor linken „Politrockern", die die Sitzung des Bundestags zu stören drohen. Der Bundestag wird kollektivsymbolisch als Festung bzw. Burg imaginiert, die die MdBs nur noch über den Rhein (der bildlich wie eine Art Burggraben funktioniert) oder durch die Luft (mit Hubschraubern) erreichen können: Der Bundestag wird dadurch als ‚Herz', als ‚Mitte' des politischen Systems symbolisiert, die von Chaoten bedroht wird. Die Botschaft lautet trotz des grundgesetzlich garantierten Demonstrationsrechts: Dieser Protest ist nicht normal. ‚Wir' sind von links bedroht. Hier besteht Handlungsbedarf, denn das darf nicht sein.

Die Schiefheit des Bildes stammt daher, dass die Gegner der Änderung des Artikel 16 ihre Aktion symbolisch so zu verschlüsseln versucht haben, dass der Bundestag von den Abgeordneten als „Deutschland" bzw. Fluchtburg erscheinen sollte, in die die Abgeordneten (als „Asylsuchende" symbolisiert) nicht hineingelassen werden. Diese Erfahrung sollte vermittelt und medial genutzt werden. Die Umkehrung dieser symbolischen Situation konnte BILD nicht ohne Brüche vollziehen: diejenigen, die hineinwollten, mussten als Opfer dargestellt werden, die am Betreten ‚ihres Hauses' gehindert wurden.

Dieser kleine Artikel, der auf der unteren Hälfte der Titelseite platziert ist, wird auf S. 2 durch einen zweiten, dessen Titel „Der Kampf ums Asyl" auf der ersten Seite angekündigt wird, ergänzt: Auf der 2. Seite lautet dann die Überschrift anders: „Asyl. Polizeischutz für Abgeordnete".

---

17 Solche angstmachenden Symbole sind in BILD seit langem äußerst beliebt. Schon 1986 konnte man hier in einer Überschrift lesen: „Asylantenflut - jetzt muß ein Gipfel her" (BILD vom 20.7.1986).

Der auf S. 1 angekündigte Kampf wird nun präziser gefasst: als Angriff von „Chaoten" auf die zu erwartende ‚vernünftige (= normale) Entscheidung' der Mehrheit der Bundestagsabgeordneten.

Auf der Titelseite von Mittwoch, dem 26. Mai 1993 findet sich wiederum nur ein kleiner Artikel zur „Asyl-Entscheidung", die an diesem Tag im Bundestag getroffen wird:

> „Asyl-Trend: Klare Mehrheit"

Berichtet wird über die Vorabstimmung der SPD-Fraktion. Mit dem Mehrheitsvotum in der SPD-Fraktion für die Änderung des Artikels ist nun für BILD alles klar. Gleichzeitig wird die Berichterstattung über anreisende „Chaoten" vom Vortag mit der Darstellung von Anschlägen auf Geschäftsstellen von CDU und SPD auf Seite 2 fortgesetzt:

> „Asyl. Brandanschläge gegen Parteibüros"

Berichtet wird zunächst jedoch über den Aufruf des damaligen NRW-Ministerpräsidenten Rau an die Mitglieder der SPD-Fraktion, dem neuen Artikel 16a zuzustimmen. BILD zitiert Rau mit den Worten: „1949 war das Asylrecht ein Rettungsanker in der Not – aber nicht der Hafen für alle." Nur dieser Satz aus Raus Aufruf wird - fettgedruckt - zitiert, kein Wunder, denn Rau versteht etwas von wirkungsvoller Rhetorik und dem geschickten Einsatz der Kollektivsymbolik. Im Klartext bedeutet dieser Satz des großen Steuermanns, als den Rau sich gerne darstellen ließ: ‚Heute wird das Asylgesetz missbraucht, und deshalb müssen wir es abschaffen. Es ist von der Zeit überholt worden.'

Die dichte Seefahrtsrhetorik verleiht diesem Satz hohe Plausibilität: die Zeiten haben sich geändert, und es bedarf einer Anpassung an die Realität. Diese – grammatisch nicht markierte – Übertragung eines vergangenen Geschehens auf die Gegenwart bedeutet ja: ‚Heute darf Deutschland nicht der Zufluchtsort für alle sein; deshalb müssen wir für die Abschaffung des Artikel 16 von 1949 sein, denn heute ist das Asylrecht nicht mehr ein Rettungsanker in der Not' – was man füglich bezweifeln muss![18]

---

18 Eine Aussage muss nicht im wörtlichen Sinne eine Aufforderung sein und kann doch als solche verstanden werden. Der Satz etwa: 'Es ist das legitime Recht und Interesse des Volkes xy, in *einem* Staat zu leben ...' enthält die politische Botschaft, dass nun ein Krieg begonnen werden müsse, dass eine Grenze durch Einsatz von Gewalt verändert werden muss etc., ohne dass diese Botschaft offen formuliert würde. Vgl. dazu Renata Salecl 1993: 10 f.

Für die Leser von BILD kommt weiter hinzu, dass hier eine Autorität zitiert wird („Landesvater Rau"), was dazu beiträgt, die Änderung des Grundgesetzartikels als notwendig und völlig legitim erscheinen zu lassen. Raus Satz kann vom Leser folgendermaßen entschlüsselt werden: ‚Es wird höchste Zeit, dass wir die Grenzen dichtmachen und keine Asylbewerber mehr zu uns herein lassen. Es sind schon viel zu viele hier. Das Beste wäre, wir würden diejenigen, die zu uns eingedrungen sind, auch noch hinauswerfen, möglichst sogar alle Ausländer, die sich hier auf unsere Kosten retten wollen.' Der Satz Raus kann in dieser damals ungeheuer aufgeheizten Situation von den Lesern als Aufruf zur Gewalt gegen Einwanderer und Flüchtlinge verstanden werden, ohne dass Rau dies expressis verbis gesagt hätte und sicherlich auch nicht beabsichtigt hat. Aber vielleicht ist er gerade deshalb für BILD besonders interessant. Erst nach dem Rau-Zitat wird das Thema der Überschrift aufgenommen:

„Brandanschläge gegen Parteibüros."

Was war geschehen? In Pinneberg (Schleswig-Holstein), in Wolfsburg und in Wesel haben „Chaoten" – die Lieblingsbezeichnung von BILD für Linke – Geschäftsstellen von CDU und SPD angegriffen. Im Klartext heißt dies: Die Linken sind genau so schlimm wie die rechten Gewalttäter, denn sie greifen 'unsere' staatlich-demokratischen Institutionen an.

Des weiteren wird die Abriegelung der Bannmeile begründet: Man rechne mit 10 000 Demonstranten, darunter 2 000 Autonome, wie BILD sagt, „meist gewalttätig". Sie kommen auf dem Land- und Wasserweg (wie die „Asylanten"). Hervorgehoben wird eine Hamburger Parole gegen die „Bonner Brandstifter" – kommentarlos.

Auf Seite 5 wird dann berichtet, dass die Täter von Mölln ihr Geständnis widerrufen haben: „Die Mölln-Morde. Geständnis widerrufen. Ich hab mit Mutti Schach gespielt". Auf diese Weise wird die ‚Waage' zwischen rechten und linken Straftaten ins Bewusstsein gerufen.

Am Donnerstag, dem 27. Mai 1993, einen Tag nach der Abstimmung über den neuen Asyl-Artikel 16a im Bundestag, titelt BILD riesengroß und rot unterlegt auf der ersten Seite:

„Abgeordnete auf dem Weg ins Parlament. Asyl. Tritte. Schüsse. Schläge. Und nachts sagen die Politiker Ja."

Und BILD meint und lässt durch „SPD-Klose" sagen: „Wer für eine Änderung des Asylrechts ist, ist kein Ausländerfeind." Biblisch gibt sich „CDU/CSU

Schäuble": „Wer sagt, die Bundesrepublik schotte sich ab, redet falsches Zeugnis."

Über der Riesen-Balkenüberschrift des Asyl-Artikels findet sich eine die ganze Zeitungsbreite abdeckende interessante Dachzeile:

„Neuer Aids Virus Urlauber in Gefahr"[19]

Die Wörter „Neuer" und „Virus" sind rot unterstrichen. Der Virus kommt aus Indien. Das ist deshalb interessant und wichtig, weil Indien in dieser Zeit der Neufassung des Art. 16 als sogenannter Nicht-Verfolger-Staat zur Debatte steht. BILD legt hier den Grund dafür, die Menschen gegen einwandernde Inder einzustimmen.[20] Sie macht dies nicht direkt und rational wie etwa der damalige Innenminister Seiters: „Hier wird doch keiner verfolgt!", sondern „über die Bande": Inder bringen Krankheiten, deshalb sollen sie dableiben, wo sie sind. Bei der Fortsetzung dieses Artikels im Inneren des Blattes heißt es (S. 3):

„Neuer Aids-Virus: Man stirbt noch schneller."

Angeblich ist ein neuer Aids-Virus „auf Weltreise" und ist schon bis Italien, Frankreich, Spanien und Portugal (alles „verfolgungsfreie" europäische Staaten) vorgedrungen. Die transportierte Botschaft lautet allgemein: ‚Es besteht dringender Handlungsbedarf. Wir müssen den Angriff auf unseren Körper (= Deutschland) abwehren. Wir müssen uns abschotten.'

Auf den Seiten 2 und 3 wird ein Schlachtgemälde präsentiert:

„Chaoten schossen auf den Minister- Helikopter. Das Protokoll der ASYL-Schlacht"

---

19 Der Strang des Urlaubs-Diskurses durchzieht die gesamte BILD-Berichterstattung. Insbesondere der Auslands-Urlaub wird immer wieder angesprochen. Sehr häufig sind Gefährdungen deutscher Touristen im Ausland Gegenstand der Berichte, seien dies die Überfälle auf Frauen in Florida oder die Anschläge auf Touristen in der Türkei. Auch diese Art der Darstellung dient der Erzeugung von latentem Nationalismus und Rassismus, der sich gegen Menschen aus bestimmten Ländern richtet. So wird vor Türkei-Urlauben gewarnt – wegen der PKK. So wird mit der ‚genüsslichen' Berichterstattung über Florida der American-Way-of-Life angezielt. Vor Urlauben in England dagegen wird keinesfalls gewarnt – als ob es die IRA nicht gäbe. Dieser Diskursstrang berührt das Thema meiner Analyse durchaus. Ich habe auf eine ausführlichere Darstellung verzichtet, um mich auf den Diskurs, der sich gegen den ‚inneren Feind' richtet, zu konzentrieren.
20 Das wirkt noch nach, wenn ein prominenter CDU-Politiker wie Jürgen Rüttgers Jahre später mit dem Spruch „Kinder statt Inder" in den Wahlkampf zieht.

Das Chaos schlägt zu. Auf großen Fotos sieht man: Personen („Chaoten") in Schlauchbooten, die versuchen, den Bundestag zu erreichen und die Bannmeile zu durchbrechen. Symbolisch wird erneut vermittelt: Unsere Festung ist bedroht, aber die Chaoten können von der Polizei abgedrängt werden. Für BILD sind die „Chaoten" damit bereits ausreichend als Staatsfeinde markiert. Sie werden durch die Art und Weise der Darstellung des Eindringens mit den Asylsuchenden assoziiert, wodurch diese wiederum als „Chaoten" markiert werden.

Ein Groß-Foto auf S. 2 zeigt die „Chaoten" in Aktion: Die Bildunterschrift lautet: „Gezielter Haß! Eine Demonstrantin tritt mit schwarzen Springerstiefeln nach dem SPD-Abgeordneten Gert Weisskirchen - einem erklärten Gegner der Asylrechtsänderung. Eine Dame hebt schützend die Hände. Polit-Rocker brüllen ‚Haß'."

Durch den Verweis auf die „Springerstiefel", sonst Erkennungsmerkmal von Skinheads, wird wieder das Rechts=Links=Schema reproduziert.[21]

Im Kommentar des damaligen Chefredakteurs Larass (S. 2) ist erneut vom „Zustrom" von außen die Rede und von der Notwendigkeit, diesen „einzudämmen". Er spricht sich zugleich gegen Abschottung gegenüber Fremden in Deutschland aus. Larass verwendet weiterhin die sattsam bekannte Kollektivsymbolik, die seit Jahren dazu verwendet wurde, in der deutschen Bevölkerung Panik und Bedrohungsgefühle gegenüber Einwanderern und Flüchtlingen auszulösen – bis hin zu Dispositionen zu Gewalt und Terror.[22]

Freitag, 28. Mai 1993: BILD berichtet über Reaktionen des Auslands auf die faktische Abschaffung des Art. 16: Alle von BILD zitierten Zeitungen äußern Verständnis und Wohlwollen. ‚Deutschand ist normal.'

Es folgt ein Bericht über einen Brand in Dortmund. Der geschilderte Anschlag galt nicht Flüchtlingen und Einwanderern - was aber nicht eigens gesagt wird. Daneben ein Kurzbericht über einen Brandanschlag auf einen Obdachlosen. Auf die Motive der beiden Täter wird nicht eingegangen.

Samstag, 29. Mai 1993: In der Nacht zu diesem Samstag sind in Solingen fünf Türkinnen einem Brandanschlag zum Opfer gefallen. Deshalb kann BILD an diesem Tag noch nicht über dieses Verbrechen berichten. Die Brandstiftung hatte in

---

21 Außerdem handelt es sich um eine verfälschende Darstellung des Hergangs, wie eine am gleichen Tag erscheinende Foto-Folge im Düsseldorfer Express zeigt. Diese macht deutlich, dass die junge Frau bei einem leichten Gerangel vom Abgeordneten Weisskirchen beiseite gedrängt worden ist und von den sie umgebenden jungen Leuten, die übrigens einen eher besonnenen Eindruck machen, aufgefangen wird.

22 Vgl. dazu auch Link 1986a sowie die Ausführungen zur Kollektivsymbolik in diesem Band.

den frühen Morgenstunden, also nach Redaktionsschluss von BILD gegen 2 Uhr, stattgefunden.

In dieser Ausgabe wird kurz die Polizei und der verantwortliche damalige Innenminister von NRW, Herbert Schnoor, wegen des angeblich zu laschen Polizei-Einsatzes gegen die „Chaoten" kritisiert, die den Bundestag abgeriegelt hatten. Diese „Chaoten" werden gleichmacherisch als „radikale Demonstranten" bezeichnet.

In einem weiteren Kurzartikel wird das Schicksal eines jungen Polen, dem Abschiebung droht, beklagt, weil dieser einen deutschen „Uropa" hatte und deshalb ja das Anrecht besitze, in Deutschland zu bleiben. Hier argumentiert BILD völkisch-biologistisch, wie übrigens häufig, wenn es um Aussiedler geht, die ja ‚deutsches Blut' in den Adern haben.[23]

Am Sonntag/Montag, dem 30./31. Mai 1993 (Pfingsten) erscheint die BamS mit der folgenden Titelseite:

> „Wie in Mölln. Nazi-Attentat? 5 Tote! Wieder türkische Kinder verbrannt!"

Die vier Fotos (in Farbe) zeigen: Feuerwehrleute tragen eine Bahre, das völlig ausgebrannte Haus, Fotos von zweien der ermordeten Kinder. Die Bildunterschriften lauten:

> „Diese Tat erschüttert Deutschland, entsetzt die Welt. Fünf Türken starben bei einem grauenvollen Brandanschlag mitten in Solingen: drei Kinder und zwei Frauen. Die Täter sucht die Polizei in Neonazi-Kreisen: Zeugen sahen vier Skinheads am Tatort, die Polizei fahndet nach einem 15jährigen Rechtsradikalen. Alles über die Mordnacht - Seiten 8/9."

> „Starben in den Flammen: Hülya (9, oben) und Hatice Genc (18, unten). Samstag morgen holte die Feuerwehr die 5. Leiche aus dem völlig zerstörten Haus (rechts)."

In einem Kasten auf Seite 8 wird der Vergleich zu den Morden in Mölln gezogen: So war es in Mölln: „,Es brennt, Heil Hitler'". Der Artikel endet: „Ihre Geständnisse vor der Polizei haben (die Täter von Mölln, S.J.) Peters und Christiansen widerrufen..." Beigefügt sind Fotos der Beiden und das Foto des in Mölln ge-

---

23 In dieser Nacht saß ich am Radio und hörte: Junge Türken und Deutsche haben die Autobahn nach Solingen abgesperrt. Sie fordern ein WDR-Team an, um öffentlich gegen die Mordtat zu protestieren. Sie drohen mit der Besetzung auch der Gegenfahrbahn. Protestzüge in Solingen, Berlin, Hamburg und in vielen anderen Städten werden angekündigt. 100.000 DM Belohnung werden für die Ergreifung der Täter ausgesetzt.

brandschatzten Hauses, das ganz ähnlich aussieht wie das in Solingen. Als wäre dies alles nur eine Dublette!

Hat BILD den Mord als Tat von Einzelgängern heruntergespielt, darf man auch sofort wieder jubeln: Unterhalb der Titelstory heißt es:

„2:1 - Jubel, Köln gerettet."

Auf den Seiten 8/9 folgt eine Reportage zu Solingen mit großen Fotos: Noch einmal das Haus, Trauernde, Verletzte, Abtransport einer Leiche.

Die Überschriften lauten: „Um 1.42 Uhr begann die Schreckensnacht von Solingen. Opfer verbrannten vor den Augen der Nachbarn ‚Schreie aus den Flammen – Wir sahen sie sterben'" Das ist aufgemacht wie eine Sendung vom Reality-TV. Eine ‚tolle' Story! Irgendwo findet sich dann auch ein Kommentar (auf S. 5):

„Kerzen zu früh gelöscht".

Kommentator Kurt Breme beschwört die Gefahr rechtsradikaler Anschläge. „Wir" hätten uns zu früh beruhigt! Und dann der Verweis auf den Faschismus: „So fing schon einmal ein deutsches Drama (!) an: mit Rassenhaß und Feuer. Wir müssen uns wehren - alle." In diesem Zusammenhang wird dann auch das Schreckgespenst eines drohenden Bürgerkriegs beschworen!

Ziel der Klage sind die Rechtsradikalen, denen ‚wir' (die guten Deutschen) schuldlos gegenüberstehen.

Die Aufforderung, gegen rechtsextreme Gewalt vorzugehen, hindert BILD jedoch nicht daran, auf der gleichen Seite weiter gegen Ausländer zu hetzen. Unter der Überschrift:

„Die Woche, die unser Land veränderte."

heißt es:

„Das neue Asylrecht und der geänderte Artikel 16 im Grundgesetz verändern den Alltag: Der Asylantenzustrom wird gestoppt. Für viele Bürger eine Notwendigkeit, für viele aber auch ein Verlust an freiheitlicher Tradition."

Wieder wird der „Zustrom" beschworen, wieder ist die Rede von den „Asylanten" (die uns bedrohen).

Die faktische Abschaffung des Art. 16 wird denn auch als ein Ereignis gepriesen, „das unser Land verändert." Normalität ist eingekehrt: ‚Wir' können endlich in breiter Form abschieben. Die Morde von Solingen werden nicht einmal erwähnt.

Stattdessen wird die Neufassung des Artikels 16 GG gefeiert:

„26. Mai – Mittwoch: Asylantenstop"

Im Text heißt es: „Der Bundestag beschließt die Neuregelung des Asylrechts und des Artikel 16 im Grundgesetz. Damit werden künftig Abschiebungen erleichtert. Ausländer, die aus einem als sicher geltenden Drittstaat (EG-Länder und Nachbarstaaten) kommen, werden vom Asylverfahren ausgeschlossen. Das Asylgesetz tritt am 1. Juli in Kraft."

Am Dienstag, 1.6.1993 titelt BILD auf Seite 1 riesengroß:

„Seht her, ihr Mörder."

Darunter sieht man ein Foto eines der schwerverletzten Mädchen von Solingen. Der strafende Blick richtet sich wieder nur gegen „die Rechtsradikalen".

In einer zweiten Überschrift ist zu lesen:

„1. Festnahme: Ein Sechzehnjähriger"

Direkt darunter heißt es:

„Spirale der Gewalt: Türken schlagen zurück."

Protestierende türkische Jugendliche, die Solingens Innenstadt „demoliert" hätten, werden scharf kritisiert.

Einige Blockaden von Autobahnen und Flughafenzufahrten provozieren BILD zu der Frage:

„Deutschland, wohin gehst Du?"

Gemeint sind in erster Linie die Demonstrationen, die mit einer „neuen Spirale von Gewalt" auf den Brandanschlag reagierten, nicht etwa die Morde Deutscher an den Türkinnen. Hier wird ein neues Feindbild herausgestellt: Die Türken. Von den Türken, so will BILD verdeutlichen, droht die eigentliche Gefahr. Mit diesem Trick beginnt BILD ein symbolisch-normalisierendes Gegengewicht gegen den sichtbaren Rechtstrend in der Bundesrepublik zu installieren.

Direkt unter dieser Beschwörung einer türkischen Gefahr verkündet „Kanzler Kohl: Eine Schande".

In seiner „Auf deutsch" und „Auf türkisch" verfassten Botschaft verlautbart Kohl Entsetzens-Blabla. Und wieder weist der dicke Finger auf ein paar „gemeingefährliche Kriminelle". Die Deutschen werden insgesamt dargestellt, als verurteilten sie „Ausländerfeindlichkeit und Gewalt". Und in fahrlässiger Offenheit meint der Kanzler:

„Deutschland muß ein weltoffenes Land bleiben, in dem Deutsche und Ausländer – und das gilt vor allem für unsere türkischen Mitbürger – in guter Nachbarschaft und Freundschaft leben."

Die Dreistigkeit Kohls, mit der er angesichts dieser Morde im BILD-Diskurs von guter Nachbarschaft spricht, wird nur noch von der Aussage übertroffen, dass dies vor allem für türkische Mitbürger gelten solle. Damit werden indirekt die Anschläge auf Menschen anderer Nationalitäten, insbesondere auf Asylbewerber, ausgenommen.

Dieser Satz legt nahe, dass er - wie übrigens die meisten anderen Deutschen auch (vgl. S. Jäger 1996a) - die (in der Mehrzahl türkischen) „Gastarbeiter" weniger negativ bewertet als andere Ausländer. Mit diesen ‚Anderen', so kann verstanden werden, brauchen wir nicht so sehr in guter Nachbarschaft zu leben.

Auf den nächsten Seiten folgen Reportagen, eine Chronik der Gewalt nach Solingen: rechts und links bunt gemischt. Kurze Erwähnung erfährt ein Brandanschlag auf ein von Türken bewohntes Haus, der angeblich von einem Türken durchgeführt wurde. Auch Auseinandersetzungen zwischen verschiedenen türkischen Gruppen werden ausgebreitet.

Auf den nächsten Seiten: Business as usual!

In den folgenden Tagen und Wochen behält BILD diese Technik bei. Insbesondere Türken und Kurden, die gegen den Krieg der Türkei gegen Kurdistan protestieren, werden auf die linke Waagschale gelegt und damit der Ausschlag nach rechts weiter egalisiert. Da ist vom Kurdenkrieg in Europa die Rede. Da wird gefragt: „Kurde - wer bist du?" (25.6.1993) und getitelt:

„Kurden-Terror: Nur der Anfang?"

oder

„Blutiger Sommer? Das war erst der Anfang."

und

„Terror in Deutschland: Die Polizei kann den Krieg der Kurden nicht kontrollieren." (26.6.1993).

Am Dienstag, den 29. Juni 1994 erscheint neben den Kurden ein neuer alter Feind auf der BILD-Bühne: die RAF. Doch zunächst wird das Kurden-Thema weiter ausgewalzt:

„Kurdische Terroristen" haben auf ein Urlaubsdorf bei Antalya (200.000 Einwohner) am Mittelmeer einen Anschlag ausgeübt, und BILD dreht groß auf:

„Granaten auf Urlauber. Türkei: 9 Deutsche verletzt. Wo ist mein Urlaub jetzt noch sicher?"

Mit der Aufnahme der RAF-Thematik landet BILD einen normalistischen Coup: Auf S.1 wird an diesem Tag das neue Thema groß herausgestellt:

„RAF-Blutbad. 3 Festnahmen im Ruhrgebiet"

Das passt ins Bild. Durch diese (möglicherweise inszenierte und niemals wirklich aufgeklärte) RAF-Geschichte wird das Links-Rechts-Gleichgewicht wieder hergestellt. Auf der zweiten Seite folgt mangels Foto eine phantastische Zeichnung der angeblichen Festnahme-Situation (wilde Schießerei). Darunter die Fortsetzung von Seite 1: Hergang der Aktion und Festnahme, Hinweise auf Fehler der Polizei.

In der gleichen Ausgabe wird zudem über die Festnahme von 11 Leuten berichtet, die bewaffnet zu einer Demonstration gegen Rassismus gehen wollten. Die Demonstranten sind die Gewalttäter. Auch dies dient normalistischer Relativierung.

BILD nutzt erneut die Gelegenheit, einen Links=Rechts=Ausgleich vorzunehmen. Zugleich soll der Terror von Deutschen hinter dem ausländischer Terroristen versteckt werden.

Am Mittwoch, 30. Juni wird berichtet, dass die RAF in Bad Kleinen einen Mann erschossen habe. BILD fragt, nachdem sie über die Schießerei in Bad Kleinen berichtet hat, bei der ein mutmaßliches Mitglied derr RAF erschossen wurde:

„Nach dem Blutbad: Rächt sich jetzt die RAF?"

Zugleich wird an die Ermordung von Rohwedder und Herrhausen erinnert. Am Donnerstag, 1. Juli 1993 triumphiert BILD:

„Jetzt wird abgeschoben."

Es wird daran erinnert, dass an diesem Tag der neue Asyl-Artikel in Kraft tritt. Einreisende aus „Nichtverfolgerstaaten" (z.B. aus Indien!) erhalten „Asylverfahren gleich am Flughafen."

In jeweils wenigen Zeilen werden drei Brandanschläge unten auf der ersten Seite ganz klein gemeldet: „Brandsatz flog in Kinderzimmer."

Auf Seite 3 wird das Thema RAF fortgesetzt:

„Wirbel um RAF-Einsatz der Polizei. Minister Schnoor gegen Generalbundesanwalt"

Eine großangelegte Fahndung gegen die RAF erweist sich als Flop. Die Hinweise auf eine bewusste Inszenierung lassen sich kaum noch verheimlichen.

Gefragt wird am 2. Juli:

Schuß in den Kopf?" „Wie starb der Terrorist?"

Parallel dazu wird das neue Asylrecht gefeiert, wobei BILD nicht davor zurückscheut, weitere Verschärfungen einzufordern.

Am 3. Juli bildet die RAF-Affaire einen regelrechten Schwerpunkt mit Artikeln wie:

„Terror-Frau aus der Zelle. Mein Geliebter – er lag in seinem Blut"

„RAF Wo war die Todeskugel"

„Der Brief der Terroristin".

Auch ein Kommentar auf S. 3 geht auf diesen Vorfall (und seine Unklarheiten) ein.

Über rechten Terror findet sich in dieser Ausgabe kein Wort, obwohl wieder Anschläge stattgefunden haben.[24] Der Versuch, die aus dem Gleichgewicht geratene Waage zwischen rechts und links wieder ins Lot zu bringen und zu normalisieren, wird fortgesetzt. Wenn der linke Terror schon nicht allzuviel hergibt, wird dadurch Ausgleich geschaffen, dass der rechte verschwiegen wird.

Das Thema RAF beschäftigt BILD dennoch, trotz aller Pannen, Zweifel und Fehlmeldungen, den ganzen Juli 1993 hindurch (so auch am 4., 5., 6., 7., 8., 9., 10., 11., 12., 13., 14., 15., 16., 17., 18., 19., 21., 22., 26., 27., 28., 29., 31.7.). Die Berichterstattung ist sensationalisierend und ausufernd. Zugleich befasst sich die Zeitung durchweg mit dem Asyl-Thema. Am 19. Juli etwa titelt BILD in den bekannten knalligen Lettern:

„Asyl. Lassen Richter wieder alle rein?"

Zugleich werden Terroranschläge gegen Ausländer kaum zur Kenntnis gegeben. So reicht am 12. Juli z.B. eine Meldung von sechs Zeilen, um über einen Brandanschlag auf eine libanesische Familie zu berichten, bei dem sieben Menschen schwer verletzt wurden. Über Gegendemonstrationen macht BILD sich lustig, wenn sie etwa am 20. Juli schreibt:

„Katzen demonstrieren gegen Ausländerhaß."

---

24 Die FRANKFURTER RUNDSCHAU berichtet an diesem Tag z.B. über Brandanschläge in Rüsselsheim-Haßloch und Gütersloh.

Am Sonntag, dem 1. August 1993 findet sich seit zwei Monaten erstmals keine
Zeile aus dem Einwanderungs- und Flüchtlingsdiskurs. Auch der RAF-Diskurs
kommt nicht mehr vor. BILD hat aber diese Diskursstränge weiter verfolgt und
weiter Handlungsbedarf gegen Einwanderer und Flüchtlinge und gegen die Linke suggeriert, wenn auch nicht in der brutalen Schärfe der Monate Juni bis August. Offiziell hat sie weiter den terroristischen Rassismus abgelehnt und einen
latenten Rassismus weiter geschürt. Damit hat sie weiterhin ihren Beitrag dazu
geleistet, dass in Deutschland Menschen verfolgt und geschlagen werden: Denn
die latent rassistische Ansprache wird in der BILD-lesenden Bevölkerung weiter
so zu Ende gedacht, dass „die Ausländer raus" müssen - so oder so. Die Ermordung oder Vertreibung von Einwanderern und Flüchtlingen ist im latenten Rassismus als Handlungsanweisung impliziert. Gewaltsames Vorgehen wird nahegelegt, ohne dass diese Handlungsanweisung ausgesprochen werden müsste.

Damit dürfte die Grundhaltung von BILD deutlich sichtbar geworden sein,
und es ist geradezu 'bewundernswert', mit welcher Leichtigkeit diese an den
verschiedensten Themen und Ereignissen festgemacht wird. Diese Grundhaltung
entspricht der offiziellen Politik des rechten Flügels der Union und drängt eher
noch ein bisschen weiter nach rechts. Sie ist die gleiche, die in BILD auch in
Verbindung mit Hoyerswerda (23.9.91) und Hünxe (3.10.91) zu beobachten war
und die auch nach Mölln (November 1992) weiter gefahren wurde: Doppelstrategie. Die Grenze zur Zustimmung zum Rechtsextremismus und zur Belobigung
rassistisch motivierter Verbrechen wird jedoch nicht überschritten, auch wenn
gelegentlich Ausflüge ins rechtsextreme Ideologiefeld vorkommen. Das wundert
aber schon allein deshalb nicht, weil ein schwammiges Übergangsfeld zwischen
Rechtskonservatismus und Rechtsextremismus existiert. BILD fährt einen rechten
Populismus, der bis an die Grenze der Forderung nach einer totalitären Bundesrepublik Deutschland geht, diese Grenze aber letztlich wahrt.

Erstaunlich ist dabei schon die Konstanz des „Sozialdiskurses", den ich bei
der Analyse nur streifen konnte. Hier wird kontinuierlich soziale Angst geschürt.
Die Verschränkungen dieses Sozialdiskurses mit rassistischen Diskursen sind
überdeutlich. Dabei trägt dieser Sozialdiskurs dazu bei, den rassistischen Diskurs
zu stärken und ihm immer wieder neue Nahrung zu geben. Die zweite Funktion
dieses Diskurses besteht darin, Sozialabbau als nötig und normal erscheinen zu
lassen.

Resumé

Die Analyse zeigt, dass die Normalisierungstechnik von BILD darin besteht, das
Un-Normale zu normalisieren. Um ‚Normalität' wieder herzustellen, versuchte

BILD die durch den Rechtsterror entstandene politische Schieflage, die im Frühjahr/Sommer 1993 entstanden war, wieder ins Gleichgewicht zu bringen. Sie tat dies aber nicht, indem sie sich strikt gegen den verbrecherischen Rassismus wendet, sondern indem sie quasi zum Ausgleich linke Aktivitäten diskursiv hochspielt und Linke aller Couleur ausgrenzt und kriminalisiert.

In Verbindung mit der Berichterstattung über die Verabschiedung des neuen Asyl-Artikels 16a des Grundgesetzes waren dies zunächst die Gegner dieser Grundgesetzänderung, die ihre Auffassung durch Demonstrationen zur Geltung zu bringen versuchten. Nach dem Brandanschlag in Solingen, der wenige Tage später stattfand, kamen türkische Personen, vor allem Jugendliche hinzu, die gegen den Brandanschlag z.B. mit Autobahnblockaden reagierten. Schließlich übernahm diesen Part die RAF: Die Festnahme mutmaßlicher Mitglieder der RAF in Bad Kleinen und weitere Fahndungen nach RAF-Mitgliedern wurden von BILD in den Mittelpunkt gerückt und besonders stark gewichtet.

Der Eindruck, dass Deutschland eine Gefahr von rechts drohe, wurde damit aufgewogen und der grassierende Rassismus normalistisch integriert. Politisch motivierte Verbrechen erschienen allgemein als Probleme des Links- und Rechts-Extremismus und damit aber auch als marginal. Die Botschaft an die Leserinnen von BILD war: Deutschland – also ‚wir' Deutsche – sind eine ganz normale Gesellschaft, in der rechte und linke Aktivitäten Randerscheinungen sind.

Zugleich wurde die diskursive Situation dazu genutzt, eine Verschärfung und Aufrüstung von Gesetzen zur Wahrung der inneren Sicherheit als notwendig darzustellen – gerade um solche Denormalisierungen zukünftig auszuschließen.

Insofern reagierte BILD einerseits flexibel und relativierend auf den grassierenden militanten Rassismus, während sie zugleich protonormalistisch für eine Verschärfung der Gesetzeslage einstand. Insgesamt trug BILD somit erheblich dazu bei, Einwanderung zu beschränken und demokratische Festungen, wie den Asylartikel, zu schleifen, indem sie für Rückhalt dafür in der Leserschaft sorgte.

Hinzu kommt – und dies konnte die Analyse ebenfalls zeigen –, dass BILD weitgehend auf rationale Argumentationen verzichtet. Stattdessen zielt sie direkt auf den ‚Bauch' ihrer Leserinnen und spricht ihre Emotionen an.[25] Auf welche Weise dadurch Bewusstsein reguliert wird, wird dann sichtbar, wenn man die Zusammenstellung der Themen und Artikel in BILD insgesamt in den Blick

---

25 Dabei kreiert sie dann und wann eine „Neusprech", die witzig einher kommt, aber meist auf Kosten vorgeführter Personen geht. Vgl. dazu das BILD-Wörterbuch in www.bildblog.de/woerterbuch.html (20.12.06).

nimmt. Es ist das Zusammenspiel der unterschiedlichen Themen und ihrer jeweiligen Aufmachung, das bewirkt, dass BILD mit der beschriebenen Normalisierungstechnik auf eine Regulierung der Subjekte abstellt.

Im Unterschied zur Manipulation, durch die verschiedenste Ziele erreicht und unterschiedlichste Interessen durchgesetzt werden sollen, bedeutet „Regulation", dass die Subjekte zu als „normal" unterstellten Haltungen, Einschätzungen und in deren Gefolge Handlungsweisen hingeführt werden.[26]

Angesichts vorhandener Bedrohungen, die durch Sozialabbau, Arbeitslosigkeit, Unsicherheit in der Alterssicherung und Krankenversorgung, angesichts einer weltpolitisch instabilen Situation, die sich durch Kriege und kriegsähnliche Konflikte auszeichnet, steht die Frage, wieso für die Bevölkerung – nicht nur in Deutschland – diese Welt im großen und ganzen als noch in Ordnung gilt. Oder mit Jürgen Link (1992a: 51) gefragt: „Wie können Menschen sich wohlfühlen in einem absolut arhytmischen, in punktueller Unwiederholbarkeit explodierenden Abenteuer?" Die Antwort heißt für ihn: Indem ihnen all dies als ganz „normal" dargestellt wird. Die Quintessenz dieser Technik lautet: „Daß du nicht merkst, daß du nichts merkst".

Dies geschieht selbstverständlich nicht nur durch die BILD-Zeitung. Mediendiskurse regulieren durch die Markierung dessen, was als normal und was als nicht normal angesehen werden soll, das Bewusstsein und Verhalten der Subjekte. Sie werden einerseits auf Durchschnitte, auf Toleranzwerte getrimmt. Aus dieser Perspektive können Kriege und andere Katastrophen als normal angesehen und akzeptiert werden. Andererseits werden bestimmte Ereignisse durch Zuspitzungen und Dramatisierungen als nicht-normal gekennzeichnet und rufen einen Normalisierungsdruck hervor.

BILD spielt mit ihren rhetorisch-diskursiven Mitteln gleichsam auf der Klaviatur der Gefühle und Vorstellungen der Menschen und vermittelt ihnen eine Vorstellung davon, was sie als normal und was sie als nicht normal anzusehen haben. Sie erzeugt damit Subjekte, die das Bedürfnis nach einer von BILD gewünschten Normalität haben.

---

26 Häufig wird diese Regulationsfunktion bei BILD mit Manipulation verwechselt. Zwar lässt sich sagen, dass BILD auch manipuliert, verdreht und lügt. Doch das ist diskurstheoretischer Sicht nicht das Entscheidende. Entscheidend ist vielmehr, dass durch die Regulation „normalistische Subjekte" oder „Kollektive" geschaffen werden.

Werden solche Subjekte mit Vorstellungen, Ereignissen und Handlungen konfrontiert, die dieser Normalität nicht entsprechen, entsteht ein Handlungsbedarf, diese Normalität wie auch immer wieder herzustellen.

Das Dispositiv des Institutionellen Rassismus.
Eine diskurstheoretische Annäherung an einen umstrittenen Begriff

Längst vor dem Terroranschlag auf das World Trade Center in New York und das Pentagon in Washington am 11.9.2001 zeichnete sich deutlich ab, dass es trotz green card und antirassistischer Kampagnen in Deutschland kein liberales Einwanderungsgesetz geben würde. Wahlkampf und Machterhaltungsinteressen ließen die Vorschläge der Süßmuth-Kommission und anderer Gremien wie etwa die des Bündnisses für Demokratie und Toleranz – Gegen Fremdenfeindlichkeit und Gewalt als obsolet erscheinen, auch wenn diese selbst noch mit dem berühmten Augenmaß gestrickt worden waren, also auch nicht so innovativ waren, wie zu wünschen gewesen wäre.[1] Der Innenminister der rot-grünen Regierung, Otto Schily, wurde mit seinen konservativen Vorgängern Manfred Kanther und Friedrich Zimmermann verglichen, die zu Zeiten der Kohl-Regierung als absolute Hardliner in Sachen Einwanderung gehandelt wurden. Das Wort von der Einwanderung wurde alsbald wieder von dem der Zuwanderung verdrängt – eine semantische Duftmarke, die Schlimmes ahnen ließ, da damit deutlich gemacht wird, dass diejenigen, die zu ‚uns' kommen, nicht wirklich zu ‚uns' hineinkommen sollen, sondern auf „uns" zu-kommen.[2]

---

1   Das Bündnis für Demokratie und Toleranz begann sehr ehrgeizig und hoffte, in die Lage zu kommen, wirkungsvolle Politikberatung leisten zu können. Doch schon kurze Zeit nach seiner Gründung hat es sich darauf reduziert, Jugendinitiativen zu unterstützen und zu koordinieren.

2   Dieser Unterschied wird im Bericht der Süßmuth-Kommission von 2001 folgendermaßen gefasst: „Unter ‚Zuwanderung' werden im vorliegenden Bericht alle Arten der Migration verstanden, auch diejenigen, die nur vorübergehenden Charakter haben. Von ‚Einwanderung' wird nur dann gesprochen, wenn ausdrücklich die dauerhafte Niederlassung in Deutschland gemeint ist." (ZGIF 2001:13) So dominiert denn in diesem Bericht auch der Terminus „Zuwanderung", während von „Einwanderung" nur äußerst selten die Rede ist. Vgl. dazu auch Carius 2004.

Zugleich war zu beobachten, dass infolge einer mediopolitischen Kampagne gegen Rassismus und Rechtsextremismus, die im Sommer 2000 gestartet wurde, zwar ein gewisses Zurückdrängen rassistischer Diskurselemente im Diskurs der Einwanderung stattfand, dass aber von einem tiefgreifendem Abbau oder gar der Beseitigung rassistischen Wissens in Deutschland nicht die Rede sein kann,[3] zumal rassistisch und rechtsextrem motivierte Straftaten keineswegs abnahmen, im Gegenteil.[4]

Empörungen z.B. gegen menschenverachtende Abschiebungen und damit verbundene Praxen blieben weitgehend aus, obwohl sie weiterhin massenhaft stattfanden. Insofern kann gesagt werden, dass trotz vielfältiger Aktivitäten von mediopolitischer Seite diese vornehmlich an der Oberfläche blieben, repressive Maßnahmen gegen Asylsuchende fortdauerten und ein unterschwelliger Rassismus den Einwanderungsdiskurs weiterhin durchzog.[5]

Eine kleinere Serie von Interviews aus dem Sommer 2001 mit nicht-eingewanderten Deutschen, die wir zusammen mit einem Projektseminar an der Gerhard Mercator Universität Duisburg durchgeführt und ausgewertet haben, bestätigte denn auch dieses Bild:[6] Im Vergleich zu anderen Interviewstaffeln, die wir zwischen 1991 und 1996 erhoben und analysiert haben[7], zeigte sich, dass nicht mehr so offen gegen Einwanderer und Flüchtlinge gehetzt wurde wie ehedem,

---

3 Vgl. dazu S. Jäger/M. Jäger 2002a.

4 In einem Bericht der FRANKFURTER RUNDSCHAU vom 2.2.02 mit der Überschrift „Tausende rechte Taten registriert" heißt es in Verbindung mit einer kleinen Anfrage an die Bundesregierung, dass für das Jahr 2001 10.113 rechtsextremistische und fremdenfeindliche Gewalt- und Straftaten registriert worden seien. Im Verfassungsschutzbericht für das Jahr 2000 seien 15.951 Straftaten mit erwiesenem oder zu vermutendem rechtsextremistischen Hintergrund erfasst worden. Weiter heißt es: „Ein Vergleich mit den aktuellen Zahlen ist wegen einer mittlerweile geänderten Zähl- und Erfassungsweise nicht möglich." – Die Kampagne der Bundesregierung seit Mitte 2000 hatte also eher kosmetische Effekte. Plakate in Bahnhöfen, Schülerwettbewerbe, Preisverleihungen für Ausstellungen, Kooperationen mit Sportvereinen etc., so ernst sie von den jeweils Agierenden auch gemeint waren, gaukelten Aktion gegen Rassismus vor, drangen aber nicht zum Kern der Sache vor. Die Kampagne war zudem vorwiegend auf die jugendliche Bevölkerung abgestellt, was erneut verdeutlicht, dass Rechtsextremismus und Rassismus als *Jugend*problem wahrgenommen wurde und wird. Dem widerspricht allerdings seit Jahren die gesamte Rassismus- und Rechtsextremismusforschung.

5 Zum Begriff des Rassismus s. weiter unten.

6 Eine knappe Auswertung enthält S. Jäger / M. Jäger 2002.

7 Zu den vorangegangenen Interviewstaffeln vgl. S. Jäger 1996a, M. Jäger 1996, Cleve 1998.

dass es aber gerade die oft unmenschliche Praxis der Behörden gegenüber Asyl-suchenden war, die fast durchweg (weiterhin) von den Interviewten gutgeheißen wurde. Zwar hatte sich der Diskurs ein wenig verschoben oder neu strukturiert, indem z.b. Mitleid gegenüber Flüchtlingen aus dem Kosovo geäußert wurde und sich insgesamt antirassistische Elemente stärker artikulierten. Doch die restrikti-ven Teile des Diskurses waren deutlich vorhanden: kaum jemand erregte sich über Abschiebungen, trotz des Wissens, dass diese teilweise auf brutale Weise, in einigen Fällen mit Todesfolge, vorgenommen wurden und werden.[8]

Das hat natürlich auch etwas damit zu tun, dass Abschiebungen nur die Spitze des Eisbergs einer insgesamt repressiven Flüchtlings- und Einwanderungspolitik markieren und nicht als generelles Problem dargestellt werden. Abschiebungen erscheinen in den Medien meist in Gestalt spektakulärer Einzelfälle, die als be-dauerlich und gelegentlich auch tragisch, zumal verbunden mit Todesfällen, an-gesehen, aber nicht als Phänomene eines Zusammenhangs und eines grundsätzli-chen Problems zur Kenntnis genommen werden.

So ergab die Durchsicht der FR in der Zeit zwischen Juli 2000 und Februar 2001, dass hier 87 Abschiebungsfälle teilweise durchaus kritisch aufgegriffen wurden, aber nicht in den Zusammenhang deutscher Flüchtlings- und Asylpolitik gestellt wurden.[9]

Der Abschiebeschutz hat sich im Laufe des Jahres 2001 zwar etwas verbes-sert und den Stand von 1985 wieder erreicht.[10] Dennoch gibt es immer noch eine Vielzahl von aus unserer Sicht unberechtigten Abschiebungsfällen mit zum Teil unerfreulichen Begleiterscheinungen.[11] Beschwerden und Einsprüche z.B. in NRW bei lokalen und Landespolitikern wurden oft mit dem Hinweis abgetan,

---

8 Vgl. dazu Antirassistische Initiative Berlin 2001.

9 Eine Ausnahme stellt hier der Nachdruck eines Artikels von Heiko Kauffmann von Pro Asyl vom 21.9.2000 dar. Der Original-Text erschien in der Zeitschrift WISSEN-SCHAFT UND FRIEDEN Nr. 4, 2000.

10 Vgl. dazu den Bericht von Vera Gaserow in der FRANKFURTER RUNDSCHAU vom 10.1.2002.

11 In der gleichen Ausgabe der FRANKFURTER RUNDSCHAU vom 10.1.02 wird direkt neben dem Artikel von Gaserow über eine geplante Abschiebung einer vietnamesi-schen Familie berichtet. Für den Vollzug dieser Abschiebung fehlten nur noch Unter-lagen der vietnamesischen Behörden. Immerhin wolle man jetzt die Familie gemeinsam abschieben. Ursprünglich war eine getrennte Abschiebung der Mutter mit ihren drei Kindern vorgesehen, während der Vater eine „Duldung" erfahren habe. Diese getrennte Abschiebung sei nur dadurch verhindert worden, dass die Mutter und ihre Kinder Kirchenasyl erhalten hätten. Gegen dieses Verfahren hatten immerhin 1500 Menschen protestiert.

dass man die rechtlichen Bestimmungen und Möglichkeiten voll ausgeschöpft habe. Der damalige Innenminister in NRW, Fritz Behrens, warf uns sogar vor, wir missbrauchten unsere Stellung als Wissenschaftler, als wir gegen die drohende und dann auch trotz Kirchenasyl vollzogene Abschiebung einer Roma-Familie nach Mazedonien protestierten.[12]

Fest steht, dass sich die Situation der Einwandererinnen und Flüchtlinge nach dem 11.9.01 drastisch verschärft hat. Law und Order-Fanatiker wie der als Richter ‚Gnadenlos' bekannte Hamburger Rechtsausleger Schill erhielten damals Zulauf. Rechtsextreme missbrauchten den Terroranschlag dazu, erneut und immer wieder das Scheitern der multikulturellen Gesellschaft zu beschwören und liberale Gesellschaftskonzepte zu verteufeln.[13]

Daneben reagierte die gesellschaftliche ‚Mitte' mit einem weiteren Abbau zivilgesellschaftlicher Errungenschaften, die sich insbesondere – aber nicht nur – gegen Einwandererinnen und Asylsuchende richten: Rasterfahndung, Regelanfrage bei Einbürgerung und Asylanträgen wurden auf die Tagesordnung gesetzt und sind im parlamentarischen Schnelldurchgang Gesetz geworden. Zuzug und Bleiberechte wurden eingeschränkt oder sollen weiter beschnitten werden – um nur einige Aspekte solcher Verschärfungen anzudeuten.

In Großbritannien, aber auch in anderen Ländern, wird dieser gesamte Komplex repressiver Flüchtlings- und Einwanderungspolitik und entsprechender Praxen häufiger mit dem Begriff des Institutionellen Rassismus zu erfassen versucht.[14] Und auch in Deutschland kommt dieser Begriff gelegentlich zur Anwendung, so etwa wenn es um Übergriffe der Polizei oder schlechte Behandlung von Einwanderinnen und Flüchtlingen auf Ämtern oder durch Behörden geht. Doch vorwiegend wird neben solchen eher umgangssprachlichen Anwendungen dieser Begriff in Deutschland eher abgelehnt.

Daher wollen wir im folgenden den Versuch machen, diesen Begriff des Institutionellen Rassismus genauer zu beleuchten und auf seine Brauchbarkeit hin abzuklopfen.[15]

Dieser Begriff ist, wie gesagt, umstritten, vielleicht noch stärker als der des Rassismus selbst, und zwar sowohl auf der politischen wie auf der wissenschaftlichen Ebene. Auf der politischen Ebene, die sich ja bereits mit dem Begriff des Rassismus schwer tut und lieber verharmlosend von Fremdenfeindlichkeit

---

12 Zum Fall Zumbarow vgl. FR vom 19.7.2000 und 20.7.2000.
13 Einen genauen Überblick über die Reaktionen der extremen Rechten auf den Terror vom 11.9.2001 gibt Jacoby 2001.
14 Vgl. dazu ausführlich Quehl (Hrsg.) 2000, insbesondere auch seine Einleitung: 7-13.

spricht, wird die Ablehnung z.b. damit begründet, dass man sich schließlich an geltendes Recht halte bzw. halten müsse. Das gilt für viele Politiker auf den unterschiedlichen Ebenen, und auch in NGOs und antirassistischen Initiativen scheut man gelegentlich vor seinem Gebrauch zurück, hier jedoch wohl vor allem aus taktischen Rücksichten.[16]

Auf der wissenschaftlichen Ebene ist der Begriff des Institutionellen Rassismus in Deutschland – im Unterschied etwa zu England und Frankreich – eigentlich noch gar nicht angekommen. Wird er in die Diskussion gebracht, so wird schnell vor einem inflationären Gebrauch dieses Begriffes gewarnt, der darin bestehe, dass man damit den Staat und seine Institutionen generell und zugleich auch die gesamte Einwanderungspolitik der Bundesrepublik Deutschland diffamiere.

Nun kann es in der Tat nicht darum gehen, irgendetwas oder irgendjemanden zu diffamieren. Gerade deshalb ist es um so wichtiger, diesen Begriff zu diskutieren und zu klären, was damit in welcher Verwendung gemeint ist und ob er produktiv politisch verwendet werden kann.

Es geht also darum, diesen Begriff bzw. die damit einhergehenden Positionen genauer zu beleuchten, um ihn für wissenschaftliche Analysen und die politische Diskussion brauchbarer zu machen. Denn dieser Begriff wird häufig in der Tat eher unpräzise verwendet, etwa wenn damit das (rassistische) Handeln von Funktionären in Institutionen angesprochen wird. Diese können zwar rassistisch in den Einwanderungsdiskurs verstrickt sein und können deshalb Verordnungen eng, selektiv und restriktiv anwenden oder in ihrem beruflichen Alltag rassistisch

---

15 Dabei sind wir uns bewußt, dass wissenschaftliche Begriffe keine Wahrheiten enthalten, sondern Positionen, die verteidigt, kritisiert und bestritten werden können. Insofern sind solche Begriffe immer umstritten; auch wenn sich bestimmte Inhalte, die mit bestimmten Wörtern verbunden werden, für eine Weile und manchmal sehr lange halten können. Doch sie werden über kurz oder lang immer wieder von anderen abgelöst, denen im Prinzip das gleiche Schicksal bevorsteht. Kritik an und Analyse von Begriffen und ihrem Einsatz ist daher auch immer geeignet, Positionen offenzulegen – natürlich auch die der Kritisierenden. Das gilt natürlich auch für den Begriff des „Institutionellen Rassismus".

16 Bereits die Verwendung des Terminus „Rassismus" gilt oftmals als zu „radikal" und zu „aggressiv". Bezeichnenderweise werden solche Vorwürfe meist von konservativer Seite erhoben. Solche Vorwürfe positionieren demnach auch diejenigen, die sie erheben, ziemlich eindeutig. Auch einige engagierte Antirassisten vermeiden ihn daher in der Regel, um nicht ‚in die linke Ecke' gestellt zu werden. Sie sollten sich aber dann auch darüber klar sein, dass sie dem politischen Gegner damit nachgegeben haben und seine Definitionsmacht akzeptieren.

agieren.[17] Doch solches Handeln betrifft nicht die Institutionen als solche, sondern das Handeln von Menschen in Institutionen, auch wenn sie institutionelle Vorgaben verinnerlicht haben und exekutieren.[18]

Zu fragen wäre aber, ob in den Institutionen, die sich mit Einwanderung und Einwanderern befassen, Rassismus gleichsam ‚haust', ob also Rassismus bestimmten Institutionen inhärent ist. Das wird häufig bestritten oder auch geleugnet. Und dies fällt auch deshalb leicht, weil Institutionen dazu neigen, Rassismus zu normalisieren, indem sie die Praxen, mit denen Einwanderer traktiert werden, als völlig selbstverständlich und daher auch als normal erscheinen lassen.[19]

Aus den vorangegangenen Überlegungen könnte man den (vorläufigen) Schluss ziehen, dass Institutioneller Rassismus ein Rassismus ist, der von Institutionen ausgeübt wird. Aber was heißt das im Einzelnen?

Was heißt, um damit zu beginnen, Institution? Haben Institutionen ein Eigenleben? Können sie als solche handeln? Trotz der scheinbaren Naivität solcher Fragen ist es lohnend, einen kurzen Blick auf gängige wissenschaftliche Begriffe von Institution zu werfen. Diesen nach Hartmut Esser zentralen soziologischen Begriff (Esser 2000: 1ff.) gilt es also zuallererst zu befragen, wenn wir diskutieren wollen, um was es sich beim Institutionellen Rassismus handelt.

Die Vielzahl der begrifflichen Bestimmungen von Institution[20] verweist bereits darauf, dass auch dieser Begriff umstritten ist und keineswegs einheitlich verwendet wird. Zugleich verweisen die unterschiedlichen Fassungen des Begriffs auf die Diskurspositionen derjenigen, die ihn definieren.

Exemplarisch und stellvertretend seien die folgenden Begriffsbestimmungen angeführt:

Der als eine der maßgeblichen Kräfte der Konservativen Revolution bekannte Philosoph und Psychologe Arnold Gehlen bestimmt Institutionen

„als ‚gesellschaftlich sanktionierte Verhaltensmuster', die nun die Hauptlast der Entlastungs- und Stabilisierungsfunktion für den Menschen zu tragen haben."[21]

---

17 Zu solchen Erscheinungen etwa bei der Polizei vgl. etwa Herrnkind 2002.
18 Zum Begriff und seiner Geschichte selbst vgl. etwa bereits Miles 1991 oder auch neuerdings Gomolla / Radtke 2000.
19 Vgl. zum Normalismus in Verbindung mit dem Problem des Institutionellen Rassismus Link 2002a.
20 Vgl. dazu Rehberg 1994 oder Esser 2000.
21 So referiert Schnädelbach (1986: 270) Arnold Gehlen in seinem Nachwort zu Gehlens „Anthropologische und sozialpsychologische Untersuchungen".

Gehlen misst der Institution nicht nur eine enorme Bedeutung für die Festigkeit und den Bestand von sozialen Gebilden aller Art bei; er begreift sie als Existenzvoraussetzung von Gesellschaft überhaupt, wenn er schreibt:

> „Alles gesellschaftliche Handeln wird *nur* durch Institutionen hindurch effektiv, auf Dauer gestellt, normierbar, quasi-automatisch und voraussehbar." (Gehlen 1955: 38, Hervorhebung im Original.)

Mit anderen Worten: Nur durch Institutionen sei der Mensch zu bändigen, nur durch sie kann ein absolutes Chaos vermieden werden.[22] Von einer Vorstellung des Menschen als solchem, von einem im Kern konstanten Wesen des Menschen ausgehend, formuliert Gehlen seine dann auch notwendigerweise autoritäre Fassung des Institutionenbegriffs, durch den Institution als das zentrale, gleichsam naturnotwendige und unverzichtbare Herrschaftsmittel hypostasiert wird.

Nicht derart konservativ biologistisch bezeichnet Max Weber – wie Karl-Siegbert Rehberg schreibt – Institution als „geronnenen Geist".[23] Danach lassen sich Institutionen verstehen als Vergegenständlichungen von bestimmten Wissenselementen, von Normen und Werten und sonstigen Ideologemen.

Festhalten kann man wohl für die tradierten Institutionenbegriffe, kommen sie konservativ oder liberaler einher: Institutionen petrifizieren, stellen still und fixieren Lebendiges. Sie werden als festgefügte und untergründig wirksame Ordnungsmächte verstanden, die unsere sozialen Wirklichkeiten (und damit jeden Einzelnen) prägen.[24] Sie sind danach zumindest für bestimmte Zeiträume fix und verfügen über eine erstaunliche Überlebenskraft.

Ein Blick auf weitere Bestimmungen, mit denen innerhalb der Soziologie der Begriff Institution reflektiert wird, zeigt, dass sie einzelne Elemente und Funktionsweisen von Institutionen ansprechen und dabei entweder das in Institutionen einfließende Wissen oder die Regelhaftigkeit, die das Wissen durch die Institutionalisierung annimmt, betonen.

All diesen klassischen Definitionen ist bereits zu entnehmen, dass sie die Auffassung in sich bergen, dass Institutionen gesellschaftlich notwendige Verfestigungen von Sinn bzw. „Wissen" darstellen.

---

22 Ähnlich wie bei Arnold Gehlen werden Institutionen oft als „Instinktersatz zur Kompensation der Weltoffenheit des Menschen" aufgefasst. Dabei werde von der Exzentrizität der Menschen ausgegangen, etwa bei Max Scheler, Helmut Plessner und Helmut Schelsky (vgl. Esser 2000, 3).

23 Nach Karl-Siegbert Rehberg unter Bezug auf Weber: „Wirtschaft und Gesellschaft", 5., rev. Auflage, Tübingen 1976: 835, vgl. Rehberg 1994: 56.

24 Vgl. dazu Rehbergs Kritik 1994: 48.

Demnach könnte man Institutionellen Rassismus als eine diskursiv verfestigte Form von Rassismus begreifen. Dieser Begriff koppelt Institution mit dem negativ aufgeladenen Begriff des Rassismus und kritisiert damit den hegemonial hochgehaltenen Begriff der Institution und die damit verbundenen Praxen generell, sofern sich solche Institutionen und Praxen auf den Gegenstand Einwanderung, Flucht und Asyl beziehen. Dies erklärt, warum der Begriff des Institutionellen Rassismus auf vehemente Ablehnung stößt. Mit ihm werden administrative Maßnahmen und Verhaltensweisen von vornherein kritisch hinterfragt.

Doch es bleibt die Frage zu beantworten, wie sich dieser Begriff inhaltlich sinnvoll füllen lässt, insbesondere, ob es Sinn macht, ihn vom Begriff des Rassismus zu unterscheiden bzw. ihn als eine Sonderform von Rassismus zu bestimmen.

Aus diesem Grunde ist zunächst eine genauere Betrachtung dessen erforderlich, was unter Rassismus zu verstehen ist.[25] Rassismus kann als Ansammlung bestimmter Diskurselemente im Einwanderungsdiskurs verstanden werden, die diesen rassistisch aufzuladen geeignet sind, wenn mit ihnen Personengruppen, die wegen ihrer körperlichen und/oder kulturellen Merkmale, die auch bloß imaginiert sein können, von deutscher Normalität abweichen und wenn diese tatsächlichen oder auch nur imaginierten Abweichungen negativ (oder auch positiv) bewertet werden. Da dies im Diskurs stattfindet und dieser Macht ausübt, kommt demnach auch noch der Faktor der Macht ins Spiel.[26]

Hier erhebt sich nun die Frage, ob es sich nicht bei allen Formen von Rassismus bereits um Institutionalisierungen und Verfestigungen handelt, also nicht nur bei solchen, die von administrativer oder auch staatlicher Seite ausgehen. Denn nach diesem Verständnis sind ja alle Diskurse und daher auch die in ihnen enthaltenen rassistischen Diskurselemente institutionalisierte und verfestigte Redeweisen.

Um diese Frage zu beantworten, wollen wir versuchen, den Prozess der Verfestigung selbst diskurstheoretisch zu klären.

---

25 Zur Diskussion um den phantasmatischen Rassismus-Begriff vgl. jetzt auch Sarasin 2003a: 150ff., wobei er sich u.a. mit Vorstellungen von Max Weber, Benedict Anderson und Hanna Arendt auseinandersetzt.

26 Der Faktor der *Macht*, der in manchen Rassismus-Definitionen gesondert ausgewiesen wird (vgl. z.B. Kalpaka / Räthzel 1990), ist also bereits mit dem Verständnis von Diskurs vorgegeben und muss nicht gesondert aufgeführt werden, wenn diskurstheoretisch argumentiert wird.

Bei Michel Foucault werden Diskurse als Elemente von Dispositiven verstanden.[27] In einem Gespräch mit Psychoanalytikern entwickelt Foucault den Begriff Dispositiv in folgenden Schritten: Es sei

"erstens ein entschieden heterogenes Ensemble, das Diskurse, Institutionen, architekturale Einrichtungen, reglementierende Entscheidungen, Gesetze, administrative Maßnahmen, wissenschaftliche Aussagen, philosophische, moralische oder philanthropische Lehrsätze, kurz: Gesagtes wie Ungesagtes umfaßt. Soweit die Elemente des Dispositivs. Das Dispositiv selbst ist das Netz, das zwischen diesen Elementen geknüpft werden kann."

Zweitens "gibt es zwischen diesen Elementen, ob diskursiv oder nicht, ein Spiel von Positionswechseln und Funktionsveränderungen, die ihrerseits wiederum sehr unterschiedlich sein können."

"Drittens verstehe ich (also Foucault, d.Vf.) unter Dispositiv eine Art von (...) Formation, deren Hauptfunktion zu einem gegebenen historischen Zeitpunkt darin bestanden hat, auf einen Notstand (urgence) (= Druck, Zwang, d.Vf.) zu antworten. Das Dispositiv hat also eine vorwiegend strategische Funktion. Das hat zum Beispiel die Resorption einer freigesetzten Volksmasse sein können, die einer Gesellschaft mit einer Ökonomie wesentlich merkantilistischen Typs lästig erscheinen mußte." (Foucault 1978: 119f.)

Wichtig erscheint uns zudem die folgende Bemerkung Foucaults:

"Das Dispositiv ist (…) immer in ein Spiel der Macht eingeschrieben, immer aber auch an eine Begrenzung oder besser gesagt: an Grenzen des Wissens gebunden (...) Eben das ist das Dispositiv: Strategien von Kräfteverhältnissen, die Typen von Wissen stützen und von diesen gestützt werden." (Ebd.: 123)

---

27 Dazu ist anzumerken, dass Foucault nirgendwo umfassend ausgeführt hat, was er genau mit Dispositiven meint. Dreyfus/Rabinow sprechen von einem heiklen Begriff. Sie verstehen darunter eine Art „Erkenntnisraster". Wichtig ist ihnen dabei vor allem, dass Foucault darunter diskursive und nicht diskursive Praktiken fasst. Sie sprechen von einem vom Historiker konstruiertem Analyseraster, mit dem Strategien von Machtverhältnissen, die Wissenstypen stützen und umgekehrt offen gelegt werden können. Wenn es gelungen sei, solche Strategien freizulegen, dann habe man ein Dispositiv. (Vgl. Dreyfus / Rabinow 1987: 150f.) Damit ist das grundlegende Verhältnis von Begriff und Wirklichkeit ins Spiel gebracht. Begriffe deuten Wirklichkeit immer nur, ohne Wahrheit beanspruchen zu können. Sie fungieren als Hilfswerkzeuge, wie andere, die zur Werkzeugkiste des Analytikers gehören. Das gilt auch für den Begriff des Dispositivs selbst. Als solches Hilfswerkzeug kann es auch für unsere weiteren Überlegungen von Nutzen sein.

Etwas vereinfachend lässt sich das Grundgerüst eines Dispositivs folgendermaßen beschreiben: Es enthält zum einen diskursive Praxen, zweitens nicht-diskursive Praxen, also Handeln, und drittens Vergegenständlichungen, zu denen neben
Gebäuden und Einrichtungen auch Gesetze und Verordnungen gehören. Dieser
„Gesamt- Apparat" agiert als Ganzer, er antwortet auf eine Herausforderung mit
einem bestimmten Wissen und ist damit, folgt man Foucaults Analytik, in Spiele
der Macht verwickelt.[28] In alle drei Elemente des Dispositivs fließt ein bestimmtes Wissen ein: In die diskursiven Praxen ebenso wie in das Handeln, also in die
nicht-diskursiven Praxen und in die Vergegenständlichungen/Sichtbarkeiten, die
Ausdruck bzw. Folge dieses wissensbasierten Handelns sind.

Rassismus kann auf diesem Hintergrund als ein Dispositiv verstanden werden, das sowohl rassistische Diskurselemente (z.B. im Einwanderungsdiskurs)
enthält, darauf basierendes Handeln und die entsprechenden Handlungsmittel
und -folgen.

Der Dispositivbegriff erlaubt es also zunächst einmal, rassistisches Wissen
im Diskurs, rassistisches Wissen im Handeln und rassistisches Wissen in den
Handlungsfolgen zu unterscheiden. Dies ist die Grundlage dafür, auch zwischen
unterschiedlichen Formen von Rassismus, deren Agenten und deren Folgen zu
unterscheiden. Während auf der Alltagsebene Menschen agieren, die rassistisches Wissen durch ihre Verstricktheiten in den Einwanderungsdiskurs verinnerlicht haben, auf dieser Grundlage handeln und etwa Flüchtlinge verfolgen und
schlagen, verfügen Journalistinnen, ebenfalls verstrickt in den Einwanderungsdiskurs, über ein Wissen, das sie den Medien zuführen, die ihrerseits auf Alltag
und Politik Einfluss nehmen.

Insoweit kann hier von alltäglichem und von Medienrassismus gesprochen
werden. Auch Legislative/Staat und Verwaltung verfügen über rassistisches Wissen, handeln auf dessen Grundlage und setzen es in Gesetzen und Verordnungen
(und mit Hilfe staatlicher Organe in entsprechende Praxen) besonders macht- und
wirkungsvoll um. Sie reagieren damit auf einen von ihnen empfundenen bzw.
erkannten Druck, der auf sie durch das Phänomen Einwanderung ausgeübt
wird.[29] Einwanderung verursacht insofern diskursiven Druck, als sie aus verschiedenen Gründen bestimmte Probleme bereitet. Diese Probleme werden gese-

---

28 Dem Verständnis von Diskurs bei Foucault gemäß ist dabei nicht an einzelne Agen-
    ten oder Agentengruppen zu denken. Der Diskurs agiert überindividuell; er resultiert
    aus fortwährend stattfindenden diskursiven Kämpfen. Das daraus resultierende Feld
    des Sagbaren spiegelt jedoch die jeweils obwaltenden Machtbeziehungen. Vgl. dazu
    S. Jäger 2001a.

hen in sozialen Kosten der Einwanderung, im Ansteigen von Kriminalität, in der Gefährdung der inneren Sicherheit, in Belastungen des Erziehungssystems, in Gefährdungen der Entwicklung und Festigung der nationalen Identität, in der Infragestellung hegemonialer Interessen generell, z.B. durch das Wahlverhalten der Bevölkerung etc.

Auch wenn Menschen, die ,Fremde' ablehnen (Wissen), diese verfolgen (Handeln) und dies in Verletzungen mündet (Vergegenständlichung des Wissens) und auch wenn Journalistinnen ,Fremde' in den Medien ausgrenzen und sich dies als Wissen in der Bevölkerung niederschlägt, so ist auf diesen beiden diskursiven Ebenen jedoch nicht die gleiche Auswirkung zu beobachten wie auf der Ebene des staatlichen Handelns und seiner Folgen für die Betroffenen. Hinzu kommt, dass dieses Handeln durch Verfassung und Recht autorisiert ist und über (fast) jeden Zweifel erhaben zu sein scheint. Schließlich verfügt der Staat über das Gewaltmonopol. Die auf dieser Ebene Handelnden entziehen sich jeglicher Kritik: Sie handeln quasi als Automaten.[30] Damit unterscheidet sich der Rassismus, der auf dieser Ebene auftritt, grundsätzlich von jenem, der auf anderen gesellschaftlichen Ebenen zu beobachten ist – und dies nicht zuletzt durch seine Normalität und scheinbar unangreifbare Gültigkeit.

Wir schlagen deshalb vor, den Begriff des Institutionellen Rassismus für diese Handlungsebene zu verwenden, weil damit ein wichtiger Teilbereich des Rassismus angezielt werden kann, nämlich der, in dem es um administratives Handeln auf der Grundlage von Gesetzen, Verordnungen etc. geht. Der Begriff ist auch insofern als nützlich anzusehen, als damit bestimmte Formen der Verfestigung bzw. Formen besonders rigider Verfestigung von alltäglichem Rassismus und z.B. Rassismus in den Medien unterschieden werden können.

Es geht also dabei um den Bereich eines Rassismus, der sich hinter Gesetzen und Normen etc. verschanzt. Der Begriff des Institutionellen Rassismus ist dafür hilfreich, bestimmte administrative Praxen, die als anstandslos richtig und immer

---

29 Foucault verwendet hier den Ausdruck „urgence", der in der deutschen Übersetzung als Notstand erscheint. Wir halten diese Übersetzung für missverständlich und ziehen daher den des Druckes vor. Man könnte auch von Zwang oder Notlage sprechen, die eintritt, wenn sich die Dispositive verändern, sich aufspalten und neue Dispositive entstehen. Zum Dispositivbegriff vgl. auch Deleuze 1991.

30 Wobei dieses Handeln durch subjektive rassistische Wissenselemente noch besondere Färbungen annehmen kann. Dies ist besonders dann der Fall, wenn Angehörige bestimmter Berufsgruppen wie etwa der Polizei oder der Ausländerbehörden bei der Beurteilung von Asylanträgen immer wieder beruflich mit Einwanderern und Asylsuchenden konfrontiert werden.

nur als Einzelerscheinungen und Ausnahmen ausgegeben werden, kritisieren zu
können und sie als ein Ganzes, als Ausdruck eines Willens zu fassen. Er erleichtert ferner, dieses Ganze als dasjenige zu fassen, das Einfluss nimmt auf den
politischen, medialen und Alltagsrassismus. Auch die Frage, woher kommt Rassismus, lässt sich so leichter beantworten: Er ist, daneben, dass er sich aus in
historischen Diskursen überliefertem Wissen speist, Folge des hegemonialen, in
Gesetzen gefassten und in der Politik vertretenen Rassismus, der sich gegen Kritik immunisiert. Wenn, administrativ und gesetzlich verordnet, immer wieder
deutlich gemacht wird, dass Asylsuchende sich nicht frei bewegen dürfen, dass
Ausländer einer Rasterfahndung unterzogen werden, dass ihre Arbeitsmöglich-
keiten eingeschränkt werden, dass sie statt Geld nur mit Sachleistungen abge-
speist werden etc., dann ist es kein Wunder, dass die daraus abgeleitete
Schlussfolgerung lautet: Ausländer raus! Damit soll dieses staatliche Handeln
nicht allein verantwortlich gemacht werden für die rassistische Aufladung der
Diskurse; es kann und muss aber seine hohe Mit-Verantwortung dafür zur Kenntnis genommen werden.

Für die wissenschaftliche und politische Auseinandersetzung mit diesen Erscheinungen kommt es nun darauf an, dieses Wissen der Gesetze und der Verordnungen, das die Basis für entsprechendes Handeln darstellt, herauszuarbeiten und
kritisch zu hinterfragen, insbesondere auch daraufhin, auf welchen Druck oder
Notstand die Institutionen reagieren, die – im weitesten Sinne – mit dem Thema
Einwanderung und Anwesenheit von ‚Fremden' zu tun haben.

Das ist nicht einfach, denn natürlich befinden sich die Institutionen in einem
nationalen und internationalen gesellschaftlichen Raum, in dem und auf den sie
wirken, der aber auch für sie Bedingungen des Handelns und der Existenz vor-
sieht bzw. bereitstellt. Dieser Rahmen selbst besteht ebenfalls aus Dispositiven,
die komplex miteinander verflochten sind. Bezogen auf den Institutionellen Rassismus könnte man sagen: Neben dem Ausländerrecht steht das Völkerrecht, neben den Bedingungen im Zufluchtsland stehen die im Fluchtland und die jeweils
entsprechenden Praxen und Institutionen. Oder: Die Flüchtlingspolitik und die
sie umsetzenden Institutionen hängen ab von der realen ideologischen Verfassung, etwa der, dass die Abstammungsbestimmung im Ausländerrecht immer
noch völkisch zurückgebunden ist. Der Druck („urgence"), auf den dieses Dispositiv antwortet und sich entsprechend formiert, ist durch die Einwanderung und
wie diese semantisch-ideolgisch definiert ist, ausgelöst. Es entsteht ein Handlungsbedarf, der sich je nach den sich herausbildenden Diskursen bzw. Veränderungen im Diskurs im Spannungsfeld zwischen liberaler und demokratischer „Integration" und autoritär ausgrenzender Abwehr der Einwanderer bewegt. In die-

sem Spannungsfeld, bei diesem diskursiven Kampf um Wahrheiten agieren die Kontrahenten und suchen ihre jeweiligen Interessen (in diesem speziellen Bereich) durchzusetzen.

Angesichts der Verschärfungen, die im Bereich der inneren Sicherheit in Deutschland auf den Weg gebracht wurden, konnten wir erleben, wie das gesamte Dispositiv des Institutionellen Rassismus mit neuem, aggressivem Wissen aufgeladen wurde. Rasterfahndung, Regelanfragen, Einschränkungen humanitärer Bedenken aller Art und Einschränkungen von Einwanderung generell sowie Repressionen gegen die bereits hier lebenden Eingewanderten stärken nicht die Innere Sicherheit und den Kampf gegen den Terrorismus allein, sondern im Windschatten solcher Maßnahmen blühen reaktionäre Vorstellungen von Volk und Rasse wieder auf. Insgesamt gesehen sind sie der Integration von Einwander*innen* in die deutsche Gesellschaft überaus hinderlich.

Darüber hinaus lassen sich weite Teile des hegemonialen Einwanderungsdiskurses, wie er sich in Gesetzen niederschlägt, insbesondere im Ausländergesetz (Stichwort: „Zuwanderungsbegrenzungsgesetz"), im Asylgesetz und im Asylverfahrensgesetz, als nicht vereinbar mit Verfassung und Menschenrechten erweisen. Erwähnen möchten wir auch Einschränkungen wie Residenzpflicht, Unterbringung in Sammellagern, mangelnde Gesundheitsversorgung, Arbeitsverbot, Abschiebung, Begrenzung des Alters von Kindern, die ‚rein' dürfen, ferner das Asylbewerberleistungsgesetz mit seinem Sachleistungsprinzip; es geht um das Verhalten von Ämtern und Behörden, etwa um Sozialämter und die dort Ausländer benachteiligende Sozialpolitik, um soziale Ausgrenzung durch Ausländerämter, Benachteiligung durch Schule, Kirche, die private Wirtschaft; es geht um die Polizei und die Gerichte, um die Rolle des Grenzschutzes usw. Dazu liegt eine Reihe von Untersuchungen bereits vor, worauf wir hier nur verweisen können.[31]

Rassismus und Institutioneller Rassismus, so lässt sich abschließend sagen, sind Begriffe, die geeignet sind, Einwanderungsdiskurse kritisch zu hinterfragen und in Bewegung zu bringen. Mit welchen Inhalten sie auch immer gefüllt werden: es handelt sich um Kampfbegriffe in den diskursiven Auseinandersetzungen. Neben Zuspitzungen stehen Verharmlosungen, neben Leugnungen Überbetonungen. Es geht dabei nicht um die Durchsetzung irgendwelcher allgemeingültiger ‚Wahrheiten', sondern um die Frage der Gestaltung der Zukunft. Es handelt sich also um Machtkämpfe, deren Ausgang offen ist. Die Macht kommt jedoch

---

31 Vgl. dazu auch M. Jäger/Kauffmann 2002, in dem Untersuchungen und Praxisberichte zum Thema „Institutioneller Rassismus" versammelt sind.

nicht allein von oben; sie kommt von allen Seiten. Sie ist niemals fix und wird immer umstritten sein.[32]

---

32 Vgl. dazu die Analyse der Machtbeziehungen bei Foucault 1983: 113 ff.

Gefährlich fremd? Zur Dynamik des Zusammenwirkens unterschiedlicher Diskursstränge und -ebenen am Beispiel der Kopftuchdebatte

Um kaum ein anderes Bekleidungsstück ist in Deutschland so heftig gestritten worden wie um das Kopftuch – getragen von moslemischen Frauen. Und auch in Frankreich und England, in der Türkei und im Iran finden immer wieder Diskussionen darüber statt, ob eine moslemische Frau ein Kopftuch tragen bzw. sich verschleiern darf, soll oder gar muss.

Als sichtbares Zeichen von Fremdheit wird es im Medien- und Alltagsdiskurs weitgehend mit negativen Zuschreibungen versehen und tendenziell abgelehnt. Seit dem Ende der 1990 Jahre hat sich diese Ablehnung zugespitzt und mittlerweile die parlamentarische Ebene erreicht. Nachdem die Klage der baden-württembergischen Lehrerin Fereshta Ludin vor dem Bundesverfassungsgericht ergab, dass die Regelung dieser Kleiderordnung für die Schule Landessache sei, werden nun in verschiedenen Bundesländern Kopftuch-Gesetze aufgelegt.

Hierin offenbart sich nicht nur die Materialität von Diskursen, insofern die durch die in Diskursen vorgenommenen Perspektivierungen und Machtverhältnisse zu einer praktischen Umsetzung drängen. Die Verbotsgesetze verdeutlichen darüber hinaus, dass von den sich im diskursiven Gewimmel herstellenden spezifischen Konstellationen solche Machteffekte ausgehen. Diese Konstellation soll im Folgenden betrachtet und analysiert werden.

Bei der Kopftuchdebatte verschränken sich mindestens zwei Diskursstränge miteinander, nämlich der Frauen- und der Einwanderungsdiskurs, und zwar auf mindestens zwei Diskursebenen, dem Alltags- und dem Mediendiskurs. Und es ist diese Verschränkung von Diskurssträngen und -ebenen, die für die Dynamik dieser Auseinandersetzung verantwortlich ist.[1]

Ob ein Kopftuch in der Öffentlichkeit oder in öffentlichen Institutionen akzeptiert wird oder nicht, hat vor allem damit zu tun, dass es von der Mehrheitsgesellschaft als ein negatives Symbol angesehen wird.

Für einen Teil der Mehrheitsgesellschaft wird es als Ausdruck von Frauen-
feindlichkeit und/oder einem patriarchalem Verhältnis der Geschlechter zueinander angesehen. Vor dem Hintergrund der in Deutschland geltenden Norm der
Gleichberechtigung der Geschlechter wird das Kopftuch aus diesem Grunde abgelehnt. In diesem Fall haben wir es offensichtlich mit einer Verschränkung eines
Teils des Frauen- bzw. Genderdiskurses mit einem Teil des Einwanderungsdiskurses zu tun. Die Verschränkung kann zu einer ‚Ethnisierung' von Sexismus in
der Weise führen, dass die unterstellten sexistischen Einstellungen gegenüber
Frauen als ein Merkmal einer bestimmten Kultur oder ‚Ethnie' konstruiert werden. Im Unterschied zu anderen Vorurteilen und Vorbehalten gegenüber Einwanderinnen arbeitet dieser Vorwurf allerdings mit einer positiv besetzen Norm, der
Gleichstellung der Geschlechter. Und es ist dieser Sachverhalt, der das „Argument" so wirkungsvoll macht, aber auch so brisant. Denn diejenigen, denen es
um die demokratischen Rechte sowohl von Frauen als auch von Einwanderern
geht, geraten in eine argumentative Zwickmühle, wenn Frauenrechte gegenüber
den Rechten von Einwandern ausgespielt werden.

Darüber hinaus entstehen weitere diskursive Effekte aus dem Umstand, dass
in dieser Frage Alltags- und Mediendiskurs heftig miteinander korrespondieren.
Dies führt dazu, dass das Kopftuch derart stark emotional aufgeladen wird, dass
sich ein Handlungsbedarf einstellt, in dem unter Umständen juristische Konsequenzen eingefordert werden.

Des weiteren zeigen die Diskussionen um das Kopftuch, dass hier eine Stell-
vertreterdebatte geführt wird, bei der es um das Verhältnis von Kultur und Religion geht, was aber nicht zufällig an einem Kleidungsstück oder Verhaltensko-
dex von Frauen festgemacht wird.

Mit Birgit Rommelspacher teile ich die Auffassung, dass Frauen in patriar-
chalischen Gesellschaften ständig als Projektionsfläche dienen, die es Männern
erlaubt, sich gegenseitig ihre Machtphantasien zu präsentieren. Das gilt für die
muslimische Frau mit dem Kopftuch ebenso wie für die so genannte moderne
Frau. Was Frauen dürfen oder besser nicht tun sollen, ist häufig Gegenstand
gesellschaftlicher Debatten (Rommelspacher 2002: 113). Insofern geht es bei der

---

1   Unter dem Aspekt angewandter Diskurstheorie kann und soll diese Analyse als ein
    Beispiel dafür gelten, dass Diskursanalysen, sofern sie sich auf bestimmte Diskurs-
    stränge und Diskursebenen beschränken, wichtige Aussagenfelder ermitteln können,
    dass diese jedoch in die jeweiligen Kontexte und Diskurskonstellationen einzubetten
    sind, um die Wirkungsmächtigkeit dieser Aussagen bestimmen zu können. Nur die
    Erfassung der spezifischen Diskurskonstellation erlaubt es, gewisse Prognosen zum
    weiteren Verlauf zu wagen.

Kopftuchdebatte um die Bedeutungen, die dem Kopftuch zugewiesen werden. Und hier haben wir es angesichts der bestehenden Macht- und Mehrheitsverhältnisse zwischen muslimisch und christlich orientierten Personen mit einem sehr einseitig ausgerichteten Diskurs zu tun. In diesem Diskurs wird durchaus zugestanden, dass das Kopftuch verschiedene Bedeutungen annehmen kann. Die einen bestimmen es als Zeichen eines patriarchalen Geschlechterverhältnisses, für andere ist es ein Symbol islamischer Religiosität, und schließlich kann es auch als Ausdruck der Zugehörigkeit zu einer islamischen Kultur gelesen werden, die in einem Gegensatz oder auch nur Unterschied zur westlichen oder christlichen Kultur gesehen wird. Selten kommen aber dabei die Trägerinnen des Kopftuches selbst zu Wort und wenn, werden ihre Argumente häufig und schnell wieder in Zweifel gezogen. Und nicht selten wird ihr Tun dann als Starrheit oder als Provokation gegenüber der Mehrheitsgesellschaft gewertet. Die Art und Weise wie das islamische Kopftuch diskursiviert wird, kann deshalb auch Hinweise darauf liefern, wie der Islam in Deutschland wahrgenommen wird.

Dieser Frage möchte ich nun ein Stück weit nachgehen. In einem ersten Schritt werde ich zeigen, auf welche Weise und mit welchen Begründungen das Kopftuch im Alltags- und Mediendiskurs für Deutsche bzw. Christen zu einem Problem wird. Anschließend will ich den Symbolgehalt und die damit verbundenen Effekte analysieren, um in einem dritten Schritt zu beleuchten, wie sich diese Effekte mit anderen thematischen Feldern des Einwanderungsdiskurses verknüpfen und denormalisierende Wirkungen erzielen.

Das Kopftuch im Alltags- und Einwanderungsdiskurs

Das Unbehagen vieler Deutscher mit dem Kopftuch artikuliert sich vor allem im Kontext des Sprechens und Denkens über Einwanderung und Flucht. Durch den Zuzug von Einwanderinnen aus islamisch geprägten Ländern ist der ‚geheimnisvolle Orient' näher gerückt, und an die Stelle der ‚verführerische Haremsdame' sind die unterdrückten „Kopftuchtürkinnen" getreten, die von deutschen Bürgerinnen im Verhältnis zu ihren männlichen Partnern häufig folgendermaßen charakterisiert werden:[2]

> „Mich stört das insofern, weil die Mentalität der Ausländer eine total andere ist als

---

2   Die folgenden Zitate aus Tiefeninterviews sind unterschiedlichen Interviewstaffeln entnommen. Die erste Ziffer gibt die Interviewstaffel an, die zweite die Nummer des Interviews, die dritte die Zeile. Zu den Interviewstaffeln vgl. Fußnote 2 des Kapitels „Wir hatten ein Schwarzen...". Zur Notation: * zeigt eine Pause von ca. 3-4 Sekunden an.

die der Deutschen, (...) was mich daran auch stört, die Diskriminierung der Frau, habe ich zumindest das Gefühl; wenn man die Leute paarweise, eh, sieht, ist es halt so, daß die Frau die schweren Taschen tragen muß, die Männer einige Meter hinter den Frauen laufen, und ich hab eben das Gefühl, daß die Frau sehr wenig Freiheit genießt in diesen Ländern." (01/01/6-14)

„Dat verändert sich nicht, die Frauen sind so bekloppt, (...) die sind nicht nur bekloppt, die sehen auch alle egal aus. Dat (...) Denken prägt auch 'nen Menschen: Die sind alle gleich groß, gleich breit, alles so kleine gedrungene Kopftuchbrigade." (01/11/369-373)

Diese Aussagen stammen aus einer Untersuchung zum Einwanderungsdiskurs im Alltag, die Anfang der 90er Jahre angefertigt wurde und bei der deutsche Bürger*innen* mittels Tiefeninterviews hinsichtlich ihres Verhältnisses zu Einwander*innen* befragt worden sind.[3] In dieser Untersuchung zeigte sich, dass diese Argumentationsweise, bei der eine mangelnde Gleichstellung der Frau bei eingewanderten Mitbürgerinnen zum Grund dafür gemacht wird, diese abzulehnen, im Alltagsdiskurs sehr verbreitet ist. Die erste Aussage nimmt in dieser Passage zwar nicht explizit das Kopftuch moslemischer Frauen in den Blick, es wird hier das Grundproblem angesprochen, das durch das Kopftuch symbolisiert wird: die angenommene untergeordnete Stellung von Frauen in einer muslimisch geprägten Gesellschaft. Die zweite Passage bezieht sich dann direkt auf die Trägerinnen des Kopftuches und lehnt diese aggressiv ab, indem sie diese Frauen quasi zu einer militärischen Bedrohung stilisiert, zu einer „Kopftuchbrigade". Auf jeden Fall wird das Kopftuch bzw. die mangelnde Gleichberechtigung von Frauen als ein großes Integrationsproblem angesehen.[4]

In einer Interviewstaffel von 2004 wird der Islam gleichfalls nahezu durchgängig mit patriarchalen Strukturen assoziiert. Dabei entfaltet sich das negative Bild häufig weiterhin am Kopftuch, das als ein Symbol für die Unterdrückung von Frauen angesehen wird.

---

3 S. Jäger 1996a, Volltext www.diss-duisburg.de.

4 Eine weitere Untersuchung Mitte der 90er Jahre, bei der das Geschlechterverhältnis von muslimisch geprägten und christlich geprägten Personen im Mittelpunkt stand, konnte dann Aufschlüsse über die Wirkungen und die Funktion dieser Argumentation (nicht nur) im Alltagsdiskurs geben. Es konnte nicht nur herausgearbeitet werden, dass die Kritik am Sexismus türkisch-moslemischer Männer in erster Linie rassistische Effekte zeigt, sondern auch, auf welche Weise sich dieser Rassismus im Alltagsdiskurs herstellt, z.B. durch Anspielungen etc. (Vgl. M. Jäger 1996) Zu weiteren Untersuchungen, die zum Einwanderungsdiskurs und an ihm angelagerten Thematiken im Alltagsdiskurs vgl. auch den Beitrag zum Alltagsdiskurs in diesem Band.

Die Unterdrückung der Frau wird dann westlicher Modernität gegenüberge-stellt:

> „ich hab da mal letztens im Spiegel noch * ein Bericht darüber gelesen, (…) da die kopftuchtragenden Frauen sind ja, mein ich, ganz stark doch in der Minderheit, (…) also von den hier lebenden Türken. Das ist ja der Grossteil der Frauen trägt da ja, mein ich, kein Kopftuch und so und ist dann auch halt moderner eingestellt". (04/04/686-690)

Aus dieser Gegenüberstellung wird dann eine generelle Skepsis gegenüber der Integrationsfähigkeit als islamisch wahrgenommener Migrantinnengruppen ab-geleitet. Natürlich wird der Islam nicht ausschließlich mit Frauenunterdrückung in Verbindung gebracht. Auch die Einrichtung von Moscheen wird als wichtiger „Reibungspunkt" (04/01/113) angesehen. Ihre Ausbreitung in Deutschland kön-ne dazu führen, dass Deutsche sich „abgegrenzt" (04/01/136) fühlten:

> „Na, aber das is' wieder dann sonne Sache, die ich so seh', wenn ich als Deutscher im Ausland bin, wo halt grad die Kirchen-Leute halt in die Kirche gerufen werden durch Gesang und nich' durch Glocken, die gibt's da nich', dann brauch' (…) nich' irgendein Deutscher zu komm' und sonne Glockenkirche hinzubaun. Dann soll er sich da auch dran halten. (…) Genauso brauchen die ja morgens um halb vier oder vier nich anzufangen zu singen. * (…) man sollte sich mehr dem Land anpassen, in dem man lebt." (04/09/909-917)

Die Integrationsleistung, die durch den Moscheebau in Deutschland durch musli-mische MigrantInnen vollbracht wird, wird hier negiert und als Hemmnis der Integration interpretiert.

Dabei ist zu berücksichtigen, dass seit Beginn der Anwerbung ausländischer Arbeitskräfte für Westdeutschland diesen Personen seitens der ‚Eingeborenen' mit Geringschätzung und Hochmut begegnet wird. Da zunächst jedoch Arbeits-kräftemangel herrschte und die so genannten Gastarbeiter durchweg Arbeiten übernahmen, die Deutsche nicht ausführen wollten, ja da sie vielmehr vielen Deutschen zu beruflichem Aufstieg verhalfen, hielten sich die Vorurteile und Ressentiments jedoch in Grenzen. Das änderte sich mit der ersten großen Rezes-sion 1966/67. Bereits damals wurde der Ruf laut, die Gastarbeiter sollten in ihre Heimatländer rückgeführt werden. Damals wurden seitens der Politik wie auch von Seiten einzelner Unternehmen Rückkehrförderprogramme aufgelegt.

Als sich dann Anfang der 70er Jahre die Massenarbeitslosigkeit in Deutsch-land etablierte, konzentrierte sich die Ablehnung der Einwanderinnen vor allem auf Türken.

> „Türken wecken bei vielen Deutschen besonders negative Assoziationen. Wie bei

keiner anderen Minderheit toben sich an ihnen diffuse eigene Ängste, Aggressionen, Wahnideen aus. Türken werden mit mörderischen Vernichtungsphantasien ('Türkenwitzen') verfolgt, die Frauen Opfer eines wüsten und brutalen Sexismus." (Meinhardt 1984b: 18)[5]

Insofern muss gesagt werden, dass der Einwanderungsdiskurs in der (alten) Bundesrepublik von jeher mehr oder minder stark bzw. offen durch rassistische Vorbehalte geprägt war und ist. Dabei spielte das Argument der patriarchalen, Frauen unterdrückenden Türken bzw. Moslems von jeher eine wichtige Rolle. (Vgl. Meinhardt 1984b, Toker 1984, Wolf-Almanasreh 1984.)

Verfestigt wurde und wird diese Sichtweise durch eine Fülle von Literatur, Romanen und Sachbüchern, mit denen auf die untergeordnete Rolle der Frauen in islamisch geprägten Ländern aufmerksam gemacht wird. Exemplarisch dafür ist der Bestseller von Betty Mahmoody „Nicht ohne meine Tochter". Die Geschichte dieses Buches, das auch als Drehbuchvorlage für einen Spielfilm fungierte, basiert auf den Erlebnissen einer Amerikanerin, die mit ihrem Mann nach der Machtübernahme von Chomeni in den Iran reist und dort mit ihrer Tochter festgehalten wird. Durch eine dramatische Flucht kann sie diesen Ort brutalster Frauenunterdrückung dann wieder verlassen. Weitere Veröffentlichungen, die über das „Los von Frauen in islamischen Ländern und von muslimischen Migrantinnen in Europa" berichten, folgten. Sie bedienen ein Klischee über das Frausein in der arabisch-muslimischen Welt. Vielfach lässt sich dies bereits durch die Lektüre der Klappentexte feststellen, wenn dort von einem „Frauenschicksal im Islam" oder vom „bekannten minderwertige[n] Status eines Mädchens" die Rede ist oder wenn angekündigt wird, dass es im Buch um „eine Frau (geht), die sich gegen die unterdrückenden kulturellen Zwänge des Islams erhebt" (zitiert nach Pinn/Wehner 1995).

Neben dieser Art Literatur über das Schicksal von Frauen im Islam gibt es auch solche, die sich mit der Situation von Migrantinnen und den Problemen

---

5   Die Gründe, wieso sich die Vorbehalte gegenüber Ausländern vor allem an Türken festmachten und festmachen, sind sicherlich vielfältig und liegen auch in der Geschichte, die die beiden Staaten miteinander haben. Rolf Meinhardt weist z.B. darauf hin, dass „auch eine konservative deutsche Bildungstradition das ihrige beigetragen" hat (ebd.). Er nennt als Beispiele Karl May oder auch das Kinderlied „Trink nicht so viel Kaffee...". Dass solche Mythenbildung bis in amtliche Verlautbarungen Einzug hielten, demonstriert der Verfassungsschutzbericht 1980. Dort wird festgestellt, Türken besäßen einen „heftigen, schwer disziplinierbaren Volkscharakter". Zitiert nach Meinhardt 1984b: 19, der dies wiederum der Zeitschrift KONKRET 4/ 1982: 50 entnommen hat.

ihrer Integration beschäftigen. Auch hier wird die Kritik an sexistischem Verhalten von Einwanderern häufig mit rassistischen Vorbehalten vermischt. Beispiele dazu lassen sich in der Presse zuhauf finden.

Exemplarisch soll hier ein SPIEGEL-Bericht von 1990 (44/1990) zitiert werden, der sich unter dem Titel „Knüppel im Kreuz, Kind im Bauch" mit der Situation von Türkinnen in Deutschland beschäftigt. Dort wurde ein Szenario „vom Mittelalter mitten in Deutschland" ausgemalt, in dem Faustrecht, Mord und Totschlag herrsche „wie im hintersten Anatolien oder im wilden Kurdistan". Auch Frauenzeitschriften wie BRIGITTE und BILD DER FRAU nehmen sich dieses Themas immer mal wieder an und berichten über Muslima, die passiv und ergeben der Männerherrschaft ausgeliefert seien.[6] Für besonderes Aufsehen sorgte ein Dossier über Fundamentalismus (des Islam), mit dem die Frauenzeitschrift EMMA am Feindbild Islam mitstrickte. Der Aufmacher dieses Dossiers lässt hier keinen Zweifel aufkommen. (EMMA 4/93)

Abb. 1: EMMA 4/93

Hier wird eine Blutrünstigkeit islamischer Männer nicht mehr nur nahegelegt, sondern den Betrachterinnen aufgezwungen. Die riesige Blutlache, in der die geschächteten Schafe liegen, legen in mehrfacher Hinsicht Bezüge zu Frauen

---

6 Vgl. zum Beispiel BRIGITTE Heft 11/1991 oder BILD DER FRAU vom 18.2.1991.

nahe. Die Schafe können als Metapher für ‚die Frau' und zwar für die deutsche Frau verstanden werden. Unterstützt wird diese Lesart durch den Text in der redaktionellen Einleitung. Dort heißt es, dass „eine deutsche Frau beinahe an den islamischen Sitten" „verblutet" sei. Auch das nebenstehende Bild, das islamische Mädchen in einer Koranschule zeigt, legt eine Verbindung zu den verblutenden Schafen nahe. Sie sitzen ‚lammfromm' in ihren Bänken. Es ist diese Kombination von Texten und Bildern, mit der hier Ressentiments geschürt und/oder verstärkt werden.

Im Innenteil geht es entsprechend weiter: Als Einleitung zu einer Geschichte, die „mitten in Deutschland" passierte: „Eine Frau ruft einen Notarzt. Der ist Moslem. Ihr fast tödliches Pech." (EMMA 4/93: 44) Zum Inhalt: Ein Arzt, offenbar ein Ausländer, der von der Kranken als ein Ausbund an Widerwärtigkeit wahrgenommen wird, stellt eine lebensbedrohliche Fehldiagnose und verschreibt der Frau Beruhigungstabletten. Glücklicherweise wird diese Diagnose durch einen später hinzu gerufenen „Kölner Arzt" wieder rückgängig gemacht, so dass die Patientin gerettet wird. Der Artikel endet mit dem Hinweis: „Hätte ich das Beruhigungsmittel des Notarztes genommen, hätte ich wohl endgültig Ruhe gegeben. Ich hätte meinen eigenen Tod verdämmert, weil ich einem Arzt aus einem vollkommen anderen Kulturkreis unverständlich und widerlich war." (EMMA 4/93: 45)

Das Beispiel dieser EMMA-Ausgabe zeigt, wie verbreitet solche Ethnisierungen von Sexismus sind und dass es nicht nur das Kopftuch oder der Schleier ist, die im Zentrum der Kritik stehen. Mit solchen Inszenierungen wird aber nicht nur das Bild einer passiven Muslima gezeichnet. Es wird dem islamischen Glauben eine Aggressivität zugeschrieben, die bei den Leserinnen auch Furcht und Angst herstellen kann.

Effekte des Kopftuchs und seine diskursive Funktion
Dass dies so funktioniert, liegt auch daran, dass die Darstellung des Islam und der damit verbundenen Männerdominanz von drastischen Kollektiv-Symbolen begleitet wird.

Wenn Kopftuch tragende oder verschleierte Frauen als „Brigade", als „Totenvögel" (EMMA 1991: 61), „Fledermäuse" oder „schwarze Raben" (Backes 1986) angesehen werden, wenn dem Tschador eine „explosive Wirkung" (zitiert nach Pinn/Wehner 1995: 195) unterstellt wird und die Tatsache, dass eine Lehrerin mit einem Kopftuch unterrichtet, als „Sprengstoff" angesehen wird (FAZ, 16.7.98), dann wird mit diesen Symbolen eine (militärische) Bedrohung stilisiert.

Nun könnte man einwenden, dass solche Bezeichnungen ja nur Bilder seien, mit denen ein Sachverhalt eindringlich und farbig geschildert wird. Doch das ist nicht der Fall, weil diese Kollektivsymbole nicht isoliert voneinander funktionieren, sondern in einem Zusammenhang stehen und ein System bilden. Das einzelne Symbol ruft einen weiteren symbolischen Kontext auf, etwa „Fremdheit", „Bedrohung", „Gefahr".

Der Zusammenhang von Islam, Kopftuch und Bedrohung ist in dieser Dichte vom SPIEGEL aufgenommen worden, der 1998 ein Special mit folgender Montage aufmachte:

Abb. 2: SPIEGEL-Spezial 1/1998

Wir sehen das halbe Gesicht einer verschleierten Frau, deren Augenbraue als Krummsäbel gestaltet ist. Hier symbolisiert die verschleierte Frau den Islam, wobei mit der Hauptüberschrift „Rätsel Islam" noch einmal auf die Exotik und die Geheimnisse des Orients angespielt wird. Der Krummsäbel auf ihrer Stirn signalisiert Bedrohung, Krieg und Gewalt.

Auch die Stichworte, mit denen der Heftinhalt angekündigt wird, enthalten entsprechende Botschaften: Zunahme von Extremismus, Reformnotwendigkeit, Einwanderung und Wissen. Mit „Vormarsch der Extremisten" wird ein militärisches Symbol eingeführt. Das – einzige – Verb „fehlt" weist auf ein Defizit hin. Und die Präpositionen „unterm Kopftuch" bzw. „hinterm Schleier" können in Deutschland auch keine positiven Gefühle wecken; schließlich ist es doch angenehmer „über etwas zu stehen" und auch lieber vor bzw. auf der Bühne zu agieren. Dreimal wird auf diesem Titelbild der Gegenstand „Schleier/Kopftuch" thematisiert. Dies verweist noch einmal auf die Bedeutung, die dieses Symbol – und darin eingefangen immer auch die Unterdrückung der Frau – für den Islam darstellt.

Insgesamt lässt sich die Botschaft des Bildes folgendermaßen zusammenfassen: Islam ist Unterdrückung, sich verhüllen/verbergen, Weltmacht, Rätsel, Krieg und Gefahr (vgl. dazu auch Schiffer 2004: 80ff.).

Es gibt einen weiteren Symbolkomplex, der mit Islam, Patriarchat und Kopftuch immer wieder aufgerufen wird: Fort- bzw. Rückschritt. Dazu eine Aussage aus einer Untersuchung, die sich mit der Thematisierung der Geschlechterverhältnisse im Einwanderungsdiskurs beschäftigte. Dort sagt eine Frau:

> „Und jedes, jedes Volk macht seine Entwicklung durch. (...) Und diese Völker, die, die Iraner und das alles da unten, die sind jetzt, (...) auf dem Stand, wie wir im Mittelalter waren. (...) Und die müssen ihre Entwicklung selber durchmachen. Da können Sie nich helfen. Da können sie nich sagen, sie müssen jetzt dat- den Schleier abmachen und die Frauen müssen. (...) Sie haben das gesehen, der Schah ist gescheitert, (...) der hat es zu schnell, der hat es gut gemeint, aber es geht nich. (...) jede Kultur braucht ihre Entwicklung. Und das entwickelt sich langsam. Schrittchen für Schrittchen. Wir waren im Mittelalter genauso. Da durften wir au' nix. Die Frauen durften nix, die Kinder durften nix, die Männer saßen immer nur da, die hat-, wir hatten dieselbe Entwicklungsstufe, die die jetzt haben im Mittelalter." (02/07/1223-1260)

Hier werden zum einen die Angehörigen einer islamischen Kultur, in diesem Falle Iraner*innen,* zu Anhängseln dieser Kultur gemacht.

Zum anderen werden mit der Vorstellung, dass sich durch die Einwanderung solcher Personen in Deutschland „Zustände wie im Mittelalter" breitmachen könnten, auch Ängste geschürt.

Es kommt hinzu: Normalerweise besteht zwischen dem Kollektivsymbol und dem Gegenstand, durch den es transportiert wird, ein Unterschied, etwa wenn Fortschritt durch eine Lokomotive symbolisiert wird. Beim Kopftuch fallen Gegenstand und Symbol nicht auseinander: Das Kopftuch ist das Kopftuch. Die Wirkung dieses Zusammentreffens ist, dass das Symbol als etwas absolut Reales erscheint. Trotzdem handelt es sich um ein Kollektivsymbol, wenn auch um ein Kollektivsymbol besonderer Art, das wir deshalb als Pragma-Symbol bezeichnen. Auf diese Weise kann sich der Eindruck ganz konkreter Bedrohung noch verstärken.

Insgesamt lässt sich sagen, dass das Kopftuch im hegemonialen Alltags- und Mediendiskurs Rückständigkeit und vor allem eine patriarchale islamische Gesellschaft symbolisiert. In dieser Perspektive werden ihre Trägerinnen weitgehend als passive Opfer gesehen und bemitleidet. Verbunden mit den damit einhergehenden Symbolen wird das Kopftuch oder der Schleier jedoch auch zur Gefahr, insofern er mit Rückschritt, Krieg, Invasion und Zerstörung bzw. entmenschlichten Subjekten verbunden wird. In dieser Perspektive werden die Trägerinnen und all diejenigen, die sich positiv mit dem Kopftuch bzw. dem durch das Kopftuch symbolisierten Islam identifizieren, als tendenziell fanatisch und nicht-integrationswillig angesehen. In jedem Fall aber gelten diese Frauen im hegemonialen Diskurs nicht als gleichrangig mit deutschen bzw. christlichen Frauen.

Das Kopftuch bzw. das patriarchale Verhalten moslemischer Gemeinschaften halten Deutsche bzw. Christen in ganz besonderer Weise in Atem. Das wirft die Frage auf, weshalb dies so ist, weshalb das Kopftuch derartige Emotionen auslösen kann. Dies geschieht zum einen durch den kollektivsymbolischen Einsatz bzw. durch seine kollektivsymbolische Qualität. Doch reichen diese aus, um zu erklären, weshalb sich die Subjekte davon berühren lassen?

Es ist anzunehmen, dass die „Frauenfrage" im Einwanderungsdiskurs deshalb einen herausragenden Platz einnimmt, weil sich an diesem imaginierten Geschlechterverhältnis Ängste und Phantasien des deutschen und insbesondere christlichen Teils der Bevölkerung festmachen lassen. In Zeiten, in denen Frauen zunehmend gleiche Rechte einfordern und sich infolgedessen auch die Formen des Zusammenlebens zwischen den Geschlechtern verändern, kann der westeuropäische Blick auf die Paarbeziehungen von Moslems und/oder Türken bei Männern und Frauen zu Verunsicherungen führen. Diese Verunsicherungen können dabei durchaus unterschiedlich motiviert sein. Bei Frauen mag hier die Angst davor einfließen, der erreichte Status ihrer Gleichberechtigung könne wieder verringert werden. Bei Männern mag dagegen die Angst eine Rolle spielen, die ihnen gesellschaftlich unterlegene Gruppe männlicher Türken/Moslems könne mit mehr Rechten gegenüber Frauen ausgestattet sein als sie selbst. Insofern kann Ethnisierung von Sexismus als ein Versuch begriffen werden, sich gegen eine Re-Etablierung traditioneller Rollenklischees im deutschen Diskurs zu wenden. Doch geht es eben nicht nur um das Patriarchat. Durch die gedankliche Verbindung zum Islam wird dieser als Ganzer als bedrohlich und nicht normal wahrgenommen und abgelehnt.

Hinzu kommt, dass durch diese Verkopplung eine weitere rassistische Aufladung des Einwanderungsdiskurses stattfindet. Das Thema Kopftuch/Islam/Patriarchat ist in hohem Maße dazu geeignet, einen Zustand von Denormalität zu markieren, dem mit politischen und juristischen Maßnahmen begegnet werden muss.[7]

Die Verknüpfung mit weiteren Themen des Einwanderungsdiskurses

Kollektivsymbole werden im Einwanderungsdiskurs nicht nur im Zusammenhang mit dem Kopftuch aufgerufen. Sie strukturieren vielmehr diesen gesamten Diskurs. Genannt seien hier nur die angesichts der „Asylantenflut" „brechenden Dämme". Solche Bilder tauchen in regelmäßigen Abständen immer wieder auf. Unsere Untersuchungen zeigen, dass die grundsätzliche Ausrichtung der medial-politischen Debatte darin liegt, dass Ausländer bzw. Einwanderung mehr oder weniger aggressiv als eine latente Gefahr für die deutsche Normalität beschrieben werden. Dabei können sich Akzente und Themen, mit denen die ablehnende Haltung gegenüber Einwanderinnen zum Ausdruck gebracht wird, verändern. Immer aber wird der Komplex von Einwanderung und Flucht als latent de-normal gekennzeichnet, weshalb er durch politische Entscheidungen (Gesetze, Verordnungen etc.) wieder normalisiert werden muss.

Anfang der 90er Jahre tobte z.B. in Deutschland politisch und medial die Asyldebatte. Im Westen wie im Osten wurden Flüchtlingsheime überfallen und angezündet. Die Medien (und die in ihnen agierenden Politiker) haben die deutsche Gesellschaft damals in eine Notwehrsituation hineingeschrieben bzw. -erzählt. Die dabei von ihnen verwendeten Symbole haben durch ihre bildliche Logik diese Überfälle geradezu herausgefordert. Die Antwort der Politik darauf bestand nicht in der Zurückdrängung des zutage tretenden Rassismus, sondern in der Zurückdrängung von Einwander*innen* und Flüchtlingen, indem 1993 der Asyl-Artikel des Grundgesetzes bis zur Unkenntlichkeit eingeschränkt und faktisch abgeschafft wurde.[8]

Danach erhielt der Einwanderungsdiskurs ein anderes Thema. Es häuften sich die Berichte über die so genannte „Ausländerkriminalität". Ab der Mitte der 90er

---

7 Die Frage, ob nicht auch demokratisierende Effekte zu verzeichnen sind, ob also nicht eine Kritik patriarchaler Strukturen dazu taugt, diese nicht nur in islamischen Gemeinschaften zu beseitigen, sondern auch in der deutschen und christlich geprägten Gesellschaft, muss dabei verneint werden. (Vgl. M. Jäger 1996).

8 Dass sich damit die Gewalttäter im Resultat politisch durchgesetzt haben, wurde kaum wahrgenommen.

Jahre wurde dieses Thema fast kampagnenartig in den Mittelpunkt der Wahrnehmung von Ausländern gestellt.

Als ein herausragendes Negativbeispiel, das Einwanderung als Bedrohung inszeniert, womit eine rassistische Aufladung des Einwanderungsdiskurses erneuert wurde, ist das Titelbild und die Titelstory eines SPIEGELS vom April 1997 anzusehen:

Abb. 3: SPIEGEL 15 v. 14.4.1997

Mit der Titel-Collage lässt der Spiegel keine Fragen offen. Denn folgt man der inszenierten bildlichen Logik, so besagt diese, dass die so harmlos einher kommende Beschäftigung mit dem Koran (unten links) zu Gewaltbereitschaft führe (unten rechts: bewaffnete Jugendliche offenbar nicht-deutscher Herkunft). Zusammen führe dies zur uns bedrohenden islamischen Revolution. Die "islamische Marianne" schwingt die türkische Fahne mit 'typisch' weiblich-adernschwellendem Fanatismus und lauter Stimme. Wozu die Islamisten fähig sind, das erzählt uns das (grüne) Band unten links: Die Mykonos-Affäre(!), die „den Terror aus Teheran" - wie es innen heißt - nach Deutschland getragen hat.[9]

Dieser Titel schürt Angst. Und Angst macht zu Gegenmaßnahmen bereit, hetzt auf und fordert die Abwehr einer imaginierten Bedrohung „unseres deutschen Vaterlandes".

Auch hier spielt die Inszenierung der Frau wieder eine Rolle. Die als passive 'Opfer' dargestellten moslemischen Mädchen in der Koranschule werden verkoppelt mit dem zum Ausdruck gebrachten Fanatismus der jungen Fahnenträgerin. Diese trägt zwar kein Kopftuch, der Bezug zum Islam wird nicht zuletzt durch die Banderole hergestellt.

Doch das Thema boomt nicht nur in solch spektakulären Artikeln und Bildcollagen. Eine Untersuchung zur Kriminalitätsberichterstattung in den Print-Medien konnte herausstellen, dass das Thema „türkisches / moslemisches Patriarchat" bei der Berichterstattung auch hier eine große Rolle spielt. Nicht selten werden Straftaten von türkisch-moslemischer Männern in diesen Kontext gestellt, wenn z.b. betont wird, dass sie um die „Familienehre" zu retten, gewalttätig geworden wären.[10]

Mit der rot-grünen Wende von 1998 nimmt sich der hegemoniale Mediendiskurs stärker zurück. Dazu hat nicht unerheblich die sogenannte Greencard-Debatte beigetragen. Die rot-grüne Koalition war darum bemüht, dieses Thema stillzustellen bzw. zu neutralisieren. Dazu gehörte auch eine Reformierung des Staatsbürgerschaftrechts wie die Erarbeitung eines Zuwanderungsgesetzes oder wie es offiziell heißt: „Gesetz zu Steuerung und Begrenzung von Zuwanderung".

Nach einem Anschlag auf Juden in Düsseldorf wurde zum „Aufstand der Anständigen" gegen Rassismus und Rechtsextremismus aufgerufen, es wurden Bündnisse und zahlreiche runde Tische für Demokratie und Toleranz und gegen Rassismus eingerichtet. All diese Maßnahmen wirkten sich auch in den Medien aus. Insofern lässt sich sagen, dass sich die gesamte medio-politische Klasse der von der rot-grünen Koalition angezielten Diskurswende anschloss.

Auch nach dem 11. September 2001 ist diese Tendenz nicht völlig zurück genommen worden. Dennoch hat sich seit dieser Zeit ein Feindbild verstärkt, das

---

9   Dieses Titelbild hat der SPIEGEL-Redaktion Ärger bereitet. So ist im Internet das Gesicht der jungen Frau nur verschwommen (im SPIEGEL-Archiv) abrufbar. Auf Anfrage erklärte die SPIEGEL-Redaktion, hierfür seien rechtliche Gründe ausschlaggebend gewesen. Die abgebildete Frau hatte ihren Persönlichkeitsschutz eingefordert und gedroht, gegen den Spiegel juristisch vorzugehen.

10 Diese diskursanalytische Untersuchung wurde von der Fragestellung geleitet, ob und welche Unterschiede bei der Berichterstattung über ausländische und deutsche Straftäter gemacht werden. Vgl. dazu M. Jäger/Cleve/Ruth/S. Jäger 1998.

auch das Bild von in Deutschland lebenden ausländischen Personen tangiert, vor allen von solchen, bei denen eine Zugehörigkeit zum Islam vermutet wird.

Nach den Terroranschlägen vom 11.9.2001 haben wir es mit einer Kombination subjektloser und personalisierbarer Feindbilder zu tun. Wir haben zum einen die zum Teufel dämonisierte Personen Bin Laden bzw. Saddam Hussein, deren Portrait immer wieder in den Zeitungen abgedruckt wird. Zum anderen haben wir aber auch die „Schläfer", also Terroristen, die unauffällig in Deutschland leben und dann auf Abruf Terroranschläge begehen. Dieser unsichtbare, weil mit der Gesellschaft verwobene Feind hat in dieser Gestalt keinen Subjektstatus und wirkt deshalb als besonders bedrohlich.

Dieser unsichtbare Feind kann in Verbindung mit hier lebenden Einwanderern zur latenten Bedrohungen werden. wenn es z.B. heißt:

> „Der Taxifahrer, der mich gestern zum Bahnhof brachte, bekundete klammheimliche Freude über den Schmerz der Amerikaner. Ein Mitläufer Osama Bin Ladens? Oder nur ein armer Irrer? Soll ich mit ihm diskutieren? Dafür ist sein Deutsch zu schlecht. – Die Mörder sind unter uns. Getarnt als Biedermänner. Ausgestattet mit legalen Papieren, verfolgen sie unauffällig ihr Ziel: die Vernichtung unserer Welt. Unserer Werte. Die Zerstörung unserer Welt, in der unsere Kinder leben sollen." (BILD v. 15.11.2001)

Hier wird Misstrauen gesät, das umso leichter aufgehen kann, als sich kurz nach dem Anschlag Hamburg als Aufenthaltsort der Terroristen entpuppt hatte.

Seit den Anschlägen wird im Mediendiskurs immer wieder darüber debattiert, dass islamische Terroristen unter uns weilen und die Politik dagegen machtlos sei, weil und sofern sie vor schärferen Gesetzen zurückschrecke.[11] Am 16.8.04 veröffentlicht der FOCUS unter der Überschrift „Terror-Schüler leben in Deutschland" eine nicht weiter kommentierte Befürchtung des BKA, dass in Deutschland zwischen 30 und 50 Islamisten wohnten, die in „Ausbildungslagern der Terrororganisation al-Qaida" ausgebildet worden seien und die die Sicherheitsbehörden nicht abschieben könnten, weil ihnen dazu die rechtliche Handhabe fehle.

Eine Anbindung an bekannte Deutungsmuster findet darüber hinaus statt, wenn diese Personen mit Rauschgiftdelikten und anderen Straftaten in Verbindung gebracht werden (FAZ 11.9.02). So wird der Terror mit der „Ausländerkriminalität" verknüpft, und es wird ein Zustand von Denormalität markiert, dem

---

11 Vgl. als eines von vielen Beispielen: FAZ vom 11.9.2002.

mit Abschiebungen und einem verschärften Ausländerrecht begegnet werden soll (vgl. FAZ 10.9.2002).

In diesem Zusammenhang erhält die Diskussion um das Kopftuch zusätzliche Brisanz. Unter dem Eindruck des 11.9. wird es in den Medien (und auch in der Politik) vielfach in den Zusammenhang mit islamischem Fundamentalismus gebracht. Die gedankliche Kette von Fundamentalismus und Terrorismus wird dabei häufig nicht explizit, sondern implizit zur Geltung gebracht. Doch die Verbindung zwischen Fundamentalismus und Kopftuch ist vorherrschend. Kaum ein Artikel, in dem das Kopftuch abgelehnt wird, enthält diesen Zusammenhang nicht.

In einer SPIEGEL-Titel-Story wird das Kopftuch als „Flagge" der „islamischen Fundamentalisten" bezeichnet, und es wird ein Bild von Deutschland entworfen, das in Gefahr stehe, vollständig islamisiert zu werden (SPIEGEL Nr. 40 vom 29.9.2003). Dem Begehren von Ferestha Ludin wird entgegengehalten, sie wolle „besser behandelt werden als ihre Mitbürger". Sie fordere „Toleranz für die Intoleranz." Die Unterstützer von Frau Ludin werden als „gestrenge Kopftuch-Fetischisten" und „Kopftuch-Eiferer" bezeichnet:

> „Wer das Tolerieren des Tuchs auf dem Haupt der staatlich bezahlten und verbeamteten Lehrerin zum Maßstab multikultureller Offenheit, religionspolitischer Gleichbehandlung der Glaubensgemeinschaften oder gar der Fähigkeit dieser Gesellschaft erhebt, Fremde zu integrieren, der unterschätzt den aggressiven Geltungsanspruch islamischer Fundamentalisten. Dieser muss nicht erst dann in die Schranken gewiesen werden, wenn er terroristisch ist." (SPIEGEL Nr 40/03: 84)

Hier wird ein direkter Zusammenhang von Terrorismus und dem Kopftuch-Streit hergestellt. Und auch im Alltagsdiskurs wird Kopftuch tragenden Frauen schon mal ein gewisses Maß an Renitenz unterstellt, wenn es z.B. heißt:

> „Dat is ja auch wirklich so, die Frauen dürfen ja schon entkleidet (…) irgendwie rumlaufen und wollen das gar nich. Und verurteilen dann noch die Frauen, die dat durchsetzen, daß die sich dann nich' mehr total vermummen müssen. Wenn ich die hier gesehen hab' bei 38 Grad, ne, mit ihren Augenschlitzen (…) das grenzt ja schon an Körperverletzung. Ja is' doch wahr. (…) Ich hab immer gesagt, die hat bestimmt 'nen Ventilator dahinten im Dutt. Sonst könnt' se dat doch gar nich' aushalten". (04/09/378-385)

Allerdings überwiegt im Alltagsdiskurs die Vorstellung, die islamische Frau werde zum Tragen des Kopftuches gezwungen und sei generell dem Mann untergeordnet. Und diese Vorstellung bezieht sich auch nicht allein auf in Deutschland lebende Einwander*innen*.

So lesen wir z. B. in der TAZ vom 16.8.2004 von einer afghanischen Germanistik-Studentin und werden darauf hingewiesen, dass diese während des Gesprächs nicht weiß, „was sie mit ihrem Haartuch anfangen soll" und es schließlich ablegt. Mit der Überschrift „Zwischen zwei Welten: Sarmina aus Kabul" wird bereits eine Zwittersituation angesprochen, die vor allem auf Jugendliche mit Migrationshintergrund übertragen werden kann. Auch von ihnen wird häufig angenommen, dass sie sich ‚zwischen den Kulturen' bewegten. Im Mittelpunkt des Artikels steht – natürlich – die Gleichstellung der Geschlechter. Nachdem die junge Frau Afghanistan diesbezüglich einige Fortschritte attestiert hat und sich erhofft, dass durch „den Austausch zwischen Deutschland und Afghanistan [ihr Land] weniger mittelalterlich" werden könne, schließt der Artikel mit folgender Passage: „Einer ihrer männlichen Kommilitonen spricht sie an. Samina (!) Abdalah hört stumm zu, nickt. Dann nimmt sie das Kopftuch vom Tisch und bindet es sich wieder um." Die hier zum Ausdruck gebrachte Opferrolle der Frau kann umstandslos auch auf hier lebende kopftuchtragende Muslima übertragen werden.

Insofern ist es auch nicht verwunderlich, wenn die FR einen Leserbrief abdruckt, in dem eine Frau folgendermaßen zum Kopftuchverbot Stellung nimmt:

„Grundsätzlich habe ich kein Problem damit, wenn Staatsdiener ihre Religionssymbole tragen. Auch nicht, wenn diese Symbole in öffentlichen Gebäuden hängen, schon gar nicht, wenn es sich dabei um christliche Symbole handelt, denn wir sind abendländisch-christlich geprägt. Wir sollten auch nicht vergessen, wie verwandt Islam, Christentum und Judentum miteinander sind.
Das Kopftuch hingegen ist ein Symbol der Unterdrückung der Frau, die eindeutige politische Demonstration, gegen die jede/r Demokrat/in, gleich welcher Couleur, schon gar wir Frauen nur mit Ablehnung reagieren kann! Es steht für das Recht des Mannes, über seine Frau verfügen zu dürfen, ihr die Kinder wegnehmen zu dürfen, sie zu verstoßen, für keine oder geringe Bildungschancen, ihr sexuelle Selbstbestimmung abzusprechen bis hin zur Verstümmelung der Genitalien und in der extremsten Form, der Todesstrafe für vermeintliche oder tatsächliche Ehebrecherinnen und ledige Mütter." (FRANKFURTER RUNDSCHAU vom 31.10.2003)

Hier finden wir nicht nur alle Klischees, die seit Jahren durch den Diskurs geistern. Die Leserbriefschreiberin demonstriert darüber hinaus, wer in diesem Staat die Definitionsmacht darüber hat, was ein Kopftuch symbolisiert. Andere Lesweisen kommen nicht in Betracht.

Wenn man nun die immer wieder auftauchenden Diskussionen um die Integrationswilligkeit und -verpflichtung von Einwanderinnen mit in die Betrachtung und Bewertung einbezieht, so lässt sich sagen, dass die Kopftuch-Debatte den Druck auf diese Bevölkerungsgruppe enorm verstärkt. Seit Jahren wurde das Kopftuch in den Medien als ein Symbol des islamischen Fundamentalismus aufgebaut und damit de-normalisiert, indem es dämonisiert wurde. Der Effekt dieser Denormalisierung ist, dass dieses „Stückchen Stoff" und der dadurch symbolisierte Islam von Teilen der Öffentlichkeit nicht mehr akzeptiert wird bzw. werden kann. Der Kopftuch-Streit muss insofern als ein Stellvertreter-Streit begriffen werden, bei dem es im Kern um die Akzeptanz islamischer Kultur in Deutschland geht.

Dabei zeigt eine Analyse der Argumentationsverläufe im Streit um das Kopftuch, dass die Debatte massive negative Effekte auf den Einwanderungsdiskurs hat.

Beide Seiten – Befürworter wie Gegner eines Kopftuchverbotes – arbeiten mit Unterstellungen und Vorwürfen und bezichtigten sich wechselseitig, gültige Normen nicht einzuhalten oder zu verletzen: Die Befürworter*innen* argumentieren, dass die Gegner*innen* eines Kopftuchverbots autoritäre Konzepte in unserer Gesellschaft in Kauf nähmen, nur um ja nicht als rassistisch gebrandmarkt zu werden. Den Befürworter*innen* wird vorgeworfen, sie schürten Rassismus oder zumindest Antiislamismus. Im Resultat werden aber beide Seiten dabei beschädigt.

Und das führt dazu, dass sich der Kreis derjenigen, die in Deutschland Einwanderungsprozesse nicht grundsätzlich ablehnen, sondern im Kern befürworten oder akzeptieren, spaltet und damit diskursive Angriffsflächen für diejenigen im Land bietet, die dies nicht so sehen.[12] Doch unter diesem Gesichtspunkt verbindet die Kontrahent*innen* im Kopftuchstreit mehr als sie trennt. Der Blick auf den Verlauf des Einwanderungsdiskurses zeigt aber, dass im hegemonialen Diskurs das Konzept der Einwanderungsgesellschaft keineswegs ‚durch' ist. Wir sind leider (noch) in der Situation, in der es in weiten Teil der Öffentlichkeit Vorbehalte gegenüber Einwanderung gibt. Insofern sollten solche sicherlich notwendigen Debatten wie die um das Kopftuch immer auch mit Blick darauf geführt werden.

Obwohl es in den konkreten Fällen nur darum geht, ob ein Kopftuch in öffentlichen Institutionen stört oder nicht, ist zu erwarten, dass sich dieser Diskurs auch auf das Verhalten anderer Institutionen und Personen auswirkt. Die deutsche Gesellschaft stellt einem Teil der Einwander*innen* zurzeit eine Falle: Sie können sich entscheiden zwischen dem Bild von fanatischen Islamisten – sichtbar durch

---

12 Davon ist auch bei den meisten Befürworter*innen* eines gesetzlichen Kopftuchverbotes für bestimmte gesellschaftliche Bereiche auszugehen.

das Kopftuch – und dem Schläfer, der nicht weniger gefährlich ist. Die Kopftuch-Debatte kann als ein Lehrstück begriffen werden, wie ein an sich harmloser Gegenstand zu einem hochgradig rassistisch aufgeladenen Symbol wurde, das dazu geeignet ist, eine ganze Bevölkerungsgruppe zu stigmatisieren und damit auszugrenzen.

Perspektivenwechsel: Schlussfolgerungen

Es dürfte deutlich geworden sein, dass der Islam sowohl im Medien- wie im Alltagsdiskurs häufig mit einem ihm zugeschriebenen spezifischen Geschlechterverhältnis in Verbindung gebracht wird, dessen patriarchale Züge vehement kritisiert werden. Aus dieser Sicht werden die als unterdrückt wahrgenommenen Frauen entweder in paternalistischer Manier als Opfer angesehen oder sie werden als tendenziell aggressiv verortet, weil sie z.B. darauf beharren, in einem christlich geprägten Land das Kopftuch zu tragen. Insofern mutiert das Kopftuch und der damit verbundene Streit zu einem Symbol um Fortschritt und Rückschritt, das mit Blick auf den internationalen Terrorismus auch mit Krieg, Invasion und Zerstörung verbunden wird. Unter Berücksichtigung des in Deutschland vorhandenen rassistisch strukturierten Diskurses können diese Zuschreibungen und Perspektiven diesen mit neuer Nahrung versehen. Analysen zu diesem thematischen Feld zeigen, dass die Stimmen derjenigen, die den Themenkomplex Islam/Geschlechter/Kopftuch mit anderen als den hier skizzierten Bedeutungen versehen, in Deutschland nicht sehr ausgeprägt sind, dass das Sagbarkeitsfeld nicht sehr heterogen ist.

Dabei sollte eines allerdings auch klar sein: Die mit dem Kopftuch verbundenen Aspekte einer Einwanderungsgesellschaft müssen thematisiert und einer Lösung zugeführt werden. Anders lässt der Anspruch einer sich durch Migration verändernden Gesellschaft nicht etablieren.

Angesichts der obwaltenden Dominanzverhältnisse stellt sich jedoch die Frage, ob das Thema Kopftuch und das, was an ihm exemplifiziert wird, nicht stärker mit Themen verkoppelt werden kann und sollte, die in den Kern der Mehrheitsgesellschaft verweisen. Hier wäre – wenn es etwa um die Klärung von Toleranzen geht – ein kritischer Blick auf die Vorgänge in islamischen und christlichen Gemeinden vonnöten. Eine Skandalisierung autoritärer Entwicklungen innerhalb des Islams in Deutschland ist in den Zusammenhang zu setzen, in dem auch Gefahren von ‚Rechts' verortet werden (müssen). D.h. wenn interkulturelles Zusammenleben auf den Prüfstand steht, sollte nicht (nur) am schwächsten Glied – sozusagen beim Juniorpartner – angesetzt werden, sondern gleichzeitig sollten die Anforderungen formuliert werden, die von der Mehrheitsgesellschaft erbracht werden müssen und können.

Dazu gehört, den Diskurs vielstimmiger zu machen. Es sollten also zum Beispiel die unterschiedlichen Bedeutungen und Motive, die Frauen dazu bewegen, in der Öffentlichkeit ein Kopftuch zu tragen, in den Diskurs – auch in den Mediendiskurs – Eingang finden.

Das heißt im Umkehrschluss nicht, dass diese Bedeutungen die eigentlichen und ‚wahren' Bedeutungen des Kopftuches sind. So wenig, wie die Mehrheitsgesellschaft die Bedeutung des Kopftuches aus ihrer Machtposition definieren und festschreiben sollte, so wenig sollte die so genannte andere Seite darauf beharren, diese Definition – möglicherweise mit dem Verweis auf den Koran – als verbindlich zu deklarieren. Es geht einzig darum, eine andere Sichtweise in den Diskurs zu tragen und damit die Definitionsmacht der Mehrheitsgesellschaft aufzubrechen.

In diese Richtung zielen aus meiner Sicht auch einige (wenige) Beiträge innerhalb des Kopftuchstreites, die sich bislang aber leider nicht genügend Gehör verschaffen konnten. Birgit Rommelspacher argumentiert z.B. vor dem Hintergrund ihrer Arbeiten zur Dominanzkultur. Sie verkoppelt die Frage des Kopftuchs und der damit verbundenen patriarchalen Unterwerfungsgeste mit Diskussionen aus der (west-)deutschen Frauenbewegung. (Vgl. Rommelspacher 2005)

Auch sollten differenzierende Stimmen aus dem Mehrheitsdiskurs gestärkt werden. In der eingangs angesprochenen Untersuchung zum Einwanderungsdiskurs findet sich z.B. die folgende Aussage, die allerdings ziemlich einzigartig ist: Auf die Frage, warum Muslima ein Kopftuch tragen, antwortet eine Person:

> „(…) dat is ihr Glaube wenn dat so is. Gucken se mal, wie viele ziehen jetzt von den Türken wieder keins an, dat is doch denen ihre Sache. (…) Dat muss jeder für sich selbst entscheiden. Gerade hier in unsere Klinik arbeiten so viele türkische Ärztinnen, die laufen alle mit nem Kopftuch rum. So. Wenn sie jetzt da reinkommen, sie sind im Notfall, (…) dann is ihnen dat nämlich egal, ob die, die Ärztin, die dann n Kopftuch aufhat oder nich. Dann is man froh." (04/13/187-200)

Diese Frau ist in der Lage, das Kopftuch mit einer Person zu assoziieren, deren soziale Stellung in der Öffentlichkeit in der Regel nicht mit der einer Einwanderin verbunden wird. Eine muslimische Ärztin dürfte in Deutschland relativ selten sein. Dennoch wird durch diese ungewöhnliche Zuschreibung ein neues Bedeutungsfeld eröffnet, an das angeknüpft werden kann.

Auch das Problem des unterstellten oder auch tatsächlich vorhandenen Sexismus moslemisch-türkischer Gemeinschaften könnte in ähnlicher Weise aufgenommen werden. Hier käme es darauf, eine Position zu formulieren, die deutlich macht, dass dies nicht nur ein Problem der Minderheiten, sondern in hohem Maße auch eines der Mehrheitsgesellschaft ist.

Auch hier soll eine Textpassage exemplarisch andeuten, wie dies geschehen kann:

Und als Kind, muß ich ganz ehrlich sagen, hab ich also ausländische Männer, vor allen Dingen Türken jetzt, sag ich mal (...) sehr gemieden, weil da hab ich also auch, eh, schon mal negative Erfahrungen mit gehabt, ne?

Ja? Welcher Art?

Ja, die sind mal hinter uns hergelaufen und haben mit Geld gewunken und haben sich dann ausgezogen und so (...)

Wo war das? (...)

Ja, das war in H. damals; wir haben damals in H. gespielt; da war son, son, son großes Haus mit so 'ner Feuerleiter, sind wir immer runtergerutscht, (...) und aufer andern Seite, da war en Haus, da wohnten vorwiegend, eh, Alleinstehende, auch viele Ausländer jetzt, aber auch allein stehende Männer im großen und ganzen, und da war eben einer, der hatte sich dann gezeigt am Fenster und kam dann hinter- auch hinter uns her und hat dann mit 'nem Hundertmarkschein gewunken und so. Das verbinde ich stellenweise mit (...) Türken jetzt, nich, eh, pauschal Ausländer, aber mit Türken jetzt, ne?

Haben Sie solche Erfahrungen auch schon mal mit Deutschen, ehm, gemacht (...)?

Eh, in der Form nich, nein. (...) * In der Form nich. (...) Obwohl, nee, dat stimmt nich, ... dat war wohl schon mal in 'ner Telefonzelle, da hat sich nämlich auch schon mal einer gezeigt, aber (...) da war ich, glaub ich, noch jünger, da kann ich mich gar nich mehr so richtig dran erinnern. (02/01/55-102)

Hier wird Sexismus von Einwanderern nicht allein aus der Perspektive der deutschen Frau, sondern aus der Perspektive von Frauen thematisiert. Durch diese veränderte Perspektive können Bornierungen und falsche Verallgemeinerungen sichtbar gemacht werden.

Insgesamt sollte es darum gehen, dass sich die unterschiedlichen Bevölkerungsgruppen gegenseitig mit Respekt begegnen. Es steht nicht zu erwarten und es ist auch nicht notwendig, dass sich Eingeborene und Einwanderinnen gegenseitig hofieren oder verehren. Es genügt zu einem friedlichen Miteinander völlig, wenn man sich respektiert. Allerdings ist dieser Respekt aufgrund des herrschenden Machtgefüges in Deutschland auch und vor allem von der Mehrheitsgesellschaft einzufordern – ohne dass damit jedoch den Einwanderinnen in dieser Hinsicht (erneut) Passivität auferlegt werden sollte.

Rassisierende Deutungen. Der „Karikaturenstreit" in deutschen Print-Medien und seine Auswirkungen auf den Einwanderungsdiskurs

Meinungsfreiheit! Pressefreiheit! Keine Zensur! Anstand! Verantwortung! Keine Blasphemie! Das war der Grundtenor der Medienberichterstattung zum Streit über die rassistischen Mohammedkarikaturen, die von der in Aarhus erscheinenden dänischen Tageszeitung JYLLANDS-POSTEN bereits am 30. September 2005 unter der Überschrift „Gesichter Mohammeds" veröffentlicht worden waren, aber – mit ein wenig Nachhilfe – erst im Februar 2006 weltweite Empörung besonders in den muslimischen Ländern auslösten.[1] Auch in Deutschland führte dies zu einem ‚diskursiven' Dammbruch[2], an dem sich alle Zeitungen des ‚Mitte-Rechts-Links'-Spektrums beteiligten. Welche Wirkungen die mediale und politische Austragung dieses Streits auf die Bevölkerung und ihr Verhältnis zu Menschen mit Migrationshintergrund und zu deren Herkunftsländern hatte, das interessierte Deutschlands Journalisten und Journalistinnen allerdings nicht. Von ein paar Ausnahmen abgesehen. Doch solche Ausnahmen fanden sich im Mehrheitsdiskurs nicht.

Zielsetzung und Vorgehensweise

Ich möchte im Folgenden daher die Wirkung der gesamten ‚Mitte-Rechts-Links'-(Print-)Medienberichterstattung zum Karikaturenstreit auf das Bewusstsein der deutschen Bevölkerung einer kritischen Diskursanalyse unterziehen und damit sachlich kritisierbar werden lassen.[3]

---

1   Vgl. zum Verlauf und zur „Nachhilfe" auch Schedel 2006. Danach ist ein als islamistisch bekannter Imman seitens der JYLLANDS-POSTEN ins Spiel gebracht worden, als auf die Veröffentlichung in Dänemark zunächst keinerlei Reaktion erfolgte.
2   Dem ein anderer unmittelbar vorausgegangen war, nämlich die medio-hysterische Reaktion auf die Ermordung des Filmemachers und Islamkritikers Theo van Gogh. S. dazu van Lucke 2005 und die ausgezeichnete Darstellung bei Mak 2005.

Kritische Diskursanalyse als angewandte Diskurstheorie ist immer auch Analyse von Medienwirkung, wie andernorts ausführlicher begründet.[4]

Untersucht wurden 25 Tages- und Wochenzeitungen bzw. Magazine. Die Texte sind ausnahmslos ab Ende Januar bis Anfang März 2006 in Deutschland erschienen. Insgesamt wurden 254 Texte inklusive einiger Cluster von Leserbriefen analysiert. Dabei wurde versucht, das gesamte ‚Mitte-Rechts-Links'-Spektrum abzudecken.[5] Der Schwerpunkt liegt allerdings mit 184 Artikeln aus 10 Publikationen bei der Presse der ‚Mitte', die ich als hegemonial bezeichne.[6] Sie dominiert die Meinungsbildung der in Deutschland lebenden Bevölkerung. Daneben wurden 26 Artikel aus fünf rechten Publikationen[7] und 39 Artikel aus sieben linken Organen hinzugezogen[8], deren Analyse ich in diesem Aufsatz allerdings nur ganz knapp und ergebnishaft zusammenfasse.[9]

Diese relativ geringe Anzahl von Artikeln deckt den in Zusammenhang mit dem Karikaturenstreit auftretenden Migrations-Diskursstrang qualitativ vollstän-

---

3   Zugleich spreche ich mich völlig eindeutig gegen Zensur und für wirkliche Presse- und Meinungsfreiheit aus. Es ist nicht Sache des Staates oder irgendwelcher Gesetze, Zensur zu üben. Kritik und Wachsamkeit gegenüber dem Missbrauch und der Instrumentalisierung dieser demokratischen Rechte, der im Falle der Veröffentlichung und x-fachen Wieder-Veröffentlichung dieser verletzenden Machwerke meines Erachtens vorliegt, ist eine Aufgabe zivilgesellschaftlicher Öffentlichkeit, insbesondere auch der Medien. Dass sie diese Aufgabe zumindest nicht ausreichend wahrgenommen haben, das ist der Skandal. Vgl. auch die entsprechende Diskussion bei Derrida/Roudinesco 2006.

4   Vgl. dazu auch den einleitenden Grundsatzartikel in diesem Buch sowie S. Jäger 2004a: 169f.

5   Die politische Einschätzung der Zeitungen nach den kollektivsymbolischen Kategorien ‚Mitte-Rechts-Links' ist natürlich sehr grob. Die tatsächliche Diskursposition der einzelnen Publikationen geht jedoch relativ eindeutig aus den jeweiligen Analysen hervor.

6   Die untersuchten Medien der ‚Mitte' sind FRANKFURTER RUNDSCHAU (FR), SÜDDEUTSCHE ZEITUNG (SZ), WESTDEUTSCHE ALLGEMEINE ZEITUNG (WAZ), RHEINISCHE POST (RP), FRANKFURTER ALLGEMEINE ZEITUNG (FAZ), DIE WELT, DIE ZEIT, DER SPIEGEL, FOCUS UND BILD.

7   JUNGE FREIHEIT (JF), STÖRTEBEKER, DEUTSCHE STIMME, NATIONALZEITUNG, NATION & EUROPA. Hinzu kommt ein Artikel aus einer Stiftungsbroschüre.

8   TAZ, JUNGLE WORLD, FREITAG, SOZIALISTISCHE ZEITUNG (SOZ), DAS BLÄTTCHEN, WORLD SOZIALIST WEB SITE (WSWS.ORG), ARBEITERMACHT.

9   In einem Projektbericht, der zur Zeit in Arbeit ist, wird, was hier aus Platzgründen nicht möglich ist, auch dieses nicht unwichtige Spektrum ausführlich behandelt. Der Bericht wird im Frühjahr 2007 in einer Publikation zum Thema Rassismus und Integration im Unrast-Verlag Münster erscheinen.

dig ab, indem sie alle wesentlichen „Aussagen" (énonces) dieses Diskurses erfasst.[10] Bereits das hier bearbeitete Archiv enthält eine Fülle von Redundanzen. Das ist natürlich keineswegs uninteressant, weil es zusammen mit der darüber hinaus zu beobachtenden enormen Medienredundanz darauf verweist, wie flächendeckend dieser Diskurs wirksam werden konnte. Das gilt sowohl für Deutschland wie auch für die gesamte ‚westliche Welt'. Der Karikaturenstreit wurde demnach zu einem nahezu globalen diskursiven Ereignis.

Der Karikaturenstreit in den Medien als diskursives Ereignis

Der eigentliche Verlauf des Karikaturenstreits ist bekannt und muss hier deshalb auch nicht im Einzelnen nachgezeichnet werden. Er ist von der rechtslastigen dänischen Tageszeitung JYLLANDS-POSTEN bewusst provoziert worden, die mit der Veröffentlichung dieser rassistischen Machwerke die massive Ausländer diskriminierende Politik der dänischen Regierung und den Einfluss der rechtspopulistischen Volkspartei, nur mit deren Duldung die derzeitige Regierung an der Macht bleiben kann, unterstützen wollte.[11]

Die teilweise heftigen Tumulte, bei denen es auch Tote und Verletzte gab, Reaktionen auf die Veröffentlichung der Karikaturen in den muslimischen Ländern wurden im Westen zum Ausbruch eines aufgezwungenen „Zusammenpralls der Kulturen" hochgejubelt, in dem es nun gelte, seine eigenen („heiligen") abendländischen Werte zu verteidigen.[12]

Diskursiver Kontext: Die Konjunkturen des Einwanderungsdiskurses seit Mitte der 80er Jahre

Der deutsche Einwanderungsdiskurs[13] der Medien ist etwa seit Anfang der 80er Jahre des vorigen Jahrhunderts stark rassistisch geprägt.[14] Dies gilt für die Debatte zur Asylfrage seit etwa Mitte der 80er bis Mitte der 90er Jahre, danach für die angebliche „Ausländerkriminalität", die Diskussion um eine Greencard für Spitzenkräfte aus dem Ausland und für die Berichterstattung nach dem 11.9.2001, in der Einwanderer oft pauschal in die Nähe von Fanatismus und Terrorismus ge-

---

10 Der Diskurs wird als Kette von Aussagen bzw. „Atomen des Diskurses" aufgefasst (Vgl. Foucault 1988: 117).

11 Vgl. dazu z.B. Fischer 2006.

12 Natürlich griffen auch arabische Medien das Thema auf. Das ist jedoch nicht Gegenstand meiner Analyse.

13 Der Terminus „Einwanderungsdiskurs" bezieht sich auf alle Aussagen, die direkt oder indirekt mit dem Thema Einwanderung zu tun haben, also Einwanderung, Flucht, Asyl, Herkunft von Einwander*innen*, Migrationshintergrund etc.

stellt wurden. Die Auseinandersetzungen in Verbindung mit den Mohammed-Karikaturen stellten nur einen weiteren Anlass dar, den Einwanderungsdiskurs polemisch rassistisch zu befeuern. Doch bei der Kommentierung und Berichterstattung zum Karikaturenstreit kam ein sehr gefährliches Wissen massiv hinzu: Das radikale, brutale, fanatische und bedrohliche ,Außen', das in Schach gehalten werden müsse. Zwar sind „Schurkenstaaten" nicht etwas ganz Neues, aber sie scheinen sich zu formieren und den gesamten ,Westen' in die Knie zwingen zu wollen. Eine solche Qualifikation des Außen als „Schurkenstaaten" ruft „eine ausgrenzende Stigmatisierung auf den Plan" (Derrida 2006: 133), deren allgemeine Akzeptanz den Vorwand dafür liefern kann, vom ,Recht des Stärkeren' auch mit Gewalt und Krieg Gebrauch zu machen.[15]

Analyse des Karikaturenstreits in den deutschen (Print-)Medien
Ich werde im Folgenden die genannten Zeitungen und Zeitschriften jeweils daraufhin befragen, wie sie in Verbindung mit der Berichterstattung zum Karikaturenstreit

1. die Muslime im eigenen Land oder auch in Europa charakterisieren,
2. wie sie die Muslime in ihren Heimatländern darstellen.

---

14 Vgl. dazu jetzt den umfassenden Überblick über entsprechende Untersuchungen bei Geißler/Pöttker (Hrsg.) 2005 sowie auch die Ergebnisse unserer eigenen empirischen Projekte, die sich auch auf weitere Diskursebenen und Verschränkungen mit anderen Diskurssträngen beziehen, etwa auf die Diskursebene Alltag, Politik, Institutionen (S. Jäger 1996a, M. Jäger 1996, S. Jäger 1997, M. Jäger/Cleve/Ruth/S. Jäger 1998, S. Jäger u.a. 1998, M. Jäger/Kauffmann (Hrsg.) 2002, S. Jäger 2004b.)

15 Obwohl dies nicht Gegenstand des vorliegenden Artikels ist, bei dem es ja nur um mögliche Wirkungen der Berichterstattung auf die Leserschaft, vermittelt über den Diskurs, geht, sollen doch einige Anmerkungen zu den Ursachen des Fanatismus in der islamischen Welt gemacht werden, denn die Gründe für den Zorn, die Wut, die Opferbereitschaft, die Militanz des politischen Islam werden in der Berichterstattung entweder völlig ausgespart oder einfach pathologisiert, indem die ,Islamisten' als irre, blöde, grundlos fanatisch etc. charakterisiert werden. Getrieben von einem ,heiligen Hass' (DER SPIEGEL, s.u.) stürzten sie sich in einen apokalyptischen Kampf. Ansätze zu einer einleuchtenden Erklärung bietet Link (2006b), wonach hier ein religiöser und zugleich apokalyptischer Enthusiasmus vorliege: „Hier und jetzt (...) muss das Wir vor dem Untergang in der individualistischen Isolierung und Atomisierung, vor dem Zerflattern im weltweiten Konkurrenzspiel gerettet werden." (Link 2006b: 278) Dieser Enthusiasmus sei allerdings nichts Pathologisches oder Irres, sondern etwas Reales, eine höchst reale Energie, eine Enthusiasmus generierende Kraft des Sozius, „die über die Energie jedes einzelnen Individuums (...) hinausgeht." (Link 2006b: 268)

Der Hintergrund dieser Fragestellungen ist ein kollektivsymbolischer: Die Analysen des Einwanderungsdiskurses zeigen, dass Deutschland/Europa kollektivsymbolisch als „Innen", als „Wir" codiert wird, als eine Art Schutzraum mit Grenzen, der verteidigt und befriedet werden muss. Die Welt jenseits unserer Grenzen ist ein "Außen", das als tendenziell bedrohlich und irrational wahrgenommen wird. Eine solche Diskursivierung des „Außen" tangiert zugleich die Wahrnehmung der aus dem „Außen" stammenden Menschen im „Innen", da sie sich an den nationalen Einwanderungsdiskurs ankoppelt. Daher ist es interessant zu beobachten, ob und wie in den Printmedien entsprechende Zuschreibungen auftreten.

Dazu werde ich alle Artikel meines Archivs berücksichtigen. Exemplarisch werde ich auch auf die Bebilderung der Artikel und einige diskurstragende Kategorien wie Kollektivsymbolik und Normalisierungsstrategien eingehen. Im Folgenden werde ich die Gesamt-Aussagen, die die jeweiligen Zeitungen enthalten, zusammenfassen und diese sodann anhand von Inhaltsangaben von Artikeln und Zitaten illustrieren.

Medien der ‚Mitte' – ohne Blick auf die Wirkung ihrer eigenen Berichterstattung

1. FRANKFURTER RUNDSCHAU: Nur auf den ersten Blick unaufgeregt und de-eskalierend
Die FR versteht sich selbst als links-liberale unabhängige Tageszeitung und steht eher der Sozialdemokratie und inzwischen auch ein wenig den Grünen nahe.

Vom 31.1. bis 16.2. erscheinen in der FRANKFURTER RUNDSCHAU (FR) über 30 Artikel zum Thema. Die Berichterstattung der FR wirkt auf den ersten Blick eher unaufgeregt und de-esklalierend. Ihr zufolge sind die Muslime in Deutschland eher moderat. Gleichwohl trägt sie, wie die genauere Analyse zeigt, insbesondere auch durch Fotos und eine Karikatur dazu bei, Muslime als zurückgeblieben und fanatisch zu verstehen (Verbrennen von Fahnen, Lächerlichmachen der muslimischen Aufregungen). Insgesamt gibt es ein breites Meinungsspektrum.

Recht zurückhaltend ist die Zeitung auch in der Verwendung sensationalisierender Kollektivsymbolik, was allerdings nicht für eine Reihe der verwendeten Fotos gilt, wenn diese Brände und Zerstörungen von Gebäuden zeigen. Insgesamt ist die Berichterstattung und Kommentierung zwar sachlich und „normalisierend": das Geschehen wird eher etwas erstaunt zur Kenntnis genommen, nach dem Motto: Wie kann man sich über eine solche Nichtigkeit derart aufregen! Zu beobachten ist zudem eine gewisse Tendenz, die deutsche/europäische Innenwelt als eher ruhig und demokratisch zu skizzieren, während die (islamische) Außenwelt doch tendenziell in Bildern eines Bedrohungsszenarios dargestellt wird.

1.1. Den Auftakt bildet am 31.1.06 ein kritischer Kommentar von Hannes Gamillscheg mit der Überschrift *Provokation* auf S. 3. Der Autor übt zwar deutliche Kritik an beiden Seiten: Meinungsfreiheit sei „ein heiliges Gut". Jyllands-Posten nutze die Meinungsfreiheit jedoch „tölpelhaft" und leiste ihr damit einen schlechten Dienst. Die Provokation sei „unnötig", zudem sei „das gute Image Dänemarks in der arabischen Welt (...) zerstört". Das rechtfertige jedoch keine Drohungen und Gewaltakte, wie z.B. auf Gaza, wo der „Danebrog" brenne. Das sei eine „Überreaktion".

Der westliche Wert der Meinungsfreiheit wird als „heilig" bezeichnet, wodurch eine Art Waffengleichheit zwischen verletzten religiösen Gefühlen und Missachtung demokratischer Werte hergestellt wird.

Die beabsichtigte rassistische Provokation durch die Veröffentlichung der Karikaturen wird nicht beim Namen genannt. Muslime im „Außen" werden als gewalttätig dargestellt, islamische Botschafter in Dänemark paternalistisch als zu Belehrende infantilisiert und verharmlosend als Gekränkte bezeichnet. Dieser Kommentar speist sich durchweg aus einem Gefühl westlicher Überlegenheit, nach der Devise: Westler sind zwar manchmal dumm und tölpelhaft, Muslime aber überreagierend, gewalttätig und infantil.

1.2. *Karikatur der Kulturen. In der Auseinandersetzung um die Mohammed-Zeichnungen sehen die Dänen keinen Ausweg*, 2.2.06, Bericht auf S. 3, Autor: Hannes Gamillscheg, mit Foto und einer Chronik des Konflikts. Damit folgt ein durchaus kritischer und um De-Eskalation bemühter Artikel, wobei die Kritik insbesondere der Dänischen Volkspartei gilt, die den Islam als „Krebsgeschwür" und „Terrorbewegung" bezeichnet habe. Weitere Rechtsextreme schürten den Hass und profitierten von dem Konflikt.

Der Autor verweist deutlich auf die Ursachen für den „Zusammenstoß" gerade in Dänemark. Dänemarks Einwanderungspolitik sei „brutal verschärft" worden, und er belegt dies ausführlich anhand der neuen dänischen Zuwanderungsgesetze.

Beschworen wird jedoch auch eine islamische Gefahr, indem ein Islam-Experte wie folgt zitiert wird: Dieser halte „die anti-dänischen Aktionen für einen Schritt einer langfristigen Taktik, mit der in Europa der Weg für islamische Lebensregeln und Scharia-Gesetze gebahnt werden soll."

1.3. Es folgt ein Interview mit Michael Konken, dem Bundesvorsitzenden des Deutschen Journalistenverbandes (DJV) vom 3.2.06 mit der Überschrift *Zeitungen haben die Pflicht zur Dokumentation*, wobei damit nicht der Abdruck der

Karikaturen gemeint ist, sondern die Berichterstattung über das, was aufgrund ihres Abdrucks an Reaktionen erfolgte.

1.4. Weniger zurückhaltend ist ein Artikel vom gleichen Tag mit dem Titel *Protest mit Verzögerung. Islamistische Gruppen heizen den Konflikt um Karikaturen an*, von Andreas Nüsse (aus Kairo). Islamisten seien überzeugt, dass es einen Zusammenprall der Kulturen gebe. Die meisten gläubigen Muslime fühlten sich verletzt. Es folgt ein Hinweis auf antisemitische Zeichnungen in arabischen Medien, die sich angeblich nicht gegen das Judentum, sondern gegen den politischen Zionismus richteten.

Hier erfolgt eine Perspektive auf ein gefährliches ‚Außen', in dem der Konflikt „angeheizt" werde. Zudem erfolgt eine Relativierung der muslimischen Proteste durch Hinweis auf antisemitische Zeichnungen in arabischen Medien.

1.5. In dem Kommentar *Pressefreiheit im Feuer* von Stephan Hebel vom 3.2.06 heißt es kritisch: „Gerade in dieser vorurteilsbeladenen Dümmlichkeit stellen die Zeichnungen tatsächlich eine Diffamierung des Islam dar." Hier liege kein verantwortlicher Gebrauch der Pressefreiheit, sondern marketing-Journalismus vor. Doch dass es sich auch um eine rassistische Provokation handelt, wird nicht gesagt.

1.6. In dem Artikel *Ausgerechnet Jyllands-Posten* vom 4.2.06 von Hannes Gamillscheg wird die JYLLAND POSTEN etwas verharmlosend als „konservative" Zeitung bezeichnet, aber auch als das rechteste der dänischen Blätter. Zum Beleg wird der JYLLAND POSTEN-Kulturchef mit dem Satz zitiert: „In einer säkularen Gesellschaft müssen Moslems damit leben, verhöhnt, verspottet und lächerlich gemacht zu werden."

1.7. In dem Artikel *Islamisten greifen Botschaften an. Skandinavische Vertretungen in Beirut und Damaskus in Brand gesetzt/Gewalttätige Proteste wegen Karikaturen* (Aus Agenturberichten) vom 6.2.06. findet sich das Zitat des dänischen Außenministers: „Hier sind Kräfte am Werk, die einen Kampf der Kulturen wollen." Hervorzuheben ist das Foto mit der Unterschrift: „Gewalttätige Demonstranten stürmten am Sonntag in der libanesischen Hauptstadt Beirut das dänische Konsulat und setzten es in Brand." Das „Außen" ist ein gewalttätiges Chaos.

1.8. Am gleichen Tag (6.2.06) erscheinen sechs Leserbriefe, wobei es in einem heißt, die JYLLAND POSTEN sollte sich entschuldigen, aber erst „an dem Tag, an dem kein Christ, kein Jude und kein Anhänger jeder anderen nicht-islamischen Religion mehr von Moslems verfolgt, unterdrückt und ermordet wird."

1.9. In einem Interview mit Kirchenpräsident Steinacker unter der Überschrift *Es fehlt die Gelassenheit* vom 8.2.06 sagt dieser, im Feindbild des Westens suche

sich die (von ihren Regierungen abgelenkte) Wut ein Ventil. Unsere Verfassung
sei unhintergehbar. Wir müssten verhindern, dass der Islam in unserem Land
durch islamistische Fundamentalisten pervertiert wird. Das ‚Innen', so liest sich
das, kann demokratisch befriedet werden, wenn wir den Islamisten entgegentre-
ten.

    1.10. Am 10.2.06 zitiert die Zeitung aus dem FR Blog im Internet und bringt
eine Auswahl bzw. Auszüge von bis dahin 307 Beiträgen im FR Web.Blog.

    Da ist die Rede von den Hooligans von der JYLLAND POSTEN! Doch auch die
weltweiten Reaktionen werden als von einem Mob ausgelöst dargestellt.- Das
Meinungsspektrum ist außerordentlich weit. So erfolgt auch Kritik am Islam von
marxistischer Seite.

    1.11. In *Totentanz der Brandstifter* mit der Unterzeile: *Westliche Schreib-
tischtäter und islamische Ketzer schüren im Karikaturenstreit den Kampf der
Kulturen* lässt die FRANKFURTER RUNDSCHAU am 11.2.06 in einem Gastbeitrag
Prof. Dr. Harald Müller zu Wort kommen. Dieser übt heftige Kritik an den Medi-
en, indem er ironisiert: „Hier aufgeklärte Meinungs- und Pressefreiheit, dort
dumpfes Mittelalter."

2. SÜDDEUTSCHE ZEITUNG: *Kritik an den Medien mit problematischen Zungenschlägen*

Die in München erscheinende SÜDDEUTSCHE ZEITUNG gilt ähnlich der FRANKFUR-
TER RUNDSCHAU als linksliberal und gehört damit ebenfalls dem linkeren ‚Mitte'-
Spektrum der deutschen Presselandschaft an. Angesprochen werden daher im
Folgenden nur einige diese Position markierende Artikel.

    Hervorzuheben ist für die SÜDDEUTSCHE ZEITUNG die wichtige und richtige
Kritik an den Medien, die aber auch mit problematischen Zungenschlägen ein-
herkommt: so erscheinen Muslime besonders in ihren Heimatländern als Randalierer, als wilde Bullen, die man reizen und aufhetzen kann. Andererseits hat aber
auch der Hinweis auf den Rassismus der Karikaturen und ihrer Veröffentlichung
sowie auf die rassisierende Berichterstattung Platz in dieser Zeitung.

    2.1. *Religion und Respekt.* Unterzeile: *Nach islamischer Lehre ist Mohammed
nicht göttlich, daher darf er nicht verehrt werden. Verspottet aber auch nicht.
Für Westler ist das schwer zu verstehen.* Kommentar von Rudolph Chimelli, vom
3.2.06.

    Der Autor konstatiert unmissverständlich: „Freiheit von Presse, Meinung und
Satire ist nicht verhandelbar." Er fordert aber Rücksicht: Die Provokation ist
„nicht die rechte Art der Auseinandersetzung mit dem radikalen Islam. Sie ruft
jene Angriffe erst hervor, gegen welche die Freiheit dann verteidigt werden

muss." Arabische Regierungen stehen in seiner Sicht unter dem Druck ihrer Islamisten und es bestehe eine tiefe Kluft zum Westen. Vom Dialog der Kulturen sei man durch den Karikaturenstreit weiter entfernt denn je. Nötig sei es, den Konflikt zu entschärfen, um einen Krieg der Zivilisationen zu verhindern. Ein modus vivendi für das Zusammenleben mit den Muslimen in den europäischen Ländern müsse her.

In diesem relativ moderaten Beitrag wird trotzdem die tiefe Verschiedenheit zwischen den europäischen Ländern und den muslimischen Ländern betont:

> „im Unterschied zu Europa, das sich vom Sakralen weitgehend ablöste, haben die Muslime, selbst wenn sie persönlich nicht religiös sind, ihr Gefühl für die Verbindlichkeit der Glaubensgrundsätze im Alltag erhalten. Islam ist Religion, Gesetz, Lebensregel und Sitte."

2.2. Wütende Muslime schwören ‚heiligen Krieg' von Annette Ramelsberger und Manuela Kessler, vom 4.2.06

Der Blick richtet sich auf den Nahen Osten, das „Außen", dem eine geradezu klassische Zuschreibung widerfährt. Konstatiert wird ein „anti-westlicher Aufruhr". Verwiesen wird auch auf eine in dieser Zeit noch ungelöste irakische Geiselnahme zweier deutscher Ingenieure, wodurch das „Außen" in die Nähe von Kriminalität gerückt wird. Die Empörung in den arabischen Ländern sei zudem oftmals gesteuert. Die dortigen Moslems seien erzürnt. Sie drohten mit „Tod Amerika" und „Tod Dänemark". Der Nahe Osten sei ein „Nährboden von Gerüchten, Wahnvorstellungen und Verschwörungstheorien". Die dort vorhandene öffentliche Meinung sei „unendlich viel irrationaler" als die im Westen. Daneben enthält der Artikel auch Hinweise auf moderate Moslems.

2.3. Kulturkampf global von Gustav Seibt, Kommentar, 7.2.06: Der Konflikt erfährt eine insgesamt etwas alarmistische und angsterzeugende Interpretation, denn ‚wir' „erleben (...) den Zusammenprall von emotionalisierten Öffentlichkeiten auf einer globalen Bühne." Es zeichne sich „der explosive Zusammenprall von Ungleichzeitigkeiten und strukturellen Asymmetrien" ab. Angesichts umfassender kommunikativer Vernetzung spielen: „Die Agitatoren des Hasses (...) virtuos auf den Tastaturen avancierter Technik", eine Argumentation, die durchaus als Anspielung auf die Nutzung modernster Technik bei dem Anschlag auf das WTC verstanden werden kann.

2.4. Haßbilder und Massenhysterie. Unterzeile: *Die Genese eines Skandals, bei dem beide Seiten versagt haben* von Navid Kermani vom 8.2.06: Kermani spricht in Verbindung mit der Veröffentlichung der Karikaturen, was selten in deutschen Medien vorkommt, von „Rassismus", kritisiert aber auch die muslimischen Gewaltexzesse; er bezeichnet die protestierenden Muslime als Randalierer und Pöbel. Er kritisiert zwar die dänische Politik, bezeichnet die JYLLAND POSTEN als ganz am rechten Rand stehend, aber auch die Muslime und Araber, die sich

> „derzeit wie Bullen sehr begrenzter Intelligenz und Auffassungsgabe (benehmen), wenn sie wegen einiger schlechtgemachter Karikaturen außer Rand und Band geraten."

Zugleich übt der Verfasser heftige Kritik an den deutschen Medien, die Rassismus und Wut schüren.

3. WESTDEUTSCHE ALLGEMEINE ZEITUNG (WAZ): Bekannte Vorurteile
Die in Essen erscheinende WAZ ist die größte Regionalzeitung in Deutschland mit Schwerpunkt in NRW und gilt als eine Art Familienzeitung der Mitte. Im folgenden untersuche ich einen „Bericht und Hintergrund" mit 7 Artikeln vom 8.2.06.

Der Blick richtet sich primär auf den Nahen Osten und auf die Islamisten. In Dänemark selbst seien die Moslems größtenteils „gemäßigt". Es werden hier die bekannten Vorurteile bedient: Gewalt und Terror, Bedrohung von außen, Drogendealer, Selbstmordattentäter, religiöser Fanatismus. Interessant ist, dass nur der Hauptartikel direkt auf den Karikaturenstreit eingeht; alle anderen nennen ihn nicht in den Überschriften, spielen aber alle auf ihn an.

Dieser „Bericht und Hintergrund" scheint mir exemplarisch für den Umgang mit dem Thema Einwanderer und Islam und bildet durch die inhaltlichen Verweisungen der Artikel aufeinander eine geballte Ladung.

3.1. *Der gefälschte Mohammed* von André Anwar, Kopenhagen, vom 8.2.06:
Der Artikel berichtet, dass dänisch-muslimische Organisationen die Stimmung im Nahen Osten mit gefälschten Karikaturen angeheizt haben sollen. Als Oberzeile dazu heißt es: „Offenbar geht es Islamisten darum, die Hasskampagne mit falschen Bildern noch anzuheizen. In Dänemark versuchen gemäßigte Moslems inzwischen durch Netzwerke gegen das schlechte Image anzukämpfen."

Der Tenor dieses Artikels ist einerseits, die Mehrheit der in Dänemark lebenden Muslime, von wenigen Ausnahmen abgesehen, als moderat darzustellen, denn sie kämpfen gegen das schlechte Image an, indem sie „moderate Netzwerke" bilden; andererseits aber, die „provokationswilligen Islamisten" (also Fundamentalisten) im eigenen Land und in den arabischen Ländern als radikal und als Lügner und Fälscher zu skizzieren, da sie einige noch bedeutend beleidigendere Karikaturen als die in der JYLLAND POSTEN veröffentlichten als dänische Karikaturen ausgegeben hätten.

3.2 16-Jähriger gesteht Priestermord. Anschlag war offenbar Tat eines religiösen Fanatikers. Christliche Minderheiten klagen über Anfeindungen (von Gerd Höhler). Ein Bericht über einen Priestermord in Trabzon am Schwarzen Meer (aus Athen) angeblich durch einen 16-jährigen Moslem; ein Zusammenhang mit den Karikaturen wird vermutet. Die Gelegenheit wird wahrgenommen, zugleich gegen den Beitritt der Türkei zur EU zu polemisieren: Dort herrsche Christophobie. Daran habe auch die Beitrittskandidatur nichts geändert. Die Religionen geraten in Konflikt, sie 'clashen'.

4. RHEINISCHE POST: *Gute Christen - böse Muslime*

Die in Düsseldorf erscheinende RHEINISCHE POST, eine geringer verbreitete Regionalzeitung als die WAZ, gilt als moderat katholische Zeitung der Mitte. Untersucht werden zwei Kommentare vom Höhepunkt und Ende des medialen Karikaturenstreits.

In Kommentaren der RHEINISCHEN POST sind die (guten) Christen Opfer, die (bösen) Muslime sind dumm und verführbar sowie gewalttätig.

4.1. *Hetze im Namen des Islam* vom 19.2.06 von Klaus Peter Kuhn: In Nigeria würden wegen der Karikaturen Christen auf bestialische Weise umgebracht. Die meisten Mordbrenner hätten nicht einmal von dem kleinen skandinavischen Land gehört. Hier seien Drahtzieher mit finsteren Absichten am Werk, die den „Kampf der Kulturen" herbeibeschwören wollen. Dieser ist demnach mit voller Wucht bei uns angekommen. Dieser kurze Kommentar wartet mit drastischen Zuschreibungen auf (Hetzer im Namen des Islam, Mordbrenner, bestialisch, dumm, verführbar durch Drahtzieher mit finsteren Absichten, die darin bestehen, dass sie den Kampf der Kulturen betrieben).

Auch die Kollektivsymbolik ist sensationalisierend: aufwühlende Zeiten, mit voller Wucht (von außen bei uns angekommen), Gewaltwelle, zurückgesetzt fühlen, keine Rolle spielen. Die bewusste und gewollte Provokation durch die Karikaturen wird unterschlagen.

4.2. *Christen-Aufschrei* von Reinold Michels, Düsseldorf, vom 11.4.06: Dieser Kommentar bezieht sich auf einen Papst-Comic in MTV, der eine dreiste Christenbeleidigung darstelle. Tucholsky habe Unrecht: Satire dürfe nicht alles, sie dürfe nicht in den Dreck ziehen. Trotzdem solle man den Comic nicht verbieten! Das sei billig und feige. Darauf erfolgt der Bezug zum Karikaturen-Streit: „Muslime reagieren empört, leider auch gewaltsam." „Christen sollen friedlich sein, aber nie ‚so tief sinken, von dem Kakao, durch den man sie zieht, auch noch zu trinken' (Erich Kästner)".

5. FRANKFURTER ALLGEMEINE ZEITUNG (FAZ): Orientalistisch

Die FRANKFURTER ALLGEMEINE ZEITUNG gilt als das überregionale Leitorgan einer konservativen Mitte, das sowohl radikale (rechts-)konservative wie auch etwas liberalere Positionen vertritt.

Der Karikaturenstreit ist über drei Wochen das Thema der Zeitung und erfährt nahezu hundert Artikel. Vorherrschender Tenor: Unsere eigenen Werte sind zu verteidigen, das „Innen" ist tendenziell friedlich und zu schützen. Wer sich dieser „Leitkultur" nicht anpasst, sollte gehen. Unterschiedliche Positionen finden sich hinsichtlich der Trennung von Kirche und Staat einerseits, andererseits wird aber auch der Islam, was dessen Ernstnehmen von Religion angeht, zu einer Art Vorbild.

Leserbriefe gehen gelegentlich von einem konservativ-christlichen Standpunkt aus, kritisieren den Säkularismus und verteidigen den Islam, dessen Lebensfundamente durch die Karikaturen angetastet seien. Solche eher verständnisvollen Briefe werden aber auch harsch zurückgewiesen.

Die Berichterstattung der FRANKFURTER ALLGEMEINE ZEITUNG spricht konservative Intellektuelle an. Sie entgleist kaum einmal in Richtung eines offenen Rassismus, vertritt aber insgesamt eine „orientalistische" Position im Sinne von Edward W. Said. (Said 1995), indem sie einen Orient pauschalisierend konstruiert, dessen Realität stark verzerrt ist.

5.1. Am 30.1. wird durch die Übernahme einer Agenturmeldung auf den Karikaturenstreit hingewiesen: *Proteste gegen Karikaturen.*

5.2. Die eigentliche Auseinandersetzung beginnt am 2.2. mit dem Artikel *Streit um Karikaturen weitet sich aus.* Unterzeile: *Proteste in Indonesien und Malaysia/Ägypten droht mit Boykott/EU unterstützt Dänemark* von vL., S. 6.: Ein zentrales Zitat, das das beruhigte ‚Innen' anspricht und zugleich das aufgeregte ‚Außen', lautet:

> „In Dänemark hat sich die Lage beruhigt, nachdem die Regierung und die Zeitung ‚Jyllands Posten' Verständnis für Muslime geäußert hat, die sich durch die Mohammed-Karikaturen beleidigt fühlen. In der islamischen Welt dauern jedoch die Proteste an."

5.3. *Leitkulturkampf* vom 2.2.06, von V.Z., S. 10: Die Karikaturen seien „nicht besonders bissig" gewesen. Doch: „Die Terrordrohung liegt in der Luft." „Es ist kein Zufall, daß dieser Leitkulturkampf sich in einst multikulturell eingestellten kleinen europäischen Nationen abspielt." Wohl auch deshalb wird der ermordete holländische Rechtspopulist Pim Fortuyn erwähnt.[16]

Hier kommt die Grundposition der FRANKFURTER ALLGEMEINEN ZEITUNG bereits deutlich zum Vorschein: gegen Multikultur und für eine deutsche Leitkultur. *5.4. Zusammenprall* vom 4.2.06, von K.F., Kommentar auf S. 1: Unvereinbare Leitbilder stießen aufeinander. „Hier prallt vieles aufeinander." Es erfolge ein Angriff auf „unsere" geistig moralischen Werte. Gefragt wird:

> „Ist Integration so gedacht, daß irgendwann eine Religionspolizei über Pressefreiheit urteilt, also der Maßstab einer anderen Kultur an unsere Grundüberzeugungen angelegt wird? Das wäre ein sich selbst verleugnendes Verständnis von Toleranz."

5.5. Strichprobe. Unterzeile: *Wo liegt die Provokation? Der Islam und die Karikaturen,* vom 4.2.06, von Andreas Platthaus, S. 39: Westliche Freiheiten seien so groß; multikulturelle Werte seien bisher nur in demokratischen Gesellschaften durchgesetzt worden. Toleranz dürfe nur erwarten, wer selbst tolerant sei; die Auseinandersetzung sei grundsätzlich:

> „An diesem anfangs so harmlos erscheinenden Fall der zwölf dänischen Karikaturen wird die Bereitschaft des Westen gemessen werden, seine eigenen Ideale zu verteidigen."

5.6. Gleichzeitig, ungleichzeitig von Wolfgang Günter Lerch, Kommentar auf S. 1, vom 6.2.06: Ein im Text herausgestelltes Zitat lautet: „Die Polemiken gegen die Kirche schufen Raum für die Freiheit." Die Erregung der Muslime sei maßlos und bedeute einen Bruch zwischen dem Westen und den anderen Kulturen.

5.7. Sie schlagen Dänemark und meinen den Westen. Unterzeile: *Radikale in der islamischen Welt nutzen die Gelegenheit, den latent vorhandenen Volkszorn zu verstärken.* Von Rainer Hermann, 6.2.06.: Der Artikel ist einerseits mäßigend, andererseits trotzdem verallgemeinernd: Die Eskalation der Gewalt sei zwar auf wenige Orte beschränkt. Aber: „Sie alle schlagen Dänemark, meinen aber den Westen."

Besonders auffällig ist hier die sensationalisierende Kollektivsymbolik: Flächenbrand, außer Kontrolle, auf den fahrenden Zug aufspringen, Volkszorn verstärken, sich abgrenzen, Welle politischer Morde, Brandstifter.

5.8. Kein Multikulti, Leserbrief, 6.2., S. 8: Die Phrase „der real gelebte Islam" spielt auf den real existierenden Sozialismus an und diffamiert, über die Bande des Kommunismus gespielt, die andere Religion.

---

16 Nicht gesagt wird jedoch, dass dieser von einem fanatischen Tierschützer ermordet wurde. Pim Fortyn forderte damals eine Verschärfung der niederländischen Einwanderungspolitik, was ihm große Sympathien in der Bevölkerung eintrug.

5.9. *Harte Hand. Eine Tagung zu Islamismus und Journalismus* von Christoph Erhardt, 6.2.06, S. 38: Die Reaktion der Muslime wird als eine „Empörungskampagne" bezeichnet; Henryk M. Broder darf polemisieren: Die beste Verteidigung westlicher Werte bestehe im Angriff. Westler seien vom Wohlstand korrumpiert, weil sie schon lange keinen Krieg erlebt hätten, der Westen begehe Selbstmord aus Angst vor dem Tod. Er fordert „gezielt eingesetzte Intoleranz." Ein anderer darf sagen: es gäbe „eine politisch korrekte Hemmung, radikale Strömungen im Islam mit den Prämissen und Ansprüchen dieser Religion in Verbindung zu bringen."

5.10. *Meinungsfreiheit unter Polizeischutz* vom 7.2.06 von Robert Lucius: Eine „Gewaltorgie explodiere" (Kollektivsymbolik), es gebe „Anzeichen eines Kultur- und Wertekampfes zwischen dem Westen und der muslimischen Welt"; in Gestalt von Morddrohungen und Bombendrohungen.

5.11. *Mit Anschlägen rechnen. Beckstein: Gemäßigte Muslime sollten Radikale beeinflussen* vom 7.2.06., S. 2: Hier wird die Gefahr von Terroranschlägen auch in Deutschland beschworen.

5.12. Acht Leserbriefe vom 8.2.06: Sehr bald melden sich auch die Leser zu Wort. Die Position gegenüber Einwanderern wird wie folgt definiert: „Wem es hier nicht gefällt, kann gerne wieder in die Wüste ziehen, doch wer unsere Rechtstaatlichkeit, Grundrechte und christliche Kultur nicht achtet, ist hier nicht erwünscht."

5.13. *Besonnen* von wgl. vom 9.2.06, S. 10: Die hier lebenden Muslime, sofern sie keine Extremisten seien, wüssten die Entfaltungsmöglichkeiten zu würdigen, die ihnen der hiesige Rechtsstaat ermöglicht, „auch diejenigen aus der Türkei. Von dort sind manche durchaus anderes gewohnt."

5.14. Acht Leserbriefe vom 10.2.06, S. 8: Z.B. es gehe um Europa als Wertegemeinschaft, die sich gegen die islamische Gewaltandrohung wehren müsse. Aber das liberalere Spektrum der Leserschaft kommt auch zu Wort: „Sie (die Muslime) wehren sich zu Recht" „Als überzeugter Christ sehe ich mich eher an der Seite der Muslime". „Man hat nicht religiöse Gefühle verletzt, sondern Lebensfundamente angetastet."

5.15. Vier Leserbriefe vom 14.2.06, S. 8: Westliche Vorurteile würden gefestigt. In den gezeigten Karikaturen werde ein gängiges Klischee des Islams gefestigt, insbesondere wenn sie mit Bildern von gewalttätigen Demonstrationen vermischt werden. / Es handle sich um bewusste Diffamierung religiöser Gefühle./ Aber es wird auch dagegengehalten: „Dürfen nur islamische Menschen Stolz, Ehre und religiöse Überzeugung haben, die verletzt werden können, Menschen im Westen aber nicht?"

5.16. Leserbriefe vom 21.2.06, S. 11: Zurückweisung verständnisvoller Leserbriefe: Wir müssen unsere Werte verteidigen.

6. Die Welt: *Versöhnlich und hetzend*

Die Tageszeitung Die Welt gilt als strikt konservatives Blatt, das leicht rechts von der FAZ einzuordnen ist und sich, was ihren politischen Standort angeht, mit dieser überschneidet. Daher auch nur ein kurzer Blick auf zwei sehr gegensätzliche Artikel: Einerseits wird der „Clash der Kulturen" zurückgewiesen, andererseits findet offene Hetze gegen den Islam statt.

6.1. *Was Huntington wirklich will* vom 12.2.2006 (Welt am Sonntag) von Christoph Keese: Wie so oft, geht es auch hier um die These Huntingtons vom „Clash of Civilizations". Doch es erfolgt eine kritische Auseinandersetzung damit. Huntington sei nicht nur falsch verstanden worden, seine Theorie sei zudem viel zu grob. Das belegt Keese durch eine Reihe von Zitaten aus der Presse. Ferner habe Huntington gesagt: Es wird eine Welt voll unterschiedlicher Zivilisationen geben, die alle lernen müssen, miteinander zu leben. Es gehe also um Versöhnung.

6.2. Dem steht mit *Mob der Frommen* vom 15.2.06 von Wolfgang Sofsky eine wilde Hetzschrift gegenüber. Als Motive für den Aufruhr der Muslime werden genannt:

> „Die Masse der Frommen will ihrer ungläubigen Todfeinde habhaft werden, will sie schächten und verbrennen. Sie hat den Westen insgesamt im Visier. Die einzige Freiheit, auf welche sie aus ist, ist die Freiheit zum Töten."

Doch es seien Halbgläubige. „Der Aufmarsch ist die Fortsetzung des Terrors mit den Mitteln der Meute, der die lebendige Beute – noch – verwehrt ist." „Ihre Erfüllung findet die Masse im Akt der Vernichtung." „Sie will das Blut des Schlachtopfers, will den Kopf des Ungläubigen, will seinen Körper verbrennen." „Im Feuer findet die Menge zu sich selbst." „In dieser Menge herrscht kein allmächtiger Gott. Hier regieren die wilden Götter des Krieges, der Furcht und des Schreckens."

7. Die Zeit: *Eine schwere Last*

Die „Wochenzeitung für Politik, Wirtschaft, Wissen und Kultur" gilt als das intellektuelle Blatt für Deutschland schlechthin. Sie zeichnet sich aus durch den Versuch, Debatte zu organisieren und unterschiedliche Positionen zu Wort kommen zu lassen. Dies geschieht allerdings nur innerhalb einer gewissen mittigliberalen Bandbreite, so dass gelegentlich auch der Eindruck von Scheindebatten entstehen kann.[17]

In DIE ZEIT dominiert eine westliche, anti-islamische Perspektive. Dies geht hin bis zur tendenziellen Vertauschung von Verursachern und Opfern des Konflikts. Alarmistisch wird behauptet, der ‚clash of civilzations' habe sowieso seine große Stunde. Interessant ist, dass die Wirkungen der Berichterstattung auf ein deutsches/europäisches Publikum nicht in einem einzigen der Artikel reflektiert werden. Argumentreich wird die Position einer neoliberalen europäischen „Mitte" vertreten. Zwar wird konstatiert, dass die Muslime in Europa, besonders aber in Deutschland, in mancherlei Hinsicht völlig andere Vorstellungen haben als „wir", aber insgesamt gesehen doch relativ gemäßigt seien, die im „Außen" eher militant, obwohl dabei durchaus je nach Interessenlagen der Hekunftsländer differenziert wird. Letztlich wird keine Vereinbarkeit gesehen, insbesondere wenn (der von Grund auf kriegerische) Islam und (das von Grund auf friedliche) Christentum gegeneinandergesetzt werden. Es entsteht der Gesamteindruck: Das ist eine schwere Last, die uns aufgebürdet ist und deren 'wir' uns erwehren müssen.

Der folgenden Analyse liegt die Ausgabe vom 9.2.06 zu Grunde, ergänzt durch einen Artikel von Ulrich Speck vom 16.2.06, der deshalb von besonderem Interesse ist, weil er eine umfangreiche Diskussion auf http:// blog.zeit.de auslöste, auf die auch kurz eingegangen werden soll.

7.1. Die Ausgabe vom 9.2. macht mit der Überschrift auf: *Wer will den Kampf der Kulturen? Der Konflikt, die Ursachen, die Auswege.* Direkt unterhalb dieser weißen Balkenübschrift auf schwarzem Grund befindet sich ein großes Buntfoto, auf dem ein vermummter schwarz gekleideter Muslim mit hoch erhobener brennender dänischer Fahne abgebildet ist; den Hintergrund bildet eine Kirche mit Kreuz: das symbolisiert bereits als Auftakt den zu beschreibenden und zu kommentierenden Kampf und seine Protagonisten, wobei der Islam mit Gewalt assoziiert wird, das Christentum mit Ruhe. Dieses ist bildlich durch die auf die christliche Kirche gerichteten Flammen bedroht.

---

17 Bender 2006 attestiert der Zeitung einen Schwenk weg von einer „Heimstatt sozialliberalen Denkens" hin zu einer „Standpunktlosigkeit als Prinzip", ihr Profil „verschwimmt zur Unkenntlichkeit" (1057).

Abb. 1: DIE ZEIT Nr. 7, v. 9.2.06

7.2. Verteidigung der Freiheit. Der Islam und wir: Die Gläubigen achten, den Scharfmachern widerstehen von Giovanni de Lorenzo, 9.2.06, S. 1: Der lange Leitartikel startet mit einem globalen Szenario einer gefährdeten Welt (Iran, Israel, eine Geiselnahme im Irak, giftige Diskussionen über Migration etc.) und staunt angesichts dieser Situation über den „abstruse(n) Bilderstreit", über die „dänischen Spottbilder", gibt sich also fassungslos über einen „lächerlichen" Anlass, der die Muslime ungerechtfertigter Weise derart in Zorn versetzte. Daran seien die Medien doch völlig unschuldig; zwar habe JYLLANDS-POSTEN, die aber keineswegs rechtsradikal gesinnt sei, sondern nur konservativ, einen Auftakt produziert. Die Karikaturen seien aber nur eine Antwort auf eine Einschüchterung: es seien keine Zeichner gefunden worden, die Zeichnungen zu einem Kinderbuch gewagt hätten. Diese Karikaturen hätten nicht den Islam zum Ziel gehabt, sondern nur den gewalttätigen Fundamentalismus. Die Karikaturen seien zudem durch Imame verbreitet worden, „womöglich aufgebracht wegen der rabiaten Ausländergesetze im Lande." Für radikale Islamisten sei das „ein Geschenk des Himmels". Mobil mache nur, wer die Religion politisch instrumentalisiere. Die christliche Kirche werde marginalisiert.

Für Westler gelte nun die

„Kollektivhaftung. Würde man sich nach diesem barbarischen Prinzip in Deutschland etwa für die Zerstörung des Kulturinstituts in Ramallah rächen, könnte man

sich an jeder Moschee in Berlin-Kreuzberg gütlich tun oder auch gleich am Döner-
verkäufer in der selben Straße."

Einen Zusammenstoß der Kulturen gebe es zwar nicht, „weil auf westlicher Seite
kaum jemand zu erkennen ist, der diesen Zusammenstoß ansteuerte."

Es folgt eine Kritik an den Einwanderungsforscher*innen* um Mark Terkessidis[18]. Diese schwingen laut de Lorenzo „die Diskriminierungskeule (!) und fordern: Gerechtigkeit für die Muslime!" Und trügen damit zur Aufweichung unserer mühsam erkämpften demokratischen Errungenschaften bei. Wenn eine solche
einträte, „ist das am Ende vielleicht schlimmer als der Zusammenstoß der Kulturen, den wir alle so sehr fürchten." Wohlgemerkt: was wir natürlich nicht wollen,
sondern der von den gefährlichen Ausländern ausgeht, die unsere demokratischen Errungenschaften missachten.

In diesem Artikel wird ein gefährliches Spiel gespielt, indem der „Westen"
verharmlost und die Muslime und ihre Freunde in lächerlich machender Weise
im Grunde dämonisiert werden: Der gute, demokratische Westen stehe erstaunt
und erschreckt vor einem wilden und irrationalen ‚Außen' und seinen Ausläufern
im ‚Inneren', die auch noch von irgendwelchen Diskriminierungskeulen schwin-
genden Wissenschaftlern verteidigt würden. Letzteren fehle es

> „an der uneingeschränkten Anerkennung und Einhaltung sowie an der selbstbe-
> wußten Verteidigung jener Prinzipien, die unseren säkularen Staat begründen –
> der Freiheit der Meinungen, der Trennung von Staat und Kirche, der Gleichbe-
> rechtigung von Mann und Frau."

7.3. Diese Argumentation nimmt auch der folgende Artikel auf: *Die neueste
Weltordnung.* Unterzeile: *Der Aufstand der Muslime, der Aufstieg Asiens: Der
Westen kann den Globus nicht mehr dominieren. Wenn er trotzdem seine Prinzipien durchsetzen will, muss er sich selbst ändern* von Jan Ross und Bernd Ulrich,
S. 3, 9.2.06: Er ist aufgemacht mit einem Foto eines vermummten Muslims mit
einem Stein in der Hand und der Bildunterschrift: „‚Wir' gegen ‚die', so einfach
ist das nicht: Steinewerfer in Beirut" und argumentiert: „Freund und Feind sind
nicht mehr so leicht zu unterscheiden." Denn: „Ein paar Karikaturen, die in Dänemark schon halb vergessen scheinen, können in Beirut oder Jakarta einen Aufstand entfachen." „(...) Huntingtons clash of civilzations hat jetzt sowieso seine

---

18 Dieser hatte zusammen mit 60 Migrationsforschern das Buch von Necla Kelek „Die
    fremde Braut" dahingehend kritisiert, dass sie „Einzelfälle zu einem gesellschaftli-
    chen Problem aufgepumpt" habe (DIE ZEIT 6/2006 vom 2.2.06). In der Ausgabe vom
    9.2.06 (S. 48) antwortet Necla Kelek polemisch auf diesen Vorwurf.

große Stunde." Außerdem sei der Islam auch schon in unseren eigenen Städten angekommen. Zwar arbeite der Westen mit double standards (siehe Irak-Krieg), aber: „Worum es geht, ist nicht die Preisgabe moralischer Ansprüche, sondern auch ihre Anwendung auf uns selbst."

Das ist durchaus auch Kritik am Westen bzw. den USA! Doch insgesamt verharmlost er den Westen und bagatellisiert den Bruch des Völkerrechts. Zugleich enthält er deutliche Verweise auf die Gefahren auch in unseren Städten!

7.4. In dem Artikel *Eine sehr gefährliche Falle* Unterzeile: ‚*Kampf der Kulturen' - mit dieser These schien Samuel P. Huntington vor 13 Jahren den Schlüssel zur Erklärung der Weltlage gefunden zu haben. Hilft sie uns heute weiter?* fragt Thomas Assheuer, und er fordert: „Nicht der Islam darf bekämpft werden, sondern nur das Verbrechen, das in seinem Namen verübt wird." Fragen wird man ihn dürfen: Aber wo liegt beim Karikaturenstreit das Verbrechen? Sind die dänischen Provokateure nicht zumindest dafür mit-verantwortlich, dass in der muslimischen Welt Ausschreitungen stattfinden und Botschaften brennen? Tendenziell findet hier eine Umkehrung der Verursachung des Konflikts statt.

7.5. In dem Artikel *Risse im Abendland.* Unterzeile: *Deutsche Muslime stehen zu Europa, Großbritanniens Muslime gehen auf die Barrikaden, Amerika laviert* von Jörg Lau u.a. , S. 4, 9.2.06 folgt ein Lob des Westens, den auch Muslime zu schätzen lernten. Eine multikulturelle Gesellschaft sei trotzdem nicht die richtige Perspektive.

7.6. In *Die unheiligen Väter des islamischen Zorns.* Unterzeile: *Von wegen spontane ‚Volkswut' in der muslimischen Welt – autoritäre Regime und islamistische Gruppen schüren die gewaltsamen Proteste* von Michael Thumann, S. 5, 9.2.06 folgen drastische Schilderungen aus dem Ausland, jedoch auch Verweise auf die sehr unterschiedlichen Reaktionen wegen unterschiedlicher Interessen der verschiedenen arabischen Länder. Tenor: Die dänischen Imame haben provoziert und getrickst. Sie haben das „Gift" verbreitet. „Die Feinde der offenen Gesellschaft verbreiten in politischer Absicht antiwestliche Ressentiments." Die Fotos unterstreichen das: Sie zeigen in dreifacher Folge die gegen den Westen gerichteten Verwüstungen. Hier findet eine schlichte Verkehrung der Verursachung statt, die aus westlich geprägter Vorurteilshaftigkeit resultiert: wir leben in der besten aller Welten, die von Außen nicht zu kritisieren ist.

7.7. In *Eine Religion wie jede andere.* Unterzeile: Warum die Karikaturen den Islam beleidigen und nichts mit Meinungsfreiheit zu tun haben verteidigt Akram Musallam den Islam. Der Prophet sei mehr als ein heiliges religiöses Symbol. An Mohammed mache sich die 1500-jährige Entwicklung einer kollektiven Identität fest. Doch „Eine Hassbotschaft ist kein Ausgangspunkt für einen Dialog." Musallam plädiert dennoch für den Dialog.

7.8. Die „Antwort" darauf folgt in: *Islam heißt Staatsreligion*. Unterzeile: Der Protest gegen die dänischen Karikaturen verunsichert Europa. Können wir auf einen Islam hoffen, der sich mit unseren Freiheitsrechten verträgt? Von Walter Schmithals, S. 47, 9.2.06. Die Antwort heißt eindeutig: nein. Christentum und Islam seien unvereinbar. Die Entwicklung eines europäisch gemäßigten Islam sei eine Illusion. Der Verfasser fragt: „Kann aber ein Muslim, der die abendländische Leitkultur bejaht, noch als wirklicher Muslim gelten?" Der Islam sei vom Ursprung her gewalttätig, das Christentum friedliebend: Mohammed habe die Welt durch Krieg erobert, das Christentum dagegen durch Mission.

7.9. *Sie haben das Leid anderer zugelassen!* Unterzeile: Eine Antwort auf den offenen Brief von 60 Migrationsforschern: Sie ignorieren Menschenrechtsverletzungen, weil sie nicht in das Konzept von Multikulturalismus passen, von Necla Kelek, S. 48, 9.2.06. Hier liegt eine gehässige, denunziatorische Abwehr des Briefes von 60 Migrationsforscher*innen* vor, die für eine multikulturelle Gesellschaft eintreten. Necla Kelek spricht vom „ideologischen Konzept des Multikulturalismus" und meint, dass „sie die Menschenrechtsverletzungen nicht sehen wollten und wollen." Dieser Artikel passt natürlich gut in diese Ausgabe der ZEIT und lenkt den Blick völlig einseitig und verallgemeinernd auf Missstände bei Muslimen, wie es diese allerdings in jeder Bevölkerungsgruppe gibt. Auch wenn der Artikel nicht auf den Karikaturenstreit eingeht, schließt er daran an und untermauert die Kernaussage dieser Ausgabe, dass es einen gemäßigten Islam nicht geben könnte und die multikulturelle Gesellschaft somit tendenziell zum Scheitern verurteilt sei.

7.10. *In Totalitarismus versus Liberalismus*: Eine Bilanz des Karikaturenstreits vom 16.2.06 lobt Ulrich Speck den „Siegeszug der Globalisierung", der möglich geworden sei, weil die liberale Ordnung anschlussfähig für eine Vielzahl von Kulturen oder Zivilisationen sei. Im Unterschied dazu sei der (durchaus als heterogen angesehene) Islam also totalitär. So Speck: „Es handelt sich vielmehr um einen Konflikt zwischen Totalitarismus und Liberalismus." Die totalitären Bewegungen und Regimes suchten gläubige Moslems für ihre Interessen zu vereinnahmen. Sie zeichnen ein Feindbild des islamophoben Westens. Der nach Speck von den Muslimen vom Zaun gebrochene Karikaturen-Streit soll „dieses Ziel vorantreiben".

Deshalb sollte man die totalitären Bewegungen und Regimes schwächen und die liberalen Moslems für den Liberalismus gewinnen. Das verlange einen konfrontativen Umgang mit ihnen, sowie eine Aufklärung über die Freiheiten des

Liberalismus bei den Moderaten. Der liberale Staat schütze seine Minderheiten, sichere die Grundfreiheiten etc. etc. Eine solche Kampagne solle sich an den Karikaturen-Streit anschließen, ihn aufnehmen und somit nutzen. Die totalitären Kräfte verfügten zwar über eine gewaltige Propagandamaschine und verwendeten die Propaganda der Tat – den Terrorismus. Sie schlössen sich an den im Westen entstandenen Kampf gegen den Imperialismus an (Chomsky, Frantz Fanon), (womit die (linken) Kritiker des Imperialismus als nützliche Idioten des Terrorismus hingestellt werden.) Muslime nutzten so die ideelle Schwäche des Westens, um eine totalitäre Agenda durchzusetzen. Jedoch: „Was diese neuen Formen des Totalitarismus nicht anzubieten haben, ist die Perspektive eines anständigen Lebens in Freiheit und Wohlstand."

Diese „Bilanz" wird in einer Vielzahl von Einträgen und Kommentaren im Internet kritisch, aber auch mit großer Zustimmung aufgenommen:

7.11. Zwischen dem 16. und 26. Februar erfolgen 53 teilweise recht umfassende Reaktionen auf diesen Beitrag auf blog.zeit.de/kosmoblog/?p=2444; so eine Gegenrede unter Verweis auf den Irak-Krieg und die amerikanischen Gefängnisse („Abu Ghureib"); so wird kritisiert, der Westen brauche einen moralisch-ethischen Kompass und sollte nicht allein auf seine „Prinzipien" verweisen, oder: Speck messe die Menschheit mit unseren Standards, die liberale Ordnung sei nicht die Wahrheit. Ein anderer merkt an, ein Extremist (Speck) verberge sich unter einer liberalen Hasskappe; seine Ausleuchtungen seien eindimensional.

Doch es gibt auch enthusiastische und teils hoch bedenkliche Zustimmung: So wird auf das angebliche Paradox verwiesen, dass diejenigen, die für Emanzipation eintreten, sich mit denjenigen solidarisieren, die sich im Nahen und Mittleren Osten für Unterdrückung und Gewalt einsetzen. – Ein Beitrag wird deutlicher: Die totalitären Programmpunkte seien nicht zufällig, sondern möglicherweise das Ergebnis der im Koran verankerten Weltanschauung. Gefolgert wird: Säkularisierung helfe vielleicht, und nicht das Setzen auf einen moderaten Islam. Ein Beiträger wird sogar dazu ermuntert, Folter zu befürworten. Und ein anderer dazu, einen Kampf der Vernunft gegen den Irrsinn zu sehen. Und jemand hofft, der Islam werde ebenso kollabieren wie der Kommunismus.

Dieser Spot auf das Internet kann und soll eine fällige Analyse solcher Reaktionen insgesamt nicht ersetzen.[19] Er möge als Beleg dafür dienen, dass ein solcher Diskurs je nach Diskursposition sehr unterschiedliche Wirkungen haben kann, teilweise solche, die schlicht als rassistisch zu bezeichnen sind, allerdings auch solche, die Speck polemisch kritisieren.

8. DER SPIEGEL: *Eskalierend*

DER SPIEGEL gilt immer noch als das einflussreichste deutsche politische Wochen-Magazin. Das ehedem deutlich als links-liberal zu markierende Blatt betreibt seit einigen Jahren einen weiten politischen Pluralismus und scheut sich auch beim Thema Migration nicht vor höchst problematischen Einschätzungen. Insbesondere wegen seiner sensationalisierenden Titel-Kollagen gerät er häufig in die Kritik.

Bei der Berichterstattung im Rahmen des Karikaturenstreits gibt sich das Magazin sehr ausführlich und geradezu enzyklopädisch. Dabei ist jedoch die Kernbotschaft nicht zu übersehen: Der Spiegel warnt allen Ernstes vor einer Eskalation eines Zusammenpralls der Kulturen, den er also als bereits voll im Gange ansieht. Dieser gehe von den Muslimen aus, die gefährlich seien und den Westen bedrohen. Am 6.2.06 wartet der Spiegel mit einem Titelthema auf, das sich dem Karikaturen-Streit widmet.

Abb. 2: DER SPIEGEL Nr. 6 v. 6.2.06

---

19 Vgl. dazu Dorer 2005. Die Hoffnung auf das Internet als demokratisierende Instanz sollte allerdings mit Skepsis betrachtet werden, da es gegen die Macht der Diskurse nicht an kann. So schreibt Dorer unter Bezug auf Hall: „Verdrängt werden dabei zunehmend Formen einer widerständigen Lesart", und sie kommt zu dem Ergebnis: „Die Produktion von Wissen und Wahrheit sowie technische Kontrollsysteme werden weit besser die Funktion der Macht der Disziplinierung und Normierung übernehmen als es das Gesetz je zu erbringen im Stande ist." (Dorer 2005: 363).

8.1. *Zwölf Mohammed-Karikaturen erschüttern die Welt. Der heilige Hass.* Das Titelbild stimmt auf das ein, was folgt: Eine vermummte Gestalt, mit arabisch beschriftetem Stirnband, aus den Augenschlitzen unheimlich und bedrohlich schauend, hält dem Betrachter ein grünes Buch (den Koran?) entgegen. Ihr Hass ist „heilig", was in dem Zusammenhang mit „Hass" nur als „fanatisch" verstanden werden kann. Auch der Hintergrund ist mit arabischen Schriftzeichen „garniert".

8.2. Das Inhaltsverzeichnis nimmt diesen Duktus auf: Unter einem Foto, das Hamas-Anhänger zeigt, die eine dänische Flagge in Gaza-Stadt verbrennen, wird der Schwerpunkt dieser Ausgabe angekündigt: Kulturkampf um das Antlitz des Propheten. In einem Kurztext darunter heißt es: „Entfremdung zwischen Abend- und Morgenland".

8.3. Der umfangreiche Schwerpunkt (88-105) titelt: *Tage des Zorns*, ein Titel, der sich als Anspielung auf eine Totenmesse lesen lässt; darin eingebettet ist ein Interview mit der Islamkritikerin Ayaan Hirsi Ali (96-97).

Wie üblich ist dieser Schwerpunkt mit einer Fülle von Fotos versehen, so Anti-Dänen Protest in Indonesien, Besetzung des EU-Büros in Gaza–Stadt, Verbrennung einer Puppe, die den dänischen Ministerpräsidenten Fogh Rasmussen darstellen soll, in Pakistan. Dazu ein Zitat „Angriff auf unsere geistig-moralischen Werte" und ein kleines Faksimile – Wiedergabe der Karikaturen aus JYLLANDS-POSTEN.

Im Lead heißt es: „Der Zusammenprall der Kulturen eskaliert." Danach ist der clash bereits im Gange und steigert sich nur noch.

Der wie ein Lexikon-Beitrag aufgemachte Artikel spricht viele Aspekte des Konflikts an, etwa antichristliche Karikaturen, Blasphemie, Geschichte, Salman Rushdie, Koran, Mekka, Boykott, Militanz des Islam, Folter, Terror, Mord an Theo van Gogh, etc. Er endet mit einem Zitat aus der französischen Zeitung France-Soir: „Hilf Voltaire, sie sind alle verrückt geworden."

Die Reaktionen von Muslimen in Deutschland, also im „Inneren", werden nicht einmal gestreift.

8.4. Ayaan Hirsi Ali nimmt in: *Die Schere im Kopf* ihre bekannte Position ein: Die Doktrin des Koran muss ersetzt werden, damit den muslimischen Schandtaten ein Ende bereitet werden kann.

8.5. In der Ausgabe vom 13.2.06 folgt ein Artikel von Botho Strauß *Der Konflikt*. Der Autor analysiert: Die Muslime werden immer mehr, und Deutsche, die gläubige Christen sind, das Kind, das Heimat kennt und Heimat fordert, die werden immer weniger. Strauß fordert eine Grenze der Meinungsfreiheit, wie beim Schutz der Person, für die Sakralsphäre. Sein zentrales Stichwort ist: Die angebliche Parallelgesellschaft ist eigentlich eine „Vorbereitungsgesellschaft".

> „Sie lehrt uns andere, die wir von Staat, Gesellschaft, Öffentlichkeit abhängiger sind als von der eigenen Familie, den Nicht-Zerfall, die Nicht-Gleich-Gültigkeit, die Regulierung der Worte, die Hierarchien der sozialen Verantwortung, den Zusammenhalt in Not und Bedrängnis."

Das bedeutet: Unsere Werte sind dahin, die Vorbereitungsgesellschaft ist also auch Vorbild. Wir sind nämlich eine geistlose Gesellschaft. Der Konflikt ist nicht zu lösen, der Antagonismus sakral/säkulär ist unüberwindlich. Strauß will „Annäherung und den Disput zwischen den Schriftkulturen." Beliebigkeit, Synkretismus und Gleichgültigkeit seien in eine Krise geraten. „Vielleicht darf man sogar sagen: Wir haben sie hinter uns. Es war eine schwache Zeit!"

Strauß erhofft sich also eine Besserung des geistlos gewordenen Abendlandes durch diesen Streit etc.

8.6. Auf diesen Essay antwortet in der gleichen Ausgabe Frank Schirrmacher, FAZ-Herausgeber: *Wir können uns nicht vergleichen,* (zugleich erschienen in der FAZ). Den Islamisten gelte die pure Existenz einer westlichen Kultur als Beleidigung. Dafür sprächen bereits die Hasspredigten. Die Muslime wollten sich in ganz Europa einigen, Arabisch als lingua franca einführen und den Zusammenschluss mit der „Heimat". Es folgt ein Hinweis auf die demographische Entwicklung: In ca. 5 Jahren gebe es die Krise pur. Schlecht von uns ausgebildete Minderheiten würden zur Mehrheit, ein fundamentaler Umformungsprozess sei im Gange. Eine wachsende Zahl dieser Zuwanderer oder ihrer Nachkommen werde von der sozialen Integrationskraft des Islam mehr profitieren als von der (schwachen) Integrationskraft unserer Gesellschaft. Der Karikaturen-Streit sei lanciert worden, so dass die dänischen Muslime den Rücken gestärkt bekamen.

Schirrmacher widerspricht also dem „Optimismus" von Strauß unter Hinweis auf die demographische Entwicklung. Im Klartext: Überfremdung droht.

9. FOCUS: *Verursacher von Rechtsextremismus*

FOCUS, der konservative Konkurrent des Spiegel, möchte zeigen, dass die Proteste der Muslime insbesondere einem Erstarken des Rechtsextremismus dienen, für das die Muslime nun auch noch verantwortlich gemacht werden. So heißt es in dem Artikel

Flächenbrand wegen Karikaturen. Rechtsextreme reiben sich die Hände, vom 6.2.06, von Manfred Weber, Paris. Garniert ist dieser mit einem Foto von Le Pen und seiner Tochter Marine. Er referiert Umfragen aus Frankreich, aus denen hervorgehe, dass dort jeder fünfte (22%) mit dem Front National sympathisiert. Hinweise erfolgen auf die Vorstadtunruhen, Hamas, Iran und die Karikaturen. In Frankreich herrsche Angst, der Islamophobie bezichtigt zu werden, weshalb viele Franzosen sich nicht zu äußern wagten. Auch hier erfolgt eine Umkehrung der Verursachung: Die Muslime sind an all diesen Fehlentwicklungen Schuld.

10. BILD: *Ausländerpolitik der Mitte*

BILD ist weiterhin die größte und sensationalisierendste Boulevard-Zeitung Deutschlands.[20] Bei der Berichterstattung zum Karikaturenstreit folgt sie den Hauptkampflinien der deutschen Einwanderungspolitik.

Das Blatt richtet den Blick primär auf das chaotische, gewalttätige, gefährliche und terroristische Außen, woraus zu schlussfolgern ist, dass man sich dagegen abschotten muss. Zugleich versucht die Zeitung zur Mäßigung im ‚Innen' beizutragen, wobei zugleich rassistische Momente immer wieder hervortreten.

Das entspricht der derzeitigen Ausländerpolitik im Deutschland der ‚Mitte', deren Losung lautet: Integration bei hohen Auflagen mit dem Ziel der Assimilation ja, aber Abschottung gegen das gefährliche „Außen" und möglichst keine weitere Einwanderung. Einige Merkmale der Berichterstattung von BILD stechen besonders hervor:

1. Die Flankierung der Artikel zum Karikaturenstreit durch andere Ereignisberichte aus dem Einwanderungsdiskurs, sowohl was die Situation im ‚Innen' wie im ‚Außen' angeht. So werden die Artikel zum Karikaturen-Streit z.B um solche zu Asylmissbrauch und zum Drama um die deutschen Geiseln im Irak angereichert. So liest man auch am 8.2.06:

   10.1. *Asyl-Irrsinn.* 5.000 Euro für Ausländer, damit er geht. Solche Fälle von angeblichem Missbrauch werden seit vielen Jahren immer wieder in den Einwanderungsdiskurs eingespeist und vielfach unzulässig verallgemeinert. Wichtiger aber ist, dass sie auch den Karikaturenstreit flankieren und daher geeignet sind, die Stimmung gegen Einwanderer, insbesondere protestierende, zu stützen.

2. Ereignisse, die sich gegen Deutsche im Ausland richten, werden an Artikel zum Karikaturenstreit angekoppelt, ohne direkt etwas damit zu tun zu haben, so z.B. zum Geiseldrama am 15.2. ein Bericht auf S. 2.

3. Die Betonung und Sensationalisierung der militanten Proteste gegen die Veröffentlichung der Karikaturen im „Außen". So artikelt BILD am 4.2.06:

---

20 Vgl. auch die Charakterisierung in S. Jäger 1993b sowie das Kapitel „Normalität um jeden Preis" in diesem Buch.

10.2. *Welle der Empörung in der islamischen Welt*. Das wird oft durch Fotos unterstrichen: Vermummter Bewaffneter vor dem französischen Kulturzentrum in Nablus (Westjordanland); Fanatische Palästinenser verbrennen in Nablus eine dänische Flagge; in Jakarta ziehen wütende Demonstranten durch die Straßen der indonesischen Hauptstadt (S. 2). Im Artikel selbst ist die Rede von einer Woge der Empörung und Gewalt, Moslems beschworen den heiligen Krieg, man muss zurückschießen.

Am 6.2.06 heißt es:

10.3. *Islamisten gegen den Westen. Ist das der Krieg der Kulturen?* Flankiert ist der Artikel durch zwei Fotos: „Ein Gewalttätiger jubelt während der Krawalle in Beirut"; ein riesiges Foto mit Brand und randalierenden Menschen. Der Text dazu lautet: „Tausende aufgebrachte Moslems stürmen das dänische Konsulat in Beirut. So wie hier brannten am Wochenende mehrere westliche Botschaften in Nahost". Im Hauptartikel heißt es dann: „ist das der Beginn des lange befürchteten ‚Kampfes der Kulturen' zwischen Westen und Islam?" Es folgt ein Hinweis auf Huntington, der das schon vor 10 Jahren vorausgesagt habe. Hans-Peter Raddatz wird zitiert: „Es ist wirklich ein Kampf der Kulturen!" „Die westlichen Staaten müssen klarer herausstellen, welche Werte für sie unverzichtbar sind. Wir dürfen nicht immer weiter zurückweichen. Der Staat und seine Grundrechte - und dazu gehört die Pressefreiheit – müssen die oberste Autorität sein.".

4. Das Außen wird zudem pathologisiert.

10.4. In *Was sagen unsere Bischöfe zum Mohammed-Streit* vom 4.2.06 sind die Muslime „aufgebracht" und neigen zu Gewalt und Boykott. Sie betreiben übelste antisemitische Hetze, sie sind Fanatiker, die in westlichen Werten oft eine Bedrohung ihrer Macht sehen (6.2.06), sie sind „wütend" (7.2.06), sie „hetzen" und drehen völlig durch und vergleichen Angela Merkel mit Hitler (9.2.06), der Protest gegen die Karikaturen sei „irre" (10.2.06):

5. Beschwichtigungen

Wenn auch nur sehr selten kommen Verteidiger des Islam zu Wort, so etwa in 10.5. BILD *befragte den neuen Vorsitzenden der deutschen Muslime. Warum finden Sie Mohammed besser als Jesus?* vom 7.2.06, S. 2., mit einem Foto von Dr. Ayyub Axel Köhler, der ausführt: Islam ist leben mit Gott, er habe viel mit dem deutschen Humanismus zu tun. Er sei eine Religion des Friedens. Es gebe aber Menschen, die die Frömmigkeit der anderen missbrauchen und sie zu Gewalttaten anstacheln.

Beschwichtigend ist auch der gemeinsame Kommentar von Hürriyet-Chefredakteur Ertugrul Özkök und BILD-Chefredakteur Kai Diekmann:

10.6. *Wir sind Freunde!* auf Deutsch und Türkisch am 9.2.06, S. 2, in dem es aber auch heißt: Es scheint, als würde das Abschreckbild des „Kampfes der Kulturen" Wirklichkeit trotz der Gemeinsamkeiten von Islam und Christentum. Es folgt jedoch ein Aufruf zu Versöhnung und Freundschaft, für ein Bündnis der Kulturen und gegen Gewalt.

Solche Töne gehen im Getöse bramarbasierender Berichterstattung aber eher unter.

Tendenziell rassistisch: Gesamtaussage der Medien der ‚Mitte'
Der printmediale „Mitte"-Diskurs kümmert sich nicht oder nur ganz am Rande um die Wirkung der Berichterstattung, sondern kapriziert sich im Wesentlichen auf das Thema „unserer" Meinungs- und Pressefreiheit, die ohne Wenn und Aber als unverhandelbares höchstes Gut dargestellt wird, das von den protestierenden Muslimen angegriffen wird. Zugleich plädiert er für die Integration der im „Innen" angekommenen Einwanderer bzw. Menschen mit Migrationshintergrund, die sich einer deutschen (Leit-)Kultur anpassen sollen und dazu auch mehrheitlich bereit seien. Das „Außen" wird dagegen in seiner Tendenz als gefährlich, verrückt und fanatisch dargestellt. Dadurch wird die Berichterstattung rassistisch, da sie sich an den Diskurs der gefährlichen Fremden im „Außen" ankoppelt. Sie trägt dazu bei, dass sich in Deutschland tendenziell rassistische Subjekttypen mit rigiden normativen bzw. protonormalistischen Vorstellungen herausbilden können.

Rechte und rechtsextreme Presse – Affinitäten zu Positionen der Mitte
Die Organe der extremen ‚Rechten' sind primär antiamerikanisch, nationalistisch und teilweise offen rassistisch. Sie zeigen auch gewisse Sympathien für den Islam und seine militanten Abteilungen und bewundern seine assoziative Kraft.[21] Kaum überraschend ist die Affinität zu Positionen der Mitte, die das „Innen", die hier lebenden Einwanderer, gemäßigt und befriedet sehen möchten, zugleich aber eine strikte Abschottung gegen das ‚Außen' betreiben, weil dies auch den Maximen der Regierungspolitik der letzten 10 Jahre entspricht, die auch von Parteien der extremen ‚Rechten' kaum überboten werden kann. Die knappe Analyse verweist darauf, dass es auch im rechten Lager Kritik an Positionen gibt, die ein bisschen weniger rechts sind als die eigene.

---

21 Zur assoziativen, gemeinschaftsbildenden Kraft von Religion vgl. Link 2006b.

Linke Presse – keine Scheingefechte

Die linke Publizistik ist wie die Linke überhaupt im Karikaturenstreit keineswegs einer Meinung. Sie argumentiert teilweise ebenfalls dicht am Diskurs der ‚Mitte'-Medien (TAZ, JUNGLE WORLD), teilweise fährt sie einen radikalen Gegendiskurs dazu, wobei sie sich in einigen Bereichen auf ökonomistische Argumentationen beruft (WSWS), aber auch eher neu-linke und diskursanalytisch-kritische Ansätze zeigt (FREITAG). Hervorzuheben ist, dass sie sich nicht auf die Scheingefechte um Presse- und Meinungsfreiheit einlässt, sondern primär die Auswirkungen der Provokation der JYLLANDS-POSTEN und ihrer Fortschreibung in den Medien der Mitte thematisiert.

Die das Terrain bereiten - Fazit

Es besteht kein Zweifel: Die durchaus einflussreiche dänische Zeitung JYL-LANDS-POSTEN, die eine tägliche Auflage von 150.000 Exemplaren hat, wollte Ausländer diskriminieren und musste damit rechnen, dass die Reaktionen der Muslime auf die Provokationen zu heftiger Gegenwehr führen würde, die dann wieder zum Anlass genommen werden könnte, eine ohnedies bereits rassistische Politik in Dänemark noch zu verschärfen.[22] Die Karikaturen sind zumindest teilweise eindeutig rassistisch. Die politische Position der Zeitung entspricht dem.

Europaweit haben die Medien das Thema aufgenommen, wobei sie sich besonders auf das Problem von Presse- und Meinungsfreiheit kapriziert haben, was zumindest teilweise als eine Folge professioneller Deformation anzusehen ist. Insbesondere die Medien der ‚Mitte' haben es zudem versäumt, die Folgen der eigenen Berichterstattung zu reflektieren. Die Medien schüren Ängste durch die bramarbasierende Berichterstattung über die muslimischen Reaktionen auf den Abdruck der Karikaturen. Zugleich scheinen sie im Inneren für Mäßigung zu plädieren. Das gilt mit einigen Abstrichen sogar für die BILD-Zeitung. Das unterstützt das Bemühen um Abschottung/Begrenzung gegen das muslimische ‚Außen' einerseits und propagiert die Notwendigkeit einer rigiden und schurigelnden Integration im ‚Innen' andererseits.

Die rechten Medien schüren den Hass auf die Muslime bewusst und völlig offen. Dies ist Bestandteil ihrer politischen Programmatik, die sich gegen alles Fremde und die multikulturelle Gesellschaft richtet, und insbesondere auch gegen diejenigen, die Beides verteidigen. Dazu gehören tendenziell auch die linken

---

22 Am 6.2.06 heißt es in der *SZ*: „Jyllands-Posten gab den publizistischen Begleitschutz
    auf diesem Weg (Dänemarks) in eine rechts-konservative Gesellschaft", die Muslime
    im Lande waren für sie eine lohnenswerte Zielscheibe.

Medien, obwohl deren Beeinflussung durch den medialen Diskurs der ‚Mitte' gelegentlich deutlich sichtbar wird (JUNGLE WORLD, TAZ). Sie versuchen aber mehrheitlich, nicht in die Fallen des Karikaturen-Streits zu tappen und wenden sich insgesamt sehr viel stärker der Frage der Auswirkungen dieses Diskurses zu.

Daneben zeigt die Analyse des Karikaturenstreits, dass dieser durchaus in einem Horizont weiterer kriegerischer Auseinandersetzungen zu sehen ist. Denn sichtbar wird eine Verbindung zur Vorbereitung eines Irankrieges, für den dem Westen bzw. den USA bisher die öffentliche Legitimation fehlt. Wenn der Nahe Osten und die muslimischen Staaten als Verein von Schurkenstaaten aufgebaut werden, ist es um so leichter, dafür Rückhalt zu gewinnen und ihn auch ohne Legitimation des Sicherheitsrates anzugreifen.

Ohne Zustimmung der Bevölkerungen ist das jedoch nicht zu machen. So erscheint die Karikaturen-Kampagne in einem anderen Licht. Zwar hat die JYLLANDS-POSTEN eine derartige und globale Ausweitung so nicht gewollt und auch nicht erwartet. Sie wollte aber provozieren und zu einer Verschärfung der Ausländerpolitik und damit auch zur Stärkung der Rechten in Dänemark beitragen. Doch diese Provokation ist von den westlichen Medien aufgenommen und verschärft worden, was zugleich muslimischen Vertretern einer Politisierung des Islam für revolutionäre Zwecke im eigenen Land zu Gute kam und von ihnen auch zu nutzen gewusst wurde. Gleichviel ob die Medien bewusst zur Eskalation des Streits beitragen wollten oder nur dumm und heuchlerisch agierten (indem sie die Presse- und Meinungsfreiheit in den Mittelpunkt ihrer Berichterstattung und Kommentierung stellten), der Effekt ist der oben beschriebene. Der Orient wirkt äußerst bedrohlich; die Notwendigkeit, ihn Mores zu lehren, in die Knie zu zwingen, das ist die faktische Strategie dieses Diskurses. Dazu lieferten die muslimischen Reaktionen, die jedoch keineswegs in allen arabischen Ländern erfolgten, allerdings mancherlei Vorwände. Damit sind die meisten der protestierenden Muslime, sich gedemütigt und ausgebeutet fühlend, mit realem oder potentiellem Krieg überzogen, in eine wohlkalkulierte Falle gelaufen.

Den Beitrag der Medien zur Legitimierung eines möglichen Krieges gegen den Iran beschreibt der Artikel von Sabine Kebir im FREITAG vom 10.2.06 sehr überzeugend: Die Medien bereiten das Terrain, um einen Schlag gegen den Iran zu führen.[23]

Nach ‚Innen', also im Hinblick auf die hier lebenden Muslime, wirkt die Berichterstattung (bes. ‚Mitte-Rechts') rassisierend einerseits, zugleich gesetzliche Verschärfungen rechtfertigend. Die Berichterstattung über die Ereignisse im

---

23 Vgl. Sabine Kebir: Karikieren, zivilisieren, bombardieren, FREITAG vom 10.2.06.

„Außen" malt ein Bild vom gefährlichen, hysterischen, gewalt- und terrorbereiten Moslem und speist dieses Bild in den deutschen Diskurs über Einwanderung, Flucht und Asyl ein, was die ohnedies vorhandene rassistische Unterfütterung dieses ‚Innen'-Diskurses verstärkt.

Das gilt ohne Abstriche für die Berichterstattung der ‚Mitte'-Medien. Die rechten Medien verschärfen diesen Diskurs nur und unterstützen ihn damit und auch seine Wirkung auf die Bevölkerung, insbesondere was den rechten Rand der Gesellschaft angeht. Die linken Medien sehen dies durchaus und üben daher wiederholt erhebliche Medienkritik, zuweilen auch etwas alarmistisch und zuspitzend, so etwa so, als ob der Krieg gegen den Iran unmittelbar bevorstünde, was zu diesem Zeitpunkt zwar befürchtet werden musste, zugleich aber auch z.B. wegen der Verwicklung der USA in andere Kriege (noch?) nicht aktuell ist. So nehmen zumindest einige der linken Medien eher eine Warnfunktion wahr und übernehmen damit zivilgesellschaftliche Verantwortung. Der Einfluss der linken Medien ist aber eher als gering einzuschätzen (kleine Auflagen, eigene Verstrickungen in den „Mitte"-Diskurs). Die Friedensbewegung ist insgesamt aufgerufen, die kriegsvorbereitende Rolle der Medien bewusster zur Kenntnis zu nehmen und öffentlich anzuprangern.

Das umfangreiche Material und die große Zahl der herangezogenen Publikationen erlauben zwar eine Diskursanalyse, der es darum zu tun ist, die inhaltlichen Kerne bzw. die Aussagen des Diskurses zu ermitteln. Die diskursiven Wirkungsmittel konnten, abgesehen von gelegentlichen Hinweisen auf die Kollektivsymbolik, nicht im einzelnen behandelt werden. Dabei spielt auch die reichhaltige Bebilderung der Berichterstattung eine große Rolle, und zwar eine durchweg sensationalisiernde, damit radikalisierende und rassisierende, die oftmals die in den Artikeln eingenommenen Positionen übersteigt. Die ständige Konfrontation mit ein und denselben Inhalten und deren durchgängig zu beobachtende politische Einfärbung übt eine normalisierende Wirkung aus und führt zu Subjektformierungen, die proto-normalistischen Entwicklungen durchaus Vorschub leisten können, etwa zur Bejahung von Gewaltmaßnahmen und Kriegen, durch die Vorstellungen westlicher Normalität und westlicher Werturteile durchgesetzt werden können.

„Wir hatten einen Schwarzen..." Konstanz und Konjunkturen des alltäglichen Rassismus seit Beginn der 90er Jahre

Spätestens seit Beginn der 90er Jahre, als in Deutschland Asylunterkünfte brannten und Flüchtlinge und Einwander*innen* verletzt und getötet wurden, ist deutlich geworden, dass es auch im Alltagsdiskurs ausgeprägte rassistische Vorbehalte gegenüber diesen Personengruppen in Deutschland gibt. Die Zustimmung, die aus der Bevölkerung gegenüber den kriminellen Übergriffen zu hören war, war dabei nur die Spitze des Eisbergs. Unter der Oberfläche existierte eine massive Ablehnung von Einwanderern und Flüchtlingen in beiden Teilen Deutschlands bereits vor diesen Vorfällen.

Im Folgenden soll ein Überblick darüber gegeben werden, wie sich das Sagbarkeitsfeld zu Einwanderung, Flucht, Asyl im Alltag darstellt und wie es sich reproduziert.[1] Dabei stützen wir uns auf Diskursanalysen, die wir zusammen mit Mitarbeiter*innen* des DISS durchgeführt haben und die sich auf ca. 60 Tiefeninterviews bezogen.[2]

Bei den Untersuchungen ging es jeweils darum, den Einwanderungsdiskurs im Alltag in seiner qualitativen Bandbreite zu ermitteln. Es ging uns also nicht darum, festzustellen, ob bestimmte Personen oder Personengruppen mehr oder minder stark Rassismus produzieren. Allerdings zeigte sich, dass nahezu alle von uns Interviewten, die jedoch ausnahmslos deutscher Herkunft waren, rassistisch in den Einwanderungsdiskurs verstrickt sind.

Genetischer und kultureller Rassismus: Eine falsche Unterscheidung?

Ein erstes interessantes Ergebnis der Untersuchungen ist, dass die in der Rassismusforschung häufig vorgenommene Unterscheidung zwischen einem biologi-

---

1 Um Missverständnisse zu vermeiden: Unter Alltagsdiskurs verstehen wir *Aussagen* zum Thema Einwanderung, Flucht und Asyl, wie wir sie in den durchgeführten Tiefen-Interviews auffinden konnten.

schen oder genetischen Rassismus und einem kulturellen Rassismus – manchmal auch als Neorassismus bezeichnet – im Alltag keine Rolle spielt.[3]

So kann ein und dieselbe Person gegenüber Einwander*innen* fordern, dass diese sich an die hiesigen Verhältnisse anpassen; gleichzeitig gehen sie davon aus, dass eine solche Anpassung nicht möglich ist. Alltagsdenken und Alltagsdiskurs sind eben keineswegs widerspruchsfrei. Doch im Unterschied zu anderen Diskursebenen werden solche Widersprüche selten problematisiert.

Biologischer und kultureller Rassismus tauchen hier – teilweise vermengt mit Ethnozentrismus – in eigenartig verschlungener Weise auf. Auf den Punkt gebracht wird diese widersprüchliche Auffassung durch eine Aussage, die sich auf die Frage bezieht, weshalb türkische Personen häufig in Vierteln zusammenwohnen: „Dat ist im Moment die Natur so, nee?" (01/17/267)[4]

Als ein weiteres Beispiel für eine solche Vermischung kann die Aussage eines ehemaligen Bergmanns gelten, der, angesprochen auf sein Verhältnis zu Personen mit „anderer" Hautfarbe, sich wie folgt äußert:

> „Die Schwarzen, ja wir hatten einen Schwarzen, der wa - , aber dat is auch schon, wie gesacht, zehn Jahre bin ich raus, der war sogar nachher stellvertretender Betriebsleiter geworden (...) Der war stellvertretender Betriebsführer! (...) Jo, wie gesacht, dat geht ja nach Leistung. Wenn der wat leistet! Wir ham dann geschimpft auf den. Da warn ja bei uns da auch Obermeister, die dat auch hätten machen können. Und deer is da vorgesetzt, ne?" (01/03/448-467)

Im weiteren Verlauf des Interviews erklärt er sich die Armut in Afrika so:

---

2   Das erste Projekt wurde 1991 durchgeführt; seine Ergebnisse sind veröffentlicht in S. Jäger 1996a. Eine zweite Interviewstaffel wurde 1992 durchgeführt, deren Ergebnisse in M. Jäger 1996 veröffentlicht sind. Die Ergebnisse einer dritten Interviewstaffel aus den Jahren 1994/1995 sind in Cleve 1998 nachzulesen. Schließlich sind die Ergebnisse einer vierten Staffel aus 2000/2001 (vor dem 11. September!) in S. Jäger/ M. Jäger 2002 veröffentlicht. In Vorbereitung ist die Veröffentlichung der Ergebnisse einer fünften Staffel aus den Jahren 2003/04, bei der auch eine synoptische Analyse aller Staffeln erfolgen wird. Das Analyseverfahren bei Alltagsinterviews stellt eine Variante des in Kapitel 1 dargestellten Verfahrens dar, die die Besonderheiten von freien (Alltags-)Interviews berücksichtigt. Wir verweisen dazu ferner auf S. Jäger 1996a und M. Jäger 1996. Die Art und Weise der Durchführung und Materialaufbereitung der Interviews lehnt sich an das von van Dijk praktizierte Verfahren an, der allerdings einen nicht an Foucault orientierten diskurstheoretischen, sondern einen sozio-kognitiven Ansatz verfolgt (Vgl. van Dijk 1987). Dieses Projekt stellt keine sog. Langzeituntersuchung dar, obwohl es einen langen Zeitraum betraf. Trotzdem werden Konjunkturen und Konstanzen deutlich sichtbar.

„Dat is ja schon so lange, wie die Welt besteht. Die waren arm, und die werden von sich aus da nich mehr rauskommen. Is ja ne ganz andere Mentalität. Die sind ja nich so arbeitsfreudig wie wir, dat die dat vielleicht von sich aus e bissel hochbringen. Da muß ich ja in dem Fall die Juden loben. Die haben ja in Israel wat angelegt, so mit de Plantagen un so. Die ham ja gearbeitet wie die Pferde. Und die – wie gesach, Mentalität. Die sind einfach zu träge." (01/03/881-891)

Auf die Nachfrage, woher das komme, das seien doch Menschen wie wir, antwortet er:

„Ja, sicher dat. Schon! Nur trotzdem! Dat mach vielleich an de Sonne liegen. In Spanien, die ham ja so viel Zeit. ‚Wat we heute nich machen, machen we morgen, wenn morgen nich, übermorgen.' Die schieben dat so (...) Zu heiß! Irgendwie, ob dat auf de Birne geht, sach ich ".(01/03/894-898)

---

3   So unterscheidet z.B. Stuart Hall zwischen genetischem und kulturellem Rassismus und meint darüber hinaus, dass der genetische Rassismus allmählich von einem kulturellen abgelöst werde, als Folge davon, dass der Begriff der biologisch bestimmten „Rasse" heute zunehmend als nicht mehr zu halten angesehen werde. (Hall 1989: 917) – Etienne Balibar unterscheidet zwar gleichfalls zwischen genetischem und kulturellem bzw., wie er sagt, differentialistischem Rassismus; aber er meint ferner, dass für viele Menschen „auch die Kultur durchaus als eine solche Natur fungieren" kann, „ganz besonders als eine Art und Weise, Individuen und Gruppen a priori in eine Ursprungsgeschichte, eine Genealogie einzuschließen, in ein unveränderliches und unberührbares Bestimmtsein durch den Ursprung." (Balibar 1990: 30) Balibar konstatiert eine Naturalisierung des Kulturellen, des Sozialen, der Geschichte, wodurch diese sozusagen still gestellt und jeglichem Versuch einer Veränderung entzogen sei. Zugleich sieht auch er einen „Rassismus ohne Rassen" aufkommen, „dessen vorherrschendes Thema nicht mehr die biologische Vererbung, sondern die Unaufhebbarkeit der kulturellen Differenzen ist." (Balibar 1989: 373) – Nora Räthzel und Annita Kalpaka unterscheiden kulturellen Rassismus und Ethnozentrismus. (Kalpaka/Räthzel 1990: 17f.) Ethnozentrismus liege dann vor, wenn die ‚den Anderen' unterstellten Eigenschaften nicht naturalisiert, sondern als veränderbar angesehen werden. Rassismus und Ethozentrismus, so schreiben sie, „bezeichnen die Konstruktion von sozialen Unterschieden als Gegensätze, wobei die ethnischen Minderheiten als minderwertig definiert werden. Rassismus bezeichnet *darüber hinaus* die Naturalisierung der sozialen Verhaltensweisen." (ebd.: 77, Hervorhebung v. Vf.) Zur neueren Diskussion vgl. Demirovic/Bojadzijev 2002. – Zu unserem Verständnis von Rassismus s. den Artikel zum Institutionellen Rassismus in diesem Band.

4   Auch bei den folgenden Zitatangaben bezeichnet die erste Ziffer die Interviewstaffel, die zweite die Nummer des Interviews, die dritte die Zeile. Zur Notation: * zeigt eine Pause von ca. 3-4 Sekunden an.

In der ersten Passage bezieht sich die Aussage auf einen schwelenden genetisch argumentierten Rassismus und setzt sich davon ab, indem sie die Leistung als Beurteilungskriterium von Menschen betont. Trotzdem gesteht der Interviewte ein, dass die Personalentscheidung umstritten war, denn die Position hätte auch einer von „uns" einnehmen können. Seiner Formulierung lässt sich entnehmen, dass er Verständnis für diese Kritik hat: Er sagt, „wir" haben geschimpft – gegenüber der vorhergehenden eher distanzierten Wendung: „Dat geht ja nach Leistung."

Später verquickt sich dann ‚Mentalität' und ‚Natur'. Die Afrikaner seien nicht so arbeitsfreudig wie ‚wir', und dass sie das nicht seien, liege am Klima.[5] Leistungsbereitschaft, Verlässlichkeit und „andere Mentalitäten", sowie natürliche Bedingungen, wie das Klima, bilden ein nicht zu entwirrendes Konglomerat.

Auch Hautfarbe und Religion werden auf merkwürdige Weise miteinander gekoppelt: Die Rede ist von einer Familie, bestehend aus einem männlichen Äthiopier, seiner deutschen (weißen) Frau und ihren vier – schwarzen – Kindern:

> „Ich habe da keine Berührungsängste. Man muß aber jetzt unterscheiden. Zwischen christlichen Sitten und mohammedanischen Sitten. Ich sag, wenn einer aus dem christlichen Kulturkreis kommt, der kann sich natürlich eher mit Leuten arrangieren, als wenn er aus dem nichtchristlichen Kulturkreis kommt. Genauso wie wir. Also, ich bin der Meinung, man tut sich da leichter. Ja, das ist wahrscheinlich auch schon von vorneherein schon, ne, keine Hemmschwelle mehr in dem Sinne, ne. Zumal für mich auch die Hautfarbe nicht entscheidend ist. Ich hab mich halt für diese Leute entschieden und hab et nie bereut. Muß man dann einfach so sehen." (01/07/186-198)

Auch hier wird auf einen genetisch argumentierenden rassistischen Diskurs angespielt und zunächst eine Distanzierung davon vorgenommen. Dann erfolgt jedoch eine Einschränkung, in dem ein anderes Abgrenzungskriterium eingeführt wird: die Religion. „Natürlich" könnten sich Christen besser anpassen als Moslems. Hier lässt sich beobachten, wie genetische Faktoren an Bedeutung verlieren und von kulturellen Faktoren abgelöst werden. Im Resultat wird kultureller Rassismus produziert, indem genetischer Rassismus (implizit) kritisiert wird.

---

5   Interessant ist, dass diese Person, die ansonsten umgangssprachlich formuliert, an dieser Stelle einen Terminus einführt, der aus ihrem sprachlichen Rahmen fällt: „Mentalität" Dies verweist auf einen Einfluss der Medien, wovon unten noch die Rede sein wird.- Interessant ist auch die Verwendung von „Kulturkreis", ein Terminus, vielfach als sehr fragwürdig angesehen wird, weil er oft als Ersatzbegriff für ‚Rasse' Verwendung findet. Huntington verwendet diesen Begriff durchgängig (Huntington 1996).

Die Vermengung von kulturellen und biologischen Argumenten verweist darauf, dass der Alltagsdiskurs offenbar stark von der Auffassung durchsetzt ist, dass das Soziale etwas Naturgegebenes sei. Dies erklärt, weshalb genetisch/biologisch argumentierende Diskriminierungen von kulturalistischen kaum zu trennen sind. Wenn Gesellschaft als Natur und Geschichte als organisches Wachstum begriffen wird, werden soziale Unterschiede zwischen Menschen zu natürlichen Unterschieden. Damit erweist sich hier auch der so genannte kulturalistische Rassismus als biologistisch verankert.

Stereotype negative Bewertungen von Nicht-Deutschen

Im Alltagsdiskurs lässt sich ein ganzer Katalog stereotyper negativer Bewertungen von fremden Personen bzw. Personengruppen auffinden, der sich übrigens weitgehend mit den Vorurteilen und Wertungen im Medien- und teilweise auch im Politikerdiskurs deckt.[6] Dazu ein besonders prägnantes Beispiel:

> „Jaa, ich sach ma so, eh, von hundert Türken sind -, oder Ausländer sach ich ma, von hundert Ausländer sind sind ma zwanzig Prozent in Ordnung. Den Rest kann`se vergessen, sach ich jetzt mal. So seh ich dat auch, ne. Weil dat sieht man schon an `en Jugendlichen hier. Bei uns zum Beispiel is dat ganz extrem mit die Türken. Also is sogar viel mit Türken hier in Bismarck, dat is ja -, wo du gehst und stehst, da is Döner, eh, Döner-Laden. Dann is en Kaffee-Ding oder wat Tee-Shop, wat die da haben, wat weiß ich. Da müssen Se ma abends -, da kann`se gar nich aufe Straße gehn. Also ich könnte schon, nur so wie Sie jetzt oder en Mädchen oder wat, die dürfte ja gar nich dann auf die Straße, weil die ganze Straße is da besetzt von Türken. Und wat die für Autos alle fahrn, ne. Ich mein, die sagen, die ha`m kein Geld. Die fahren alle BMW, Mercedes und wat weiß ich noch alles, ne. Ja, und dat find ich irgend so`n bißchen frustrierend, sag ich ma. Weil die ganz -, wie gesagt, die ganzen Bismarck hier, nur Türken. Ja, dat -, fähr`se da, is en Obstwagen von Türke. Wat is en da? Wieder en Döner-Laden. Da is - Dat is -, sollen se au machen, wie se wollen. Die solln ja au ihr Geld verdienen, dat is mir ja egal. Nur die die Jugendlichen, ne, dat sind so welche, die jetzt, eh, au die Mädchen anmachen oder so, ne. Oder meine Schwester, die geht da mitm Kind vorbei, dann pfeifen und so`ne Scheiße. Jetzt mach du dat aber mal mit ne -, sag ich mal, en Türkenmädchen geht da vorbei und du pfeifst, jaa, wirst doch samm- zusammengeschlagen“.[7]

In dieser Textpassage sind fast alle Vorurteile enthalten, die auch in anderen Interviews auftauchen – wenn auch nicht in dieser Dichte:
* Ausländer = Türke = Ausländer sind abzulehnen, denn:

---

6   Vgl. dazu etwa Jäger/Kretschmer/Cleve u.a. 1998.

- Sie treten in Massen auf.
- Sie sind laut.
- Sie machen sich in unseren Städten breit und verdrängen die Eingeborenen.
- Sie verhalten sich ungebührlich gegenüber „unseren" Frauen.
- Es geht ihnen besser als den Deutschen.
- Sie sind gewalttätig.

Interessant und typisch ist hier aber auch die Gedanken- bzw. die Assoziationskette, mit der quasi automatisch eine Bedrohungsangst bis hin zum Einsatz körperlicher Gewalt aufgebaut wird.

Im Ausgangspunkt wird bereits von einer Masse („hundert Türken") gesprochen, die den Deutschen, „wo du gehst und stehst", den Platz wegnehmen, „weil die ganze Straße is da besetzt von Türken". Vor allem in der Dunkelheit geschieht dies – wo es bekanntlich immer gefährlich ist: „abends -, da kann`se gar nich aufe Straße gehn". Durch diese Imaginierung wird nun ein neuer Bedeutungskomplex aufgerufen: die schutzlose Frau, die von dieser Masse bedroht wird. Gleichzeitig wird durch den ‚Tatort' Straße das wichtigste Symbol des deutschen Reichtums, das Auto, assoziiert. Als Symbol gelesen, das den bescheidenen Wohlstand des deutschen Mannes präsentiert, wird diesem dieser Reichtum durch Türken streitig gemacht. Und es kommt noch schlimmer: Türken sind reicher als Deutsche, sie fahren größere Autos: „BMW, Mercedes". Hier kommt Sozialneid auf, der dann besonders schmerzhaft ist, wenn Personen, die in der sozialen Hierarchie vermeintlich unter der eigenen Position stehen, Dinge zur Verfügung haben, die man sich selbst wünscht, sich aber nicht leisten kann. Solche Menschen müssen anders sein, sie sind unberechenbar und gewalttätig, weil sie nicht zulassen, dass man selbst das tut, was sie tun. „Jetzt mach du dat aber mal mit (...) en Türkenmädchen (...). wirst doch (...) zusammengeschlagen".

Dies kann als ein Beispiel dafür gelten, nach welchen diskursiven Mustern im Alltagsdiskurs Türken als diffuse und bedrohliche Masse konstruiert werden.

Latente Handlungsbereitschaften und Denormalität

Diese Textpassage illustriert allerdings noch ein weiteres Ergebnis unserer Untersuchungen. Rassistische Ausgrenzungen gehen im Alltagsdiskurs einher mit

---

7 Diese Textpassage stammt aus einem Interview, das wir in Verbindung mit einem Projekt durchgeführt haben, in dem es aber auch um das Zusammenleben von Personen deutscher und nicht-deutscher Herkunft in Stadtteilen ging. Vgl. dazu M. Jäger/ Cleve/Ruth/S. Jäger 2002. (Interview 02/504-522) Wegen seiner besonderen Prägnanz und Dichte führen wir es hier exemplarisch an.

latenten Handlungsbereitschaften. Damit ist nicht nur die Inkaufnahme und Einforderung von struktureller staatlicher Gewalt gemeint, wie dies bei Abschiebungen der Fall ist. Man will unter Umständen selbst Hand anlegen, um Ausländer loszuwerden. Insofern darf es nicht überraschen, wenn rassistische Übergriffe von Bürgerinnen und Bürger „klammheimlich" oder aber auch offen gutgeheißen werden.[8]

Angesprochen auf Überfälle auf Flüchtlinge und Einwanderer in Deutschland äußern viele zwar Abscheu und Erschrecken. Doch im zweiten Nachdenken wird auch ein großes Maß an Verständnis deutlich. So charakterisiert eine junge Frau solche Vorfälle als „abstoßend, (...) widerlich [und] ekelhaft." Sie sei „erschüttert und schockiert", auch darüber, „dass Menschen da drumherum stehen und sich nich da irgendwie einmischen". Andererseits kann sie aber

> „den Haß der Menschen verstehen, (...) muß ich ganz ehrlich sagen, (...) daß die irgendwann mal die Nase voll haben, (...). versteh ich, (...) weil sie eben durch irgendwelche Gründe ihre Arbeit verloren haben und schieben denen dat jetzt in die Schuhe, ne? [Deshalb] sollte [man] doch hingehen (...) erstmal en Stop machen, damit die ganze Sache sich überhaupt erstmal alles beruhigt und wieder in geordnete Bahnen geht. (...) dat is ja en Faß ohne Boden, man kann ja nich einfach Leute hineinlassen ohne Ende, ne? (...) So, und jetzt, eh, sag ich mal so, also en sofortiges, eh, Einwanderungsstop, ich drück das mal so aus, oder Asylantenstop oder wie auch immer, halt ich schon für angebracht." (02/01/409-449)

Hier zeigt sich, dass Migration in Deutschland offenbar als ein Prozess wahrgenommen wird, der zu Denormalisierungen führen kann, denen, wenn eine bestimmte Schwelle überschritten wird, mit bestimmten Regulierungsmaßnahmen begegnet werden muss, um wieder Normalität herzustellen, damit das „wieder in geordnete Bahnen geht". Die Maßnahmen, die z.B. im Einwanderungsstop gesehen werden, bewirken gleichzeitig, dass andere Denormalitäten – wie z.B. Massenarbeitslosigkeit, ökologische Entwicklungstendenzen, Kindersterblichkeit in der so genannten 3. Welt – nicht in den Blick geraten oder verharmlost werden.[9]

---

8 Zum Zusammenhang von Diskurs, Wissen und Handeln/Verhalten vgl. den Beitrag: Diskurs als „Fluss von Wissen durch die Zeit" in diesem Band.

9 Das in dieser Passage angesprochene ‚Argument', Ausländer würden Deutschen die Arbeitsplätze wegnehmen, wird ansonsten häufig explizit abgelehnt, was u.U. dazu dient, die eigenen Offenheit gegenüber Einwanderung zu demonstrieren.

Die ‚Hierarchie' der Ablehnungen

Wie sich in diesem Zitat bereits andeutet, werden Ausländer im Alltagsdiskurs durchaus differenziert wahrgenommen. Dabei lässt sich eine so genannte ‚Hierarchie' von Ablehnungen erkennen:[10]

- Fast durchgängig werden Flüchtlinge, die häufig als „Asylanten" oder „Wirtschaftsflüchtlinge" bezeichnet werden, ganz allgemein negativ bewertet und abgelehnt. Die Gründe für diese Ablehnung reichen von der Annahme, diese Menschen wollten auf Kosten der Einheimischen zu Wohlstand gelangen, bis dazu, Deutschland könne sie einfach nicht aufnehmen, weil es so viele seien und ‚wir' deshalb in Platznöte gerieten. Vorgebracht werden diese Ablehnungen auch in Gestalt von rassistischen Konstruktionen, wie etwa der, dass diese Menschen für ein Leben in Europa nicht qualifiziert seien.

  Gleichfalls starke und durchgängige Ablehnung erfahren auch Afrikanerinnen und Südamerikanerinnen, also Personen, die aus armen Regionen der Welt stammen, auch dann, wenn sie nicht ausdrücklich als Flüchtlinge angesehen werden. Ohne die Motive ihrer Einwanderung zu beachten, werden sie der Gruppe von Menschen zugerechnet, deren Unterlegenheit gegenüber Deutschen/Weißen/Christen nicht mehr eigens ausgesprochen werden muss, weil sich diese offenbar von selbst versteht. Dies gilt ebenfalls für Chinesen und Menschen aus asiatischen Ländern.

  Darüber hinaus erfahren Cinti und Roma eine besonders starke und rigorose Ablehnung, wobei diese Personengruppen meist in Verbindung mit Kriminalität in Deutschland oder einer Zunahme derselben gebracht werden. All diese Personengruppen – Flüchtlinge, Personen aus armen Regionen der Welt sowie Roma – unterliegen im Alltagsdiskurs starken rassistisch motivierten Vorbehalten.

- Auf große Ablehnung stoßen insbesondere Menschen islamischen Glaubens, auch wenn sie sich nicht in Deutschland aufhalten. Diese Vorbehalte werden häufig mit kulturrassistischen Argumenten untermauert. So werden z.B. die Zustände in islamisch geprägten Ländern als rückständig und als teilweise unverträglich mit europäischen Lebenslagen angesehen. Oft wird ein fundamentaler Unterschied zwischen Orient und Okzident beschrieben, und dieser Unterschied wird auffallend häufig an der Stellung der Frauen in Familie und Öffentlichkeit festgemacht.

- Die in Deutschland lebenden Türken erfahren demgegenüber zwar auch

---

10 Vgl. dazu auch M. Jäger 1996: 146ff.

erhebliche Negativbeurteilungen, aber insgesamt auf einer etwas geringeren Stufe von Ablehnung. Sie ist nicht so durchgängig, und sie ist vor allem auch nicht so pauschal. So wird z.B. zwischen Männern und Frauen unterschieden, wobei den türkischen Frauen meist ein Opferstatus zugewiesen wird, weil sie keine oder kaum Rechte hätten. Es wird darüber hinaus unterschieden zwischen jungen und alten Türken und betont, es seien vornehmlich alte Türken, die nicht mit der (so wahrgenommenen) Tradition brechen wollten oder könnten. Auf diesem Wege wird jüngeren türkischen Menschen die Möglichkeit attestiert, sich nach einer gewissen Gewöhnungsphase nun doch noch an hiesige Verhältnisse anpassen zu können.

• Die geringsten Probleme werden im Umgang und im Zusammenleben mit Angehörigen europäischer, vor allem westeuropäischer Länder, sowie mit Nordamerikanern gesehen, die in der Wahrnehmung der Interviewten wie ‚wir' seien. Hierzu zählen manchmal denn auch explizit so genannte Gastarbeiter aus Spanien, Italien, Portugal und dem ehemaligen Jugoslawien.

Juden und Antisemitismus

Obwohl die Interviewten nicht explizit auf Juden angesprochen wurden, produziert der Alltagsdiskurs in Verbindung mit Einwanderung nicht selten auch Aussagen zu Juden. Dies geschieht insbesondere in Verbindung mit der Zuwanderung von Juden aus der ehemaligen Sowjetunion.

Diese Aussagen zeigen ein erhebliches Maß von Vorbehalten gegenüber Juden, die sich auch zu handfestem Antisemitismus auswachsen können. Dabei werden sie keineswegs als beliebige ‚Ausländer' angesehen; Juden evozieren in Deutschland häufig den Blick auf die deutsche Vergangenheit.

„Und die, die, die Juden, ja * d- die russischen Juden, die meisten gehen ja nach (...) Israel hin, aber, ehm * wenn se hier ma' mal, eh, ihre Eltern wohnen gehabt haben oder wat, da hab ich auch nix dagegen, ne? (...) Das, das damals, dat war auch auch 'ne Sauerei, 'ne Schweinerei. Ich mein, wat is überhaupt, eh, eh, human? Völkermord is immer, kein Völkermord, en einzelner Mord is schon schon, eh, verwerflich. Aber, ehm, wenn die, wenn die hier ihre Eltern o- oder sagn wir vielleicht auch Großeltern gehabt haben, und die hier Geschäfte und weiß ich wat gehabt haben, eh, denn gearbeitet haben die ja mit de Hand nie, ne? Die die Juden arbeiten ja nich mit de Hand. Oder habn se schon ma' en Bergmann oder en Schlosser gesehen als Jude? Die sind, die sind nur, sind nur Geschäftsleute, ne? ...* Und, und leider meinen die auch heute noch, daß der Deutsche noch, noch und nach 40 oder 50 Jahren unterm Teppich gehen muß. Und wenn die sagen: Gib mal Geld, daß se denn dat Geld kriegen, ne? (02/04/954-970)

Hier wird eine mögliche Einwanderung von Juden nach Deutschland mit Blick auf die Shoa zwar als akzeptabel formuliert, dennoch kommen massive Vorbehalte zum Ausdruck. Sie sind nicht nur darin zu sehen, dass auf das Klischee vom reichen Juden angespielt wird: „habn se schon ma' en Bergmann oder en Schlosser gesehen als Jude?" Es wird Juden unterstellt, dass sie aus der Shoa Kapital schlagen würden, eine Auffassung, die als sekundärer Antisemitismus bezeichnet werden kann.

Direkt im Anschluss an diese Passage offenbart sich, dass der Antisemitismus als Türöffner für die Relativierung und das Aufrechnen von Schuld und Verbrechen dienen kann:

> „Nein, aber ich ärger mich nur, daß man von den Deutschen nach 50 Jahren noch verlangt, daß se, daß se immer noch, eh, eh, in gebückter Haltung ge- gehen sollen un, un das, was unsere Väter, unsere Väter oder Großväter mal gemacht haben, daß das, daß, daß wir das noch sühnen sollten. Ich hab noch gar nich ma-mitge- ich war Kind, meine Kinder, die haben schon gar nix damit zu tun. Und wenn man denen dann sagt: Hör mal Eure, Eure, Ihr seid Deutsche und Ihr, ne? (…) Dat, dat find ich nich gut, irgendwann, die werden nie en Russen, en Fr-, gehen se mal nach Frankreich, ob einer gegen den Napoleon spricht. Den verehren doch bis noch und nöcher. Die laufen ja heut noch von, von, von 14/18 mit so Orden rum, wenn se da ihre, ihre, ihre Nationalfeiertag hat- … Die sind stolz auf ihren, eh, ihren Napoleon. Der sicherlich nicht humaner als * (…) sagen wir mal Hitler, dat war wirklich 'ne, 'ne, 'ne böse Episode, aber Hitler oder auch, eh, eh, die Amerikaner, wat machen die denn?" (02/04/981-998)

> „Was geht uns die ganze Geschichte an? Gar nix! Und so wars im zweiten Weltkrieg auch. Die sind diesem Affen, diesem Halbgescheiten hinterhergelaufen. Der Deutsche ist doch heute noch, eh, eh, eh, eh, nich gut angesehen in der Welt. (...) Deshalb, das läuft uns immer noch hinterher. Und das ist ja auch das, was uns der Jude nicht vergißt, verständlicherweise einerseits, andererseits sag ich mir, der soll die Klappe halten, soll erstmal Ordnung bringen in seinem eigenen Land. Wozu er ganz einfach nicht fähig ist. Denn da schlachten die Leute sich ja auch gegenseitig ab, gegen die Palästinenser usw. usf. Ja, finden Sie das richtig? Ich finde das nicht richtig." (01/20/435-449)

Die Historikerdebatte ist offenbar im Alltagsdiskurs angekommen. Was vergangen ist, soll endlich vergangen sein! Zu beachten sind hier auch die festen Wendungen und die rhetorischen Mittel: „Der Jude wird niemals Ruhe geben. Er kann es nicht, und er wird es auch nicht tun. Er ist der Zankapfel der Welt!" Solche Formulierungen schließen nahtlos an den Diskurs von (alten und neuen) Nazis an.[11]

Der rückwärtige Blick, der durch den Bezug auf Juden im Alltagsdiskurs produziert wird, schlägt sich jedoch nicht nur in der Abrechnung mit bzw. der Beurteilung von deutscher Geschichte nieder. Mit Blick auf die Shoa werden auch Befürchtungen oder Prophezeiungen verbunden: Wenn zu viele Einwanderer kommen, könnte ihnen das gleiche oder ein ähnliches Schicksal widerfahren wie den Juden im Dritten Reich.

Auf die Frage, ob feindselige Einstellungen gegenüber Menschen aus fremden Ländern eine „menschliche Eigenschaft" darstellen, antwortet eine Person:

> „Ja, aber jetzt hier so, jetzt nicht um, um die Deutschen zu verteidigen, dat is, ne, aber man muß die Zahl auch berücksichtigen, die hier sind. Und, äh, is nur ma jetzt auch wirklich noch, ich mein, wat, es war ja früher auch schon so, ne? Aber et is jetzt ja noch ma stärker - diese Sachen treten jetzt ja krass schon in Schulen auf, ne? Daß da türkische Gruppen sind, und und deutsche, also die Deutschen gruppieren sich eigentlich nicht so wie die Türken zum Beispiel. Die Türken, die treten nur in Gruppen auf. (...) Warum auch immer, dat, dat is mir jetzt also, und von daher is dat meine Meinung, daß die Sache verschärft wird, ne? Die wird nicht abbauen, die wird sich verschärfen, ne? (...) Vielleicht - dat weiß ich aber auch nich so genau - wenn, daß, sagen wer mal so vier, fünf Generationen, ne, wenn se, das is meiner Meinung nach auch dasselbe Problem gewesen mit Juden. Juden haben sich auch abgekapselt und haben ihren Lebensstil weiter durchgeführt, das, das gab den Brennpunkt eigentlich, ne? Natürlich auch noch darin vielleicht gesehen, weil waren recht erfolgreich. Das sieht man dann natürlich au noch nich so ganz gerne, ne? Wenn der Türke schwer arbeitet und, und, und nicht viel hat, dann akzeptiert man den ja auch sofort. Aber sobald der mal nen größeres Auto fährt - dat sieht man ja au nich gerne, ne?" (01/09/740-757)

Aus der Geschichte zieht der Interviewte das Beispiel des Verhaltens und der Behandlung von Juden heran, um die heutige Situation der Türken und den Hass gegen sie zu erklären. Hier wirkt offenbar die Parole nach, dass die Türken die Juden von heute seien.[12]

Wichtiger aber ist noch, dass das Verhalten von Juden dafür verantwortlich gemacht wird, dass es einen „Brennpunkt" gegeben habe. Damit wird auf die

---

11 Parallelen zeigen sich auch zu rechtsextremen Diskursen, die sich die ‚Bewältigung' der Vergangenheit aufs Panier geschrieben haben. Vgl. den Artikel von Gerd Klaus Kaltenbrunner „Bestimmt Hitler die Richtlinien der Politik?" in MUT 234 (1987): 16 und die Analyse dieses Artikels von S. Jäger 1988: 167-194.

12 Dazu passt ein Anti-Türkenwitz, bei dem ein mit Türken vollbesetzter Zug von Istanbul nach Frankfurt fährt und deshalb in Frankfurt leer ankommt, weil er über Auschwitz fuhr. Die anti-türkische Funktionalisierung der Shoa kann also als Bestandteil des „Volkswissens" angesehen werden. Vgl. dazu Albrecht 1989: 83 ff.

Shoa angespielt, und es geschieht zweierlei: zum einen werden Juden für die Shoa in Haftung genommen, des weiteren erwarte Türken ein ähnliches Schicksal, wenn sie sich nicht anpassten, sondern sich genau so verhielten wie Juden im Dritten Reich, insbesondere wenn sie, wie (angeblich) *die* Juden, zu Reichtum gelangen. Wenn Türken große Autos fahren (01/09/759), stellt dies für den Interviewten ein Vorzeichen dafür dar, dass es den Türken eines Tages genau so ergehen könnte wie den Juden.

Insgesamt tut sich das alte Bild vom wandernden, ghettobildenden, raffinierten, betrügerischen, sich verstellenden, feigen Juden auf, dem man leider aus moralischen Gründen, wegen der Shoa, nicht so rigoros begegnen kann wie anderen „Volksgruppen", obwohl wir längst genug „Ausländer" im Lande haben, die wir ja nun nicht gewollt haben, wie einst die Gastarbeiter (01/11/137-141). In dieser Perspektive wird Antisemitismus strategisch gegen Einwanderung eingesetzt, mit dem die Folgen weiterer Einwanderungen drastisch an die Wand gemalt werden.

Deutsche Sprache bzw. Sprachprobleme

Außerordentlich häufig werden Sprachprobleme von Einwander*innen* angesprochen, und es wird kritisiert, dass sie der deutschen Sprache nicht mächtig seien. Die Kenntnis der deutschen Sprache wird aber als zwingende Voraussetzung von Integration betrachtet; was gleichzeitig bedeutet, dass mangelnde Deutschkenntnisse Ausgrenzungen legitimieren.[13]

Dass dies so ist und vor allem als so selbstverständlich angesehen wird, liegt auch daran, dass die Sprache in Deutschland – aber nicht nur hier – als Ausdruck nationaler Identität angesehen wird und sich diese Auffassung als ‚Wissen' seit Jahrhunderten zur Geltung bringt.[14] Es geht dabei keineswegs allein um die Verbesserung von Kommunikation, was ja insoweit ein vernünftiges Argument ist. Demgegenüber wird die deutsche Sprache als besonderer Wert überdeterminiert. Es wird davon ausgegangen, die deutsche Muttersprache stelle das deutsche Volk als Nation geradezu her.[15] Auch wenn vor allem Rechtsextreme und/oder rechtskonservative Personen sich auf diese Annahme besonders gerne berufen, so be-

---

13 Vgl. dazu auch Miles 1991: 148.
14 Vgl. auch Gesa Siebert-Ott 1991: 362 ff. Die Idee von der einigenden Kraft der Sprache wird besonders gerne von rechtskonservativen Autoren und Wissenschaftlern aufgenommen. Leo Weisgerber etwas hypostasierte die Gesellschaft zur „Sprachgemeinschaft". (Vgl. Weisgerber 1941) Vgl. zu zur national-integrativen Funktion von Sprache auch Sarasin 2003b und Anderson 2003.

schränkt sie sich keineswegs auf diese Kreise. Auch in der hegemonialen Politik fungiert Sprache als ein wichtiger Faktor für gesellschaftliche Einschließung oder Ausschließung von Personen. Im Entwurf des Ausländergesetzes von Februar 1988 wird z. B. deutlich formuliert:

„Eine fortlaufende, nur von der jeweiligen Wirtschafts-, Finanz- und Arbeitsmarktlage abhängige Zuwanderung würde die Bundesrepublik tiefgreifend verändern. Sie bedeutete den Verzicht auf die Homogenität der Gesellschaft, die im wesentlichen durch die Zugehörigkeit zur deutschen Nation bestimmt wird. Die gesamte deutsche Geschichte, Tradition, *Sprache* und Kultur verlören ihre einigende und prägende Kraft." (Hervorherbung v. Vf.)

Und in einer Erläuterung des Bundesinnenministeriums zum „Zuwanderungsrecht in Deutschland – Integration" von 2005 heißt es weniger direkt, aber im Grundtenor ähnlich:

„Das Ziel der Integration kann sich nicht darauf beschränken, das Zusammenleben von Menschen aus unterschiedlichen Kulturen zu organisieren. Einen inneren Separatismus, der auf kulturellen Trennungen beruht, hält eine Gesellschaft nicht aus. Zu den Mindestanforderungen, um den Zusammenhalt der Gesellschaft gewährleisten zu können, gehört die gemeinsame Sprache. Den Zuwanderern mit einer Bleibeperspektive ist zugleich eine umfassende, möglichst gleichberechtigte und ihrer individuellen Voraussetzung und Bereitschaft entsprechende Teilhabe am gesellschaftlichen, politischen und wirtschaftlichen Leben zu ermöglichen. Sie sollen damit eine reale Perspektive der Zugehörigkeit zur deutschen Gesellschaft erhalten." (http://www.zuwanderung.de/3_prognosen.html)

---

15 Der Germanist Hans F.K. Günther, auch als „Rasse-Günther" bekannt, meinte sogar, dass jede „Rasse" ihre besondere Sprachform ausbilde. (vgl. Reumuth 1941: 23.) Er konnte solche Auffassungen auch nach Faschismus und Krieg weiter vertreten und rassistische Thesen formulieren: „Menschenwürde ist ja nicht ein allen Menschen angeborener und eigener Zustand, sondern ein Vorbild für die Siebung und Auslese wie für die Erziehung." (Vgl. z.B. Günther 1966: 5.) – Adolf Hitler dagegen verknüpft Sprache und Rasse nicht miteinander: Er vertrat die Auffassung, dass aus einem Schwarzen oder einem Chinesen kein Deutscher wird, nur weil er Deutsch lerne. (Vgl. Hitler 1941: 428) Hitler vertritt also einen ‚reinen' biologischen oder genetischen Rassismus: Das Blut, so schreibt er, lasse sich dadurch nicht umwandeln. Sein Hass auf die Juden hätte sich über Sprache allein auch nicht rechtfertigen lassen, sondern nur über „Rasse". Hitler bezeichnet die Anhänger der „Rassen"-Sprachtheorie denn auch als von gestern und als Nationalisten, die den Grundgedanken des Nationalsozialismus nicht begriffen hätten: die zentrale Rolle, die die „Rasse" für das Schicksal eines Volkes spiele. Er bemühte sich freilich zusätzlich darum, die deutsche Sprache der Juden als völlig verdorben und „artfremd" zu diffamieren. (ebd.)

Gleichwohl reicht es offenbar nicht, dass jemand, der perfekt Deutsch spricht, als Deutscher akzeptiert wird. Umgekehrt kann es aber auch passieren, dass Personen als Deutsche akzeptiert werden, die gar nicht oder schlechtes Deutsch sprechen, wenn sie sich ansonsten so verhalten, wie man es von Deutschen erwartet und kennt.

Im Alltagsdiskurs sieht deshalb das Verhältnis von Sprache und Nation ziemlich verworren aus. Und eine Entwirrung ist deshalb so schwer, weil hier biologische und soziale Faktoren unterschiedslos als natürlich angesehen werden.

Für viele gilt das Erlernen der Sprache als die wichtigste Voraussetzung der Integration in die Nation und als wichtigster Teil der Anpassung (z.B. 01/01/267-310). Dies gilt auch für Aussiedler, die ja unter staatsbürgerlichen Gesichtspunkten als Deutsche angesehen werden. Auch sie werden im Alltagsdiskurs erst dann als Deutsche betrachtet, wenn sie deutsch sprechen. Ist dies nicht der Fall, werden sie kritisiert, dass sie trotzdem „die deutsche Identität" wollten (01/03/948). Deutsche Identität und deutsche Sprache werden eben als ein enger Zusammenhang gesehen.

Auf die Frage, worin sich „Fremde" von Deutschen unterscheiden, bzw. woran man sie erkennt, steht die Sprache meist im Vordergrund:

> „Dat is ja vor allen Dingen is ja die Sprache. Das Schlimmste is ja die Sprache, dat man sich nich verständigen kann." (01/03/332-333)

> „Ja, sicherlich meistens an der Sprache und am Aussehen doch en bißchen, ne?"(02/03/346-347)

> „Ja im Grunde genommen, nur anner Sprache (…) Gut, ich sag jetzt mal teilweise noch anner Kleidung, aber das läßt auch sehr nach, sag ich mal. (…) Also Sie erkennen kaum noch, oder seltener mittlerweile, ob es en Spanier, en Türke undsoweiter is. Anner Kleidung. Meistens is et dann halt Sprache und was natürlich beim südländischen Typ doch etwas auffällt, is halt diese dunklen, (…) dunkle Haare, dunkle Augen meistens." (02/05/335-346)

Insbesondere bei türkischen Frauen werden unzureichende Deutschkenntnisse hervorgehoben. Sie „werden ohne jegliche Deutschkenntnisse (von ihren Männern, d.Vf.) hierher geholt" (01/14/126-141).

Türken werden heftig getadelt, dass sie sich nicht die Mühe machen, Deutsch zu lernen, sich aber trotzdem dreist benehmen, indem sie „alles anfassen". Dabei werden durchaus soziale Unterschiede innerhalb der Türken gesehen:

> „Ja, da sind die einfachen Leute, die sich auch gar nich bemühen, Deutsch zu lernen. Normale Türken, wenn die auswandern wollen oder irgendwie, die lernen doch schon zu Hause * die Sprache. Wenigsten ein bisschen. Aber die kommen,

die siehste schon, wer weiß wie lange laufen die schon hier rum, die können immer noch kein Wort Deutsch. Ja, wollen die nich oder können die nich?! (…) die leben hier, äh und haben doch einen Haß auf die Deutschen. Dat begreif ich nich. Wenn ich meinetwegen auswandern will, nach Amerika und beherrsche die Sprache doch nich, ja, da bemühe ich mich doch schon en Jahr vorher mindestens, daß ich die Sprache kann. Oder is dat nich, dat is natürlich, wenn einer so denkt. Die kommen aber da, die sitzen da, wie en stummen Fisch un können nix. Greifen aber überall dran und sind dreist. Dat begreif ich nich." (01/11/356-366)

In dieser Passage werden als natürlich angesehene Fähigkeiten (wollen die nich oder können die nich?) und soziale Herkunft miteinander in Beziehung gesetzt, wobei die Tiermetaphorik („wie en stummen Fisch") dazu beiträgt, auch die unterstellten biologischen Fähigkeiten als gegeben zu unterstreichen.

Im Umkehrschluss werden diejenigen, die gut Deutsch sprechen, herausgehoben und gelobt:

„Erstmal kann er sich vernünftig artikulieren, ne, und hält auch nicht so an den Sitten fest." (01/07/299f.)

Die enge Verknüpfung von Nation und Sprache wird auch mit Blick auf die Vereinigungsprozesse zwischen Ost- und Westdeutschland zum Thema:

„Aber ich seh die DDR-Leute schon als, als Deutsche an irgendwo, weil halt eben der Sprachgebrauch da is. Un, und, und die Sprache also da is, die deutsche auch, aber das hat nur geographisch was zu tun." (01/09/379-388)

Nationalität wird an der Sprache festgemacht und mit geographischen Zusammenhängen gekoppelt. Die Vorstellungen von Nation, Sprache und geographischem Raum gehen eine sehr unklare Verbindung miteinander ein. Das liegt auch daran, dass auch im mediopolitischen Diskurs keine klare Unterscheidung gemacht wird zwischen gemeinsamer Sprache als Verständigungsmittel, was jeder ohne weiteres zu akzeptieren bereit ist, und Sprache als (angebliches) Bindemittel der Nation. Im Resultat führt dies jedoch zugleich zu einer Überhöhung der Beherrschung deutscher (Hoch-)Sprache als Mittel der Kommunikation und Voraussetzung der Integration.

Rassistische Argumentationsweisen im Alltag

Rassistisches Wissen wird auch im Alltagsdiskurs in der Regel nicht offen geäußert. Das ist deshalb nicht verwunderlich, weil Rassismus, obwohl in unserer Gesellschaft durchgängig vorhanden, tabuisiert ist. Deshalb erfordert die Artikulation von rassistischen Vorbehalten besondere Rede- und Argumentationsstrategien, die vor möglicher Kritik schützen.

Die häufigste und bekannteste solcher Rede-Strategien ist die ‚Ja, aber'-Struktur. Diese liegt dann vor, wenn z.b. gesagt wird: „Ich habe nichts gegen Ausländer, aber es sind doch zu viele hier."

Ebenso häufig findet sich die Strategie der ‚positiven Selbstdarstellung'. Sie dient oft dazu, rassistische Aussagen einzuleiten und als ausgewogen darzustellen. Zuerst wird betont, dass man persönlich gut mit Ausländern klarkomme, dass man deswegen sogar von Verwandten oder Arbeitskollegen kritisiert werde. Vor diesem Hintergrund werden dann negative Bewertungen ausländischer Mitbürgerinnen umso eindeutiger vorgetragen.

Mit Hilfe dieser beiden Strategien wird Rassismus am häufigsten geleugnet. Es gibt daneben noch andere Leugnungs-Typen, wenn z.b. Handlungen oder Gesagtes abgestritten wird: Ich habe das überhaupt nicht gesagt/getan. Oder wenn die Absicht und Intention geleugnet wird: „Ich habe das nicht so gemeint."

Neben der Verleugnung von Rassismus kann er aber auch gerechtfertigt und entschuldigt werden. Ein Beispiel: „Ich habe persönlich nichts dagegen, weitere Flüchtlinge aufzunehmen, aber der Lebensraum hier ist eh schon sehr eng."

Eine weitere Strategie ist, sich hinter der eigenen Unwissenheit zu verstekken, indem Autoritäten als Zeugen herhalten müssen: „Ich kann das nicht beurteilen, aber ich hab das im Fernsehen gesehen." Deshalb: „Ich weiß das nicht, ich nehm das aber an, dass das so ist."

Schließlich findet sich die Argumentations-Strategie der Umkehrung von Opfer und Täter. Da sind dann nicht die Deutschen rassistisch, sondern die Türken sind rassistisch, weil sie die Deutschen meiden und in abgezirkelten Vierteln wohnen, zu denen dann kein Deutscher mehr Zugang hat. Dies sei der Grund dafür, warum Deutsche zu Ausländerfeinden würden.

Die (Re-)Produktion von Rassismus im Alltag

Zu fragen ist natürlich, auf welche Weise und wie sich rassistische Stereotype im Alltag reproduzieren. Hier lassen sich im wesentlichen drei unterschiedliche Formen beobachten:

Da ist zum einen die Kopplung selektiver eigener Erfahrungen mit Informationen z.B. aus den Medien. Dadurch wird Rassismus im Alltag sehr häufig als Problem wahrgenommen.

Interessant ist darüber hinaus, dass auch das Wissen, dass diese Erfahrungen selektiv sind, an dieser grundsätzlichen Konstruktion nichts ändert. Eine Textpassage aus einem Interview mit einer Lehrerin kann dies verdeutlichen. Sie hat sich mit ihren Schülerinnen über die Stellung der Frau im Islam auseinandergesetzt. In diesem Zusammenhang äußert sie:

Ja, also haben einerseits auch auf Städte verwiesen, dat stimmt auch, in Istanbul hab ich durchaus 'ne Frau in 'nem normalen Rock, eh, inner Bank arbeitend gesehen, aber ich weiß nich, ich hab die dermaßen angestarrt, weil (...) das sowas Ungewöhnliches war, (...) Also ich dachte wirklich erst, ich hätte mich vertan beim Gucken, ne? (...) Eh, und verweisen halt so auf den Einfluß innerhalb der Familie. (...) Aber dat is et dann halt auch, ne? Dat mögen zwar wichtige Entscheidungen sein, aber man sieht se wirklich nich draußen, ne? (02/12/217-229)[16]

Ein weiteres Charakteristikum ist, dass rassistische Äußerungen im Alltagsdiskurs nicht zurückgewiesen werden. Alltagsgespräche sind in der Regel unverbindlich und folgen vor allem auch keiner stringenten Argumentation. Themenwechsel sind immer möglich, je nachdem welches konkrete Interesse die Gesprächsteilnehmer gerade verfolgen. Das erklärt, weshalb rassistischen Vorbehalten oft nicht widersprochen wird. Dabei ist besonders interessant, dass es auch nur Anspielungen sein können, die nicht zurückgewiesen werden, mit denen Rassismus quasi unterschwellig produziert wird.

Die folgende Interviewpassage kann dies verdeutlichen. Nachdem zuvor das Problem männlicher Gewalt in Beziehungen Thema war, gab der junge Mann zu verstehen, sollte ein solcher Fall in seinem Bekanntenkreis auftreten, würde er die Beziehung zu dem betreffenden Mann abbrechen. Selbstkritisch fügte er allerdings hinzu, dass er damit jedoch einige Schwierigkeiten hätte. Dieser Hinweis evoziert bei der weiblichen Gesprächspartnerin die Frage:

„*Mhm. Und, ehm, wär das für Sie (räuspert sich) schwieriger, sich, eh, zum Beispiel den Kontakt abzub- brechen, ehm, wenn das en deutscher Mann is oder bei 'nem türkischen Mann?*

* Ja, mein Bekanntenkreis, oder unser Bekanntenkreis, der besteht ja im Prinzip nur aus Deutschen." (02/03/366-359)

Mit der Frage wird der Blick auf mögliche Gewalt gelenkt, die von einem türkischen Mann ausgehen kann. Dass eine solche Ausweitung des Problems als Wagnis angesehen wird, verdeutlichen das Räuspern, die Interjektionen sowie Anklänge von Stottern bei der fragenden Person. Nach einer Pause stellt der junge Mann fest, dass sein Bekanntenkreis vorwiegend aus Deutschen bestehe. Der angespielte Zusammenhang – dass Türken ein besonderes Problem mit Gewalt

---

16 Dies bedeutet für Überlegungen darüber, wie solche selektiven Wahrnehmungen aufzubrechen sind, dass es mit schlichter Aufklärung darüber nicht getan ist, dass es sich bei diesen Wahrnehmungen um interessierte Wahrnehmungen und Gewichtungen handelt.

gegenüber Frauen haben – wird von ihm nicht aufgenommen. Stattdessen weicht er aus, indem er sich auf konkrete Fakten des Alltags bezieht.

Hier wirkt die im Einwanderungsdiskurs häufig anzutreffende vorhandene Ethnisierung sexistischer Verhaltensweisen als Anspielung in das Gespräch hinein, weil und sofern sie von den Gesprächspartnern akzeptiert wird.

Eine dritte Weise, wie rassistische Wirkungen entfaltet werden, ist dann zu beobachten, wenn die islamisch/türkische Familie oder die islamische „Kultur" als der Ort ausgemacht wird, der die negativen Eigenschaften quasi naturhaft hervorbringt. Diese Zuschreibungen nehmen dann die Funktion von Euphemismen oder Beschönigungen ein. Nicht nur werden die Personen, um die es geht, unsichtbar gemacht. Gleichzeitig führen sie dazu, die rassistischen Konstruktionen quasi zu objektivieren. Dadurch kann das einzelne Individuum von Verantwortung freigesprochen werden.

Häufig spielt der Hinweise auf „die Kultur" des Orients diesen Part. Dazu ein Beispiel:

> „Schaun se mal, das ist so: Ehm, sie, sie, sie gehen ja eine Entwicklung durch. (...) Zum Beispiel, wie damals das große römische Reich. Die sind dann im Endeffekt untergegangen, (...) Und dann ist es wieder neu losgegangen. Und jedes, jedes Volk macht seine Entwicklung durch. (...) Und diese Völker, die, die Iraner und das alles da unten, die sind jetzt, meiner Meinung nach, auf dem Stand, wie wir im Mittelalter waren. (...) Und die müssen ihre Entwicklung selber durchmachen. Da können Sie nich helfen. Da können sie nich sagen, sie müssen jetzt dat - den Schleier abmachen und die Frauen müssen. (...) Wenn die, wenn die, die, die, die ihre Kulturen behalten wollen und auf diesem Stand bleiben wollen, dann muß man die lassen. (...) Es geht ja ei'ntlich jetzt, eigentlich nur darum, ob man ihnen in ihrer finanziellen Not (...) helfen sollte. Nich, indem sie hier alle emigrie- hier reinkommen und sich hier schön bewirten lassen, sondern indem sie in ihrem eigenen Land weiterkommen (...) Und sie können, Sie haben das gesehen, der Schah ist gescheitert, das hat mein Mann von Anfang an gesagt, der hat es zu schnell, der hat es gut gemeint, aber es geht nich. Sie -, jedes Land, jede Kultur braucht ihre Entwicklung. Und das entwickelt sich langsam. Schrittchen für Schrittchen. Wir waren im Mittelalter genauso. Da durften wir au' nix. Die Frauen durften nix, die Kinder durften nix, die Männer saßen immer nur da, die hat-, wir hatten dieselbe Entwicklungsstufe, die die jetzt haben im Mittelalter." (02/07/ 1223-1260)

Die „Kultur" wird überhöht und in die Nähe einer Gesetzmäßigkeit gebracht, der die Menschen nicht beikommen können.[17] Die Angehörigen dieser „Kultur" werden zu Marionetten, die das, was an Entwicklungspotential in dieser „Kultur" steckt, lediglich nachvollziehen können; sie hängen wie Marionetten gleichsam an den Fäden dieser „Kultur".

Charakteristisch für die Reproduktion von Rassismus im Alltag ist darüber hinaus die Verquickung von kulturellen und biologischen Argumenten. Beide können unvermittelt nebeneinander auftauchen, ohne dass die Logik oder Stringenz der Argumentation hinterfragt würde – was z.b. bei schriftlichen Texten eher geschieht.

In Verbindung mit der deutschen Staatsbürgerschaft wird z.b. davon gesprochen, die Bewerber „sollten (...) sich naturalisieren lassen." (03/01/143-146) Hier wird die Annahme der deutschen Staatsbürgerschaft offenbar mit Natur assoziiert. Es werden Konflikte zwischen Menschen unterschiedlicher nationaler Herkunft in einem Atemzug auf unterschiedliche Mentalitäten wie auf unterschiedliche „Menschenrassen" zurückgeführt, wie dies im folgenden Beispiel geschieht:

> „wir sind Menschen (...) die sagen (...) jedem Menschen soll es gut gehen. Nur, ob jetzt der Mensch, der eine andere Mentalität hat als wir, ob der unbedingt bei mir leben muß (...) Dat heißt also, wenn mein Sohn jetz mit einer Spanierin oder Italienerin nach Haus käm, die würd ich sofort akzeptieren oder auch Norwegerin ... Koreanerin, da würd ich vielleicht schon wieder (...) dumm gucken und sagen: Muss das denn sein. (...) nicht weil ich jetzt die Koreanerin nicht leiden mag, (...) das is nun mal eben der andere Menschenschlag, die andere Menschenrasse." (02/06/200-212)

Journalistische Schlüsselwörter

Zu beobachten ist, dass sich das mediale Diskurswissen auf die Perspektiven, die im Alltagsdiskurs eingenommen werden, erheblich auswirkt. Dies zeigt sich nicht nur daran, dass der Vorurteilskatalog gegenüber Einwanderern auch in den Medien aufzufinden ist. Vielfach werden die Medien auch explizit als Quelle des Wissens angegeben.

Und es gibt ein weiteres Indiz für den Einfluss und die Funktion der Medien. Im Alltagsdiskurs tauchen nicht selten journalistische ‚Schlüsselwörter' auf, die im Alltags-Diskurs wie Fremdkörper wirken. Da ist dann die Rede von Aggressi-

---

17 Hier scheinen sich Vorstellungen gesetzesmäßiger historischer Entwicklungen niedergeschlagen zu haben, wie sie von Oswald Spengler erdacht wurden, auf den sich in einem neueren Interview in Die WELT vom 22.2.2006 im übrigen auch Henry Kissinger beruft. Ähnliche Vorstellungen hegt auch Huntington. Es deutet sich hier zumindest an, dass und wie Wissen aus den Spezialdiskursen in den Alltagsdiskurs proliferiert.

on, Ambition, Asylant, Diskriminierung, Identität, Kultur oder Kulturkreis, Mentalität, – um nur einige zu nennen. Im Alltag werden solche typischen Medienwörter dann gerade an den Stellen eingesetzt, an denen komplizierte Sachverhalte kurz und knapp erklärt werden sollen: ‚Ausländer haben eine andere Mentalität.' Der Begriff der Mentalität, zumal in aller Munde, macht eine Hinterfragung, was denn diese Mentalität eigentlich ausmacht, scheinbar unnötig, denn er ‚spricht für sich'.

Auch die sprachlichen Bilder und eingesetzten Kollektivsymbole können als dem Mediendiskurs entnommen gelten, wenn von „Fluten" und vom „europäischen Haus" die Rede ist. Kennzeichnend für den Alltagsdiskurs ist jedoch, dass diese Symbole vielfach nicht explizit angesprochen oder gar ausgemalt werden.

> „nein, da wär es anner - an unserer Regierung, auch ne weitsichtige Investitionspolitik zu machen (...) Das hielte ich also für wesentlich sinnvoller, als alle mühselig und beladen der Welt hier aufzunehmen, ne. Irgendwo is ja auch, denk ich ma, dat Schiff hinterher, eh, vonner Besiedlungsdichte her, eh, erschöpft, ne, denk ich mir." (01/02/407-417)

Die kollektivsymbolische Topik wird häufig lediglich angespielt, indem auf das ‚Außen' und das ‚Innen' verwiesen wird. Und auch das ‚volle Boot' wird lediglich angespielt und nicht expliziert.

Thematische Konjunkturen des Rassismus im Einwanderungsdiskurs des Alltags

Ein Blick auf die fünf Interviewstaffeln, die seit 1991 durchgeführt wurden, zeigt, dass sich das Ausmaß rassistischer Elemente in diesem Diskurs kaum verändert hat. Rassismus im Alltag – das ist seit mindestens 15 Jahren eine Konstante. Verändert haben sich aber die Begründungen und auch die Art und Weise der Artikulation.

Waren es in den Jahren vor 1993, also vor der faktischen Abschaffung des Art. 16 des Grundgesetzes, vor allem soziale Begründungen, die stark mit biologistischen verwoben waren, dominierten in der zweiten Hälfte des Jahrzehnts Begründungen, die sich auf ein angebliches Anwachsen einer „Ausländerkriminalität" bezogen. Nach dem 11. September kommt die Angst vor einem anwachsenden Terrorismus hinzu, die sich in zweierlei Weise mit dem Einwanderungsdiskurs verkoppelte, wodurch die Sicht auf in Deutschland lebende Einwanderer nahezu hermetisch wird. Die Figur des „Schläfers", der unauffällig in Deutschland lebt und sich den hiesigen Verhältnisse anpasst, gesellt sich zu den Einwanderern, die sich nicht anpassen, ihre Religion in Deutschland praktizieren und infolge mangelnder Sprachkenntnisse auf beiden Seiten von den Deutschen auch nicht zu kontrollieren sind. Entsprechend wird das Thema Islam und daran angrenzende Fragestellungen wie z.b. die Diskussion um das Verbot des moslemischen Kopftuchs oder um den Bau von Moscheen stärker in den Vordergrund gerückt.[18]

Neben dem Befund, dass der Einwanderungsdiskurs im Alltag rassistisch durchsetzt ist, kann für den untersuchten Zeitraum von 1991 bis 2005 jedoch auch festgestellt werden, dass Differenzierungen zugenommen haben und das Problembewusstsein über die damit verbundenen negativen Effekte zugenommen hat.[19]

Einige Schlussfolgerungen

Auf die Frage, wie sich die hier aufgezeigten rassistischen Effekte im Alltag vermeiden lassen, kann es natürlich keine einfachen Antworten geben. Rassistisches Wissen lässt sich nicht durch Knopfdruck abstellen, auch nicht durch die Strategie einer Political Correctness, so ehrenwert auch die Absicht ist, die dahinter steht.

Sicher wäre schon viel gewonnen, wenn sich bei den Alltagsgesprächen – wie auch in Medien und Politik – die Erkenntnis durchsetzen würde, dass Diskurse nicht Schall und Rauch sind, sondern dass sie wirkungsmächtig sind und werden können.

Dazu kann eine Kritik der eingesetzten Kollektiv-Symbole beitragen. Denn es ist vielfach der Einsatz von Symboliken, der es möglich macht, dass von Zeit zu Zeit immer wieder eine Situation und eine Stimmung entstehen kann, in der Deutschland am Rand des Abgrunds gesehen wird und dafür Einwanderer und Flüchtlinge verantwortlich gemacht werden. Dadurch können Bedrohungsgefühle produziert werden, die dann dadurch abgestellt werden sollen, dass deren angebliche Verursacher sanktioniert werden.

Auch können durch bewusstes Meiden von Verallgemeinerungen rassistische Vorurteile eingeschränkt werden. Es ist manchmal schon viel gewonnen, wenn es

---

18 Natürlich stehen solche thematischen Konjunkturen in Korrespondenz mit denen in Medien und Politik, denen damit eine große Mit-Verantwortung für den Erhalt eines demokratischen Diskurses über Einwanderung auch für den Alltag zugesprochen werden muss.

19 Dies lässt sich auch daran erkennen, dass es heute nicht mehr so einfach ist, Interviewpartner*innen* zu finden. Die angesprochenen Personen, die sich nicht für ein Interview zur Verfügung stellen wollen, begründen dies dann damit, dass man „nichts falsches" sagen wolle.

gelingt, die Brille des ‚Eingeborenen' abzulegen und – zugegeben – eine andere aufzusetzen. Wenn Erfahrungen, die im Alltagsdiskurs zur Sprache gebracht werden, nicht unter dem Dualismus Inländer / Ausländer abgehandelt würden, sondern andere Gesichtspunkte – wie z.b. soziale Herkunft, Geschlecht, Alter etc. – mit berücksichtigt würden. So kann die Beurteilung frauenfeindlicher oder -verachtender Verhaltensweisen, die bei Einwanderern beobachtet werden, dann davor schützen, in eine rassistische Zuschreibung zu münden, wenn diese nicht nur unter dem Gesichtspunkt ‚Einwanderer' vs. ‚Eingeborener' betrachtet wird und die Geschlechterperspektive hinzukommt. Die Beurteilung krimineller Delikte, sofern sie von Einwanderern begangen werden, sollten durch das Hinzuziehen von Alter, Geschlecht und anderer Lebensumstände aus der verengenden Dichotomie Einwanderer vs. Eingeborener herausgelöst werden.

Schließlich ist es auch immer richtig, unzutreffende Zuschreibungen infrage zu stellen. Das ist bei allen Vorurteilen, in denen es um ökonomische Fragen geht, leicht zu plausibilisieren. Sind Türken als Türken Wohnungssuchende? Ein deutscher Wohnungssuchender zeichnet sich ja auch nicht durch sein Deutschsein aus, sondern dadurch, dass er eine bezahlbare Wohnung sucht. Hinweise auf die Herkunft der Suchenden tragen zur Klärung dieses Sachverhalts nichts bei.

Insgesamt ist darauf zu achten, dass Personen nicht-deutscher Herkunft diskursiv mit Respekt begegnet wird. Denn die jüngere Vergangenheit in Deutschland hat uns nur zu gut vor Augen geführt, dass aus solchen BrandSätzen auch ganz konkrete Brandsätze und Brandanschläge werden können.

Der „konservative Revolutionär" bei der Schreibtisch-Arbeit. Feinanalyse eines typischen Artikels aus der extrem rechten JUNGEN FREIHEIT

Vorbemerkung

Wer an einem Bahnhofskiosk nach Lektüre für die Zugfahrt sucht, findet in der Abteilung der Wochenzeitungen den FREITAG und den RHEINISCHEN MERKUR. Und heutzutage häufig auch, das Alphabet macht's möglich, ausgerechnet neben der JÜDISCHEN ALLGEMEINEN die JUNGE FREIHEIT.

Das war nicht immer so in der Geschichte der Zeitung, die seit 1994 wöchentlich erscheint. Als sich das 1986 gegründete Blatt mit der Umstellung auf wöchentliches Erscheinen mühsam ins Gespräch brachte, war der Versuch, es käuflich zu erwerben, vielerorts mit kleineren Komplikationen verbunden. Aufmerksamkeit im Mediendiskurs fand die JUNGE FREIHEIT nämlich fast durchweg nur um den Preis, dass zugleich auf ihre feste Verankerung in der extremen Rechten hingewiesen wurde. Daher musste im Kiosk erst eine Schublade geöffnet werden, in der neben Vorratsexemplaren seriöser Zeitungen auch die JUNGE FREIHEIT in einem Stapel verborgen war – gemeinsam mit der DEUTSCHEN NATIONAL ZEITUNG und der DEUTSCHEN WOCHENZEITUNG.

Jenen beiden Blättern des DVU-Anführers Gerhard Frey nutzte die Fusion zur NATIONAL ZEITUNG nicht zum Aufstieg ans Tageslicht. Immer noch liegt die Zeitung in vielen Kiosken zumeist im Dunkel geschlossener Schubladen. Oder sie wird nur ‚unter dem Ladentisch' gehandelt. Anders die JUNGE FREIHEIT. Seit es im Mediendiskurs ruhiger um sie geworden ist, ist sie ganz offen Ware neben Ware. Während also die Nationalzeitung von Kioskbetreibern, die auf diesen Umsatzposten denn doch nicht verzichten wollen, immerhin noch als hinreichend suspekt angesehen wird, hat die JUNGE FREIHEIT den Sprung geschafft, als ‚irgendwie unbedenklich' und als Teil des akzeptierten politischen Spektrums zu gelten.

Manche gelegentliche Leser des Blattes sehen das ähnlich. „Ziemlich konservativ", das sei die JUNGE FREIHEIT, „aber doch nicht rechtsextrem", hört man – übrigens insbesondere von jungen Leuten, von Schülern, Auszubildenden und Studierenden.

Offenkundig entspricht sie nicht der gängigen Vorstellung oder auch der Klischee-Vorstellung, die viele von einer Zeitung der extremen Rechten haben.

Im folgenden soll daher ein Artikel dieser Zeitung einer Feinanalyse zugeführt werden, die aufzeigt, wie die JUNGE FREIHEIT versucht, den etablierten demokratischen Konservatismus von rechts her unter Druck zu setzen. Ausgewählt wurde „Der Kampf der Begriffe hat begonnen" von Michael Wiesberg (JF vom 14.9.2001). Der Autor des untersuchten Textes, nicht zufällig langjähriger Funktionär der Republikaner und Vielschreiber im Parteiblatt DER REPUBLIKANER und in der JUNGEN FREIHEIT, betreibt Diskurspiraterie. Er kapert zentrale Begriffe und Formeln des politischen Diskurses, um sie (weiter) völkisch-nationalistisch aufzuladen. Die Analyse entschlüsselt die Vielzahl von bisweilen subtilen Anspielungen, aber auch recht eindeutigen Duftnoten und erlaubt so, dem „konservativen Revolutionär" bei der Schreibtisch-Arbeit sozusagen über die Schulter zu schauen.

Michael Wiesberg geht es also um Begriffe, um „richtige Begriffe", die, wie er meint, immer auch spirituelle Begriffe zu sein hätten. Was ist gemeint? Gemeint ist die Durchsetzung seiner Ideologie bzw. seines weltanschaulichen Begriffsfeldes gegen politische Gegner; und zwar gegen politische Gegner besonderer Art. Es sind nicht, wie zu erwarten wäre, Linksradikale, Sozialdemokraten oder Grüne. Gemeint sind Politiker der Unionsparteinen und (etwas am Rande) der FDP. Es ist spannend zu lesen, mit welcher eigenen Begrifflichkeit er sich von diesen abgrenzt und seine Position (und damit auch die der JUNGEN FREIHEIT) 'rechts' von diesem Parteienspektrum zu verorten versucht.

Dieser Text reißt einen derart überbordenden Horizont völkisch-nationalistischer Ideologie auf, der nicht in all seinen Einzelheiten, geschweige denn in seiner Gesamtheit dargestellt und nachvollzogen werden kann. Mit anderen Worten: Der diskursive Kontext, also der völkisch-nationalistische Diskurs insgesamt, wird in diesem Artikel immer wieder aufgerufen. Im Folgenden soll es darum gehen, diesen diskursiven Horizont in seinen wichtigsten Konturen sichtbar zu machen.

Zu beachten ist: Die genaue Analyse eines einzelnen Artikels (Feinanalyse im Rahmen von Kritischer Diskursanalyse) beansprucht nicht, die unmittelbare und spontane Wirkung eines solchen Textes auf den Leser/die Leserin herauszufinden. Kritische Diskursanalyse geht davon aus, dass der Diskurs immer nur als ganzer wirkt, nicht aber der einzelne Artikel mit all seinen Informationen und schon gar nicht in jedem Detail. Gleichwohl ist auch der einzelne Artikel Träger von Wissen. Doch erst durch die ständige Wiederholung solcher Informationen (Rekurrenz) bildet sich bei den Rezipientinnen ein festes Wissen als Bestandteil der jeweiligen Diskursposition heraus.[1] Mit anderen Worten: Wissen baut sich allmählich auf als Folge ständiger Wiederholung feinster Wissenselemente.[2] Feinanalysen einzelner Texte können und sollen daher Textwirkungen immer nur exemplarisch darstellen: Im Rahmen von Diskursanalyse stehen Texte, die einer Feinanalyse unterzogen werden, für eine Vielzahl von Diskursfragmenten, mit denen der Leser/die Leserinnen immer wieder konfrontiert werden.

Aus diesem Grunde ist es auch erforderlich, für Feinanalysen solche Artikel auszuwählen, die für den betreffenden Diskurs(strang) (z.B. einer Zeitung) formal und inhaltlich möglichst typisch sind. Die Typizität eines Artikels bemisst sich dabei an bestimmten Kriterien, wie etwa Umfang, Bebilderung, Verwendung bestimmter (Kollektiv-)Symbole, Argumentationsweise, Wortschatz, Stil, Inhalt(e), verwendete Ideologeme[3] usw. Daraus ergibt sich, dass ein typischer Artikel erst auf dem Hintergrund einer Analyse des gesamten Diskursstrangs über einen bestimmten Zeitraum hinweg ausgemacht werden kann.[4]

---

1   Umgangssprachlich könnte man an dieser Stelle auch von ‚Weltanschauung' sprechen oder auch von dem ideologischen Ort, von dem aus jemand spricht.

2   Das ist auch an der Werbung festzustellen, die (in ihrem Sinne erfolgreich) nach dem Prinzip dauernder Wiederholung verfährt.

3   Unter Ideologemen sind Ideologiebestandteile eines umfassenderen ideologischen Konzepts zu verstehen. So ist z.B. Rassismus als Bestandteil des völkischen Nationalismus bzw. des Rechtsextremismus anzusehen. „Nationale Identität" bzw. das Verständnis von „Nation", das in diesem Artikel artikuliert wird, bildet den ideologischen Hintergrund für das gesamte völkisch-nationalistische Denken.

4   Diese Analyse, andernorts von mir als „Strukturanalyse" bezeichnet, kann und soll hier nicht reproduziert werden. Sie ist für den hier angezielten Zweck auch nicht erforderlich, da dieser darin besteht, für die in der JUNGEN FREIHEIT oft recht verdeckt auftretenden neurechten Ideologeme zu sensibilisieren und deren politischen Gehalt, ihre völkisch-nationalistische Ideologie, offenzulegen, als auch, den „Wörtern ihre faule Mystik" zu nehmen, wie Bert Brecht bereits 1934 schrieb. (in: „5 Schwierigkeiten beim Schreiben der Wahrheit") Zur JUNGEN FREIHEIT insgesamt und zum Begriff des Völkischen Nationalismus vgl. auch Kellershohn (Hrsg.) 1994 und Dietzsch/Jäger/Kellershohn/Schobert 2004.

„Der Kampf um die Begriffe hat begonnen": Ein Artikel von Michael Wiesberg

Abb.:   JUNGE FREIHEIT 38 v. 14.9.2001

Der Wortlaut des analysierten Artikels:

1 Der Kampf um die Begriffe hat begonnen
Nationale Identität IV: Ist der Vorstoß von
Unionspolitikern nur Worthülse oder kann
die Diskussion mit Inhalten gefüllt werden?
Es wäre eine eigene Betrachtung wert,
warum Politiker wie Roland Koch,
5 Friedrich Merz und Guido Westerwelle
gerade zum jetzigen Zeitpunkt das Thema „nationale Identität" entdeckt haben. Eine Rolle könnte gespielt haben,
daß es Anzeichen für eine nationale Selbst-
10 besinnung im Zuge von Osterweiterung
der Europäischen Union und Euro-Einführung gibt. Auslöser der neuerlichen
Debatte um das Thema „nationale Identität" ist der hessische Ministerpräsident
15 Koch, der erklärte, diesen Begriff 2002
zu einem zentralen Wahlkampfthema
machen zu wollen. Zustimmung erhielt
Koch von dem FDP-Vorsitzenden Westerwelle, der einen „Dialog über die natio-
20 nale Identität" führen will. Man müsse,
so Westerwelle, in Deutschland sagen
können, daß man „stolz auf das eigene
Land" sei, ohne „in eine rechtsradikale
Ecke geschoben zu werden".
25 Auch der Unions-Fraktionsvorsitzen-
de im Bundestag, Friedrich Merz, pflich-
tete Koch bei. Die Erörterung der „nationalen Identität" sei wichtig, um den „inneren Zusammenhalt der Gesellschaft"
30 zu klären, sagte Merz. Es gehe um die
Grundlage des gesellschaftlichen Mit-
einanders in Deutschland. Und der
CDU-Bundestagsabgeordnete Martin
Hohmann konstatierte, Koch artikuliere
35 mit seinem Vorstoß ein „Gespür für den
Seelenzustand der Mehrheit der Unionsanhänger".
Dem Vorstoß von Koch, Merz und
Westerwelle muß mit Skepsis begegnet
40 werden, weil sie Parteien angehören, die
in 16 Jahren Regierungszeit viel dazu
beigetragen haben, die letzten Reste von
nationaler Identität, die den Deutschen
nach dem Zweiten Weltkrieg noch ver-
45 blieben sind, zu tilgen. Zu erinnern ist
in diesem Zusammenhang vor allem an
die Europäisierung der deutschen Frage
mittels des Maastrichter Vertrages, der
eindeutig eine französische Handschrift
50 trägt. Oder an die jetzt bevorstehende
Einführung des Euro, die eines der letzten nationalen Symbole der Deutschen,
die D-Mark, in den Orkus der Geschichte verbannt wird. Dies führt zu
55 der Frage, woraus die Deutschen, die es
noch sein wollen, eigentlich so etwas
wie eine nationale Identität ableiten
sollen. Aus der durch und durch ameri-
kanisierten Kultur unserer „Gesellschaft"
60 etwa? Aus sportlichen Erfolgen? Diese
Zeiten sind längst vorbei; zudem ersetzen mehr und mehr ausländische Sportsöldner nationale Identifikationsfiguren. Deutsche Sportler sind in den
65 Mannschaftssportarten häufig in der
Minderzahl. Dies wird in der Regel
auch für gut und richtig befunden. Wir
leben schließlich in einer „multiethnischen Gesellschaft".
70 Diese „multiethnische Gesellschaft"
ist der jeden Tag sichtbarer werdende
Ausdruck einer radikalen Antithese zur
nationalen Identität: der Doktrin des
Universalismus. Dieser kenne, so Hans
75 Magnus Enzensberger, „keine Differenz
von Nähe und Ferne; er ist unbedingt
und abstrakt". Die Idee der Menschenrechte erlege „jedermann eine Verpflichtung auf, die prinzipiell grenzenlos ist ...
80 Jeder soll für alle verantwortlich sein".
Dieser Universalismus korrespondiert
nicht zufällig mit den Lehren, die viele
„aufgeklärte" Deutsche aus der jüngeren deutschen Geschichte meinen zie-
85 hen zu müssen. Der Staatsrechtler Josef
Isensee erkannte hierin einen „Negativpatriotismus", der der Grund dafür sei,
„daß die Deutschen, die sich im Spiegel
ihres Selbstverständnisses als so absto-
90 ßend erkennen, versuchen, ihrer Her-

kunftsidentität zu entkommen und eine
neue, unbelastete Identität als Europäer
oder als Kosmopoliten zu finden". Wie
der „Homunculus im 'Faust'" versuch-
95 ten die Deutschen, „die bergende Schale zu zerbrechen und mit kurzer Leuchtspur im All aufzugehen".
Wer „nationale Identität" sagt, muß
deshalb Nein zum Universalismus sa-
100 gen, soll die ganze Diskussion, wie schon
bei der Leitkulturdebatte vorexerziert,
nicht in beliebigem Geschwätz versan-
den. Genau dies steht aber zu befürchten. Es ist bereits die gewählte Begriff-
105 lichkeit, die anzeigt, daß die christde-
mokratischen Wortführer, die mit Begriffen wie „Leitkultur" und „nationaler Identität" herumhantieren, nicht
wissen, worüber sie eigentlich reden.
110 So spricht zum Beispiel Hohmann
von der „nationalen Identität" als einem
„positiven Standortfaktor". Es ist bezeichnend, wie hier ein spiritueller Begriff in Kategorien ökonomischen Ver-
115 nutzungsdenkens gefaßt wird. Der Totalökonomisierung aller Lebensverhältnisse im Zeichen der Globalisierung kann
auch die nationale Identität dienlich sein,
sofern sie als renditesteigernd erkannt
120 wird. Merz räsoniert davon, daß die Erörterung der „nationalen Identität" wichtig sei, um den „inneren Zusammenhang
der Gesellschaft" zu klären. Dabei ist es
ja gerade der Begriff der „Gesellschaft"
125 als „Matrix der Daseinsdeutung", mittels dessen alle geschichtlichen Daseins-
formen wie Nationen, Völker und Kulturgemeinschaften ihrer jeweiligen Eigenart beraubt worden sind, um, wie es
130 der Sozialwissenschaftler Friedrich Tenbruck ausdrückte, auf das „Normal-Null
von Gesellschaftsstrukturen hinuntergeschleust zu werden". Der entortete
„Mensch", der zufälliges Mitglied einer
135 „Gesellschaft" ist, kennt keine Herkunft
und keine Zugehörigkeit. Er ist überall
und nirgends zu Hause.

Wer ernsthaft über nationale Identität reden will, muß zuerst einmal den
140 „Kampf um die Begriffe" führen. Er
muß die Auseinandersetzung um die
Frage nach den Standards, wie öffentlich geredet und gedacht werden darf,
annehmen. Er muß Begriffe wie „Per-
145 son", „Sittlichkeit", „Gemeinschaft",
„Nation", „Kultur", „Geschichte" oder
„Delinquenz" wieder fruchtbar machen
und andere Begriffe wie „Rolle", „Systemprozeß", „Devianz" oder „Selbst-
150 verwirklichung" außer Kurs zu setzen
versuchen. Diese Auseinandersetzung
muß geführt werden, weil Nation, Sittlichkeit, Geschichte und Kultur im
universellen Raster der „Gesellschaft"
155 keinen Platz haben. Es kommt deshalb
nicht von ungefähr, daß bestimmte
Begriffe im „öffentlichen Diskurs"
nicht mehr vorkommen, ja als verpönt
gelten. Ohne daß es den Deutschen
160 bewußt geworden sein dürfte, wurden
ihnen mittels des Gesellschaftsbegriffes bestimmte Fragen an die Wirklichkeit schlicht abgewöhnt. Wer diese
Fragen dennoch stellt, wird aus dem
165 gesellschaftlichen Diskurs schlicht ausgeschaltet.
Alle diese Überlegungen zeigen, dass
eine offene Debatte um den Begriff der
nationalen Identität von substantieller
170 Bedeutung für die Zukunft Deutschlands wäre. Daran dürfte aber denjenigen Politikern, die die Identitätsfrage
wahlkampftaktisch zu instrumentalisieren trachten, nicht gelegen sein. Sie sind
175 nicht an der Frage der nationalen Identität, sondern an kurzfristigen Wettbe-
werbsvorteilen in der politischen Auseinandersetzung interessiert. Die Konservativen im Lande sind deshalb nach-
180 haltig aufgefordert, dieses Thema nicht
mehr ruhen zu lassen. Die Herren Koch
und Merz müssen mit den Konsequenzen ihres Vorstoßes konfrontiert wer-
184 den. Michael Wiesberg

Wie wichtig das rechte Verständnis von Nation für die JUNGE FREIHEIT ist, lässt sich bereits daran ablesen, dass sich in dieser Ausgabe der JF Nr. 38 vom 14. September 2001, dem dieser Artikel entnommen wurde, gleich vier Artikel diesem Thema widmen:

- Karlheinz Weißmann: „Seelische Verwüstung. Nationale Identität I: Als Bürgerreligion sichert der Begriff das Gemeinwesen" (S. 6)
- „Die Nation ist kein leerer Wahn. Nationale Identität II: Politiker und Publizisten nehmen Stellung": (Otto von Habsburg: „Umerziehung"; Wolfgang Venohr: „Nährboden"; Rolf Stolz: „Heimat"; Franz Alt: „Wichtige Fragen" (S. 6)
- Paul Rosen: „Die Vorsitzende wird demontiert. Nationale Identität III: Unter Führung von Roland Koch arbeitet die CDU für die Zeit nach Angelika Merkel" (S. 7)
- Michael Wiesberg: „Der Kampf um die Begriffe hat begonnen. Nationale Identität IV: Ist der Vorstoß von Unionspolitikern nur Worthülse oder kann die Diskussion mit Inhalten gefüllt werden?" (S. 7)

Anlass dieser Serie ist die Aussage des hessischen Ministerpräsidenten Roland Koch, der am Rande eines Interviews von Anfang September 2001 gesagt habe:

> „Wenn wir in Deutschland nicht mehr in der Lage wären zu sagen, dass die nationale Identität unseres Landes ein wichtiges Gut ist und dass Menschen sich in unserem Land wohl fühlen und auf unser Land stolz sein können, dann werden wir ein Problem haben im gemeinsamen Europa, in dem wir von selbstbewussten Nachbarn umgeben sind."[5]

Diese Vorgabe des hessischen Ministerpräsidenten avanciert zu einem kleinen diskursiven Ereignis und ruft auch die Autoren der JUNGEN FREIHEIT auf den Plan, weil damit offensichtlich ein Essential ihres eigenen Weltverständnisses durch einen politischen Gegner und Hoffnungsträger der Unionsparteien aufgerufen ist, von dem es sich zu distanzieren gilt.[6]

Neben dem Thema Einwanderung, ‚Ausländer', Asyl etc. geht es in der JUN-GEN FREIHEIT immer wieder auch um Fragen der Nation und der Nationalen Iden-

---

5   Zit. aus dem Artikel von Paul Rosen, JF 38/01: 7.
6   Wie sehr das Thema „Nationale Identität" die JUNGE FREIHEIT umtreibt, wird auch daran sichtbar, dass es in dieser Ausgabe daneben noch mehrmals, wenn auch eher am Rande, angesprochen wird, so in einem Artikel von Armin Mölzer: „Eine Nation auf der Suche nach sich selbst. Lettland: 800 Jahre Riga – Das postsowjetische Baltikum in Augenschein genommen – Deutsche Spuren werden nicht verleugnet" (S. 14).

tität, wobei beide Themen oft miteinander verschränkt werden, was seinen Grund darin hat, dass für die JUNGE FREIHEIT Nation(ale) (Identität) und Zuwanderung oder gar Multikulturalität absolut unverträglich sind, es sei denn, die Zuwanderer würden restlos eingedeutscht (s. dazu den Artikel von Rolf Stolz in Nr. 38/01: 6). Nationale Identität kann daher auch als eines der ‚typischen' Themen der JUNGEN FREIHEIT bezeichnet werden.[7]

Zur Auswahl des Artikels von Michael Wiesberg

Für die folgende Analyse wurde ein Artikel ausgewählt, der sich auf ein zentrales Ideologem der JUNGEN FREIHEIT konzentriert, das Verständnis von Nation, ein Begriff, der in der Zeitung vornehmlich unter der Bezeichnung „Nationale Identität" figuriert und Nation von vornherein als etwas Identisches, in sich Homogenes insinuiert.[8]

Die geradezu gewohnheitsmäßige Traktierung neurechter Themen: Michael Wiesberg

Der Autor Michael Wiesberg ist, gemessen an der Anzahl seiner Beiträge, einer der wichtigsten Autoren in der JUNGEN FREIHEIT; im Jahrgang 2002 hat er dort etwa 50 Artikel veröffentlicht. Seine Hauptthemenfelder sind der Nahostkonflikt, die Übermacht der USA, daneben Terror, Einwanderung, FDP und Möllemann, eine größere Palette anderer politischer Themen und, wohl sein Hobby: CDs. Er gehört, laut Impressum 38/2001, jedoch nicht der Redaktion an und wird dort auch nicht als ständiger Mitarbeiter geführt. Wiesberg hat auch den Leitartikel zu den Anschlägen in New York und Washington für diese Ausgabe verfasst, was ebenfalls darauf verweist, dass er der Redaktion zumindest sehr nahe steht. Die im vorliegenden Text zentralen Themen werden daneben geradezu gewohnheitsmäßig von Wiesberg traktiert.[9]

---

7 Dieser Beobachtung liegt eine Auflistung aller Artikel und Autoren der JF, Jahrgang 2002, zu Grunde. Eine kursorische Durchsicht allein der Überschriften zeigt, dass dieser Themenkomplex im Jahre 2002 fast in jeder Ausgabe und teilweise mehrfach angesprochen wird.

8 Das Verständnis von Nation beinhaltet in der Regel Homogenität der Bevölkerung, deren angeblich gleiche Abstammung, Kultur, Sprache und Geschichte. In der vornehmlich in Rechtsaußentexten verwendeten Formulierung „Nationale Identität" wird diese semantisch bereits im Nation-Begriff enthaltene Konnotation weiter expliziert.

Ein kleines diskursives Ereignis: Der Anlass des Artikels

Der Anlass des Artikels wie auch der der anderen dieser vierteiligen Serie ist die genannte Forderung Roland Kochs, dass dieses Thema im bevorstehenden Bundestagswahlkampf im Jahre 2002 eine wichtige Rolle zu spielen habe.[10] Die Aussage Kochs fand ein gewaltiges und teils empörtes Echo bei Politikern verschiedenster Parteien und in den Medien.

Die Äußerung Kochs provozierte ein kleines diskursives Ereignis: So berichtet die FRANKFURTER RUNDSCHAU vom 10.9.2001, dass Koch seine Forderung bekräftigt habe. Es gehe um praktische Fragen wie Zuwanderung und innere Sicherheit. In SPIEGEL ONLINE vom 5.9.2001 heißt es, Koch habe das Thema „angeschoben". Auch Guido Westerwelle habe sich dafür ausgesprochen, im Bundestagswahlkampf einen Wettstreit um die „nationale Identität" zu führen. Er habe der LEIPZIGER VOLKSZEITUNG gesagt, „man muss in Deutschland wieder sagen können, dass man stolz auf das eigene Land ist, ohne in eine rechtsradikale Ecke geschoben zu werden." Nationale Identität habe mit Rechtslastigkeit und dumpfem Nationalismus nichts zu tun. Von Michael Friedmann (CDU) wird berichtet, er habe gesagt, „es sei bemerkenswert, dass Koch diesen 'dubiosen Begriff' in den Vordergrund rücke." In der JUNGEN WELT vom 12.9.01 ist die Rede von empörten Reaktionen sozialdemokratischer, grüner und liberaler Politiker. Heiner Geißler (CDU) habe davor gewarnt, den Begriff zu einem zentralen Wahlkampfthema zu machen:

> „Solche Versuche, Stimmen am rechten Rand abzugrasen, brächten nicht den gewünschten Erfolg. Damit könne die CDU vielleicht fünf Prozent Wählerstimmen gewinnen, verliere dafür aber in der Mitte zehn Prozent."

---

9 So geht es, um nur einige Beispiele zu nennen, in der JF 23/94: 2 um die Leugnung der deutschen Schuld am zweiten Weltkrieg; vgl. auch die Nummern: 41/94: 15; 23/ 95: 15; 29/95: 16; 46/95: 16. Passend zu seinem Engagement bei den Republikanern s. die Artikel in der JF 23/94: 15; 23/95: 2. Rezensionen zu dem Staatsrechtler Carl Schmitt, einer der wichtigsten Stichwortgeber der Neuen Rechten, inklusive Sekundärliteratur, finden sich in JF 12/95: 21; 46/95: 15; 43/96: 17. Kritik am Kampf gegen Rechts findet sich in Nr. 42/00: 1 und in 43/00: 7. Wiesberg ist zudem Autor im rechts-konservativen OSTPREUßENBLATT, z.B. 18/97: 3; 19/97: 4 (zu deutscher Identität), er trat auch als Autor in der ultra-konservativen Zeitschrift CRITICON auf, vgl. H. 142: 112-115 und 150: 107f. Er schrieb Artikel in DER REPUBLIKANER und in WIR SELBST.

10 Roland Koch äußerte diese Absicht wahrscheinlich erstmals in der BILD AM SONNTAG vom 2.9.2001. Die JUNGE FREIHEIT vom 7.9.2001 nennt ein Interview in der LEIPZIGER VOLKSZEITUNG als Quelle.

In DER REPUBLIKANER (Online-Fassung September 2001) schreibt Rolf Schlierer, der Vorsitzende der gleichnamigen Partei denn auch, es gehe um „Schaumschläger und Mogelpackungen", um ein „populistisches Reizthema"; und er beklagt sich darüber, dass Koch ein altes Republikaner-Thema christdemokratisch wieder aufbereite. Die Republikaner hätten sich dafür den Vorwurf der Verfassungsfeindlichkeit eingehandelt. Nun werde es zum Wahlkampfschlager der nach links abdriftenden Union. Auch Westerwelle wird von Schlierer gescholten, der davon fabuliere, dass man schließlich auch als Deutscher auf sein Land stolz sein könne. Es gehe allein darum, den Wähler über den Tisch zu ziehen.

Das Thema nationale Identität wurde nicht zum Wahlkampfthema. Nach dem 11.9.2001 hatte man andere Sorgen. Erst nach der Wahlniederlage der Union im September 2002, so die JUNGE FREIHEIT, hätten CDU-Politiker (Merz, Vogel, Schönbohm) das Thema wieder aufgenommen, damit die Union „wieder unterscheidbarer von den Sozialdemokraten werden" (sic!).

Der JUNGEN FREIHEIT ist das Thema so wichtig, dass sie es zum Gegenstand eines „Brennpunkts" macht, also einer Rubrik, die die besondere Bedeutung dieses Themas für die Zeitung unterstreicht.

Lächelnde Union und nationale Symbole
Werfen wir als nächstes einen Blick auf die grafische Gestaltung (der ganzen Seite) und auf die Fotos.

Der sechsspaltige Artikel Wiesbergs befindet sich auf der 7. Seite der Zeitung. Er ist Teil eines vierteiligen „Brennpunkts" und bildet dessen Abschluss auf der unteren Seitenhälfte, die er ganz ausfüllt. Auf der oberen Seitenhälfte befindet sich ein Artikel von Paul Rosen: „Die Vorsitzende wird demontiert. Nationale Identität III: Unter Führung von Roland Koch arbeitet die CDU für die Zeit nach Angela Merkel."

Die Seite wird von zwei großen Fotos dominiert; während das obere dreispaltige Foto, auf dem ein gut gelaunter und lächelnd mit dem Zeigefinger auf Roland Koch weisender Stoiber abgebildet, etwas nach links verschoben und direkt unter den Überschriften platziert ist, steht das untere, vierspaltige Foto zentriert und in gleicher Breite wie die Überschriften am unteren Rand der Seite. Das obere Foto ist mit der Bildunterschrift : „Koch, Stoiber: Der CSU-Chef hält große Stücke auf den hessischen CDU-Ministerpräsidenten" versehen. Mit dieser Aussage wird darauf angespielt, dass Roland Koch als zukünftiger Kanzlerkandidat der Union gehandelt wird.

Das Foto des Brandenburger Tors mit der (zeitweiligen) Telekom-Werbung und der Bildunterschrift: „Brandenburger Tor mit Telekom-Werbung: Nationale Identität verkommt zum renditesteigernden Standortfaktor" stößt die Leser*innen* darauf, wohin die Reise in diesem Beitrag gehen wird: Die Union missbrauche den Begriff der nationalen Identität. Sie „steht" nicht für diesen Begriff.[11] Sie entpolitisiere ihn und fasse, wie es denn auch im Artikel selbst heißt, einen „spirituellen Begriff in Kategorien ökonomischen Vernutzungsdenkens." (113ff.) Unterstrichen wird dies durch den Slogan der Telekomwerbung, der auf dem Foto wiedergegeben ist: „Die Welt rückt näher." Ja, so fragt man sich dann, und wo bleibt angesichts solch Globalisierung Deutschland?

Das Brandenburger Tor ist für die JUNGE FREIHEIT von ganz besonderer Bedeutung: Für sie ist es, wie für das gesamte nationalistische Lager, ein nationaler Fetisch, hinter dem sich alle Deutschen sammeln sollen. Durch die schnöde Telekomwerbung ist aus ihrer Sicht dieses Symbol entehrt, zumal der Werbeslogan der Telekom die Aufhebung der nationalen Grenzen im Zeichen der Globalisierung eindeutig anspielt. Bereits die Hauptüberschrift „Der Kampf um die Begriffe hat begonnen" kann als eine Anspielung auf ein bekanntes Diktum Kurt H. Biedenkopfs aus den frühen 70er Jahren gelesen werden, als der damalige Generalsekretär der CDU bei einer Parteitagsdebatte im November 1973 und wenig später in seinem viel beachteten Artikel „Politik und Sprache" (Biedenkopf 1973) den Slogan von der Notwendigkeit, die Begriffe zu besetzen, kreiert hat.[12] Mit der Formulierung „hat begonnen" wird auf etwas Neues verwiesen. Es wird Aufbruchstimmung vermittelt: In diesen Kampf gilt es sich einzulassen!

Um welchen Begriff es Wiesberg in erster Linie geht, macht die fett gesetzte Zuordnung „Nationale Identität IV" deutlich. Sichtbar wird, in Verbindung mit der Überschrift, dass dieser Begriff umkämpft ist, besetzt zu werden droht, und

---

11 Vgl. die entsprechende Formulierung in dem Artikel Paul Rosens, in dem es heißt: „Die Wähler werden beiden (Westerwelle und Merkel, S.J.) nicht glauben, dass sie für den Begriff der nationalen Identität stehen."

12 In dieser Rede vom 18.11.1973 auf dem Bundesparteitag verwendete Biedenkopf diesen Begriff gleich viermal. Er meinte damit allerdings eine einfache, allen verständliche Sprache, wie sie etwa Konrad Adenauer verwendet habe. Zitat: „Wir müssen wieder den Mut haben, auch in der Politik deutsch zu sprechen." Erschienen ist der Artikel auch in Heringer (Hrsg.): 1982: 189-197. In der Linguistik wird dieser Slogan als „Biedenkopf-Metapher" und als „martialische Metapher" bezeichnet. Biedenkopf forderte, das Besetzen von Begriffen gegenüber der Linken; JF-Autor Wiesberg fordert Entsprechendes gegenüber den links von der JF auf der politischen Rechts-Mitte-Links-Achse verorteten Politikern der Union.

die Unterüberschrift macht klar, wer der vermutliche Besatzer ist: Die Union. Dort heißt es: „Ist der Vorstoß von Unionspolitikern nur Worthülse oder kann die Diskussion mit Inhalten gefüllt werden?" Während Biedenkopf noch von Besetzen sprach, wird in der Hauptüberschrift mit der Kampf-Metapher deutlich gemacht, um was es geht: um eine quasi-militärische Auseinandersetzung mit der Union. Damit positioniert sich dieser Artikel bereits recht deutlich.

Der Blick auf die Überschriften, die Fotos und deren Unterschriften vermitteln die Kernbotschaft des Artikels: die Union usurpiert den Begriff der nationalen Identität und „wir" die JUNGE FREIHEIT und ihre Leser, müssen dagegen angehen. Spannend ist nun, mit welchen diskursiven Mitteln dieser Kampf geführt wird.

Acht Gedankenschritte: Die Gliederung des Artikels in Sinneinheiten und seine (schlichte) Gesamtkomposition

Der Artikel besteht aus acht grafisch markierten Abschnitten mit insgesamt 184 Zeilen.

Im ersten Abschnitt (3-24) wird sein Anlass diskutiert: Roland Koch wie Friedrich Merz und Guido Westerwelle haben die „nationale Identität" entdeckt.

Warum zum jetzigen Zeitpunkt? fragt sich der Autor, und er mutmaßt: Es gebe Anzeichen für eine nationale Selbstbesinnung angesichts der Osterweiterung der EU und der Einführung des Euro.

Auslöser dieser Debatte sei Roland Koch, der, wie er gesagt habe, diesen Begriff zum zentralen Wahlkampfthema machen wolle. Westerwelle habe dem zugestimmt. Man müsse, so wird Westerwelle zitiert, in Deutschland wieder sagen können, dass man „stolz auf das eigene Land" sei, ohne „in eine rechtsradikale Ecke geschoben zu werden".

Im zweiten Abschnitt (25-37) wird berichtet, dass auch Friedrich Merz Koch beigepflichtet habe. Die Debatte sei deshalb wichtig, um „den inneren Zusammenhalt der Gesellschaft" zu klären. Und (das damals noch) CDU-MdB Martin Hohmann habe Koch bescheinigt, „Gespür für den Seelenzustand der Mehrheit der Unionsanhänger" artikuliert zu haben.

Im dritten Abschnitt (38-69) wird Skepsis gegenüber dem „Vorstoß" der Politiker geäußert. Denn sie hätten während 16 Jahren Regierungszeit viel dazu beigetragen, letzte Reste von nationaler Identität, die den Deutschen nach 1945 geblieben seien, zu tilgen. Verwiesen wird auf den Maastrichter Vertrag, der eindeutig französische Handschrift trage, sowie auf die Euro-Einführung. Gefragt wird, woraus die Deutschen denn überhaupt noch so etwas wie nationale

Identität ableiten können sollten. Unsere „Gesellschaft" sei durch und durch amerikanisiert worden. Der Sport? Auch hier sehe er keine Anknüpfungspunkte wegen der vielen Ausländer in deutschen Mannschaften. Und das finde man auch noch gut und werde damit begründet, wir lebten schließlich in einer „multiethnischen Gesellschaft".

Im vierten Abschnitt (70-97) wird das Stichwort von der „multiethnischen Gesellschaft" aufgenommen. Diese sei die radikale Antithese zur nationalen Identität und verdanke sich der Doktrin des Universalismus.

Im fünften Abschnitt (98-109) wird postuliert, wer nationale Identität sage, müsse deutlich Nein zum Universalismus sagen, wenn er nicht wie bei der Leitkultur in beliebigem Geschwätz enden wolle.

Im sechsten Abschnitt (110-137) wird Martin Hohmann kritisiert, der nationale Identität als „positiven Standortfaktor" bezeichnet habe. Auch Merz wird gescholten, weil er vom inneren Zusammenhang der „Gesellschaft" gesprochen habe.

Im siebten Abschnitt (138-166) wird zum „Kampf um die Begriffe" aufgefordert. Begriffe wie „Person", „Sittlichkeit", „Gemeinschaft", „Nation", „Kultur", „Geschichte" oder „Delinquenz" müssten wieder fruchtbar gemacht werden und andere wie „Rolle", „Systemprozeß", „Devianz" oder „Selbstverwirklichung" außer Kraft gesetzt werden.

Im achten Abschnitt (167-184) wird geschlussfolgert, dass eine offene Debatte über den Begriff der nationalen Identität geführt werden müsse. Die „Konservativen im Lande" seien daher nachhaltig aufgefordert, das Thema nicht mehr ruhen zu lassen.

Bringt man die einzelnen Abschnitte jeweils auf den inhaltlichen Punkt, dann ergibt sich die folgende Gliederung:

1. Wiesberg nennt den Anlass des Artikels: Die Verwendung des Begriffs der „nationalen Identität" durch die Unionspolitiker Koch und Merz und Guido Westerwelle. Koch hat angekündigt, den Begriff 2002 zum Wahlkampfthema zu machen zu wollen.
2. Fortsetzung und Elaborierung von 1.
3. Kritik („Skepsis" = kritische Zweifel) an der Art und Weise dieses „Vorstoßes" und an der Amerikanisierung der deutschen „Gesellschaft", die als multiethnisch verstanden werde.
4. Kritik an der multiethnischen Gesellschaft und an der Doktrin des Universalismus unter Berufung auf Autoritäten.
5. Kritik an den Unionspolitikern, die nicht wüssten, worüber sie reden.
6. Kritik an dem CDU-Politiker Martin Hohmann.

7. Kampf um die Begriffe, die im öffentlichen Diskurs verpönt seien, sei erforderlich. Es gehe um die (konservativen) Werte, gegen soziologische
Begriffe. Allgemeine Klage über die Widerstände dagegen.

8. Schlussfolgerung: eine öffentliche Debatte müsse her. Sie sei von großer
Bedeutung für die Zukunft Deutschlands. Die Konservativen im Lande dürf-
ten das Thema nicht ruhen lassen und müssten sich gegen die Unionspolitiker stellen.

Es zeigt sich, dass der Artikel aus drei Teilen besteht:

1. Einleitung. Anlass: die Position der Unionspolitiker (Abschnitt 1 und 2).

2. Hauptteil: Kritik an der Art und Weise des Vorstoßes der Unionspolitiker
(Abschnitte 3-6).

3. Schluss: Forderung einer öffentlichen Debatte zur Durchsetzung der richtigen Werte (Abschnitt 7 und 8).

Der Artikel ist also sehr einfach und klar gegliedert. Dadurch wirkt er sehr kom-
pakt und überzeugend. Durch die vierfach gegen die Unionspolitiker vorgetrage-
ne Kritik wird der politische Gegner klar markiert. Durch die Schlussfolgerung,
dass „die Konservativen" nun den Kampf um die Werte führen müssten, positioniert sich der Autor eindeutig als Vertreter einer neuen „Konservativen Revolution".[13]

„Sie wissen nicht, worüber sie reden": Argumentationsweise

Nachdem wir die Grundstruktur der Gliederung des Artikels ausfindig gemacht
haben, lässt sich nun ermitteln, wie der Autor argumentiert. Er will nachweisen,
dass die Vertreter der Union mit einem falschen Verständnis des Begriffes „nationale Identität" operieren („sie wissen nicht, worüber sie reden"). Unter Berufung auf Autoritäten wird ihnen der vermeintlich richtige, „spirituelle" Begriff
(113) entgegengesetzt. Diese sehr schlichte Form der Beweisführung nach dem
Muster „Nicht sie haben recht, sondern wir" erstaunt. Es wird unbekümmert Position gegen Position gesetzt, so dass er auch dem Genre der Polemik zugerechnet werden kann.[14] Dabei wird zugleich der Versuch unternommen, die Position
der Unionspolitiker dadurch weiter zu schwächen, dass sie pauschal in die Nähe
eines Universalismus gerückt und als Verteidiger „multiethnischer Gesellschaft"

---

13 Zur „Konservativen Revolution" der Weimarer Zeit vgl. Breuer: 1993.

14 Zum Verständnis von Polemik bei Foucault vgl. Foucault 2005a: 724ff. „Der Polemiker (...) tritt vor, gepanzert mit Vorrechten, die er von vornherein innehat und die er
niemals in Frage stellen lässt. (...) der Polemiker sagt die Wahrheit in der Form des
Urteils und gemäß der Autorität, die er sich selbst zugebilligt hat." (ebd: 725f.)

dargestellt werden, eine Position, die eher bei den Grünen oder linken Teilen der Sozialdemokratie anzutreffen ist oder vielleicht noch eher links außerhalb des Parteienspektrums der politischen Mitte bei PDS und Linkspartei. Dabei wird das Bemühen deutlich, vielleicht auch ein wenig Ratlosigkeit, sich von Positionen der Union überhaupt noch absetzen zu können.

Nationale Identität statt Gesellschaft: Angesprochene Themen (Diskursfragmente) und die Effekte ihrer Verschränkung
Der Artikel enthält dominant das Diskursfragment mit dem Thema der „nationalen Identität". Daneben und damit verschränkt steht das Thema Einwanderung/ Multikulturalität. Als Effekt dieser Verschränkung entstehen rassistische Diskurselemente, denn Einwanderung widerspricht dem Konzept einer homogenen deutschen Gesellschaft, die über so etwas verfügt wie „nationale Identität" im Sinne geistiger, kultureller, historischer, sprachlicher Einheitlichkeit der Bevölkerung. – Eine weitere damit verschränkte Thematik ist die moderne Soziologie bzw. Gesellschaftstheorie als, wie Wiesberg (verächtlich) sagt, 'Matrix der Gesellschaftsdeutung'. (125) In dieser sieht Wiesberg den Hauptfeind der Idee der („spirituellen") „nationalen Identität". Hier liegt nun die gegnerische Variante seines Konzepts von Gesellschaft vor, das auf nationaler Identität beruht und daher Multikulturalität und zugleich moderne Theorien der Gesellschaft, die dieser Tür und Tor öffnen, ablehnt.

Ein Geflecht von Implikaten, Anspielungen und Symbolen
Der vorliegende Text stellt die Fortsetzung der Feinanalyse vor ganz besondere Herausforderungen. Er wimmelt nur so von Anspielungen und Implikaten, deren Verständnis – neben anderen Theorien – eigentlich bereits die Kenntnis nahezu der gesamten neurechten Ideologie voraussetzt. Dies ist natürlich nicht bei jedem Leser und jeder Leserin der Fall. Doch gerade hier zeigt sich, welche Rolle Einzeltexte im Diskurs spielen: Erst die fortlaufende Wiederholung der in den Einzeltexten transportierten Ideologeme führt zum allmählichen Aufbau eines (mehr oder minder) geschlossenen 'Weltbildes'. Sollte bei dem einen oder anderen der Leser ein solches geschlossenes 'Weltbild' vorliegen, dienen Artikel wie der von Wiesberg vor allem dazu, dieses 'Weltbild' zu bestätigen und zu festigen.

Im Folgenden werden nur die Implikate und Anspielungen betrachtet, die zur Gestaltung der Botschaft des Artikels wesentlich beitragen.

Die Überschrift „Der Kampf um die Begriffe hat begonnen" spielt – wie gesagt – auf eine sprachpolitische Initiative des ehemaligen Generalsekretärs der CDU, Kurt Biedenkopf, aus den 70ern an.[15] Während es Biedenkopf aber einerseits darum ging, eine verständliche Sprache in der Politik zu etablieren, andererseits aber auch darum, eine Kampagne gegen mächtige Medienmacher einzuleiten, geht es Wiesberg darum, seiner Meinung nach zu Worthülsen verkommenen „spirituellen" Begriffen ihre „ursprüngliche" Bedeutung wieder zukommen zu lassen. Er nutzt also einen bekannten Topos zu völlig anderen, eigenen Zwecken.

Wiesberg möchte, dass die Diskussion, wie er meint, mit Inhalten gefüllt wird (2). Dies impliziert, dass sie inhaltslos sei. Dies ist nun, wie er selbst ausführt, wenn er vom Gesellschaftsverständnis der politischen Gegner oder z.B. von der „multiethnischen Gesellschaft" als Doktrin des Unilateralismus spricht, keineswegs der Fall; sie sind jedoch mit anderen Inhalten gefüllt, als er dies möchte. Wirkliche Inhalte, so kann man schlussfolgern, haben nur „seine" (spirituellen) Begriffe. Dabei handelt es sich um extrem konservative Wertvorstellungen, durch die er sich von Unionspolitikern und auch von Guido Westerwelle von der FDP absetzt.

Die Aussage Westerwelles, der „stolz auf sein Land" sei und wegen einer solchen Aussage nicht in eine rechtsradikale Ecke geschoben werden möchte (20ff.), stellt eine Anspielung auf rechtsextreme Sprüche dar.[16] Wiesberg scheint froh zu sein, dass er hier einen Zeugen zitieren kann, der nicht in der rechtsextremen Ecke steht. Umso leichter kann er den Spruch rüberbringen. Zugleich bedeutet dies aber auch eine Kritik an Westerwelle, da eine solche Haltung nicht als Bekenntnis dazu ausreicht, nationale Identität in Wiesbergs Verständnis einzufordern.

Der Vorwurf an die Unionsparteien, sie hätten dazu beigetragen, „die letzten Reste von nationaler Identität, die Deutschland nach dem Zweiten Weltkrieg noch verblieben, zu tilgen" (42ff.) spielt zugleich auf die sog. Umerziehung durch die Siegermächte an, die nur Reste nationaler Identität übrig gelassen hätte, ein Argument, das in Texten des rechten Lagers nicht selten anzutreffen ist.[17]

Die Aussage: die „Deutschen, die es noch sein wollen" (55f.) impliziert, dass es viele Deutsche gebe, die nicht mehr deutsch sein wollen, spielt aber auch auf „Deutschsein-wollen" generell an, also auf eine Haltung, die nicht multikulturell gerichtet ist, die so etwas wie nationale Identität wünscht etc. Wichtiger aber ist vielleicht noch, dass mit dieser Phrase auf eine Flugschrift des ehemaligen RAF-

---

15 Die Formel vom „Besetzen der Begriffe" ist seitdem Allgemeingut geworden, vgl.
    dazu auch Liedtke/Wengeler/Böke 1991.
16 Solche rechten Sprüche tauchen immer wieder in der ‚Mitte' der Gesellschaft auf.
17 Vgl. zum Beispiel den rechten „Klassiker" zum Thema, von Schrenck-Notzing:
    1993.

Aktivisten und heutigen Rechtsextremisten Horst Mahler angespielt wird, ein rassistisches Pamphlet, das mehrfach in der einschlägigen Presse publiziert wurde und auch in der JUNGEN FREIHEIT Resonanz fand. Unter dem Titel „Flugschrift an die Deutschen, die es noch sein wollen, über die Lage ihres Volkes, verfasst im November 1998" erschien der Text zuerst auf Mahlers Homepage. Das Ostpreußenblatt brachte den Text als dreiseitige Serie (6/99: 7; 7/99: 7 und 8/99: 7). Mahlers Aufruf zur Sammlungsbewegung (gegen die Novellierung der Einwanderung durch Rot/Grün) brachte ihn im Zuge der Walser-Debatte dann in das Magazin Focus.[18]

Auch durch Anführungsstriche erfolgen Anspielungen. Sie können Distanzierung bedeuten, etwa bei den Begriffen nationale Identität oder auch bei Gesellschaft (59), womit Wiesberg gegen die moderne Soziologie polemisiert (s. auch 124ff.). Auch die Formulierung „aufgeklärte" Deutsche operiert mit Anführungsstrichen (83). Damit wird auf die (abgelehnte) Aufklärung angespielt.[19]

Eine komplexe Anspielung enthält die folgende Argumentation: Aus der jüngeren deutschen Geschichte hätten viele „aufgeklärte" Deutsche die mit der Doktrin des Universalismus, also der Allgemeinen Menschenrechte, korrespondierenden Lehren ziehen zu müssen geglaubt (82-85): hier liegt eine Anspielung auf den Nationalsozialismus vor, ein in der rechten Literatur häufig zu beobachtender Versuch, deutsche Geschichte (und sich selbst) von dieser historischen Last zu befreien, nach dem Motto: die deutsche Geschichte (und wir) sind edel und gut, das „Dritte Reich" ist zu weit gegangen. Aber welche Lehren wurden gezogen? Es wird nicht explizit gesagt, klingt aber durch die folgende Zitierung Hans Magnus Enzensbergers deutlich an: Der Universalismus kenne „keine Differenz von Nähe und Ferne; er ist unbedingt und abstrakt." Die Idee der Menschenrechte erlege „jedermann eine Verpflichtung auf, die prinzipiell grenzenlos ist (...) Jeder soll für alle verantwortlich sein". (74ff.)[20] Weiter argumentiert Wiesberg: Aus der jüngeren deutschen Geschichte (also inklusive der Verbrechen der Nazis) hätten viele „aufgeklärte" Deutsche die Lehre gezogen, dass die universellen Menschenrechte hochgehalten werden müssten (81ff.). Aus der Vernichtung der Juden seien demnach also falsche Schlüsse gezogen worden: universell und menschlich und Grenzenlosigkeit zu denken.

Hier liegt ein indirekter „sekundärer Antisemitismus" vor.[21] Unterstrichen wird dies durch die Zitation einer zweiten Autorität, die Wiesberg bemüht, die

---

18 Dokumentiert in Dietzsch/S. Jäger/Schobert (Hrsg.) 1999: Im JF-Interview mit Dieter Stein (s. JF 2/99: 5) präzisierte Mahler dann seine Organisationsvorstellungen.
19 Genaueres zum Spiel mit den Anführungsstrichen siehe weiter unten.

des Staatsrechtlers Josef Isensee, der von einem „Negativpatriotismus" spreche, davon, dass sich die Deutschen als „abstoßend" empfänden und ihrer „Herkunftsidentität" zu entkommen versuchten, sich als Europäer oder Kosmopoliten sehen wollten. (85ff.) Dieser „Negativpatriotismus" (86f.) sei die Folge der (falschen) Verarbeitung der jüngeren deutschen Geschichte. Zur jüngeren deutschen Geschichte (83f.) gehört aber auch Auschwitz, so dass die Lesart, die Erinnerung an Auschwitz zerstöre die deutsche Identität, durchaus mit angeboten wird.

Doch die Zersetzung deutscher Identität erfolgt nicht allein durch den „Negativpatriotismus". Der Neologismus „Sportsöldner" (63) enthält eine Anspielung, die in diese Richtung weist: Söldner sind bezahlte Soldaten, gekaufte fremde Leute, die man für sich kämpfen lässt. Die Anspielung ist, dass auch der deutsche Nationalsport überfremdet ist und somit nicht mehr zur Identifizierung mit Deutschland von Nutzen sein kann.

Es sei der Universalismus, der eine „radikale Antithese" zur nationalen Identität (72) darstelle: Universalismus wird nach Wiesberg von den Gegnern der

---

20 Das Zitat stammt aus Enzensberger 1996: 73f.; der Absatz, aus dem zitiert wird, lautet wörtlich: „Spezifisch für den Westen ist jedoch die Rhetorik des Universalismus. Die Postulate, die damit aufgestellt worden sind, sollen ausnahmslos und ohne Unterschied für alle gelten. Der Universalismus kennt *keine Differenz von Nähe und Ferne; er ist unbedingt und abstrakt.* Die Idee der Menschenrechte erlegt *jedermann eine Verpflichtung auf, die prinzipiell grenzenlos ist.* Darin zeigt sich ihr theologischer Kern, der alle Säkularisierungen überstanden hat. *Jeder soll für alle verantwortlich sein.* In diesem Verlangen ist die Pflicht enthalten, Gott ähnlich zu werden; denn es setzt Allgegenwart, ja Allmacht voraus. Da aber alle unsere Handlungsmöglichkeiten endlich sind, öffnet sich die Schere zwischen Anspruch und Wirklichkeit immer weiter. Bald ist die Grenze zur objektiven Heuchelei überschritten; dann erweist sich der Universalismus als moralische Falle." (Die wörtlichen, direkten Zitierungen sind hervorgehoben.) Über Enzensbergers Position zu streiten, mag interessant sein, auch darüber, ob er nicht die Menschenrechtserklärung ethisch überhöht. Man muss seine pessimistische Sicht der Dinge ja nicht teilen. Auffällig bei Wiesberg ist die Auslassung des Satzes: „Darin zeigt sich ihr theologischer Kern, der alle Säkularisierungen überstanden hat." Den ethischen (theologischen) Kern der Menschenrechte zu erwähnen, hielt Wiesberg wohl für unangebracht, möglicherweise, weil er damit eine „Front" gegen das Christentum aufgemacht hätte.

21 Werner Bergmann definiert sekundären Antisemitismus folgendermaßen: Es habe in der BRD „ein 'Formwandel' des traditionellen modernen Antisemitismus in einen 'latenten, sekundären Antisemitismus' stattgefunden, der sich im wesentlichen aus dem Problem der Vergangenheitsbewältigung speist". (Bergmann 1990: 151. Vgl. dazu auch Haury: 2002: 139ff.)

nationalen Identität gepredigt: diese sind radikale Gegner nationaler Identität, wird nahegelegt.

Der Vergleich der Deutschen mit dem „Homunculus im 'Faust'", die „die bergende Schale zerbrechen und mit kurzer Leuchtspur im All aufzugehen" versuchten (Zitat Isensee) (93ff.) enthält eine Anspielung, die es näher zu erläutern gilt. Ein Homuculus ist ein künstlich erzeugter Mensch, ein Motiv des Aberglaubens im Spätmittelalter, das später bei Paracelsus ernsthaft zum Problem gemacht wird. Goethe greift dieses Motiv im „Faust" (2. Teil) auf. Hier ist der Homunculus ganz unbeschränkte und unbedingte Geistigkeit, wie es im Kommentar zum Faust heißt.[22] Auch wenn die Erwähnung des Homunculus durch Wiesberg/Isensee schlicht ein verkrüppeltes und verkürztes Wesen meinen mag, schimmert hier doch die Intellektuellenfeindlichkeit des Textes eindeutig durch.

Auch auf die Leitkulturdebatte (101, 107) wird angespielt, also auf die Debatte um den Erhalt deutscher Werte und deren Durchsetzung auch bei Einwanderern, die von Friedrich Merz und Laurenz Meyer vom Zaun gebrochen worden war und von konservativen Politikern immer wieder aus dem Hut gezaubert wird und die in der Tat vielfach mit Hohn und Spott bedacht worden war, obwohl die Forderung nach „Assimilation" der Einwanderer auch von sozialdemokratischer Seite (Schily) erhoben worden war.[23]

„Herumhantieren" (108): spielt auf die mangelnde geistige Durchdringung an, auf Handwerkelei, Handarbeit ohne Kopfarbeit.

Mit der Bezeichnung „spiritueller Begriff" (103f.) wird eine ganze philosophische Grundhaltung aufgerufen, der Spiritualismus, der das Wirkliche als geistig oder als Erscheinungsform des Geistes ansieht und die Materie als deren Erscheinungsform versteht (philosophischer Idealismus).

Die Formulierung „ökonomisches Vernutzungsdenken" (114f.) (und eben nicht, wie zu erwarten gewesen wäre „Nützlichkeitsdenken", sondern scharf abwertend „Vernutzung", ein Wort, das im Duden Universalwörterbuch (4. Aufl. 2001) übrigens nicht vorkommt, bedient sich einer Art Neologismus mit der Bedeutung vernichten durch instrumentellen Gebrauch. Ökonomisches Vernutzungsdenken bedeutet demnach soviel wie ein Denken, das mit Kategorien arbeitet, die der ökonomischen Instrumentalisierung von Geistigem das Wort redet. Hier wird die Art von Gegnerschaft Wiesbergs zum Kapitalismus deutlich, die im rechtsextremen Lager häufig anzutreffen ist. Es geht dabei nicht um eine Kritik,

---

22 Vgl. J.W. von Goethe 1960: 209-256; Siehe auch den Kommentar dazu, ebd.: 553.
23 Otto Schily im Interview mit Heribert Prantl in der SÜDDEUTSCHEN ZEITUNG vom 27.6.2002.

die die sozialen Folgen des Kapitalismus angreift, sondern die spirituell-geistigen (Entzauberung der Welt etc.). Dass die Aufklärung, die aber gerade durch den Idealismus, den auch Wiesberg vertritt, verhext ist und nur spärliche ethisch-moralische „Verzauberung" aufweist (Ethik, Menschenrechte, Menschenwürde etc.), ist nicht Gegenstand der Kritik.[24]

Die Phrase „Totalökonomisierung aller Lebensverhältnisse im Zeichen der Globalisierung" (115ff.) nimmt das Vorangegangene auf und entspricht der rechten Globalisierungskritik, die hier möglicherweise bei den Leserinnen als bekannt vorausgesetzt wird.

Der (sehr konservative) Sozialphilosoph Tenbruck wird zitiert, der davon spricht, dass die Eigenart von Nationen auf ein „Normal-Null von Gesellschaftsstrukturen" hinuntergeschleust werde (131f.), womit, ohne dass dies explizit gemacht würde, pauschal und negativ auf neuere Gesellschaftstheorien angespielt wird.

Auch die Phrase: der „entortete ‚Mensch'" (133) verdient Beachtung; die Anführungsstriche bei „Mensch" suggerieren, dass damit kein Mensch gemeint sei, nur ein so genannter, ein Begriff vom Menschen, der nicht spirituell, sondern materialistisch gesellschaftstheoretisch gefasst ist. Dem wird der Mensch, der zu Hause ist, behaust ist, implizit entgegengestellt (137).[25]

Entsprechend verweist auch „Gesellschaft" (135) in Anführungsstrichen erneut auf die moderne Soziologie mit ihrem „falschen" Menschenbild.

Wiesberg stellt „die Frage nach den Standards, wie öffentlich geredet und gedacht werden darf" (142f.). Hier wird unterstellt, dass es solche Standards gibt, dass man denkt und redet, ‚wie es sich gehört'!

Zeile 144 ff. folgt ein ganzer Katalog konservativer Werte, die gegen die Begriffe moderner Gesellschaftstheorie (148ff.) gestellt werden: diese Begriffe werden nicht expliziert, so dass auch hier nur Anspielungen auf philosophische und wissenschaftliche Gegensätze vorliegen.

---

24 Vgl. dazu Max Horkheimer/Theodor W. Adorno 1969.

25 Zum Begriff der „Entortung" schreibt Gerd Bergfleth entsprechend: „Die Menschheit kann nicht zur Heimat werden, weil sie der Inbegriff der Entortung ist. Das Weltbürgertum kann zur Beheimatung auf der Erde nichts beitragen, denn es erbt aus dem Liberalismus seiner maritimen Herkunft vor allem die Verachtung der Erde, die einhergeht mit der Verachtung von Heimat, Volk und Vaterland. Der Erfolg dieser Erziehung zum kosmopolitischen Schweben im luftleeren Raum lässt denn auch nicht auf sich warten. Wenn die Zeichen nicht trügen, so befinden wir uns im Vorstadium eines Kampfes, dessen Impuls der *Aufstand gegen die Entortung* ist." (Bergfleth: 1994: 105f.; Hervorhebung im Original.).

In der Formulierung „universelles Raster der 'Gesellschaft'" (154) wird (wieder durch die Anführungsstriche) unterstellt, dass in der Gesellschaftstheorie ein solches universelles Raster vorliege. Raster impliziert Mechanisches, Geistloses.

In der Formulierung im „'öffentlichen Diskurs'" (157) dürfte eine direkte Anspielung auf Jürgen Habermas vorliegen, der von den Konservativen und den Rechten geradezu gehasst wird (Man beachte auch hier wieder das Spiel mit den Anführungsstrichen!).[26]

Die folgende Passage enthält eine vermutende Unterstellung, die impliziert, dass die Deutschen verdummt worden seien, dass sie „umerzogen" wurden. Da heißt es: „Ohne daß es den Deutschen bewußt geworden sein dürfte, wurden ihnen mittels des Gesellschaftsbegriffes bestimmte Fragen an die Wirklichkeit schlicht abgewöhnt." (159f.) Hervorzuheben ist, dass dies mittels des Gesellschaftsbegriffes (161) (dazu s. oben) vollbracht worden sei.

Die Formulierung „eine offene Debatte um den Begriff der nationalen Identität" (169) impliziert, dass die bisherige Debatte nicht offen (gewesen) sei.

Ferner ist von „substantieller Bedeutung" (für die Zukunft Deutschlands) die Rede (169f.), wodurch zumindest die angeblich notwendige Spiritualität der Begriffe anklingt, wenn man etwa laut Duden „substantiell" im Sinne von wesentlich, Substanz = Wesenheit, Inbegriff verwendet.

Mit der Wendung „kurzfristige Wettbewerbsvorteile" (176f.) erfolgt eine Anspielung auf die kapitalistische Ökonomie.

Mit „Die Konservativen im Lande" (178f.) meint Wiesberg sich und seine Mitstreiter; es wird impliziert, dass sie die eigentlichen Bewahrer des Deutschtums und der Nation seien. Sie müssten den Kampf gegen die Union aufnehmen: eine interessante Unterscheidung: Die Konservativen sind also nicht die Politiker der Union, sondern diejenigen, die diesen alten Werten anhängen und rechts der Union stehen, also die Macher, Autoren und Leser der JUNGEN FREIHEIT. Diese Argumentation erinnert an die der „Konservativen Revolution" der Weimarer Zeit.

Insgesamt ist zu sagen, dass dieser Text eher einem Dschungel von versteckten Hinweisen, Anspielungen und Andeutungen gleicht, dessen Sinn sich erst bei genauerer Analyse erschließt und dessen Verständnis vielfach ein erhebliches

---

26 Jürgen Habermas vertritt allerdings einen anderen Diskursbegriff als wir. Er versteht darunter eine rationale, auf ungezwungenen Konsens zielende, herrschaftsfreie öffentliche Debatte, die darauf aus ist, gesellschaftliche Emanzipation anzuzielen. Zu diesem und anderen Diskursbegriffen vgl. S. Jäger 2004a: 20ff. Vgl. dazu auch Link/Link-Heer: 1990: 88-99.

Vorwissen verlangt. Das gilt vielfach auch für seine positiv verwendeten Begriffe, die wohl immer als spirituelle Begriffe in Wiesbergs Verständnis des Wortes „spirituell" zu verstehen sind. Seine ganze Argumentation steht so in der Tradition des philosophischen Idealismus. Sie kann selbst auch als angewandter „Kampf um die Begriffe" gelesen werden.

Zu beachten ist, dass Anspielungen auch als Kollektivsymbole fungieren können. Deshalb werden einige der bisher behandelten Passagen im folgenden Abschnitt erneut aufgenommen.

Normalität und wie der Autor sie sich vorstellt: Kollektivsymbole und sprachliche Bilder

Kollektivsymbole sind den Gesellschaftsmitgliedern in der Regel so vertraut, dass sie als solche oft gar nicht zu Bewusstsein kommen. Sie sollen im folgenden daher bewusst gemacht und bezüglich ihrer Wirkung eingeschätzt werden.[27] Ob solche Kollektivsymbole in Zitaten oder im sonstigen Text auftreten, ob sie in positiv oder negativ aufgenommenen Zitaten auftreten, ist dabei unerheblich.

Der Text enthält etwa je ein Kollektivsymbol pro sieben Zeilen. Er ist also keineswegs damit überladen, aber doch deutlich bestückt. Die Kollektivsymbole dieses Textes entstammen den folgenden Bereichen:

Symbole von Kampf und Streit

„Kampf um die Begriffe" (1 und 140): Der Bildspendebereich ist der des Militärischen. Mit „Kampf" ist in der semantischen Tiefenstruktur aber keine kriegerische Auseinandersetzung gemeint, sondern eine Debatte, die man für sich entscheiden möchte.

Ähnliches gilt für das Symbol des Vorstoßes: Der Vorstoß von Unionspolitikern (2), Kochs Vorstoß (35 und 38). An der Textoberfläche handelt es sich um eine Bewegung nach vorn, wobei „Vorstoß" auch als militärischer Vorstoß, Durchbruch verstanden werden kann. Gemeint ist in der semantischen Tiefenstruktur eine brisante Aussage Kochs am Rande eines Interviews.

In diese Rubrik gehört auch „verbannen". Da heißt es, man wolle ein Symbol (der nationalen Identität), die D-Mark, in den Orkus der Geschichte verbannen (53f.). Verbannung ist ein mit einer Gewaltandrohung verbundener, also gewaltsamer Akt der Ausgrenzung (politischer und/oder ideologischer Gegner), z.B.

---

27 Kollektivsymbole sind nicht als solche ‚böse'. Es kommt immer darauf an, in welchen Zusammenhängen sie verwendet werden.- Zur Kollektivsymbolik vgl. Link: 1982: 6-21 sowie S. Jäger: 2004a: 133-142.

auf eine Insel, an einen Ort, aus dem keine Rückkehr möglich ist. Die eigentliche Bedeutung ist die Ersetzung der D-Mark durch den Euro, also ein eher fiskalischer Akt.

Bei der Leitkulturdebatte: vorexerziert (101). Exerzieren bedeutet soviel wie militärische Rituale vormachen, diese wiederholt durchführen. Gemeint ist hier einfach: durchführen, vormachen, allerdings mit der (hier) abwertenden Konnotation des militärischen.

Die Auseinandersetzung muss geführt werden (151f.). Auch dieses Symbol gehört zum Bildfeld des Kampfes. Gemeint ist der Streit, die Debatte um die „richtigen" Begriffe.

Konfrontiert werden (183): aus dem militärischen Bildspendebereich, bedeutet „in eine Situation bringen, die zur Auseinandersetzung zwingt".

Symbole von (Un-)Gleichgewicht und (Un-)Normalität
Nationale Identität (2). Identität bedeutet an der Textoberfläche soviel wie Echtheit einer Person oder Sache, völlige Übereinstimmung mit dem, was sie ist oder als was sie bezeichnet wird. In der semantischen Tiefenstruktur ist mit nationaler Identität das absolute Mit-sich-selbst-identisch-Sein, die Homogenität und Normalität der Nation gemeint, ein Mythos, durch den die Heterogenität von Gesellschaften verschleiert wird, allerdings ein Mythos mit konkreten Folgen, wenn sich Gesetze, Verhaltensweisen von dieser Vorstellung leiten lassen.

Innerer Zusammenhalt der Gesellschaft (Merz) (28f.) an der Oberfläche ein eher technischer Zustand, übertragen hier: Gleichgewicht, Ausgewogenheit, Festgefügtsein der Gesellschaft, sozialfriedlicher Zustand.

Ein Symbol, die D-Mark, in den Orkus der Geschichte verbannen (53f.): Der Bildspendebereich ist die römische Mythologie. Der Orkus ist der Hades, die Hölle. Gemeint ist hier damit jemand oder eine Sache (hier die D-Mark) beseitigen, vernichten, entfernen, restlos ausgrenzen, der Vergessenheit anheimstellen, also eine Denormalisierung erzeugen.

Auf das Normal-Null von Gesellschaftsstrukturen hinunterschleusen (Tenbruck) (131): Trotz des Wortgeklingels durchaus ein Kollektivsymbol, das die leere Abstraktheit sozialwissenschaftlicher Termini bedeuten soll.

Standards, wie öffentlich geredet und gedacht werden darf (142f.): An der Textoberfläche bedeutet Standard ursprünglich Fahne, heute aber soviel wie Norm, Richtschnur, Maßstab. Die Phrase bedeutet in der Tiefenstruktur, dass es bestimmte feste Normen öffentlichen Verhaltens gebe, eine rigide, wie Jürgen Link sagen würde, „protonormalistische" Vorstellung. (Vgl. dazu Link 1996)

Rechts-Mitte-Links/Oben- Unten

In eine rechtsradikale Ecke schieben (20ff.): Es ist natürlich keine konkrete Ecke gemeint, sondern ausgrenzen nach rechts, aus der politischen Mitte nach rechts-außen wegschieben.

Hinunterschleusen (132f.): Auch hier ist nicht an die wörtliche Bedeutung des Schleusens gedacht, sondern verdrängen, nach unten drücken, in den Dreck befördern.

Der entortete Mensch (133f.): Hier ist nicht etwa der Mensch ohne festen Wohnsitz gemeint, sondern einer, der seelisch und geistig heimatlos und ausgegrenzt ist, der keinen Ort in der Gesellschaft hat, keine Position, keinen Standpunkt, weder rechts, links, noch in der Mitte, weder oben noch unten.

Eine Diskussion versandet in beliebigem Geschwätz (102f.): Die Oberflächenbedeutung des Versandens ist in der semantischen Tiefenstruktur als verschwinden, aufhören zu verstehen. Man beachte auch den schönen Bildbruch: ein Geschwätz „versandet".

Keinen Platz haben (155): gemeint ist nicht ein konkreter Ort, sondern nicht hierher gehören, nicht zugelassen sein.

Technische Symbole

Auslöser der neuerlichen Debatte (12): An der Textoberfläche ist ein Auslöser eher ein technischer Mechanismus, durch den etwas ausgelöst wird, z.B. ein Schuss. Das Wort kann jedoch in einem psychologischen Text aber auch als Reiz, durch den etwas ausgelöst wird, verstanden werden. In der Tiefenstruktur bedeutet es Initiator, jemand, der etwas beginnt.

Begriffe außer Kurs setzen (150): Die konkrete Bedeutung bezieht sich auf die Schifffahrt oder auch auf das Bankwesen. Symbolisch ist damit abschaffen, entwerten gemeint.

Ausgeschaltet (165f.): technisches Symbol für ausgegrenzt, hinausgedrängt, ausschließen, an einer weiteren Einflussnahme hindern.

Eine Rolle spielen (8): aus dem Bildspendebereich des Theaters; gemeint ist: von Wichtigkeit sein.

Im Zuge von (Osterweiterung) (10): gemeint ist natürlich nicht der Zug, der etwas zieht etc., sondern im Gefolge, als Begleiterscheinung von.

Anzeichen geben für (eine nationale Selbstbesinnung) (9): konkret ist Anzeichen ein technischer Hinweis; gemeint ist Hinweis, Vorzeichen für eine Entwicklung.

Entsprechendes gilt für „im Zeichen (der Globalisierung)" (117): Hier ist auch nicht das konkrete Zeichen gemeint, sondern „geprägt von, entscheidend beeinflusst von".

Eine französische Handschrift tragen (49f.): Gemeint ist natürlich nicht die wirkliche Handschrift, sondern so etwas wie geprägt von französischem Interesse.

Die Wahl der Symbole aus den Bereichen Militär, Normalität, Links-Mitte-Rechts-Schema, Technik verweisen darauf, dass es in diesem Text um die Errichtung eines Weltbildes geht, in dem es um eine Normalität geht, wie sich diese der Autor vorstellt. Wenn es darum geht, die eigene Position als richtig durchsetzen zu wollen, bieten sich solche Symbole, die in etwa gleicher Anzahl den Bildspendebereichen entnommen sind, geradezu an.

Anbiedernd: Redewendungen und Klischees
Der Text enthält eine Fülle sprachlicher Klischees, also schematisch gebrauchter, vorgefertigter Äußerungen, die als unzerlegbare Ganze gelernt und immer wieder in bestimmten Situationen verwendet und oft als abgegriffen bezeichnet werden.[28] Solche sind zwar kennzeichnend für den journalistischen Stil, und kaum ein Autor wird völlig ohne sie auskommen, sie treten aber doch selten in solcher Häufigkeit auf, wie in dem vorliegenden Text (etwa ein Viertel des gesamten Textes). Diese tragen insgesamt zu einem Stil bei, der eingängig, leicht verständlich, aber doch höchst anbiedernd wirkt.[29]

Im Stile einer Streitschrift
Direkt zu Beginn des Artikels findet sich eine merkwürdige Verwendung des Konjunktivs: „Es wäre eine eigene Betrachtung wert." (3) Trotz des Irrealis folgt

---

28 Zum Begriff des (sprachlichen) Klischees vgl. Bußmann 1990.
29 Dazu einige weitere Beispiele: Eine eigene Betrachtung wert sein (3), eine Rolle spielen (8), im Zuge von (10), in eine rechtsradikale Ecke schieben (24f.), mit Skepsis begegnen (39), die letzten Reste tilgen (42ff.), eine französische Handschrift tragen (49f.), in den Orkus der Geschichte verbannen (52ff.), die Deutschen, die es noch sein wollen (55f.), die Zeiten sind vorbei (61), in der Minderzahl sein (66), es steht zu befürchten (103), mit Begriffen herumhantieren (106ff.), sie wissen nicht, worüber sie reden (108ff.), es ist bezeichnend (112f.), es kann dienlich sein (118), ihrer Eigenart berauben (128f.), überall und nirgends (136f.), wieder fruchtbar machen (147), außer Kurs setzen (150), keinen Platz haben (155), nicht von ungefähr kommen (155f.), von substantieller Bedeutung sein (169f.), nachhaltig aufgefordert sein (179f.), das Thema nicht mehr ruhen lassen (180f).

dann diese Betrachtung im Umfang von 37 Zeilen, die allerdings wiederum mit einer vermutenden Wendung „eine Rolle könnte gespielt haben" (8) beginnt, was dann aber auch in den Zeilen 38ff. breiter ausgeführt wird. Es liegt also eine bloße Schein-Distanzierung vor, die ein wenig maniriert wirkt.

Öfters zeigt sich auch das Bemühen um einen eher gehobenen Stil: eine „eigene Betrachtung wert" (3) (i.S. von Überlegung oder auch i.S. von Abhandlung), der gelegentlich etwas gestelzt wirkt.[30]

Eine typisch rechte sprachliche ‚Duftmarke' ist die „Nationale Selbstbesinnung" (9f.); diese Wendung will soviel besagen, wie ein Sich-Besinnen auf die eigene Nation, auf die „nationale Identität" (im Zuge der Osterweiterung und der Euro-Einführung), also eine Gegenwehr gegen Auflösungserscheinungen und Gefahren des Verlustes der eigenen Identität. – Interessant ist auch die häufige Verwendung von An- und Abführungsstrichen, auch bei nichtwörtlicher Rede; sie dient häufig zur Distanzierung. So wird im Text „nationale Identität" (13 und mehrfach) in Anführungsstriche gesetzt, womit deutlich gemacht werden soll, dass Merz und Westerwelle, die vorher genannt worden sind, den richtigen („spirituellen") Begriff von nationaler Identität nicht kennen und nur „Worthülsen" (2) verwenden. Wird bei diesem Terminus auf Anführungsstriche verzichtet, ist das nach Wiesberg rechte Verständnis gemeint.

Kurios ist die Verwendung von „nachhaltig" in „nachhaltig aufgefordert sein" (179f.). Hier handelt es sich um ein Wort aus der modernen Managementsprache; es bedeutet: sich auf längere Zeit auswirkend; es ist ein typisches Modewort.

Auffällig sind die vielen Passivkonstruktionen. Beispiele: „in eine rechtsradikale Ecke geschoben werden" (Zitat Westerwelle) (23f.), „muß mit Skepsis begegnet werden" (39f.), „wird für gut und richtig befunden" (66f.), „ein Begriff wird gefaßt" (113ff.), „beraubt werden" (129), „wie öffentlich geredet und gedacht werden darf" (142f.), „die Auseinandersetzung muß geführt werden"(151f.), „es wurde ihnen abgewöhnt"(160ff.), „er wird ausgeschaltet" (164) etc.

---

30 Vgl. auch beipflichten (nachdrücklich zustimmen), in den Orkus verbannen (53), das Thema nicht mehr ruhen lassen, berauben (129). Daneben findet sich militaristisches Vokabular: Kampf, Vorstoß (bereits in den Überschriften und mehrfach im Text), vorexerzieren (101), Auseinandersetzung (141 und 151 und 177f.), konfrontieren (183), sowie abfällige und eher umgangssprachliche Wörter wie: herumhantieren (108), (davon) räsonieren (= viel und laut reden) (120).

Wiesberg nennt selten Ross und Reiter, suggeriert aber immer Personen und Kreise, die man sich denken kann, auf die er durch die Verwendung des Passivs aber eher nur anspielt.

Selten greift Wiesberg auch zum Stilmittel der Ironisierung: „Wir leben schließlich in einer 'multiethnischen Gesellschaft'". (67ff.) „Lehren meinen ziehen zu müssen" (82ff.).

Es zeigt sich: Der gehobene Stil, mit dem sich der Text gelegentlich schmückt, ist mit aggressivem Vokabular und (kleineren) semantischen Schlampereien durchsetzt. Hier scheinen Stilmittel dessen vorzuliegen, was man als konservative Rhetorik bezeichnen könnte.[31] Insgesamt ist zu sagen: Vokabular, Symbolik, Argumentation verleihen diesem Text den Charakter einer Streitschrift, eines Pamphlets.

Zurück zu den alten Werten: Zuschreibungen zu Akteuren, Theorien und Begriffen

Die erwähnten und zitierten Politiker der Union werden äußerst negativ charakterisiert, weil sie nach Ansicht des Autors den Begriff der nationalen Identität instrumentalisieren. Sie treten in diesem Artikel als die eigentlichen Gegner der angeblich richtigen Weltanschauung auf, wie sie in der JF („von den (wahren) Konservativen") vorgetragen wird.[32]

Daneben gibt es eine Reihe von Zuschreibungen, die sich auf die Deutschen insgesamt beziehen lassen. Durchaus negativ werden Deutsche gesehen, die versuchten, ihrer Herkunftsidentität zu entkommen und eine neue, unbelastete Identität als Europäer oder als Kosmopoliten zu finden (88, Zitat Isensee). Insgesamt seien die Deutschen durch die herrschenden Politiker von CDU und FDP in die Irre geleitet worden, wozu ein völlig falsches Verständnis von „Gesellschaft" beigetragen habe. Entsprechend werden moderne Gesellschaftstheorien und damit einhergehende Begrifflichkeiten scharf zurückgewiesen.[33]

---

31 Gehobener Stil liegt vor, wenn die Ausdrucksweise gewählt und nicht alltäglich ist. Oft handelt es sich um die Verwendung veralteter oder auch literarischer Wörter wie Bürde, sich befleißigen, Anbeginn (Vgl. Duden. Stilwörterbuch der deutschen Sprache, 7., völlig neu bearbeitete und erweiterte Aufl. von Günther Drosdowski, Mannheim 1988: 10.). Solche gehobenen Wörter finden sich häufig in Texten eher konservativ eingestellter Menschen, die sich um eine vornehme Sprechweise bemühen. Verbinden sich solche Stilmittel mit derben, aggressiven Wendungen, sprechen wir von konservativer Rhetorik, der es darum geht, politische Gegner einzuschüchtern.

Kontaminiert: Zuschreibungen zu Theorien und Begriffen

Scharf kritisiert wird das falsche Verständnis von „nationaler Identität" bei den herrschenden Parteien, insbesondere bei der Union. Dieser nach Ansicht Wiesbergs falsch verwendete Begriff wird jeweils durch die Anführungsstriche kenntlich gemacht. (Dazu s. oben.) Denn dieser Begriff ist durch die „Doktrin des Universalismus" kontaminiert. Diese Doktrin kenne keine Differenz von Nähe und Ferne, sie sei unbedingt und abstrakt, lege jedem eine Verpflichtung auf, die prinzipiell grenzenlos sei. Nach dieser Doktrin solle jeder für jeden verantwortlich sein (73ff.), dieser Gesellschaftsbegriff korrespondiere mit den Lehren, die viele „aufgeklärte" Deutsche aus der jüngeren deutschen Geschichte meinen ziehen zu müssen (81ff.). Durch dieses Gesellschaftsverständnis seien Nationen, Völker, Kulturgemeinschaften ihrer Eigenart beraubt worden (127ff.), sie würden dadurch auf das ‚Normal-Null' von Gesellschaftsstrukturen heruntergeschleust (Tenbruck positiv aufnehmend).

Solche Gesellschaftstheorie biete den konservativen Werten wie Sittlichkeit, Nation, Geschichte und Kultur in ihrem universellen Raster keinen Platz (152ff.), stattdessen sei ein Negativpatriotismus (als Lehre aus der jüngeren deutschen Geschichte) (Zitat Isensee, 85) entstanden, dominierten Begriffe wie Rolle, System, Devianz, Selbstverwirklichung (148ff.), diese seien außer Kurs zu setzen. Dazu gehöre auch der Begriff der Gesellschaft selbst (vgl. 152), die durch und

---

32 Namentlich genannt werden Politiker wie Roland Koch (4), er ist „Auslöser" der neuerlichen Debatte um 'nationale Identität' (12 ff.) und wird durch Relativpronomen (15) oder erneute Namensnennung mehrfach angesprochen (18, 27, 34, 38). Daneben tritt Friedrich Merz (5) auf, er räsoniere davon, dass die Erörterung der „nationalen Identität" wichtig sei, um den „inneren Zusammenhang der Gesellschaft" zu klären. (120ff.) Martin Hohmann, der (damalige) CDU-Bundestagsabgeordnete (34ff.), konstatiert, Koch habe ein Gespür für den Seelenzustand der Mehrheit der Unionsanhänger (111), doch er fasse einen spirituellen Begriff in Kategorien ökonomischen Vernutzungsdenkens (113ff.). Zu den Unionspolitikern insgesamt heißt es, es sei zu befürchten, dass die Debatte wie die über Leitkultur in beliebigem Geschwätz versande (100ff.); sie werden als christdemokratische Wortführer bezeichnet (106), die nicht wissen, worüber sie reden (108f.). Politiker der FDP sind jedoch auch nicht besser. Guido Westerwelle wird den so heftig Kritisierten ebenfalls zugeschlagen, bleibt aber doch eher eine blasse Randfigur (vgl. 5, 18f. 19, 21, 39).

33 Es treten ferner auf deutsche Sportler (die häufig in der Minderzahl sind) (64), die Rede ist von nationalen Identifikationsfiguren (die durch ausländische Söldner ersetzt werden) (63f.).

durch amerikanisierte Kultur unserer „Gesellschaft" (58f.); kritisiert wird auch Westerwelles Rede vom gesellschaftlichen Miteinander (31f.).

Beklagt wird, dass bestimmte Begriffe (die konservativen Werte) im 'öffentlichen Diskurs' nicht mehr vorkommen, sie seien verpönt (156 ff.). Genannt werden: Person, Sittlichkeit, Gemeinschaft, Nation, Kultur, Geschichte, Delinquenz (144ff.). Diese Begriffe seien wieder fruchtbar zu machen.

Insgesamt ist zu beobachten, dass Systemtheorie und Strukturalismus als gegnerische Wissenschaft ausgewiesen werden und eine Rückkehr zu den alten Werten eingefordert wird.

Enzensberger, Isensee, Tenbruck: Autoritäten

Dabei stützt sich Wiesberg auf einige positiv gesehene Autoritäten. Das verleiht dem Text Dignität und (wissenschaftliche) Glaubwürdigkeit. Zitiert wird der (als links bekannte) Schriftsteller Hans Magnus Enzensberger (74f.)[34], daneben der Staatsrechtler Josef Isensee (85)[35], ferner der (konservative) Sozialwissenschaftler Josef Tenbruck (130).[36]

„Wir", die echten Konservativen

Interessant ist, wie Wiesberg die Gruppe, für die er spricht, und sich selbst sieht. Da ist die Rede von den „Konservativen im Lande", womit aber eben nicht die Unionspolitiker gemeint sind, sondern diejenigen, die sie (von Rechts her) kritisieren (178 f.), sie erscheinen als solche, die mitreden wollen (141). Sie werden aber, so bedauert bzw. beklagt Wiesberg, an den Rand gedrängt und ausgegrenzt: „Wer diese Fragen dennoch stellt" (gemeint sind die Fragen, die man den Deutschen infolge von „Gesellschaftstheorie" und „Universalismus-Doktrin" abgewöhnt hat), „wird aus dem gesellschaftlichen Diskurs ausgeschaltet." (163ff.)

---

34 Enzensberger ist ein bekannter lebender deutscher Schriftsteller, 1919 in Kaufbeuren geboren. Er war einer der wichtigsten Wortführer der 68er Bewegung, Herausgeber des (ehemals) überaus gesellschaftskritischen „Kursbuchs", allerdings als Gesellschaftskritiker auch immer ein großer Skeptiker und Spötter. Siehe auch die leicht zugängliche Biographie von Lau 2001.

35 Der Staatsrechtler Prof. Dr. Josef Isensee ist 1937 in Hildesheim geboren. Er referierte am 20. Mai 2000 beim 21. Jahreskongress des Studienzentrums Weikersheim zum Thema „Europas Herkunft aus dem Christentum".

36 Prof. Dr. Friedrich Tenbruck (1919-1994) war ein Soziologe, der seiner Disziplin kritisch gegenüberstand. Er studierte u.a. bei Martin Heidegger, war jedoch alsbald von seiner Lehre enttäuscht und wurde Assistent von Max Horkheimer. Er stellte sich gegen die Studentenbewegung und schloss sich dem „Bund Freiheit der Wissenschaft" an, einer ultrakonservativen Vereinigung deutscher Professoren.

Die „echten Konservativen" befinden sich in einer Art Opferrolle und verdienen Mitleid und Zuspruch!

Referenzbezüge, Quellen des Wissens

Ohne die Quellen zu nennen, was in anspruchsvolleren journalistischen Texten durchaus üblich ist, zitiert Wiesberg den Schriftsteller Hans Magnus Enzensberger, den Staatsrechtler Josef Isensee, der am schönsten durch das folgende Zitat charakterisiert ist, das Wiesberg in seinem Artikel anführt: „Wie der 'Homunculus im `Faust`' versuchten die Deutschen, 'die bergende Schale zu zerbrechen und mit kurzer Leuchtspur im All aufzugehen'." (93ff.) Beachtenswert ist die darin enthaltene Kollektivsymbolik, die besagt, dass unser Haus, unser Deutschland zerstört zu werden, mit kurzer Leuchtspur (Aufklärung!) im All (wie ein berstender Shuttle!) zu explodieren droht. Zitiert wird ferner der als überaus konservativ geltende Sozialwissenschaftler Friedrich Tenbruck (130f.).

„Mit kurzer Leuchtspur im All": Inhaltlich ideologische Aussagen

Der Artikel kreist um ein zentrales Kernideologem des Völkischen Nationalismus, den Begriff der Nation. Dieser wird dadurch eindeutig weiter zugespitzt, dass er vornehmlich in Gestalt der „nationalen Identität" artikuliert wird.

Nach Darstellung des Psychologen Heiner Keupp ist Identität, psychologisch formuliert, „ein Projekt, das zum Ziel hat, ein individuell gewünschtes oder notwendiges 'Gefühl von Identität' zu erzeugen."[37] Der Begriff Nation erhält in der Gestalt von „nationaler Identität" eine besondere ideologische Aufladung. Nation, „vor Ende des 14. Jh. entlehnt aus lat. *natio(nem)*, das als Ableitung von *natus* ,geboren' (...) die blutmäßige Einheit des Volkskörpers bezeichnet" (Kluge 1960: 504), ist bereits ein höchst umstrittener Begriff, der sehr unterschiedlich besetzt ist, durch die Erweiterung als „Nationale Identität" jedoch eindeutig überhöht und mystifiziert ist, da er eine Identifizierung von Ich und Nation konnotiert.

Der Begriff „nationale Identität" taucht insgesamt 14 mal in diesem Artikel auf, mit und ohne Anführungsstriche (s. oben). Das allein zeigt bereits, wie zentral dieses Ideologem für den Autor ist.

---

37 Keupp 1998: 243. Keupp verweist darauf, dass die ideologische Aufladung des Begriffs der Identität diesen häufig zum Gegenstand heftiger Kritik hat werden lassen. Diese bezog sich darauf, dass dieser Begriff in spezifischen Verwendungsweisen den normativen Sollzustand ,gelungenen Lebens' vermittele.

Ein völkisch-nationalistisches Pamphlet: Zusammenfassung

Diskursanalytisch verfahrende Feinanalysen von Texten, die in aller Regel aus mehreren Diskursfragmenten bestehen, sind geeignet, indem sie auch die oft nur angedeuteten, nicht offen gesagten, aber eindeutig gemeinten Inhalte von Texten aufspüren, das Aussagengefüge eines Textes herauszuarbeiten. Sie ist damit in der Lage, diejenigen Ideologeme und Mechanismen erkennbar und somit auch abwehrbar zu machen, die dazu führen, dass sich undemokratische Denkweisen in einem Prozess langfristiger Berieselung bei den Leser*innen* als selbstverständliches ‚Wissen' durchsetzen.

Mit diesem Artikel Michael Wiesbergs bewegt sich die JF eindeutig außerhalb des Grenzraums der rechten Seite des Verfassungsbogens. Wiesberg, als Parteiarbeiter der Partei DIE REPUBLIKANER bekannt, geht es darum, die JUNGE FREIHEIT rechts von den bloßen Worthülsen-Dreschern der Unionsparteien zu situieren. Den durchschnittlichen Leser*innen* dieses Artikels kann dies bei schneller Lektüre nicht bewusst werden, zumal die JUNGE FREIHEIT ihren völkischen Nationalismus im allgemeinen eher wohl dosiert an den Mann und an die Frau heranzutragen versucht. Es bedurfte der akribischen Feinanalyse, um diesen Sachverhalt offenzulegen. Erst dadurch konnte es gelingen, die rechten ‚Duftmarken' dieses Pamphlets aufzuspüren und ihren konsistent rechtsextremen Denkhorizont herauszuarbeiten. Damit kann auch denjenigen deutlich widersprochen werden, die die JUNGE FREIHEIT als zwar sehr konservativ, aber dennoch insgesamt als dem demokratischen Spektrum zuzurechnen ansehen.

Nachbemerkung Herbst 2006

Der Ruf nach einer Restauration konservativer Werte hat sich inzwischen auch im hegemonialen Diskurs deutlich stärker zur Geltung gebracht. Als Beispiel dafür sei verwiesen auf das Buch von Bundestagspräsident Norbert Lammert: Verfassung, Patriotismus, Leitkultur – was unsere Gesellschaft zusammenhält sowie auf die enthusiastische Besprechung in der WAZ vom 30.9.2006.

Die zahnlose Kritik der Medien am NATO-Krieg in Jugoslawien[1]

Die Bedeutung von Medien im Krieg ließ sich nicht erst im Frühjahr 2003 während des Irak-Kriegs, der die Geburtsstunde des "embedded journalist", des "eingebetteten Journalisten" war, studieren. Bereits im Golf-Krieg von 1991 waren die Medien ein wichtiges Propagandamittel, mit dem damals vor allem die amerikanische Bevölkerung für den Krieg eingestimmt wurde. Spätestens seit dem NATO-Krieg in Jugoslawien 1999 gilt dies auch für deutsche Medien. Denn dieser Krieg markiert einen Wendepunkt in der deutschen Politik: Deutschland beteiligte sich erstmals seit 1945 offen an Kampfeinsätzen. Für eine Analyse von Wirkungsweisen medialer Kriegsberichterstattung ist dieser Krieg aber auch deshalb von Bedeutung, weil wir es 1999 mit einer eigentümlichen Konstellation zu tun hatten: Die Zivilgesellschaft stand dem Krieg skeptisch bis ablehnend gegenüber, der größte Teil der politischen und medialen Klasse befürwortete ihn.[2]

Die diskursanalytische Untersuchung, die das DISS – in Verbindung mit einem Projektseminar an der Universität Duisburg – zur medialen Befassung des Krieges durchgeführt hat, hatte deshalb vor allem mit der Frage zu tun, wie diese Diskrepanz zwischen Politik und Zivilgesellschaft überwunden wurde, wie es

---

1   Der folgende Beitrag referiert einen Teil der Untersuchungsergebnisse, die im Rahmen des Forschungsprojekts: „Der NATO-Krieg in Jugoslawien und die Medien" erzielt wurden. Zu den Projektergebnissen insgesamt vgl. M. Jäger/S. Jäger. (Hrsg.) 2002. An der Projektteilgruppe „Kritik am Krieg" und damit indirekt auch an wesentlichen Teilen dieser Ausführungen haben mitgearbeitet: Sonja Eggert, Julia Krämer und Reinhard Pastoor.

2   Nach einer Emnid-Umfrage vom 26.3.99 befürworteten 64% der Westdeutschen und nur 39% der Ostdeutschen den Luftangriff der NATO. 33% der Westdeutschen und 58% der Ostdeutschen sprachen sich dagegen aus. Eine deutsche Beteiligung an dem Krieg befürworteten 69% in West- und 41% in Ostdeutschland, gegenüber 30% im Westen und 58% im Osten, die sich dagegen aussprachen (DER SPIEGEL 13, 29.3.1999). Einen Monat später sprechen sich nur noch 41% der Gesamtbevölkerung für eine Fortführung der Bombardements aus – 43% im Westen und 33% im Osten (DER SPIEGEL 17, 26.4.1999).

also gelingen konnte, dass der Krieg von der Bevölkerung akzeptiert und hingenommen wurde. Dabei zeigte sich, dass durch die Medien wichtige diskursive Weichenstellungen vorgenommen wurden, mit denen dieser Krieg normalisiert wurde. Dass dies über den NATO-Krieg in Jugoslawien hinausreicht, ließ sich bereits wenig später feststellen, als es um die Option einer Beteiligung deutscher Truppen an den folgenden Auseinandersetzungen in und um Mazedonien ging. Sie erregte in der Bevölkerung bereits kaum noch Aufsehen. Und auch beim Einsatz deutscher Soldaten im Krieg gegen Afghanistan hat es – sicherlich auch bedingt durch die Terroranschläge vom 11.9.2001 – kaum Gegenstimmen gegeben.

Im Folgenden wird ein Teil dieser Diskursanalyse in seinen Ergebnissen dargestellt. Die Analyse bestand aus insgesamt fünf Teiluntersuchungen, mit denen unterschiedliche Aspekte des Kriegsdiskurses in den Print-Medien erfasst wurden. Untersucht wurde z.B. das Argument von der Unvermeidbarkeit des Krieges.

Dieses Argument wurde von den Verantwortlichen allenthalben über die, aber auch von den Medien verbreitet. Dabei standen unterschiedliche Begründungen im Vordergrund. Sowohl das Verhindern einer "humanitären Katastrophe" und eines zweiten Auschwitz wurden immer wieder und eindringlich beschworen. Damit sollte bzw. konnte deutlich gemacht werden, dass es sich um einen "gerechten Krieg" handelt, der es rechtfertigt, dass geltendes Völkerrecht nicht beachtet wurde.

Gleichfalls hervorstechend war der Einsatz emotional aufgeladener Bilder von flüchtenden Personen, meist Frauen, Kinder, Alte oder Kranke mit denen die Bevölkerung nahezu „bombardiert" wurde. Dies hatte zur Folge, dass diese die Bombardements der NATO akzeptierten. Dass die Bomben dazu beitrugen, solches Elend überhaupt erst zu produzieren, wurde in den Hintergrund gerückt. Doch es waren auch Bilder von so genannten „Kollateralschäden", die dazu beitrugen, dass die Stimmung „kippte" und der Druck auf Politik und Militär zunahm, die Kampfhandlungen einzustellen.

Eine dritte Teiluntersuchung beschäftigte sich mit dem Umstand, dass die Medien im Verlaufe des Krieges zunehmend auch ihre eigene Rolle thematisierten. Erstmalig befanden sie sich nach 1945 in der Situation, dass ihr Land „im Krieg" war und sie darüber berichten mussten. Dies warf Probleme von Zensur, Manipulation und damit zugleich auch die Frage der objektiven Berichterstattung auf.

Eine weitere Teiluntersuchung galt der Frage, wie sich die Medien auf die militärischen und politischen Strategien bezogen. Der mögliche Einsatz von Bodentruppen mit oder ohne Beteiligung deutscher Soldaten war z.B. eine solche strategische Vorgabe. Zudem stellte sich die Frage, inwieweit die Medien eskalierend oder deeskalierend argumentierten.

Bereits die Eindringlichkeit, mit der in den Medien der Krieg als unvermeidbar dargestellt wurde, verwies jedoch darauf, dass man in der Bevölkerung nicht durchgängig mit Zustimmung rechnen konnte. Infolgedessen waren in den Medien auch Stimmen zu hören, die sich gegen den Krieg aussprachen. Diese konnten allerdings nicht – wie die Analyse zeigte – dazu beitragen, die Öffentlichkeit gegen den Krieg zu mobilisieren und damit auf die politischen und militärischen Handlungsträger Druck auszuüben.

Die Analyse der kritischen Stimmen, deren Ergebnisse im Folgenden dargestellt werden, kann besonders deutlich zeigen, wie die mediale Normalisierung des Krieges vonstatten ging. Die Kritik erweiterte einerseits das Sagbarkeitsfeld des damaligen Kriegsdiskurses. Andererseits war es auch diese Ausweitung und das fehlende de-eskalierende Gesamtkonzept dieser Kritik, die den Effekt von Normalisierung erzeugten. Gleichzeitig kann die Analyse verdeutlichen, dass es die enge Verzahnung von Struktur- und Feinanalysen ist, die die Voraussetzung für eine Gesamtanalyse ist. Dabei handelt es sich um die Analyse einer spezifischen Fragestellung des Kriegsdiskurses in den Medien, für die alle diejenigen Artikel erfasst wurden, die überhaupt Kritik am Krieg enthielten.

Zum Dossier

Dazu wurde ein spezifisches Dossier erstellt, in das von den 5308 Artikeln, die der Gesamtuntersuchung zu Grunde lagen, alle diejenigen Artikel aufgenommen wurde, in denen sich überhaupt kritische Stellungnahmen zu diesem Krieg auffinden ließen. Insgesamt war dies bei 542 Artikeln der Fall, also bei etwa 10%.[3] Das bedeutet nicht unbedingt, dass in all diesen Artikeln eine durchgängige und offene Kritik an diesem Krieg aufzufinden ist. Dies verweist bereits auf ein wichtiges Charakteristikum der Debatte um den Krieg: Viele, auch derjenigen, die schlussendlich den Krieg befürworteten, fühlten sich nicht wohl dabei und arti-

---

3　Die genaue Zusammensetzung des Dossiers lässt sich dem Forschungsdesign des Gesamtprojekts entnehmen, in dem auch erläutert ist, welche Textsorten im einzelnen berücksichtigt wurden (Vgl. M.Jäger / S.Jäger (Hrsg.) 2002: 22-27). Die Anzahl der Artikel des Dossiers zu diesem Teil der Untersuchung verteilt sich auf die Zeitungen/Zeitschriften in folgender Weise: FRANKFURTER RUNDSCHAU: 136 Artikel, FRANKFURTER ALLGEMEINE ZEITUNG: 52 Artikel, WESTDEUTSCHE ALLGEMEINE ZEITUNG: 57 Artikel, TAGESZEITUNG: 162 Artikel, BILD: 26 Artikel, DIE ZEIT: 61 Artikel, FOCUS: 2 Artikel, SPIEGEL: 46 Artikel.

kulierten „Gefühle von Ohnmacht und Zerrissenheit". Dadurch tat sich ein Feld von Pro und Contra auf, in welchem die Akteure ihre jeweiligen Positionen und Statements darlegten und problematisierten. Auf diese Weise konnten auch kritische, den Krieg ablehnende Beiträge sowohl Argumente für wie gegen diesen Krieg enthalten. So heißt es etwa in der BILD-Zeitung:

> „Auch wenn das Bombardement der NATO nicht die optimale Konfliktlösung ist und jetzt eher das Gegenteil der ursprünglichen Absicht bewirkt, so gab es keine Alternative." (Prof. Götz Adriani in BILD vom 30.3.99)

Dieses Statement bringt diesen Tatbestand treffend zum Ausdruck. Für die hier vorgelegte Analyse sind jedoch allein die kritischen Aspekte untersucht worden. Bemerkenswert ist auch, dass der Anteil der Artikel, in denen Kritik am Krieg überhaupt laut wurde, relativ gering ist – trotz der völkerrechtlichen Problematik und des Gebots der Verfassung, keine Angriffskriege führen zu dürfen.

Im Folgenden werden die Ergebnisse einer Strukturanalyse des gesamten Dossiers und von drei Feinanalysen knapp zusammengefasst und im Zusammenhang gewürdigt.

Ergebnisse der Strukturanalyse
Thematisch konzentrierte sich die Kritik am NATO-Krieg eindeutig auf eine Kritik der Kriegs*strategie*, die allerdings unter vielfältigen Gesichtspunkten angesprochen wurde. Dies zeigt bereits, dass die Reichweite der Kritik stark eingeschränkt war. Es ging nicht um eine generelle Ablehnung des Kriegseinsatzes, sondern um eine Kritik an der Art und Weise der Kriegsführung.

Dass dabei vor allem in Verbindung mit der Betonung der politischen Schäden, die durch den Krieg entstanden sind, auch der Krieg als Ganzer abgelehnt wurde, soll nicht verschwiegen werden. Insofern handelte es sich bei den Einlassungen häufig um eine Mischung von Kritik am Krieg und Kritik an der Art und Weise der Kriegsführung.

Doch trug die Perspektive einer strategischen Kritik insgesamt dazu bei, dass sich ihre Reichweite und Tiefe nicht weiter entfalten konnte. Sie zwang die Kritikerinnen dazu, sich auf die strategischen Fragen, die vor allem von den Kriegsbefürwortern bzw. -betreibern aufgeworfen wurden, einzulassen und deren Vorgaben zu diskutieren. Wer allerdings militärische Optionen im Krieg kritisiert, befindet sich im Ausgangspunkt bereits im Feld des Krieges und wendet sich aus dieser Position heraus gegen einzelne seiner Aspekte. So konnte es dann auch geschehen, dass sich in einem einzigen Artikel gleichzeitig ablehnende und befürwortende Argumente zum Krieg auffinden ließen.

Die Betrachtung der Äußerungsformen der Kritik bestätigt gleichfalls, dass die Kritik nicht grundsätzlich war. Vielfach konnte festgestellt werden, dass sich die Kritiker*innen* des Krieges subjektiv hinter einer defensiven Sprecherposition verschanzten, wobei sie teilweise den Anspruch darauf, überhaupt Kritik formulieren zu dürfen, besonders hervorheben zu müssen glaubten.

Emotionale und/oder ironisch sarkastische Beiträge sind vorwiegend in Leserbriefen zu finden. In ihnen lässt sich eine Hilflosigkeit entdecken, die dann vom politischen Gegner auch gerne dazu genutzt wurde, um auf mangelnde Rationalität der Kriegsgegner hinzuweisen und ihnen fundamentalistische Positionen zu unterstellen.

Dabei ist es nicht verwunderlich und auch als solches nicht zu beanstanden, dass die Print-Medien sich vor allem mit den strategischen Fragen des Krieges kritisch auseinander setzten. In den über zwei Monaten, in denen die NATO Raketen auf Jugoslawien abfeuerte, gehörte es selbstverständlich zu ihrer Aufgabe, diesen Prozess auch in einer kritischen Perspektive und Distanz zu begleiten. Die Kommentare und Reportagen wären eher unglaubwürdig gewesen, wenn sie während dieser Zeit immer wieder eine grundsätzliche Kritik am Krieg vorgetragen hätten. Kritisch ist aber anzumerken, dass sich die Journalist*innen* über die Einengung der von ihnen eingenommenen Perspektive offenbar nicht im Klaren waren. Denn dann hätten sie möglicherweise erkennen können, dass sie gegenüber den „starken" Argumenten der Kriegsbefürworter ebenfalls starke Argumente haben.

So ist der Skandal, den dieser Krieg für die deutsche Politik darstellte, vom Mediendiskurs kaum bearbeitet worden. Zwar spielte der Rechtsbruch, den die NATO durch ihre Kampfeinsätze begangen hat, in der Kritik eine große Rolle. Doch der in Verbindung damit stehende Einsatz deutscher Soldaten in out-of-area-Einsätzen ist ausgesprochen leise artikuliert worden. Diese neue Situation, die nicht nur rechtlich, sondern auch moralisch in der Bevölkerung stark umstritten war, ist nicht skandalisiert worden. Durch eine stärkere Thematisierung dieses Sachverhalts hätte aber nicht nur die historische, sondern auch die aktuelle Verantwortung Deutschlands in diesem Krieg deutlicher herausgestellt werden können. Diese Chance ist während des Kriegs jedoch weitgehend ungenutzt geblieben.

Im Folgenden sollen zur Erweiterung und Vertiefung der Strukturanalyse die Ergebnisse dreier Analysen solcher Artikel vorgestellt werden, in denen Kritik

am Krieg geäußert wurde und die auf der Grundlage der Ergebnisse der Strukturanalyse für diesen Diskurs als typisch gelten.[4]

Ungläubig am Rande des Krieges

Macht und Recht

Es gehört zu den bittersten Lehren der Geschichte: Wie Kriege enden, weiß man an ihrem Anfang nie.

Der Luftschlag gegen den Serbenführer Milosevic ist ein verzweifelter, er ist auch ein bedenklicher Akt militärischer Gewalt zur Durchsetzung politischer und humanitärer Ziele.

Man sagt, daß er nicht mehr zu vermeiden gewesen sei. Die Glaubwürdigkeit des Westens stehe auf dem Spiel. Daß Menschen sterben sollen um solcher Theoreme willen, ist ein erschütterndes Eingeständnis politischer Unfähigkeit.

Nachdem alles Drohen und Werben fruchtlos blieb, soll Milosevic nun spüren,

Die NATO - kein Papiertiger

daß die NATO kein Papiertiger ist. Doch größte Zweifel sind angebracht, ob die angestrebten Ziele, Belgrads Einschwenken auf das Kosovo-Papier und ein Ende der ethnischen Säuberungen, damit erreicht werden können.

Die Gründe sind bekannt. Der Widerstand der Serben wird sich eher versteifen, weil sie sich als verfolgte Opfer westlicher Machtgelüste verstehen. Hinzu kommt, daß die UCK den NATO-Angriff als Parteinahme zu ihren Gunsten mißverstehen könnte. Während die NATO-Raketen am Himmel ihre Ziele suchen, könnte am Boden der Kampf Mann gegen Mann erst richtig entbrennen. Die Not der Bevölkerung, die man zu lindern sucht, könnte dann erst recht zur humanitären Katastrophe entarten.

Milosevic weiß zudem, wie fragil die Einheit des Westens ist, die jetzt demonstriert wird. Er kennt all die Vorbehalte und Skrupel der europäischen Demokratien, das amerikanische Zaudern, das russische Dräuen. Daß er selbst keine Skrupel kennt, ist sein größtes Faustpfand.

Selbstredend wäre der Westen stärker als die Serben, wenn er den totalen Krieg wagte. Doch eben dieser Gedanke, der Balkan könnte zum Schlachtfeld eines solchen ungleichen, opferreichen Kampfes werden, ist undenkbar.

Wie undenkbar er ist, zeigt unter anderem der Gleichmut des deutschen Publikums. Zum ersten Mal seit dem Zweiten Weltkrieg stehen deutsche Soldaten vor dem realen Kriegseinsatz. Doch mehr als einen beiläufigen Blick auf den Bildschirm ist uns dieses bedrohliche Szenario bisher nicht wert.

Auch Europa befaßt sich, scheinbar ungerührt, mit seiner Agenda. Man ringt um die Kosten der Ost-Erweiterung, die das historische Erbe der großen Weltenwende seit 1989 ist.

Ein solches Erbe, man vergißt es leicht, ist auch der Kampf gegen den kriminell uneinsichtigen Milosevic. Während die Welt zum Dorf wird und Alt-Europa zu Euro-Land, klammert sich Milosevic an seinen dumpfen Traum vom ethnisch reinen Groß-serbien. Daß die Nachwende-Ordnung in ihrer Angst vor dem Chaos die alten Grenzen sanktionierte, macht Milosevic stark und verurteilt die NATO letztlich zum Bruch des Völkerrechts.

Freilich, das Völkerrecht - darf es, ein blutleeres Postulat, höher stehen als die moralische Pflicht zum Versuch, dem Morden und Vertreiben ein Ende zu bereiten?

Bei allen Zweifeln und Skrupeln - es gibt gute Gründe, ja wohl sogar ein natürliches Recht, dem Treiben des Milosevic auch mit Gewalt

Eine Welt voller Gewalt

Einhalt gebieten zu wollen.

Die Konsequenzen wird man nicht außer acht lassen dürfen. Ohne politisches Konzept für eine stabile Ordnung auf dem Balkan wird mit Bomben und Raketen höchstenfalls kurzfristig eine humanitäre Atempause herbeigeführt werden können. Der Balkan von heute muß seinen Bismarck noch finden.

Schließlich: Die Welt ist voller Unrecht und Gewalt. Wo ist denn der Unterschied zwischen den Kurden und den Kosovo-Albanern? Der drohende Krieg vor der europäischen Haustür, er führt uns schreckhaft vor Augen, wie gefährdet die heile Fortschrittswelt ist, in der wir uns geborgen wähnen.

Ralf Lehmann

Abb. 1: WAZ vom 25.3.1999

Feinanalyse 1: Ralf Lehmann: Macht und Recht (WAZ)

Der Artikel von Ralf Lehmann, der am Morgen nach den ersten Bombenangrif-
fen erschien, also am 25.3.99, lässt sich argumentativ-inhaltlich folgendermaßen
zusammenfassen.

1. Er beginnt mit einer allgemeinen Aussage: „Wie Kriege enden, weiß man an
   ihrem Anfang nie." Unter Berücksichtigung dieser Erfahrung sind somit die
   folgenden Ausführungen zu lesen. Hier wird also signalisiert, dass auch der
   Autor nicht einzuschätzen weiß, wie der Krieg ausgehen wird, da die Gefahr
   einer Eskalation sozusagen immanent ist.

2. Es folgt eine Konkretisierung, von welchem Krieg die Rede ist: der NATO-
   Krieg in Jugoslawien. Dieser wird als „ein verzweifelter" und „bedenklicher
   Akt militärischer Gewalt" angesehen.

3. Sodann wird die Begründung des Krieges referiert: Es werde gesagt, er sei
   unvermeidbar, denn „die Glaubwürdigkeit des Westens stehe auf dem
   Spiel". Indirekte Rede und der Einsatz des Konjunktivs signalisieren, dass
   diese Begründung nicht unbedingt geteilt wird. Entsprechend wird sie
   bewertet: sie sei „ein erschütterndes Eingeständnis politischer Unfähigkeit".
   Außerdem seien größte Zweifel angebracht, ob das Ziel der Bombardierun-
   gen, von Milosevic eine Unterschrift unter den Kosovo-Vertrag von Rambouillet zu erhalten sowie ein „Ende der ethnischen Säuberungen" im
   Kosovo zu erzwingen, erreicht werden könne.

4. Diese Zweifel werden wie folgt begründet: Der Widerstand der Serben
   werde gestärkt. Die UCK fühle sich ermutigt. Aufgrund dessen sei eine
   Eskalation möglich, mit der Folge, dass die Not zunehme, dass es eine
   „humanitäre Katastrophe" gebe. Der Westen sei uneins und habe Skrupel,
   bis zum letzten zu gehen, und das wisse der Gegner.

5. Nur wenn der Westen den totalen Krieg wage, könne er gewinnen. Diese
   Bedingung, die im Übrigen der Erfahrung des Eingangsstatements wider-
   spricht, wird aber als undenkbar eingeschätzt. Dass dies so ist, wird an zwei
   Erscheinungen festgemacht:
   • Die Deutschen fühlen sich nicht tangiert, obwohl sie es sind: deutsche
     Soldaten stehen „vor dem Kriegseinsatz".
   • Die EU gehe zur Tagesordnung über, indem sie das Erbe der Ereignisse
     von 1989 aufarbeite: EU-Ost-Erweiterung.

---

4   Es handelt sich um Artikel, in denen einerseits die am häufigsten vorgetragenen Kri-
    tikpunkte ansprochen wurden. Andererseits sollten die unterschiedlichen Wirkungs-
    mittel, die sich mit der Kritik verbanden, ebenso enthalten sein.

6. Diese politischen Bedingungen werden sodann eingeordnet: Der Konflikt habe genau mit diesem Erbe zu tun: Milosevic schwimme gegen den Strom der Zeit, der da heiße: Euroland.

   Die Nachwende-Ordnung trage an dieser Entwicklung eine Mitverantwortung, da sie die neuen Grenzen damals anerkannte. Ohne diese Sanktionierung wäre die NATO heute nicht dazu „verurteilt", das Völkerrecht zu brechen.

7. Nach der politischen folgt nun eine juristische Einordnung des Kosovo-Konflikts. Dies geschieht in Frageform: „das Völkerrecht – darf es, ein blutleeres Postulat, höher stehen als die moralische Pflicht zum Versuch, dem Morden und Vertreiben ein Ende zu bereiten?" Völkerrecht und moralische Pflicht werden zueinander in Beziehung gesetzt.

8. Nachdem zuvor die Zweifel an dieser moralischen Pflicht ausgebreitet worden sind, wird nun Verständnis für diejenigen geäußert, die den Krieg befürworten: „Es gibt gute Gründe, ja wohl sogar ein natürliches Recht, dem Treiben des Milosevic auch mit Gewalt Einhalt gebieten zu wollen."

9. Der Kommentar endet mit einem dreifachen Resümee:
   * der Balkan braucht ein stabiles Konzept,
   * der „drohende Krieg" berge Eskalationsgefahren; denn was für Kosovo-Albaner gelte, könne zukünftig auch für Kurden gelten,
   * der Krieg zeige, dass die heile Fortschrittswelt doch ausgesprochen zerbrechlich sei.

Obwohl der Krieg abgelehnt wird, kann der Kommentar insgesamt kaum kritische Wirkungen entfalten.[5] Es wird zwar eindringlich vor den politischen und militärischen Eskalationsrisiken gewarnt, die mit den Luftkrieg der NATO verbunden sind und die auch Deutschland und Europa bedrohen. Dennoch wird Verständnis für diejenigen aufgebracht, die den Krieg befürworten oder als alternativlos ansehen. Insofern kann der Kommentar auch als ein Beispiel für das Gefühl der Zerrissenheit gelesen werden, von der in den Kriegstagen allenthalben die Rede war.

Das Verständnis geht sogar soweit, den Krieg als ein „natürliches Recht" zu bezeichnen und die NATO als eine Institution, die durch die Machenschaften von

---

5 Dies gilt sicherlich nicht für die Wirkung, die der Kommentar innerhalb der Redaktion der WAZ auslöste. Ralf Lehmann, der Verfasser dieses Kommentars, war zum Kriegszeitpunkt Chefredakteur der WAZ, und er dürfte auch aufgrund seiner Position die Ausrichtung der Kriegsberichterstattung damit erheblich beeinflusst haben.

Slobodan Milosevic geradezu zum Bruch des Völkerrechts gezwungen wurde. Hier steht der kritische Kommentar sogar in der Gefahr, den Krieg zu befürworten.

Die Vorsicht, mit der die Kritik am Krieg vorgetragen wird, überträgt sich offenbar auch auf die Wahrnehmung der Geschehnisse. In einigen Passagen könnte der Leser meinen, der Krieg habe noch gar nicht begonnen. Im Obertitel positioniert sich der Kommentator „ungläubig am Rande des Krieges". Mag man dies noch lediglich als einen geographischen Hinweis verstehen, so irritiert, dass er die deutschen Soldaten „vor einem realen Kriegseinsatz" vermutet und vor einem „drohenden Krieg vor der europäischen Haustür" warnt. Durch solche Beschönigungen kann sich der Eindruck einstellen, als gehörten Luftschläge noch nicht zum Kriegsrepertoire und es müsse nur vor einer weiteren Eskalation gewarnt werden.[6] Dem einschneidenden Ereignis des ersten Krieges mit deutscher Beteiligung nach dem 2. Weltkrieg kann eine solche Sichtweise jedoch nicht gerecht werden.

Schließlich ist der Kommentar dazu geeignet, zu einer Stärkung und Verfestigung des Feindbildes Milosevic beizutragen. Dies mag eine Folge der mangelnden Selbstsicherheit sein, mit der die Kritik insgesamt vorgetragen wird. Auf jeden Fall reiht sich die mehrfache Distanzierung vom und die Entwertung des serbischen Präsidenten in die Reproduktion des Feindbildes ein, das konstitutiv für jeden Krieg ist.

So gesehen, kann der kritische Einsatz des Artikels sogar dazu führen, dass Kriegsgegner eingeschüchtert werden, weil sie sich als eine Minderheit wahrnehmen müssen, die sich nur mit großem taktischen Geschick zu Wort melden kann.

Feinanalyse 2: Sonia Mikich: Wir haben verloren, ich habe verloren (TAZ)

Das ist bei dem Artikel von Sonia Mikich, der am 16.4.99 in der TAZ erschien, nicht der Fall. In ihrem Gastbeitrag werden die Kritikpunkte am Krieg ausführlich dargestellt und auch durch das Abwägen gegenteiliger Argumente nicht zurückgenommen.

Der Text besteht insgesamt aus drei Teilen, deren jeweilige Themen bereits auf der Textoberfläche durch die Überschrift und durch ausgeklinkte Zitate in Textboxen angesprochen werden.

---

6   Möglicherweise hatte Ralf Lehmann seinen Kommentar bereits zu einem Zeitpunkt verfasst, als der Krieg noch nicht begonnen hatte. Diese könnte die Formulierung zwar erklären. Für die diskursiven Effekte ist dies jedoch unerheblich.

Freitag, 16. April 1999 ■ die tageszeitung

■ Ist die Nato wirklich der militärische Arm von amnesty international?
Oder erleben wir auf dem Balkan das Endspiel der neuen Weltordnung?

Wir haben verloren, ich habe verloren

Es ist mein neuter Versuch, in der Jugoslawischen Botschaft in Paris anzurufen. Ich versuche ein Visum für Belgrad zu bekommen und werde abgeschmettert mit den Worten: „Für Kriegsverbrecher gibt es nichts!" Konsul Jovanović knallt den Hörer auf. Meine Faxe beantwortet er nicht. Eine deutsche Korrespondentin kann nichts anderes sein als Gehilfin der Nato-Propagandisten, so wohl seine Sicht. Daß ich auch halbe Serbin bin, erreicht ihn nicht.

Seit Wochen will ich nach Belgrad, der Zuneigung und der Ratlosigkeit wegen. Herausfinden, ob die Leute dort wissen, was im Kosovo geschieht und ob es sie anrührt. Hinhören, was sich hinter ihren Anti-Nato-Menschenketten verbirgt. Meine nächsten Verwandten und Freunde leben in Belgrad und Novi Sad. Mein 80jähriger Onkel Draško, der als Partisan gegen Hitler kämpfte, erlebt die dritte Zerstörung Belgrads in seinem 80jährigen Dasein. Meine 49jährige Cousine zittert jeden Tag in ihrem Haus an der Brücke nach Pancewo, wo Jugoslawiens größte Raffinerie brennt. Sie sind alle zermürbt von drei Wochen Krieg. Nicht, weil es schon so viele Opfer gäbe. Sondern sie sehen nicht, daß sich Jugoslawien je normalisieren wird und daß der Balkan noch zu retten ist.

Meine Verwandten sind weitgereist und anständig. Sie vergewaltigen und plündern nicht, sie versetzen ihre Nachbarn nicht in Angst, sie haben kreuz und quer durch die Ethnien geheiratet. Ich war stolz, in den 60ern halbe Jugoslawin zu sein. Da gab es dieses Vorzeigeland, wo die Arbeiterselbstverwaltung praktiziert wurde und die Ideologie nicht betonstarr war. Wo man westlichen Rock hörte und westliche Zeitungen in den Kiosken lagen. Wo die Jugend Minis und Jeans trug. Das Land, das sich aus eigener Kraft vom Hitlerfaschismus befreit und Stalin auch noch getrotzt hatte. Mit dem Aufstieg Miloševićs mutierte ich zur halben Serbin. Und meine vielsprachigen kosmopolitischen Verwandten zu international Geächteten. Und jetzt lese ich in manchen Kommentaren: Die Serben, sie sind eigentlich moralische Untermenschen. Es ist Konsens geworden, die Opfer des Kosovo-Krieges zu kategorisieren. Es gibt gute Op-

Meine Verwandten sagen, daß ein Drittel der Menschen tatsächlich nicht weiß, was im Kosovo passiert. Aufgrund der Zensur in Belgrad. Ein Drittel will es nicht wissen, weil das eigene Leiden jeden Tag zum Anfassen nah ist. Ein Drittel schämt sich für das Vorgehen der serbischen Milizen, will das aber nur leise sagen. Aus Feigheit und aus Politikmüdigkeit. Als sie vor zwei Jahren zu Hunderttausenden auf Belgrads Straßen laut waren und Milošević wegfegen wollten, fanden sie auch nur wenig Gehör in der Welt.

Wie kann ich meinen Onkel den „humanitären Krieg" der Nato erklären? Wie den Einsatz von Bundeswehrsoldaten? Die letzten Deutschen, die er in Uniform sah, waren Nazis. Sie errichteten mit kroatischen Faschisten KZs und internierten meine Familie. Mein Vater entkam ihren Kugeln nur knapp. Vielleicht begreift meine Familie deswegen so schlecht, daß jeder Nato-Angriff eine strenge, aber gerechte Erziehungsmaß-

nahme ist. Sie wollen nicht einsehen, daß der Westen sie nur zu Vernunft, Demokratie und guter Nachbarschaftlichkeit bomben will. Daß die Nato ab jetzt der bewaffnete Arm von amnesty international ist. Wo war die telegene Flüchtlingshilfe, die große Moraldebatte, als die Krajina „ethnisch gesäubert" wurde? Wir sagten damals nichts zu den 250.000 Flüchtlingen in entsetzlichen Trecks, zu verbrannten Häusern und Toten auf serbischer Seite. Es paßte sogar ganz gut, daß Kroatien keine unruhige Minderheit mehr hatte. Die ethnischen Säuberungen brachten dem jungen Staat Stabilität, und das war doch, leider, reeller als Menschenrechte.

Ob Kriegsgegner oder -befürworter: Wir alle verloren. Was auf dem Balkan passiert, ist das Endspiel der neuen Weltordnung. Und wir Europäer werden einen

hohen Preis bezahlen. Auch wenn Kofi Annan jetzt wieder hofiert wird: Wir haben zugelassen, daß die Vereinten Nationen tödlich geschwächt wurden. Auch wenn die Russen „mit ins Boot sollen", wie unsere Politiker jetzt höflich formulieren: Wir haben zugelassen, daß Rußland gefährlich gedemütigt wurde. Auch wenn Fischer nun versucht, den Schlamassel der

Auch in diesem Krieg gibt es wieder gute und schlechte Opfer

Nato durch diplomatische Hakenschläge schönzufärben: Eine unabhängige Verteidigungs- und Sicherheitspolitik der Europäer kann getrost auf lange Sicht vertagt werden. Ich würde gern meinem Onkel Draško sagen, daß er nicht nur für die Verbrechen der serbischen Milizen im Kosovo bestraft wird, sondern Versuchsobjekt für die künftige Nato-Strategie ist. Zeitlich begrenzte, definierte Aufräumarbeiten „out of area". Die USA schaffen es, mit schulterzuckender Billigung der Europäer die Nato zum Weltpolizisten zu machen. Washington und der folgsame kleine Bruder in London setzen eine anglo-amerikanische Weltordnung auf dem europäischen Kontinent durch. Sie haben das deutsch-französische Duo beiseite gedrängt, das bislang Europa nicht ungeschickt vorwärtsbrachte. Sie haben die Russen in ihrem alten Interessengebiet vorgeführt. Die neue Arbeitsteilung: Die USA liefern Kommandostruktur, Waffen und Intelligenz des Weltpolizisten, die anderen sorgen für den Inhalt künftiger Bodybags.

Wie kann ich ausgehen, frage ich meine Familie in Belgrad. Das Bomben und Morden soll aufhören, egal, wer damit anfängt. Leben zu retten, das kann doch wohl kein Gesichtsverlust sein, meint meine Cousine Jasna. Aber Glaubwürdigkeit ist eine teure Ware. Schon in Rambouillet, schon im Februar, sprachen die serbischen Verhandlungsführer: eine „internationale Präsenz" im Kosovo an. In die Schlagzeilen kam vor allem das kategorische Nein zu Nato-Truppen. Aber es gab auch Bruchstellen, an die die Diplomatie hätte einsteigen können. OSZE, russische Beteiligung, UN-Schutztruppen der Nicht-Nato-Länder, alle „gesichtswahrenden" Etiketten spielten wir Konferenzbeobachter schon damals durch. Es war Madeleine Albright, die vom Nato-Kommando nicht lassen wollte. Jetzt haben wir drei Wochen Krieg hinter uns, um diskrete Szenarien zu diskutieren. Glaubwürdigkeit kann mörderisch werden.

Die Luftangriffe schaffen die Europa der Stämme. Zurück ins 19. Jahrhundert. **Sonia Mikich**

Sonia Mikich arbeitet als Korrespondentin des ARD-Fernsehens in Paris. Zuvor war sie sechs Jahre lang für die ARD in Moskau. Sie ist in England aufgewachsen als Tochter einer deutschen Mutter und eines jugoslawischen Vaters.

Die Luftangriffe bomben Europa zurück ins 19. Jahrhundert

fer (die Flüchtlinge und Vertriebenen) und selbstverschuldete (die Zastava-Arbeiter, die als menschliche Schutzschilde ihren Arbeitsplatz nicht wollten).

Den falschen Präsidenten zu haben, darauf steht die Todesstrafe.

Im ersten Teil geht es um die Thematisierung von Feindbildeffekten und den Versuch, diese aufzubrechen. Der zweite Teil rankt sich um eine Kritik an den Begründungen des Krieges. Im dritten und letzten Teil werden die Auswirkungen auf die Weltordnung beschrieben.

Daneben werden weitere Themen wie z.b. die deutsche Beteiligung vor dem Hintergrund des Nationalsozialismus, die jugoslawische Geschichte, die Rolle der UN, der USA und Russlands angesprochen. Es zeigt sich also, dass die Palette der unterschiedlichen Kritikpunkte am Krieg sehr breit ist.

Als deutsche Journalistin serbischer Herkunft kann Sonia Mikich während des Krieges nicht nach Jugoslawien einreisen und darüber berichten, „ob die Leute dort wissen, was im Kosovo geschieht und ob es sie anrührt."

Diese eigene Betroffenheit aufgrund des Krieges wird ausgeweitet, indem die Autorin schildert, wie die Mitglieder ihrer Familie den Krieg erleben, um dieses Erleben mit dem westlichen Blick zu konfrontieren: „Und jetzt lese ich in manchen Kommentaren: Die Serben, sie sind eigentlich moralische Untermenschen." Damit wird ein herrschendes Feindbild thematisiert und in Frage gestellt. Dies geschieht, indem herausgestellt wird, dass es Feindbilder sind, die den Blick auf die Opfer des Krieges verstellen bzw. die dazu führen, dass von „schlechte[n] Opfer[n]" im Gegensatz zu den „gute[n] Opfer[n]" geredet werde. Das Thema Feindbilder wird mit dem Satz zugespitzt: „Den falschen Präsidenten zu haben, darauf steht die Todesstrafe."

Damit beginnt der zweite Teil des Artikels, in dem eine Auseinandersetzung mit der offiziellen Begründung des Krieges stattfindet. Auch hier wird zunächst eine eher persönliche Perspektive eingenommen, indem die Familie von Sonia Mikich weiter im Spiel bleibt. So kann sie den Skandal der deutschen Beteiligung am Krieg in Jugoslawien wie folgt ansprechen: „Wie kann ich meinem Onkel den ‚humanitären Krieg' der NATO erklären? Wie den Einsatz von Bundeswehrsoldaten?" Schließlich kann sie auf diese Weise auch verdeutlichen, dass sich die Intervention der NATO offenbar von anderen als humanitären Gesichtspunkten leiten lässt: „Wo war die telegene Flüchtlingshilfe, die große Moraldebatte, als die Krajina ‚ethnisch gesäubert' wurde? Wir sagten damals nichts zu den 250.000 Flüchtlingen". Die Argumentation mündet im Aufgreifen der Überschrift „Ob Kriegsgegner oder -befürworter: Wir haben verloren.".

Sodann werden die düsteren Folgen des Krieges ausgemalt: Auf lange Sicht gebe es keine „unabhängige Verteidigungs- und Sicherheitspolitik der Europäer", vielmehr würden „Die USA (...) die NATO zum Weltpolizisten (...) machen" und „eine angloamerikanische Weltordnung auf dem europäischen Kontinent" durchsetzen. Auch hier werden wieder familiäre Beziehungen angesprochen, wenn auch nicht so intensiv wie in den Abschnitten davor. Schließlich werden Alternativen zum Krieg genannt „OSZE, russische Beteiligung, UN-Schutztruppe der Nicht-NATO-Länder".

Der Text ist durchgehend sehr plastisch und abwechslungsreich geschrieben: Kommentierende Teile wechseln mit Reportage-Elementen und politischen Einschätzungen ab. Insofern erinnert er auch an gängige Fernsehbeiträge, bei denen O-Töne mit Archivbildern und Kommentarpassagen montiert werden.[7]

Die O-Töne werden im Artikel durch Aussagen der Familie Mikich wiedergegeben; als Archivbilder fungieren Verweise auf vergangene Ereignisse wie etwa die Flüchtlingsbewegung aus der Krajina oder die Ereignisse während des Zweiten Weltkrieges. Sie werden mit kommentierenden Einschätzungen versehen und bilden insgesamt eine bunte Mischung.

Die verschiedenen Bilder, Kommentarteile und Interviewteile wechseln sehr schnell ab; dadurch wirkt der Artikel sehr dynamisch, eine Dynamik, die allerdings mit einem düsteren Ausblick in die Zukunft endet: es wird ein „Europa der Stämme" beschrieben, das uns „zurück ins 19. Jahrhundert" führt.

Der Gastbeitrag in der TAZ hebt sich einerseits wohltuend von anderen Kritikartikeln ab: Er thematisiert einige Kritikpunkte, die ansonsten innerhalb des Kritik-Diskurses nicht vorherrschend waren. Dazu gehört die Feindbild-Konstruktion ebenso wie die besondere Verantwortung von Deutschen gegenüber diesem Krieg.

Auch die allgemein verbreitete Begründung des Krieges als ein Beitrag zur Abwendung einer „humanitären Katastrophe" wird in Frage gestellt; der „humanitäre Krieg" zeige sich als eine Katastrophe, die den Blick auf die Opfer durch gängige Feindbilder verstelle.

Eine wichtige rhetorische Figur in dem gesamten Artikel ist die Herstellung von Nähe. Die eigene Familie, allen voran „Onkel Drasko", erhält dabei eine zentrale Funktion. Der mehrfach zitierte Onkel steht einmal für alle die Serben, die bereits im Zweiten Weltkrieg mit deutschen Soldaten Bekanntschaft machen mussten. Auf diese Weise wird die deutsche Beteiligung am Krieg unter Bezugnahme auf den Faschismus kritisiert. Zum anderen dient „Onkel Drasko" gemeinsam mit den weiteren Familienmitgliedern dazu, diese Menschen gegenüber Dämonisierungen in Schutz zu nehmen. So können auch Serben als Opfer des Krieges angesehen werden.

---

7   Das ist natürlich bei der Autorin nicht verwunderlich, schließlich liegt ihr Hauptbetätigungsfeld bei den visuellen Medien.

Bereits im Titel des Artikels „Wir haben verloren, ich habe verloren" wird rhetorisch auf eine solche Nähe angespielt. Das Kollektivsubjekt „Wir" dient aber darüber hinaus auch dazu, die Leserinnen und Leser als Beteiligte des Konfliktes bzw. seiner Folgen zu begreifen. Nicht immer ist eindeutig, wer dieses Subjekt eigentlich ist. Meist sind darunter die Angehörigen der europäischen Nationen, einschließlich Jugoslawiens zu verstehen. Auf diese Weise kann ein Subjekt konstituiert werden, das keine Unterschiede zwischen Kriegsgegnern und Kriegsbefürwortern kennt, eben weil alle in diesem Krieg verlieren werden.

Die einzige Alternative zum Krieg wird in der Diplomatie gesehen, darin, dass wieder miteinander geredet wird.

Trotz all dieser vorzüglichen Eigenschaften kann der Artikel Kriegsgegner kaum dazu motivieren, sich gegen die beschriebene Entwicklung zu stemmen und die beschriebenen Logiken aufzubrechen.

Dies liegt daran, dass im Artikel keine handelnden Personen auftauchen. Diejenigen, die mit „Wir" gemeint sind, werden nur als Zuschauer auf den Rängen angesprochen, die dem Treiben der Politiker nur zusehen können. Handelnde bzw. Agierende sind die USA, die ihre europäischen Partner zu Statisten degradiert haben. Dieser Effekt wird nicht zuletzt auch durch die eingesetzte Symbolik erzeugt. Bereits das im Titel auftauchende Verb „verloren" verweist auf ein Spiel, das sich vor den Augen der Öffentlichkeit abspielt. Auch die im Lead gestellte Frage: „erleben wir auf dem Balkan das Endspiel der neuen Weltordnung?" nimmt dieses Bild auf. Insofern ist die gesamte Perspektive des Artikels deprimierend, weil sie keine Handlungsoptionen andeutet und den Krieg zu einer Angelegenheit macht, die allein auf der politischen Bühne ausgetragen wird, zu der die Leserinnen und Leser keinen Zutritt haben.

Feinanalyse 3: Reinhard Merkel: Das Elend der Beschützten (DIE ZEIT)
Erinnert der Artikel von Sonia Mikich aus der TAZ an den Aufbau aktueller Fernsehberichte, so liest sich der Artikel von Reinhard Merkel vom 12.5.99 aus der ZEIT wie ein Plädoyer gegen den Krieg, in dem der Verfasser als Verteidiger der serbischen Bevölkerung auftritt und das Vorgehen der NATO verurteilt.

Die Argumentation gleicht einer Beweisführung, die zu dem Ergebnis kommt, dass der Krieg „illegal und moralisch verwerflich ist". Er lässt sich wie folgt zusammenfassen:

1. Zunächst wird – wie gesagt – die These aufgestellt, der NATO-Krieg sei nicht legitim und nicht zu rechtfertigen und bedrohe die Zukunft des Völkerrechts.
2. Im zweiten Schritt wird ein Einwand gegenüber dieser Sichtweise antizi-

Abb. 3: Die Zeit vom 12. Mai 1999

piert: Diese sei deshalb falsch, weil die Kritik allein auf das eingesetzte Gewaltmittel abziele, nicht aber auf den verfolgten Zweck des NATO-Einsatzes.

3. Angesichts dieser Bedenken wird die Ausgangsthese wiederholt, deren Richtigkeit im Folgenden bewiesen werden soll. Dieser Krieg sei „illegal, illegitim und, unbeschadet seiner hohen moralischen Begründung, moralisch verwerflich".

4. Im ersten Schritt dieser Beweisführung wird denjenigen, die den Krieg als rechtens ansehen, zugestanden, dass das rechtliche Prinzip der Nothilfe, auf das sich diese Vertreterinnen offenbar gerne berufen, auch als Rechtstitel für Fremdstaaten existiere und keineswegs von einer formellen Bestätigung des Weltsicherheitsrates abhänge. Insofern sei eine Zustimmung des Weltsicherheitsrates in einem Fall von Nothilfe nicht erforderlich.

5. In einem zweiten Schritt der Beweisführung wird nun betont, dass das Völkerrecht eine Primärfunktion habe; deshalb könne das Prinzip der Nothilfe nur die Ausnahme sein. Die primäre Funktion des Völkerrechts bestehe in der zwischenstaatlichen Friedenssicherung. Insofern kollidiere das Prinzip des „Gewaltverbots" mit dem „Nothilferecht". Deshalb könne der Einsatz von Gewaltmitteln nur dadurch legitimiert sein, dass und sofern diese erforderlich und tauglich seien.

6. Diese Prinzipien „Erforderlichkeit und Tauglichkeit" lägen im Falle des NATO-Krieges nicht vor, weil es sich erstens um einen Strafkrieg handele, der sich zweitens gegen die serbische Bevölkerung richte. Außerdem zeige sich die Untauglichkeit der Mittel auch daran, dass Serbien „die Luftschläge zum Anlass genommen hat, genau das Elend, zu dessen Unterbindung sie beschlossen wurden, ins Unermessliche zu verschärfen" und dass diese Reaktion absehbar gewesen sei: „Wer sehenden Auges einem tatgeneigten Verbrecher in die Hände spielt oder ihm zusätzliche Motive liefert, kann sich keineswegs von der Zuständigkeit für dessen nachfolgende Taten freizeichnen". Insofern sei dieser Krieg „eine gewaltsame Nothilfe, die das Elend der Beschützten vergrößert, untauglich und damit Unrecht".

7. Erneut werden nun mögliche Gegenargumente ins Spiel gebracht: „Die behauptete Untauglichkeit der Bombardierung als Nothilfe mag sich ja bloß als vermeintliche, als vorläufige erweisen. Wenn schon nicht für den sofortigen Verbleib, dann wird eben für die spätere Rückkehr der Albaner in ihre Heimat gebombt".

8. Dieser Einwand wird jedoch mit dem Verweis darauf entkräftet, dass der NATO-Krieg das fundamentale Prinzip von Gerechtigkeit verletze, denn: „Wer Gewaltanwendung mit Hilfe für ein misshandeltes Opfer legitimieren will, hat die ‚Kosten' seines Handelns, sofern er sie nicht dem Täter aufbürden kann, auf sich zu nehmen. Keinesfalls darf er sie unschuldigen Dritten zuschieben." Und: „Keiner der getöteten serbischen Zivilisten – Kinder, Frauen und Alte – hat ein einziges der albanischen Opfer auf dem Gewissen. Sehr wohl auf dem ihren haben die Verantwortlichen der NATO-Bomben jedes einzelne ihrer zivilen serbischen Bevölkerung".

9. Es wird weiter kritisiert, dass zivile Opfer als „Kollateralschäden" eingeplant bzw. gerechtfertigt worden seien. Auch die umstrittene ‚Doktrin der Doppelwirkung' von Thomas von Aquin sei hier nicht anzuwenden: „Wer bedrohten Menschen helfen will, legitimiert sich allein aus einer Norm, die es unter keinen Umständen erlaubt, dafür unschuldige Dritte zu töten: Denn

die Maxime, Unschuldige zu retten, indem man Unschuldige tötet, zerstört sich offenkundig selbst".

10. Es folgt eine Bilanz der Ausführungen, nach der die „bitterste" Lehre des Krieges sei, dass die NATO genau die rechtliche und ethische Norm nicht anerkenne, mit der sie ihren Kampf legitimiere: Sie setze das Weltbürgerrecht auf Heimat einer Gruppe durch Vernichtung des Rechts auf Leben einer anderen durch.

11. Eine knappe Zwischenreflektion gilt der These, dass diese Situation dann hätte vermieden werden könne, wenn die NATO den Kosovo-Albanern mit freiwilligen Bodentruppen zur Seite gesprungen wäre. Doch wird dieser Gedanke sofort entkräftet, weil auch diese Maßnahme durch das Prinzip der Verhältnismäßigkeit nicht gedeckt gewesen wäre.

12. Vor dem Hintergrund dieser Argumentation wird die Ausgangsthese nochmals als Schlussfolgerung bekräftigt, dass der Krieg illegitim sei, und gefordert, „ein zukünftiges Völkerrecht [müsse] solche Nötigungskriege ächten".

Der stringente Aufbau des Artikels und vor allem die Strategie, einerseits sachlich und nahezu spezialisiert aus einer mit Kompetenz ausgewiesenen Sprecherposition – Reinhard Merkel wird den Leserinnen und Lesern als Rechtsphilosoph vorgestellt – zu argumentieren und andererseits ebenso persuasiv und emotional zu agieren, macht es schwer, sich der Logik der Argumente zu entziehen. Vor allem auch dadurch, dass systematisch Argumente der Befürworter auf einer juristischen Ebene entkräftet werden, wird es schwer, diese Argumentation zu durchbrechen.

Die Kombination dieser Diskursstrategien wird vor allem durch eine Analyse der Kollektivsymbolik deutlich. Die Passagen, in denen die juristischen Argumente ausgebreitet werden, sind durchsetzt von Symbolen von Ordnung und Gleichgewicht. Die Rede ist vom „Fundament für den NATO-Einsatz" sowie von den „fundamentalen Menschenrechten", davon, dass der Krieg die internationale „Ordnung" und eine „prekäre Balance selbstlegitimierter Mächte" gefährde und diese umzukippen drohe. Im Gegensatz dazu wird ein chaotischer, weil gesetzloser, „Naturzustand" beschrieben.

Dagegen dominieren bei den eher persuasiven Teilen des Artikels eindeutig Körpersymbole. Die Symbolik bezieht sich dabei häufig auf den Kopf, bzw. wichtige Sinnesorgane: Wir lesen vom „kalten Blick" von einer „einäugigen Kritik" von einer „tonlosen Abstraktion".

Ein Zusammentreffen beider Argumentationsstrategien und Symboliken findet sich dort, wo Merkel die Absurdität des Krieges mithilfe zweier Beispiele verdeutlicht: Er vergleicht einmal die NATO mit einem Transplantationschirurgen, „der fünf todkranke Patienten rettet, indem er die dafür erforderlichen Organe durch Töten und Ausschlachten eines einzigen ahnungslosen Passanten beschafft"[8]. Bezogen auf den NATO-Krieg müssen hier die Kosovo-Albaner als Patienten und die Zivilisten in Serbien als „ahnungslose Passanten" gelten. In diesem Bild nutzt Merkel vor allem die Körpersymbolik; im folgenden Demonstrationsbeispiel bezieht er sich dann auf die Gleichgewichts- und Ordnungstopik und vergleicht den Krieg mit einer „Polizeiaktion", bei der nicht gezielt gegen die Geiselnehmer vorgegangen werde, sondern bei der der Wohnblock, in dessen Kellerräumen sich die Gangster verbergen, bombardiert würde und somit der Tod der restlichen Bewohner des Hauses wissentlich in Kauf genommen werde.

Da in diesem Artikel vornehmlich die juristisch-philosophische Ebene der Auseinandersetzung zum Krieg akzentuiert wird, werden keine ernsthaften Alternativen zu ihm angesprochen. Diese sind nicht Thema des Artikels; sein Thema sind die Illegitimität des Krieges und die verheerenden Folgen für das Völkerrecht, um dessen Zukunft sich der Autor sorgt. Der Artikel endet mit dem Appell, dass solche Interventionen zukünftig geächtet werden müssen. Da Merkel ausführlich Stellung gegen diesen Krieg bezieht und ihm jegliche Rechtfertigung abspricht, ist die Nichtthematisierung von Alternativen keine Leerstelle seiner Ausführungen.

Eine Leerstelle in seiner Argumentation ist dagegen die Nichtthematisierung der deutschen Beteiligung. Damit wird eine wichtige juristische Argumentation ausgespart, die sich aus dem Faktum der Beteiligung Deutschlands an diesem Krieg ergeben hätte. Die Beteiligung war zum Zeitpunkt des Krieges durchaus auch juristisch umstritten. Sie hätte also aufgenommen werden können und die Argumentation gegen den Krieg ergänzen bzw. erweitern können.

Angesichts der Tatsache, dass dieser Aspekt die besondere Verantwortung von Deutschland in diesem Krieg hätte hervortreten lassen können und sich damit weitere Argumente gegen den Krieg in der Bevölkerung hätten ausbreiten können, ist diese Lücke bedauerlich. Sie ist aber möglicherweise ein erneuter Hinweis darauf, dass sich auch der ausgewiesene Experte in seiner Ablehnung des Krieges in einer Minderheitenposition wähnt.

Insgesamt wäre ein Hinweis auf die juristische Verwicklung Deutschlands eine wichtige Bereicherung der kritischen Stimmen gewesen. Die Skandalisie-

---

8 Der Jurist und Rechtsphilosoph Reinhard Merkel gilt als Bioethik-Experte. Er war 1988-1990 Redakteur der Wochenzeitung DIE ZEIT. 2002 erschien sein Buch „Forschungsobjekt Embryo" über verfassungsrechtliche und ethische Grundlagen der Forschung an embryonalen Stammzellen.

rung der deutschen Beteiligung hätte so auch in Verbindung mit dem Bruch des Völkerrechts dazu führen können, Menschen in Deutschland zu stärkerem Widerstand gegen den Krieg zu ermutigen.

Die im ZEIT-Beitrag verfolgte Diskursstrategie ist zwar geeignet, die Leserinnen von der Richtigkeit der geäußerten Kritik zu überzeugen, doch sie erzeugt kein Handlungspotential, da sie auf der reflektierenden Ebene verbleibt. Die Leserinnen sind halt nur Zuschauende oder Zuhörende in einem Gerichtssaal, in dem sie ein gelungenes Plädoyer gegen den Krieg verfolgen, an dessen Ende sie kräftig applaudieren können.

Ohne Konzept: Zusammenfassung und Schlussfolgerung

Nachdem die Strukturanalyse den (Teil-)Diskursstrang „Kritik am NATO-Krieg in den (Print-)Medien und seine wesentlichen Aussagen" bereits erfassen konnten, dienten die drei Feinanalysen typischer Artikel dazu, seine Wirkung(smittel) im Detail zu erfassen. Dabei ging es nicht darum, die Position einzelner Autorinnen zu ermitteln und zu kritisieren, sondern die von ihnen erzeugten Diskursfragmente als Elemente des betreffenden (Teil-)Diskursstrangs zu analysieren und die durch seine stetige Rekurrenz erzeugte Wirkung zu ermitteln. Die zusammenfassende Interpretation von Struktur- und Feinanalyse kann nun zeigen, wie dieser Diskurs insgesamt beschaffen ist.

Die Analyse des Artikels aus der WAZ hat deutlich gemacht, dass viele Kritikerinnen sich offenbar in einer Minderheitenposition glaubten und dieser dann durch eine defensive Kritikhaltung Rechnung trugen. Dies ist insofern erstaunlich, als den Journalistinnen wohl bekannt gewesen sein konnte, dass es in der Bevölkerung eine nicht unerhebliche Skepsis bis hin zur eindeutigen Ablehnung des Krieges gab. Die Positionierung als Minderheit war von daher nicht gerechtfertigt. Vielmehr hätte die vorhandene Ablehnung des Krieges oder doch die Distanz zum Krieg weiter ausgebaut werden können.

Bei aller Scharfsinnigkeit, mit der der Chefredakteur der WAZ, Ralf Lehmann, die Probleme analysiert, die durch die Bombardierung von Jugoslawien erst hervorgerufen wurden, ist sein Verständnis für diejenigen, die dies anders sehen, dabei so groß, dass sogar die Gefahr besteht, dass sich seine Bedenken nicht klar artikulieren können.

Der Beitrag von Sonia Mikich versucht Sachverstand und Emotion zu bündeln, um ihre kritische Haltung zum Krieg auszudrücken. Außerdem spricht sie alle wichtigen Kritikpunkte an, die dazu geeignet waren, den besonderen Stellenwert des NATO-Krieges, auch für Deutschland, zu thematisieren. In dieser Hinsicht kann der Beitrag von Sonia Mikich als geradezu beispielhaft für eine effektive Kritik am Krieg angesehen werden.

Hinzu kommt, dass sie mit einem ganzen Bündel unterschiedlicher Argumentationsstrategien aufwartet, die geeignet sind, die Berechtigung ihrer Kritik nachzuvollziehen. Gerade durch das systematische Herstellen von Nähe, aber auch durch Sarkasmus, versucht sie die Absurdität des Krieges herauszustellen.

Doch die Analyse des Artikels zeigt auch, dass diese Nähe nur eine taktische Nähe ist, die nicht wirklich auf die Leserinnen und Leser zielt. Und hier tut sich eine nicht zu übersehende Schwäche ihrer Argumentation auf. Ihr Beitrag ist analytisch insofern hermetisch, als er keine oder kaum Perspektiven aus der Sackgasse andeutet. Es verhält sich so, wie in der Überschrift festgehalten: Wir haben verloren.

Dass dies so ist, mag aus der Perspektive von Sonia Mikich durchaus logisch sein. Als kompetente und in der Kriegsberichterstattung durchaus bewanderte Journalistin hat sie es in der Regel mit den politisch Verantwortlichen zu tun. Entsprechend bezieht sich ihre Einschätzung der Folgen, aber auch der Alternativen zum Krieg, fast ausschließlich auf diese Handlungsebene. Insofern positioniert sie ein kollektives „Wir" gegenüber den Mächtigen, die sie vor allem in der USA verortet, und homogenisiert damit jedoch sowohl Kriegsgegner wie -befürworter zu einem von ihr imaginierten „Wir".

Die Effekte, die von solch einer im Detail kenntnisreichen und in der Ausführung nahezu brillant anmuteten Kritik ausgehen, müssen deshalb als eher lähmend denn motivierend für einen Widerstand gegen den Krieg angesehen werden.

Der Artikel von Reinhard Merkel aus der ZEIT bezieht sich dagegen nicht so umfassend auf den Krieg. Er thematisiert vorwiegend juristisch-philosophische Aspekte und nimmt damit allerdings einen wichtigen Gesichtspunkt der Kritik auf und kann Unschlüssige bzw. verunsicherte Personen sicherlich für seine Argumentation gewinnen.

Allerdings spart Reinhard Merkel die Beteiligung Deutschlands am Krieg aus, was sicherlich bedauerlich ist. Eine Antwort auf die Frage, weshalb er diesen Gesichtspunkt nicht betrachtet, könnte lauten, dass dies nicht im Mittelpunkt seines Interesses stand. Seinen Artikel positioniert er als eine rechtsphilosophische Antwort auf die in der gleichen Zeitung veröffentlichte Intervention von Jürgen Habermas. Dieser hatte den Krieg zwar als rechtlich bedenklich bezeichnet, jedoch gleichzeitig darauf hingewiesen, dass er aber auch auf eine Lücke im Völkerrecht hinweise, die zukünftig zu schließen sei. Es scheint vor allem diese Ebene der Konfliktregelung zu sein, die für Merkel im Vordergrund steht und die er mit seinem Beitrag betonen und stärken will. Es ist also seine spezifische Perspektive, die ihn hier nicht unmittelbar auf das Problem der deutschen Beteiligung am NATO-Krieg stoßen lässt – obwohl dies durchaus diskutiert wurde, etwa durch die Einlassungen (nicht nur) der PDS, die die deutsche Beteiligung als einen Grundgesetzverstoß ansah.

Die drei Feinanalysen machen insgesamt deutlich, dass die Schwäche der Kritik, die sich in den Artikeln auffinden lässt, vor allem aus den jeweiligen Sprecherpositionen resultiert, die in die Argumentation einfließen, ohne dass sie von den Journalistinnen reflektiert oder gar problematisiert wurden. War es in der WAZ die Position der Minderheit, die Ralf Lehmann die Feder führte, so ist Reinhard Merkel als Rechtsphilosoph ausschließlich auf die Bewältigung der Probleme des Völkerrechts abonniert. Schließlich lässt der Erfahrungshorizont von Sonia Mikich als ARD-Korrespondentin nicht zu, dass sie auch noch andere wichtige handelnde Personen wahrnehmen kann als Politiker. Insofern wäre es für eine Stärkung von Kritik – wahrscheinlich nicht nur innerhalb der Kriegsberichte – wichtig und notwendig, solche kritischen Reflektionen hinsichtlich der eigenen Perspektive vorzunehmen.

Darüber hinaus zeigte sich, dass die Kritik am Krieg auch deshalb lediglich punktuell und als Auffassung einzelner Journalistinnen und Journalisten auftrat, weil sie sich nicht in ein umfassendes Konzept de-eskalierender Berichterstattung einbinden ließ.[9] Diese Schwäche verweist jedoch auf eine Schwäche der öffentlichen Diskurse insgesamt, in denen alternative friedenspolitische Konzepte nicht dominant sind.

Dies zu verändern bzw. solche Konzepte weiter zu entwickeln, ist deshalb auch für die weitere kritische Auseinandersetzung mit der Rolle der Medien im Krieg unabdingbar.

---

9   Solche Konzepte liegen aber vor. Vgl. dazu Initiative Intelligente Deeskalationsstrategie 2001.

Zwischen Antisemitismus, Rassismus und Solidarität. Die Berichterstattung zur Zweiten Intifada in deutschen Printmedien

Im Folgenden werden die Ergebnisse einer Diskursanalyse vorgestellt, die sich mit der deutschen Medienberichterstattung zur Zweiten Intifada vom Moment ihres „Ausbruchs" im September 2000 bis Ende August 2001 befasste.[1]

Uns interessierte dabei vor allem die Frage, wie und wodurch sich durch die Medien über einen längeren Zeitraum hinweg ein bestimmtes Wissen über Israel und den Nahost-Konflikt herstellt.[2] Dieses Wissen wird nicht durch bestimmte einzelne Artikel erzeugt, sondern dadurch, dass die Leserinnen und Leser immer wieder mit bestimmten Bildern und Zuschreibungen konfrontiert werden, so dass sich im Laufe der Zeit feste Vorstellungen und Bewertungen ergeben. Mit anderen Worten: Durch die Rekursivität einzelner flüchtiger Bilder und Zuschreibungen ergibt sich ein mehr oder minder festes Wissen, ein mehr oder minder deutlich konturiertes Bild von Israel und dem Nah-Ost-Konflikt.

---

1   Das Projekt, das vom AJC in Auftrag gegeben worden war, wurde geleitet von Margarete Jäger und Siegfried Jäger. Weitere Mitarbeiter*innen* waren Gabriele Cleve, Ina Ruth, Frank Wichert und Jan Zöller. Der Projektbericht ist in S. Jäger/M. Jäger 2003 erschienen. Diese Untersuchung hat ein lebhaftes Medienecho hervorgerufen. Die Medien waren von dem Teilergebnis, dass in Verbindung mit der Zweiten Intifada auch antisemitische Elemente im Mediendiskurs auftauchen, offenbar aufgeschreckt. Dies führte – leider – dazu, dass einige Journalist*innen* nicht nur die Studie zu denunzieren versuchten, sondern auch ihr diskursanalytisches Vorgehen. Über diese polternden Reaktionen sind die gleichfalls vorhandenen positiven Besprechungen in den Hintergrund geraten. Zur Rezeption der Studie vgl. auch Disselnkötter 2002, Paul 2002 sowie Fried 2004. Uns hat die negative Kritik auch deshalb gewundert, weil sie zumeist unterschlug, dass die Studie nicht nur herausgearbeitet hat, dass antisemitische Vorurteile bedient werden, sondern dass gleichfalls vielfach antiislamische und rassistische Vorbehalte in der Berichterstattung produziert werden. – Zur Kritik unseres Vorgehens vgl. Bührmann 2005 und das Kapitel: Diskurs als „Fluss von Wissen durch die Zeit" in diesem Band.

2   Vgl. dazu generell S. Jäger 2001a und 2004a.

Dieses Wissen bildet die Grundlage dafür, wie deutsche Leserinnen und Leser Israel, die Israelis und natürlich auch die Palästinenser zur Kenntnis nehmen. Dabei ist zu beachten, dass neues Wissen sich immer an altes Wissen ankoppelt, dieses bestärkt oder auch in Bewegung bringen kann, es also verändert.

Nun ging es bei unserem Projekt nicht um die Einschätzung wahrer oder falscher Berichterstattung über bestimmte Ereignisse. Wir sind uns darüber im Klaren, dass die Sicht auf gleiche Sachverhalte sehr stark von den jeweils eingenommenen Perspektiven bzw. Diskurspositionen geprägt ist. Es ging uns um die Beantwortung der Frage, mit welchen Vorstellungen und Deutungsmustern deutsche Printmedien die Ereignisse im Nahen Osten aufnehmen und auf ihr Bild von Israel, der Israelis und der Palästinenser beziehen.

Wiederbelebung von Ressentiments? Anlass und Fragestellungen
Die Zweite Intifada hatte ein großes Echo in den deutschen Printmedien. Dass deutsche Medien den Konflikt zwischen Israel und den Palästinensern mit besonderer Aufmerksamkeit verfolgen, hat seinen Grund vor allem auch in der jüngeren deutschen Geschichte: Trotz einiger zu beobachtenden Schlussstrichbemühungen bestimmen Nationalsozialismus und Shoah das deutsch-israelische Verhältnis und die innerdeutsche historische Debatte auch heute noch. Dabei wissen wir aus verschiedenen Untersuchungen, dass antisemitische oder antizionistische Vorurteile in Deutschland nach wie vor – wenn auch zum Teil nur latent und öffentlich eher tabuisiert – vorhanden sind.[3] Zu fragen war daher, ob und wie die aktuelle Medienberichterstattung über den Nahost-Konflikt diesem Umstand Rechnung trägt.

Die Untersuchung ging von den folgenden Fragestellungen aus:
- Wie ist das Image der Konfliktparteien beschaffen? Mit welchen Zuschreibungen werden ihre Akteure versehen?
- Enthält der Diskurs über die Zweite Intifada antisemitische Diskurselemente (Stereotype), die zur Wiederbelebung von Ressentiments gegenüber Israel und den Juden führen können?
- Enthält der Diskurs über die Zweite Intifada anti-islamische Diskurselemente (Stereotype), die zur Stärkung von Vorurteilen gegenüber Muslimen führen können?

---

3   Vgl. dazu die Untersuchungen z.B. von Bergmann/Erb 1991, Bergmann 1995 und jetzt auch zusammenfassend Haury 2002.

- Auf welche Weise schließt sich der Diskurs um die Zweite Intifada an andere deutsche Diskurse an?

Unser Verständnis der Begriffe Antisemitismus und Rassismus schließt sich eng an die bisherige Antisemitismus- und Rassismus-Forschung an. Dies gilt auch für neuere Konzepte wie die von Shulamit Volkov und Thomas Haury, die zu dem Ergebnis kommen, Antisemitismus sei eine Folge der absoluten Gegensätzlichkeit des Judentums zur Nation, in Deutschland eben zum Deutschtum (Volkov 2000, Haury 2002). Haury betont zudem einen fundamentalen Unterschied zwischen Rassismus und Antisemitismus, den er einerseits an der Funktion des Antisemitismus für die Definition der Nation festmacht, andererseits aber an den Unterschieden in den stereotypen Zuschreibungen. So werde und könne nicht etwa Türken der Vorwurf gemacht werden, sie agierten verschwörungstheoretisch. Obwohl dies nicht im Mittelpunkt des Projektinteresses stehen konnte, zeigen unserer Ergebnisse zum Intifada-Diskurs, dass solche Differenzierungen durchaus angebracht sind.

Das Material

Das Material-Korpus der Untersuchung umfasst die im Zeitraum vom 28.9.2000 bis zum 8.8.2001 in folgenden Printmedien (Tages- und Wochenzeitungen) erschienenen Artikel: FRANKFURTER ALLGEMEINE ZEITUNG, FRANKFURTER RUNDSCHAU, DER SPIEGEL, SÜDDEUTSCHE ZEITUNG, DER TAGESSPIEGEL, DIE TAGESZEITUNG, DIE WELT. Insgesamt wurden 2505 Artikel erfasst, von denen diejenigen einer Diskursanalyse unterzogen wurden, die sich auf folgende Ereignisse bezogen: der „Tempelberg-Besuch Ariel Scharons" (28.9.00), „Der Tod des palästinensischen Jungen Mohammed al-Dura" (30.9.00), die „Lynchmorde an zwei israelischen Soldaten in Ramallah" (12.10.00) sowie das „Selbstmord-Attentat vor einer Diskothek in Tel Aviv" (1.6.01). Diese vier Ereignisse wurden im Medien-Diskurs besonders ausführlich dargestellt – wir bezeichnen sie deshalb als diskursive Ereignisse. Insgesamt wurden 427 Artikel einer qualitativen Analyse unterzogen.

Die Analyse solcher diskursiver Ereignisse hat den Vorteil, dass sich damit sowohl Bruchlinien und / oder Veränderungspunkte von Diskursverläufen herausarbeiten lassen, wobei dies jedoch gleichzeitig vor dem Hintergrund vorhandener dominanter Strukturen des Diskurses geschieht. Insofern lässt sich damit sowohl das Herausragende als auch das Allgemeine des Diskurses herausstellen.

Im Folgenden sollten kurz die besondere Funktionen der diskursiven Ereignisse für den weiteren Nahost-Diskurs herausgearbeitet werden, um in einem weiteren Schritt den Nahost-Diskurs insgesamt zu charakterisieren.

Funktion der untersuchten diskursiven Ereignisse für den Diskursverlauf "Zweite Intifada" insgesamt

Das diskursive Ereignis „Tempelbergbesuch" markiert den Beginn der so genannten Zweiten Intifada. Es hat die Berichterstattung über die gesamte Zeitraum insofern nachhaltig geprägt, als es immer wieder und nahezu einhellig wenn auch nicht als Verursacher, so doch als Auslöser der Zweiten Intifada herausgestellt wurde. Zwar besteht im deutschen Printmediendiskurs Einhelligkeit darüber, dass das erneute ‚Aufflammen' der Auseinandersetzungen zwischen Israelis und Palästinensern eine Vorgeschichte hat, doch als Auslöser neuer Kämpfe und Konflikte wird diesem Ereignis ein besonderer Stellenwert zugeschrieben. Die Möglichkeit, dass Arafat die Intifada absichtlich vom Zaun gebrochen habe, statt mit den Verhandlungen mit Israel fortzufahren, wird im gesamten deutschen Printmedien-Diskurs kaum angesprochen.

Nur durch zwei Argumente wird dies eingeschränkt: So wird ins Feld geführt, der Tempelbergbesuch sei nicht nur mit der damaligen Regierung von Ehud Barak, sondern auch mit Vertretern der Palästinensischen Autonomiebehörde abgesprochen gewesen (vgl. z.B. FAZ, 4.1.01). Außerdem wird in einigen wenigen Berichten und Kommentaren darauf hingewiesen, dass es palästinensische Jugendliche gewesen seien, von denen die Gewalt ausgegangen sei und dass sie „den ersten Stein geworfen" hätten. Es gibt also durchaus die Deutung, dass der Tempelbergbesuch, so provozierend er gewesen sei, der palästinensischen Seite auch als Anlass dazu diente, die Zweite Intifada auszurufen, mit der Israel durch Terror macht- und druckvoll zu Konzessionen gebracht werden sollte (Tagesspiegel, 23.4.01). Dass dies Teil einer Strategie Arafats gewesen sein könnte, wird jedoch nicht angesprochen. Nach dem Tempelbergbesuch ist eine optimistische Einschätzung der Verhältnisse im Nahen Osten für die Print-Medien offenbar nicht mehr möglich.

Darüber hinaus konnte die Analyse über den Tempelbergbesuch eine weitere Akzentuierung des Nahost-Diskurses sichtbar machen. Indem in den Berichten die israelische Seite durchweg als Besatzungsmacht, als hochgerüstet und als gewalttätig charakterisiert wurde, als formierte Kraft, die jederzeit zu ‚Vergeltungsmaßnahmen' bereit und in der Lage sei, wird die palästinensische Seite in der Zweiten Intifada als die eindeutig schwächere Seite positioniert.

Auch der Tod des Mohammed al-Dura wird diskursiv als eine solch weitere Folge aufgenommen. Die Analyse der Berichte über dieses Ereignis, die unisono davon ausgingen, dass der Tod des Jungen durch israelische Soldaten verursacht worden war, nicht etwa durch ein Unglück oder gar durch einen palästinensischen Kämpfer, hat gezeigt, dass beide Konfliktparteien mit erheblich negativen

Zuschreibungen versehen wurden. Dies geschah vor allem durch den Einsatz emotional aufgeladener Bildsequenzen sowie durch dramatisierende Kollektiv-symbole. Hinsichtlich der diskursiven Effekte führte dies dazu, den Nahen Osten als ein „Pulverfass" zu imaginieren, das im Begriff ist zu explodieren.

Der Tod des 12-jährigen Jungen richtete den diskursiven Blick außerdem auf die Rolle der Kinder innerhalb der Intifada. Die Beteiligung von Kindern und jungen Personen an den Kämpfen und ihre Beeinflussung durch die gewaltsamen Auseinandersetzungen produzierte im Diskurs vor allem Fassungslosigkeit und Ratlosigkeit. Beiden Seiten wird vorgeworfen, sie missbrauchten den Tod der Kinder für Propagandazwecke, wobei sich in dieser Hinsicht die Palästinenser – wie es heißt - als "wahre Meister" erwiesen.

Die Möglichkeit einer solchen Instrumentalisierung der Medien war auch dem Umstand geschuldet, dass der Tod des 12-Jährigen durch ein Kamerateam gefilmt worden war. Dies wurde in den Medien auch besonders hervorgehoben. Und es begann eine Debatte um die Rolle der Medien in diesem Konflikt, die sich allerdings allein auf die vor Ort agierenden Medien bezog und deutsche Medien kaum berücksichtigte.

Auch die am 12.10.2000 folgenden Lynchmorde von Ramallah wurden in Fotos und Filmen festgehalten, was dazu beitrug, dass die Diskussion über die Funktion der Medien im Nahost-Konflikt, die durch den Tod von Mohammed al-Dura initiiert wurde, weitergeführt wurde. Zentral thematisierte und problemati-sierte die Berichterstattung über diese Morde jedoch vor allem die Eskalationslo-gik der Auseinandersetzungen. Die Lynchmorde an den israelischen Soldaten werden als Reaktion der „aufgebrachten palästinensischen Menge" auf Scharons „Provokation" und auf den Tod Mohammed al-Duras verstanden.

Ein weiterer Umstand verändert den Diskursverlauf Nahost: In Verbindung mit der diskursiven Verarbeitung der Lynchmorde wird auf eine drohende Rechtsentwicklung in Israel als innenpolitische Reaktion auf die Eskalation auf-merksam gemacht. Ein möglicher Autoritäts- und Machtverlust von Jassir Arafat wird seltener thematisiert und vor allem nicht mit entsprechenden negativen Sze-narien ausgestattet. Dies verweist darauf, dass Israel eine aktivere Rolle für eine Friedenslösung zugewiesen wird. Angesichts all dieser Bewertungen wird zu-nehmend ein Eingreifen von dritter Seite gefordert.

Das vierte diskursive Ereignis zum „Selbstmord-Attentat in Tel Aviv" kop-pelt sich daran zurück. Denn zentral ist hier die europäische und ganz besonders eine deutsche Vermittlungspotenz im Nahen Osten. Die bereits im Diskurs viru-lente, immer wieder hervorgehobene Einforderung diplomatischer Initiativen wird hier weitergeführt und präzisiert. Die Vermittlungsbemühungen des damaligen deutschen Außenministers Fischer, der während des Anschlags in Israel weilte, werden einhellig positiv herausgestellt.

Insgesamt wird der Intifada-Diskurs als Eskalationsdiskurs konstituiert, in dem jedes der vier diskursiven Ereignisse eine weitere Zunahme der Eskalation markiert, wobei das erste dieser Ereignisse einen deutlichen Einschnitt im davor schwelenden Konfliktdiskurs darstellt.

Negative Aufladungen: Zuschreibungen im Nahost-Diskurs zur Zweiten Intifada

In allen der vier untersuchten diskursiven Ereignisse finden sich durchgängig Zuschreibungen, die ein Bild Israels und der Israelis sowie der Palästinenser zeichnen, das äußerst negativ ist. Dabei treten neben in deutschen Diskursen verbreitet üblichen Negativcharakterisierungen auch solche auf, die für die Konfliktparteien im Nahen Osten spezifisch sind, also ohne Zweifel antisemitisch oder antiislamisch.

Negative Zuschreibungen zu Israel

Israel wird als ein Staatsgebilde mit verschiedenen Institutionen und demographischen Untergliederungen wahrgenommen. Auch die politische Führung des Landes wird vorwiegend – mit der Ausnahme der Symbolfigur Ariel Scharon – neutral dargestellt, auch wenn gelegentliche Negativdarstellungen nicht fehlen.

Es überwiegt eine Konzentration auf die Darstellung der militärischen und politischen Überlegenheit der israelischen Seite. Diese wird nicht nur durch Bilder und eine überwiegend martialische Sprachgebung evoziert, sondern auch dadurch, dass die Motive dieser Politik als „Demütigung" der palästinensischen Bevölkerung interpretiert werden.

Es ist daher auch nicht verwunderlich, dass in der Phase der militärischen Operation „Schutzwall" durch die israelische Armee im Frühjahr 2002 die antisemitischen Töne im deutschen Mediendiskurs deutlich hörbarer geworden sind.

Eine negative Charakterisierung wird auch dadurch vorgenommen, dass die militärischen Aktionen Israels vornehmlich als Aktionen von Maschinen geschildert werden: „israelische Kampfhubschrauber beschossen ... mit Raketen, ... israelische Panzer fuhren auf, ... Hubschrauber nahmen (...) unter Beschuss, (...) israelische Schnellboote patrouillierten, (...) Israel (...) riegelt ab" (FR, 13.10.). „Israel holt zum Gegenschlag aus: Kampfhubschrauber nehmen (...) Ramallah unter Beschuss, (...) Panzer rollen an; Gefeuert wird auf, (...) [es werden] gezielt Symbole der Autonomie-Regierung attackiert." (FR, 13.10.). „Israel setzt Luftangriffe fort, (...) Kampfhubschrauber (...) griffen an" (FR, 14.10.).

So wird insgesamt der Eindruck eines absolut ungleichen – und damit unfairen – Kampfes hergestellt, der sich in einem Bild verfestigt: Panzer gegen Steine. Als eine besonders negativ dargestellte Personengruppe müssen die israelischen Siedler gelten.

Die prominenteste Negativgestalt jedoch ist Ariel Scharon, der vielfach mit abwertenden Begriffen belegt wird. Scharon wird z.b. als „personifizierte Katastrophe" und als „Haudegen" (FR) bezeichnet. Er sei ein „skrupelloser und zu allem fähiger Dunkelmann" und „Scharfmacher" (SPIEGEL) – um nur einige Beispiele zu nennen.

Negative Zuschreibungen zu den Palästinensern
Die palästinensische Seite erfährt ebenfalls starke negative Wertungen. Sie wird häufig als „amorphe" und „hysterisierte Masse", als aufständisch, emotional und rückständig charakterisiert, als atavistisch, etwa dann, wenn Väter von zu Tode gekommenen Kindern diese als Helden und Märtyrer feiern, die sich aber nunmehr im Paradies befänden (vgl. z.B. SPIEGEL v. 6.8.01 oder WELT v. 6.6.01).

Daneben gibt es eine Fülle negativer Darstellungen Arafats. Zu betonen ist allerdings, dass Arafat bei weitem nicht die gleiche negative Charakterisierung erfährt wie Scharon.

„Sie schießen, um zu töten". Antisemitische Diskurselemente und Anspielungen[4]
Mehrfach taucht der „hässliche Israeli" auf (FR, SPIEGEL, 9.10.). Dabei handelt es sich nicht nur um eine antisemitische Zuschreibung. Hier wird gleichzeitig der „hässliche Deutsche" aufgerufen, dessen Gesicht im Faschismus zu Tage trat. Insofern wird hier die deutsche Vergangenheit angesprochen und diese, indem die Opfer der Shoah mit den Tätern assoziiert werden, entsorgt. Auch der vorgenommene Vergleich von Scharon mit Hitler hat diese Funktion (TAZ).

Daneben tauchen kulturalistisch grundierte Attributisierungen in Form von Anspielungen auf, die sich auf antisemitische Stereotypen beziehen lassen, wie z.B. Juden seien rücksichtslos und radikal, besonders brutal, unversöhnlich, fundamentalistisch, heuchlerisch, überheblich, machthungrig und verschwörerisch.

Vor allem die Vertreter der israelischen Armee gelten als rücksichtslos und radikal: Die Art der Kampfführung der israelischen Armee wird als besonders

---

4   Die Bestimmung solcher Zuschreibungen als antisemitisch ist immer wieder umstritten. Vgl. dazu S. Jäger 2005 und Derrida/Roudinesco 2006, die von „Symptomen" sprechen, die oftmals nicht eindeutig zu dekodieren seien.

brutal hervorgehoben. Israelische Soldaten werden als überaus „hart", als „erbarmungslos zurückschießende Soldaten" dargestellt (FR). Den Soldaten wird unterstellt: „Sie schießen, um zu töten" (SPIEGEL).

Als brutal und rücksichtslos wird auch Ariel Scharon gezeichnet, wenn in fast allen Zeitungen von ihm als „Bulldozer" die Rede ist (u.a. TAZ).[5]

In die Nähe von Fundamentalisten gerückt werden jüdische Siedler, wenn sie pauschalisierend als „nationalreligiös" bezeichnet werden (FAZ).

Durch den Verweis auf einen Buchtitel von Henryk M. Broder „Die Irren von Zion" in der WELT (4.10.), mit dem israelisches Handeln beschrieben wird, werden antisemitische Lesweisen möglich: Zum einen werden Juden als verrückte Zionisten konnotiert, ohne dass dies ausdrücklich selbst formuliert würde. Zum anderen kann diese Wendung auf die „Protokolle der Weisen von Zion" anspielen und damit auf die Konstruktion, Juden arbeiteten an einer Weltverschwörung.

„Schlächter" Scharon: Christlicher Antijudaismus

Daneben taucht eine Fülle von Zuschreibungen auf, die in Verbindung zu jahrhundertealten christlich tradierten Vorurteilen stehen, die durch die Zeiten hindurch immer wieder aktualisiert wurden. Es finden sich Anspielungen auf Menschenopfer, die Juden brächten, und auf eine angeblich besondere Blutrünstigkeit von Juden: So ist vom „Schlächter Scharon" die Rede (FAZ), an seinen Händen klebe Blut (FAZ und auch WELT); dazu gehört auch die Phrase „Auge um Auge, Zahn um Zahn" (SPIEGEL).

Blutrunst und Blutdurst wird nahe gelegt bzw. angespielt, wenn vom „Schlachthaus der Religionen", vom „blutigen Donnerstag" (SPIEGEL), vom „Durst nach Blut und Tränen", von „Blut an den Händen" (TAGESSPIEGEL) die Rede ist oder davon, dass in einem „See aus Blut gebadet" werde (TAGESSPIEGEL).

Diese wenigen Beispiele sollen andeuten, dass die Berichterstattung über Israel eine Reihe antisemitischer bzw. antijüdischer Diskurselemente enthält bzw. dementsprechend dekodiert werden kann. Dies bedeutet im Umkehrschluss nicht, dass diese Berichterstattung durchgängig antisemitisch sei. Es werden jedoch deutliche „Duftmarken" gesetzt, die von denjenigen Leser*innen in Deutsch-

---

5 Wenn dem entgegengehalten wird, dass diese Zuschreibung in Israel als durchaus positiv verstanden werde, so tut dies nichts zur Sache. Es geht um die Wirkung einer solchen Zuschreibung auf deutsche Leser*innen. Diese ist aber tendenziell negativ.

land, die über antisemitische ‚Wissenselemente' verfügen, entsprechend decodiert werden oder doch decodiert werden können.

Insofern lässt sich sagen, dass in das Bild von Israel und den Israelis antisemitische Vorurteile eingehen. Zu bedenken ist zusätzlich, dass auch einfache, auf den ersten Blick nur negative Zuschreibungen zu Juden, die sich keinen direkten antisemitischen Stereotypen zuordnen lassen, trotzdem einen antisemitischen Nebensinn enthalten können, weil und wenn der Begriff Jude als solcher bei nicht-jüdischen Deutschen bereits Befangenheiten auslöst, wie dies z.b. der israelische Botschafter Schimon Stein in einem Interview in der FR vom 9.3.2002 berichtete:

> „Schon das Wort ‚Jude' ist für Deutsche schwierig. Es ruft Erinnerungen hervor. Deshalb vermeidet man bis heute das Wort. Das haben mir auch Mitglieder der jüdischen Gemeinden bestätigt: Die Deutschen sind beim Gebrauch des Wortes ‚Jude' ganz und gar unfrei. Das spricht für eine Befangenheit." [6]

Dass diese Befangenheit nicht für alle deutschen Nicht-Juden gilt, sollte allerdings ebenfalls gesehen werden.

Doch bereits die Bezeichnung Israel und Israelis ist nicht unproblematisch. Thomas Haury beobachtet als ein neues Phänomen

> „das internationale Auftreten einer spezifischen Form der Israelfeindschaft, die realiter nur das antisemitische Ressentiment kaschiert und transponiert." (…) Über die Kritik israelischer Kriegsführung und Politik gegenüber den Palästinensern"(…) kann der ‚Staat der Opfer' zum ‚Täterstaat' und damit der ‚Jude', das Sinnbild des unschuldigen Opfers, als ‚Israeli' zum Täter erklärt werden. Via Israel die Juden selbst als Völkermörder zu demaskieren ist die erfolgversprechendste Strategie der antisemitischen Verkehrung der Opfer zu Tätern zur Relativierung von Auschwitz und der neuerlichen Legitimation des Antisemitismus." (Haury 2002: 126)

Allerdings wäre es fatal, wenn hieraus die Konsequenz gezogen würde, dass jede Kritik an Israel und den Israelis als antisemitisch denunziert werden kann und deshalb zu unterlassen wäre. Wie eine solche Kritik formuliert werden müsste, ist eine wichtig Frage, die allerdings nicht Gegenstand unserer Untersuchung war.

---

6 Das Wort kann – linguistisch gesprochen – je nach Verwendung und Verwender antisemitisch konnotiert sein. Es wird dann nicht rein sachlich dekodiert, sondern emotional aufgeladen.

Unkalkulierbar und gefährlich: Antiislamische Zuschreibungen

Die Nahost-Berichterstattung zur Zweiten Intifada in den deutschen Printmedien enthält – wie gesagt – gleichfalls viele Negativcharakterisierungen, wenn von Palästinensern die Rede ist, und zudem antiislamische Zuschreibungen.[7] In diesen Fällen werden kulturelle Zuschreibungen wie die der Gewalttätigkeit in Zusammenhang mit dem Islam gebracht, der dann als Grund für die Gewalttaten interpretiert werden kann: Gläubige Palästinenser bewarfen die israelische Polizei mit Steinen, so heißt es etwa in der FAZ vom 30.9.2000; Arafat habe den Konflikt in einen Glaubenskrieg verwandelt (FR); „angeführt wird der neue Aufstand von islamistischen Eiferern, die bewusst Öl in das Feuer gießen. (WELT, 10.10.)

Weitere Beispiele für Zuschreibungen, mit denen Unberechenbarkeit, Gewaltbereitschaft, Grausamkeit und Brutalität transportiert werden, sind etwa: „die „Menge traktierte...Leichen", „mordlüsterne Menge", „johlende" Zurufe, „wütender Mob" (FR, 13.10.), „amorphe Masse" (SZ, 13.10.), „entfesselte" Demonstranten, „anstürmender Mob" (alle: TAGESSPIEGEL) „brutalisierte Menge" (WELT).

Derartige Darstellungen rücken alle Palästinenser in die Nähe von fanatischen, hysterischen und unzurechnungsfähigen Menschen. Sie erscheinen als unkalkulierbar und damit als gefährlich. Dass diese Gefahr einen religiösen Hintergrund habe, wird deutlich herausgehoben. Die Hamas sei „radikalislamisch" (FAZ, 14.10.)[8]. Auch Bezeichnungen wie „Märtyrer" (FR, 22.11.) stellen den Bezug zum Islam her.

Auch werden Stolz und Ehre als Eigenschaften angesprochen, die häufig dem Islam bzw. Moslems zugeschrieben werden, etwa dann, wenn die Familie eines Attentäters als „stolz auf die Tat ihres Sohnes" beschrieben wird (FAZ 5.6.01). Derlei Zuschreibungen finden sich durchgängig und müssen als fester Diskursbestandteil gelesen werden. Freiwillige für Attentate werden als „fromme Muslime" und „fanatische Nationalisten" bezeichnet (SPIEGEL, 6.8.2001). Es wird vom „Terrorexport der islamistischen Gruppierungen" gesprochen, womit auch die Gefahr beschworen wird, dass sich der Terror auf andere Regionen

---

7   Für eine ausführliche Darstellung dieser Zuschreibungen verweisen wir auf S.Jäger/ M.Jäger 2003.

8   Die Bezeichnung „islamofaschistisch" taucht 2000/2001 im Intifada-Diskurs allerdings noch nicht auf. Sie wurde u.W. von George W. Bush geprägt und dringt allmählich in den globalen hegemonialen Diskurs ein. Vgl. z.B. FR vom 2./3.10.2006: 15.

ausdehnen könne. (TAZ, 5.6.01) Eine für westliche bzw. europäische Rezipientinnen abwegige Vorstellung wird ebenfalls häufig mit dem Islam assoziiert, wenn als Motivation der Selbstmordattentäter auf das Märtyrertum hingewiesen wird: „der Märtyrer fällt im heiligen Krieg und geht ins Paradies ein" (WELT, 6.6.01).

Bei all diesen Zuschreibungen bieten sich Anschlusspunkte dafür, die Gewalt als direkt vom Islam hervorgebracht zu interpretieren. Durch die im Mediendiskurs immer wieder auftauchende Verknüpfung von Islam und Gewalt oder Islam und Fanatismus kann in Deutschland auch an Diskurse wie z.B. über Ausländerkriminalität angeknüpft und es können Vorurteile und Rassismus bedient werden.

Israelis und Palästinenser als Kritiker an Israel in deutschen Medien

Mehrfach erfolgt eine Kritik an Israel und seiner Politik durch israelische und palästinensische Kritikerinnen. Eine Kritik von Palästinensern an der palästinensischen Politik ist dagegen nicht oder äußerst selten aufzufinden. Diese Diskurstaktik deutscher Zeitungen mag sich daraus erklären, dass sie aus den historischen Gründen davor zurückschrecken, Israel unmittelbar kritisch anzugehen. Solche Rücksichten gegenüber den Palästinensern bestehen im deutschen Diskurs nicht.

Besonders deutlich findet sich diese Taktik, sich hinter scheinbar unangreifbaren Kritikern zurückzuziehen, in der FAZ, in der vor allem zu Beginn der Intifada israelische, jüdische und arabische Autoren zu Wort kamen. Edward Said, der als „Arafats Mann in New York" vorgestellt wird, kann in seinem Beitrag die israelische Politik polemisch und mit antisemitischen Duftmarken versehen kritisieren. Im Beitrag des deutschen Historikers Dan Diner ist ein Foto montiert, auf dem – wie die Unterschrift ausweist – Edward Said im Südlibanon „Steine auf israelische Grenzposten" wirft. (FAZ, 12.10.) Amos Oz, israelischer Autor und bekanntes Mitglied der Friedensbewegung, war in der Zeitung bereits vorher zu Wort gekommen und hat dort seine Position vertreten. Durch eine solche Anordnung der Beiträge wird vor allem die israelische Seite mit Kritik bedacht.

Israel als westlicher Stachel im Orient

Kollektivsymbolisch betrachtet wird Israel als ein Staatengebilde begriffen, das mit einem negativen Subjektstatus versehen ist. Das hochgerüstete Militär wird als Eskalationsfaktor betrachtet, der allerdings lenk- oder steuerbarer zu sein scheint, als die unkontrolliert agierenden palästinensischen „Massen".

Im Unterschied zu den Städten in den palästinensischen Autonomiegebieten wird z.b. die Stadt Tel Aviv als eine „Spaßmetropole" mit einem „Inselstatus" (SZ, 5.6.01) beschrieben, die fernab von Krisengebieten einen besondern Status genieße. Die hier lebenden Menschen führten scheinbar ein ‚zivilisiertes' und ‚normales' Leben. Westliche Beobachter, so wird zitiert, staunen: „Das hier kann nicht der Nahe Osten sein. (...) Das hier muss Rimini sein oder Miami Beach" (TAGESSPIEGEL, 3.6.01).

So wird Israel als westlicher Stachel im Orient inszeniert. Westliche Kultur wird palästinensische Rückständigkeit gegenübergestellt.

Die religiös-kulturelle Dimension

Ein weiteres strukturelles Element des Nahost-Diskurses ist die Herauskehrung der religiösen Dimension des Konflikts. Dabei findet eine Fokussierung auf den Gegensatz zwischen Islam und Judentum statt. Christen spielen zumindest in der Berichterstattung aktueller Ereignisse im Untersuchungszeitraum keine Rolle. So heißt es etwa: „Hebron, das heilige Pulverfaß. Weil sie voll ist von historischen Gebäuden und Heiligtümern beider Konfessionen, wird die Hass-Stadt von Muslimen und Juden gleichermaßen als heilige Stätte verehrt. Die Heiligkeit bindet eine Menge Hysteriepotenzial." (SPIEGEL, 16.10.2000)

Eng verbunden mit solchen Zuschreibungen ist die Betonung unterschiedlicher „Mentalitäten" beider Bevölkerungen. Diese werden häufig als miteinander unvereinbar dargestellt – obwohl Gemeinsamkeiten existierten und man auf Gedeih und Verderb aufeinander angewiesen sei. So liest man etwa: „Juden und Palästinenser sind halsstarrige Völker, die viel Anerkennung brauchten, sie leiden beide unter einem Flüchtlings- und Opferkomplex, von dem sie sich nicht befreien können" (FR, 22.11.). Oder es heißt, Israelis und Palästinenser seien miteinander verflochten wie „Haarsträhnen in einem Zopf" (FR, 22.11.).[9]

Paternalistische Überheblichkeiten

Solche Unverträglichkeiten führen nach Auffassung der Zeitungen zu einer durchgängigen Instabilität der gesamten Region, die kollektivsymbolisch als „Pulverfass" oder „Krisenherd" verortet wird. Der Effekt ist, dass der Eindruck hergestellt wird, vom Nahen Osten gingen akute oder latent unkalkulierbare Risiken und Gefahren aus, die eine Normalität verunmöglichen.

---

9   Darauf hinzuweisen ist, dass solche Aussagen, wie die oben zitierten, von israelischen Autoren stammen.

Im Unterschied zur Berichterstattung über andere ‚Krisenherde' in der Welt – beispielsweise Jugoslawien oder Afghanistan – werden aber keine militärischen Interventionen von außen gefordert; vielmehr werden durchgängig und wiederholt Friedensverhandlungen und verstärkte diplomatische Bemühungen vorgeschlagen. Hinzugefügt werden muss allerdings, dass vor dem Hintergrund der rassistischen oder ethnozentristischen Perspektive auf den Konflikt, die im Printmediendiskurs aufzufinden ist, solche diplomatischen Bemühungen quasi kontaminiert sind, weil sich aus der Position einer vermeintlichen Rationalität der jeweiligen Analyse paternalistische Überheblichkeiten ergeben können.[10]

Kritik an beiden Seiten heißt nicht Ausgewogenheit

Im gesamten Diskurs wird deutliche Kritik an beiden Konfliktparteien laut. Diese Kritik erfolgt jedoch mit unterschiedlichen Mitteln, was, wie die Analyse zeigen konnte, zu negativen Effekten führt. So werden den Gräueltaten der einen Seite Gräueltaten der anderen Seite gegenübergestellt, womit beide Parteien als unzivilisiert und tendenziell barbarisch gedeutet werden. Dies geschieht vielfach durch die Präsentation von Fotos, aber auch in den Texten selbst, wenn etwa der Erschießung des 12-jährigen Mohammed al-Dura – wie es immer wieder heißt – durch israelische Soldaten die Erschießung eines 10 Monate alten israelischen Kleinkindes durch palästinensische Scharfschützen gegenübergestellt wird:

> „Shalhevet Pas hieß das Mädchen, Opfer religiösen und politischen Wahns. Das Kind starb, noch bevor sich sein Leben richtig entfalten konnte" (WELT, 28.3.01).

Auch dort, wo in der Berichterstattung das Bemühen um Fairness deutlich erkennbar ist, hat die Analyse zeigen können, dass der deutsche Blick dieses Bemühen konterkariert. Es gelingt nicht wirklich, sich in die Situation beider Kontrahenten hineinzuversetzen und z.B. die Hintergründe oder gar Genese des Konflikts differenziert zu analysieren und damit begreifbar zu machen.

Solche Negativzuschreibungen sind nicht unbedingt rassistisch oder antisemitisch; sie markieren zunächst einmal nur Kritik, Kritik an beiden Seiten. Zu übersehen ist jedoch nicht, wie Thomas Haury konstatiert, „dass eindeutig antisemitische Personen oder Gruppen eine überproportionale und prinzipielle Israelfeindschaft zeigen" (Haury 2002: 126). Entsprechendes dürfte aber auch für

---

10 Im Unterschied zu rassistischen Einstellungen gehen ethnozentristische Positionen davon aus, dass die als anders konstruierten Gruppen ihre ihnen unterstellten negativen Verhaltensweisen und Eigenschaften verändern und ablegen können. Maßstab für diese Veränderung ist dabei jedoch allein, dass sie sich in Richtung der Normen- und Wertevorstellungen der eigenen Gruppe verändern.

die Kritik an den Palästinensern gelten: Rassisten kritisieren überproportional orientalische Personen und Länder generell.

Rassismus und Antisemitismus: Anschlüsse der Nahost-Berichterstattung bzw. des Nahost-Diskurses an antisemitisch und rassistisch aufgeladene deutsche Diskurse

Bei der Reflexion der Ergebnisse der Analyse der diskursiven Ereignisse des Nahost-Konflikts ist selbstverständlich zentral zu beachten, dass deren diskursive Effekte in den deutschen Diskurszusammenhang hineinwirken und sich mit hier virulenten Themen und Positionen koppeln. Zentraler Angelpunkt ist die Auswirkung des Diskurses auf deutsche Leserinnen mit ihren jeweiligen Diskurspositionen und diskursiven Verstricktheiten.

So ist z.B. festzustellen, dass die Charakterisierungen und Zuschreibungen, mit denen die palästinensische Seite versehen wird, an rassistische und/oder ethnozentristische Vorurteile anknüpfen, die im aktuellen deutschen Einwanderungsdiskurs aufzufinden sind. Auch dort bestehen große Vorbehalte gegenüber Muslimen allgemein bzw. gegenüber Personen und Gruppen, die in Aussehen, Sitten und Gebräuchen auf Deutsche „fremd" und „nicht normal" wirken. Auch ihnen wird allenthalben die Fähigkeit, Konflikte westlich = rational zu lösen, abgesprochen.[11]

Doch es ist nicht allein der Komplex von Einwanderung und Flucht, der durch den Printmedien-Diskurs Nahost tangiert wird. Auch die Diskussion um die Potenzen und Schwierigkeiten einer bestehenden multikulturellen- oder Einwanderungsgesellschaft wird hierdurch enorm negativ berührt. Die Berichterstattung über den Nahen Osten gibt Kritikerinnen solcher Gesellschaften Nahrung. Vor dem Hintergrund des Nahost-Diskurses, wie er sich in der aktuellen Ereignisberichterstattung auffindet, können die Thesen von Samuel Huntington vom „clash of civilisations" fröhliche Urständ feiern. (Vgl. Huntington 1996)[12]

Die Ereignisse in Israel, so wie sie im Mediendiskurs gedeutet und bewertet werden, reproduzieren einen in Deutschland vorhandenen Antisemitismus und verfestigen ihn.[13] Dabei sticht das Bemühen hervor, dass die Presse in der Regel versucht, ihre Kritik an Israel nicht als eine Kritik an Juden zu formulieren.

---

11 Vgl. dazu z.B. die diversen Untersuchungen des DISS zum Diskurs Einwanderung, Flucht, Asyl.

12 Vgl. dazu auch den Artikel zum „Karikaturenstreit" in diesem Band.

13 Vgl. dazu auch S. Jäger 1996a, Bergmann/Erb 1991, Bergmann 1995, Rensmann 2000, Haury 2002.

Gleichwohl muss davon ausgegangen werden, dass ein Teil der Leserinnen die Kritik auch als eine Kritik an jüdischer Politik und Jüdischsein generell rezipiert. Doch ist eine Verfestigung antisemitischer Vorurteile auch deshalb zu befürchten, weil sich antisemitischen Lesweisen, die innerhalb der Berichterstattung über den Nahen Osten auftauchen, mit gleichartigen Elementen aus anderen Diskursen verkoppeln (können). Antisemitische Vorurteile sind z.B. in der damaligen Debatte um das Holocaust-Mahnmal in Berlin wie auch bei der über die Zwangarbeiterentschädigung oder bei der Berichterstattung über die Integration jüdischer Zuwanderer aus Osteuropa vorzufinden, um nur einige anrainende Diskurssträngen zu nennen. Auch Martin Walsers Rede bei der Verleihung des Friedenspreises des deutschen Buchhandels im Jahre 1998 und ebenso Norman Finkelsteins Buch über die „Holocaust-Industrie" bedienen antisemitische Vorbehalte. Hinzuweisen ist hier auch auf den Versuch des mittlerweile verstorbenen FPD-Politikers Jürgen Möllemanns, im Wahlkampf Vorbehalte gegen Israelis zu instrumentalisieren. In all diesen Debatten wurde und wird insbesondere die Vorstellung von Juden als unversöhnlich und nachtragend produziert.[14]

Des weiteren schließt der Diskurs über den Nahost-Konflikt auch an Diskurse an, bei denen es um die Formierung eines neuen deutschen Selbstbewusstseins geht. Die spätestens seit den Interventionen des damaligen Außenministers Fischer im Juni 2001 einsetzende Betonung einer deutschen Rolle innerhalb internationaler Vermittlungsversuche unterstützt die Stimmen, die nach der Vereinigung Deutschland als einen „normalen" Staat sehen und die dies damit verbinden wollen, dass die deutsche Vergangenheit nunmehr abgeschlossen sei.[15] Die Diskussion im Frühjahr 2002 um die Entsendung von UN-Soldaten in den Nahen Osten unter einer möglichen Beteiligung deutscher Soldaten, die von Gerhard Schröder angestoßen wurde, zeigt einmal mehr, wie dicht diese beiden Diskursstränge beieinander liegen.[16]

Zugleich konnte über den Untersuchungszeitraum hinaus bis in den April des Jahres 2002 anhand kursorischer Analysen und durch die Betrachtung einzelner

---

14 Vgl. zur Walser-Bubis-Debatte Dietzsch / Jäger / Schobert (Hrsg.) 1999 sowie Brüggemann 2004. Zur Rezeption Finkelsteins vgl. Schobert 2001a und b.

15 Die Diskussion um ein neues deutsches Selbstverständnis wird selbstverständlich nicht nur in Verbindung mit Nahost angeregt. Auch die seit 1990 laufenden Anregungen und Anstrengungen, dass Deutschland auch wieder militärisch intervenieren soll, machen diese Positionen im Diskurs stark. Schimon Stein sagt zu dieser Schlußstrichmentalität: "Wer von Schlussstrich redet, geht befangen mit Geschichte um, hat vielleicht Angst davor, mit dem Thema konfrontiert zu werden. Auch wer einen Schlussstrich fordert, ist von Normalität noch weit entfernt." (FR, 9.3.02)

Artikel prominenter Personen gezeigt werden, dass sich die negative Darstellung Israels (aber auch die der Palästinenser) nach den Terroranschlägen in New York und Washington weiter zuspitzte, wobei in die Kritik an Israel vielfach auch antisemitische Stereotype eingeflossen sind.[17] Das allgemeine Bild, das die Medienberichterstattung Israel und den Israelis derzeit zuweist, muss daher insgesamt als überaus düster bezeichnet werden.

Resumé

Insgesamt ist zu sagen, dass sich im deutschen Printmedien-Diskurs zum Nahost-Konflikt sowohl hinsichtlich der in ihm produzierten Bilder von Israel und der Palästinenser wie auch hinsichtlich der Effekte, die dadurch auf die demokratische Entwicklung in Deutschland ausgehen, unübersehbare Schwächen zeigen, die darin bestehen, dass sowohl rassistische wie auch antisemitische Tendenzen durch ihn gestärkt werden können. Das heißt nicht, dass die gesamte Israel-Berichterstattung als negativ einzuschätzen ist. Zu bedenken ist zudem, dass es sich bei der Studie um die Analyse eines ‚Konfliktdiskurses' handelt.

In diesem Konfliktdiskurs werden beide Seiten tendenziell negativ dargestellt. Hinsichtlich der israelischen Seite geschieht dies vor allem dadurch, dass sie gegenüber der palästinensischen Seite als martialisch und besonders brutal charakterisiert wird: (Panzer gegen Steinewerfer). Demgegenüber werden die agierenden Palästinenser tendenziell als rückständig, terroristisch und hysterisch dargestellt. Im deutschen Diskurszusammenhang knüpfen solche negativen Zuschreibungen einerseits an rassistische Stereotype des Einwanderungsdiskurses an, mit denen Einwanderer, vor allem aus der Türkei und den arabischen Staaten häufig belegt werden. Andererseits wirken sich die negativen Zuschreibungen gegenüber Israel auf den deutschen Diskurs zu Israel aus, der sich durch einen latenten Antisemitismus auszeichnet und diesen verstärken kann.

---

16 Die Entsendung deutscher Soldaten in den Libanon im Spätsommer 2006 markiert die Re-Militarisierung Deutschlands als vollendete Tatsache, die inzwischen weitgehend unkritisch hingenommen wird.

17 Für Aufsehen sorgten insbesondere ein Interview mit Günter Grass im SPIEGEL vom 10.10.2001 (SPIEGEL on-line „Amerikanische Politik muß Gegenstand der Kritik bleiben". Bzw. „Amerikakritik ist ein Freundschaftsdienst"), ein Artikel von Christoph Dieckmann in DIE ZEIT Nr. 46 vom 14. November 2001 und ein Kommentar von Rudolf Augstein im SPIEGEL Nr. 51 vom 17.12.2001. Ein Kommentar des Chefredakteurs der WAZ Uwe Knüpfer vom 4.4.2002 spielte auf Brunnenvergiftung und Weltverschwörung an.

Dabei darf bei der abschließenden Bewertung nicht übersehen werden, dass Unterschiede zwischen dem bestehen können, was gesagt wird, und dem, was verstanden wird. Das macht die Analyse solch sensibler Themen, wie der Intifada-Diskurs eines darstellt, so schwierig. Es verweist aber zugleich darauf, dass die mediale Bearbeitung solcher Themen besonders sorgfältig vorzugehen hat.. Diese Sorgfalt ist in den von uns analysierten Diskursen keineswegs durchgehend zu beobachten gewesen.

Ein Puzzle, das sich zu einem Gesamtbild zusammensetzen lässt. Biopolitik in deutschen Printmedien

Bei dieser Analyse des biopolitischen Diskurses in den deutschen Printmedien[1] geht es nicht in erster Linie um eine Kritik an Neuen Technologien wie etwa Gen- und Bio-Technik und ebenso wenig allein um eine Kritik daran, dass seit einigen Jahrzehnten soziobiologische Projekte immer stärkeren Einfluss auf wissenschaftliche und politische Konzepte und Entscheidungen nehmen, während gleichzeitig sozialwissenschaftliche Perspektiven zurückgedrängt werden. Darum geht es zwar auch, doch das primäre Anliegen dieser Analyse ist es, den Blick für ein Phänomen zu schärfen, das Michel Foucault als Bio-Macht bzw. als Bio-Politik bezeichnet hat und das seit etwa zwei Jahrhunderten neben repressive Formen gesellschaftlicher Steuerung getreten ist und diese zum Teil ersetzt hat. Diese neue Form der Politik zielt nicht mehr in erster Linie unmittelbar auf die Körper, sondern auf die „Seele" der Menschen, die – in Umkehrung gewohnter Denkrichtung – von Foucault als „Gefängnis des Körpers" angesehen wird.

Dieser andere und neue Blick auf die Rolle des Biologischen im Gesellschaftlichen kann dazu dienen, die inzwischen ziemlich festgefahrene Diskussion über das Für und Wider neuer Technologien durch Konzepte zu konterkarieren, die möglicherweise von universeller gesellschaftlicher Bedeutung sind. In diesem Beitrag soll das Problem allerdings eher empirisch angegangen werden.[2]

Ein ‚Puzzle', das sich zu einem Gesamtbild zusammensetzen lässt

Für die folgende Medienanalyse wurden mehrere tausend Artikel aus acht Zeitungen und Zeitschriften über einen Zeitraum von in der Regel zwölf Monaten des Jahres 1994 unter der Fragestellung betrachtet, wie sich in ihnen das Thema Bio-Macht bzw. wie sich darin Bio-Politik zur Geltung bringt. Die acht Zeitun-

---

1   Dieser Beitrag stützt sich auf den Projektbericht M. Jäger/S. Jäger/Ruth/Schulte-Holtey/Wichert 1997 und fasst seine wesentliche Ergebnisse zusammen.
2   Zum grundsätzlichen Konzept Biomacht/Biopolitik vgl. Foucault 1983.

gen (WAZ, BILD, TAZ, FR, FAZ, DIE ZEIT, FOCUS, Die (inzwischen eingestellte) WOCHE) wurden unter dem Gesichtspunkt ausgewählt, dass sie in ihrer Gesamtheit den überwiegenden Teil der Bevölkerung direkt oder indirekt erreichen; mit anderen Worten: Sie enthalten den hegemonialen Diskurs in seinen wesentlichen Ausprägungen. Insofern lässt sich auch sagen, dass diese Zeitungen und Zeitschriften den verbal-diskursiven Teil des biopolitischen Dispositivs im Deutschland der Gegenwart repräsentieren.[3]

Dieses Dispositiv stützt sich nicht allein auf Erkenntnisse moderner Biologie bzw. der Entschlüsselung der molekularen Geheimnisse des Zellkerns. Es besteht auch nicht nur aus Bio-Techniken, Gen-Techniken und gentechnischen Manipulationen. Seine Bestandteile sind (neben den diskursiven Anteilen) etwa Transplantationszentren, Installationen in Krankenhäusern, Forschungseinrichtungen und universitäre und außeruniversitäre Institutionen bis hin zu Instituten für Ethik in der Medizin, Forschungsabteilungen großer Unternehmen, medizinische Apparate und Expertensysteme, Elemente von benachbarten, etwa medizinischen Spezialdiskursen, Ausbildungsgänge, etc., also Elemente des Dispositivs, die auf der Basis von Wissen zustandegekommen sind und die Wissen zur Voraussetzung haben, wenn man sie deuten will. In seiner Gesamtheit reguliert und formiert das biopolitische Dispositiv das Bewusstsein und daher auch das Leben der Bevölkerung in all ihren Fraktionen, für die es Applikationsvorgaben und direkte Handlungsanweisungen zur Verfügung stellt.[4]

Den diskursiven Anteilen des Dispositivs kommt dabei in erster Linie die Funktion zu, die in Institutionen und Apparaten vergegenständlichten ‚Gegebenheiten' zu erhalten und zu stabilisieren, neue Perspektiven ‚ins Gespräch zu bringen', aber auch, alte Konzepte mehr oder minder behutsam in Frage zu stellen und zu verändern – bis hin zu ihrer letztendlichen ‚Auflösung'.[5] Dieser diskursive

---

3 Die Printmedien beteiligen sich an der Produktion und Reproduktion des biopolitischen Dispositivs. (Zum Begriff des Dispositivs vgl. Foucault 1978.) Dabei darf nicht übersehen werden, dass sie das nur deshalb können, weil sie sich auf eine Leserschaft beziehen, die in diese Diskurse längst erheblich verstrickt ist und gleichzeitig daran mitstrickt. Vgl. dazu auch S. Jäger 1996b. – Zur diskurstheoretischen Beantwortung der Frage nach den Medienwirkungen verweisen wir auf die Zeitschrift kultuRRevolution – zeitschrift für angewandte diskurstheorie sowie auf S. Jäger/Link (Hrsg.) 1993 und S. Jäger 2004a.

4 Zu den damit verbundenen Zukunftsperspektiven vgl. Beck 1988, 31ff. Kritik äußert sich bzw. wurde bisher untersucht besonders in Verbindung mit Technik allgemein, Gen- oder Biotechnik. Vgl. dazu etwa die Untersuchungen von Kepplinger, der solche Kritiken allerdings scharf zurückweist (Kepplinger 1989).

Anteil des Dispositivs ist im Konzert seiner weiteren Bestandteile jedoch von zentraler Bedeutung. Er stützt und hält die nicht-diskursiven Elemente zusammen, indem er dafür sorgt, dass sie akzeptiert, erhalten bzw. neu etabliert werden. In das Corpus bzw. Dossier der Untersuchung wurden daher solche Artikel aufgenommen, in denen Prozesse beschrieben und kommentiert wurden, die geeignet sind, auf die „Seele" der Menschen (= ihr Wissen, Fühlen und Denken) zuzugreifen.[6]

Dabei wurden besonders solche Artikel berücksichtigt, bei denen dieser Zugriff im Zusammenhang mit biologischen Vorgängen und Begründungen, mit Medizin und medizinischer Forschung sowie mit der Entwicklung von Gen-Technologie thematisiert wurde. Mit anderen Worten: Es wurden solche Artikel aufgenommen, durch die das Bewusstsein der Lesenden so geprägt wird, dass es die Menschen in ganz bestimmter Weise zum Handeln sich selbst und anderen gegenüber disponiert, nämlich in zugleich regulativer und befriedigender Weise. Diese Regulation von Bewusstsein erübrigt zum Teil, dass Menschen mit repressiven Mitteln zu einem bestimmten Verhalten veranlasst werden.[7]

Sie lässt Subjekte entstehen, die sich auch solchen Strukturen unterwerfen und sie solche Themen akzeptieren lässt, die ihrer eigenen Entfaltung und derjenigen anderer Individuen schaden. Als völlig normal wird akzeptiert, was in den Medien als normal propagiert wird. So werden, um ein Beispiel zu nennen, etwa tausende von Verkehrstoten als normal hingenommen, weil – wenn das überhaupt noch nötig erscheint – diese ‚Menschenopfer' als Teil des Preises der Freiheit dargestellt werden.

Die unter dieser Fragestellung ermittelten Artikel bzw. Artikelpassagen enthielten die folgenden Einzelthemen:

---

5   Diese Behauptung klingt nur für diejenigen ungewöhnlich, die den Blick auf eine kurzfristige Gegenwart fixieren. Eine historische Perspektive läßt aber erkennen, dass der Entzug diskursiver Rahmenbedingungen auch Festungen zum Einsturz bringen kann bzw. sie einem radikalen Funktionswandel aussetzt.

6   Wir verweisen hier auf unsere ausführliche Begründung der Artikelauswahl in der Einleitung von M. Jäger/S. Jäger/Ruth, Schulte-Holtey/Wichert 1997 und auf die dort angeführten Einschränkungen. Zu betonen ist ferner, daß es uns darum zu tun war, insbesondere die *qualitative* Bandbreite des Diskursstrangs zu erfassen.

7   Zum Begriff der Regulation (im Unterschied zu dem der Manipulation) vgl. Link 1992b, 37-40.

Abtreibung

Aids

Alte, Altern

Alternatives Heilen

Apparatemedizin

Behinderte

Bevölkerungsentwicklung und

-kontrolle

Bioethik-Debatte (im Ausland)

Bioethik-Europa-Konvention

Bionik

Blutspenden

Chromosomensuche

Designer-Babies

Embryonen

Ernähungsprobleme in der ‚3. Welt'

Euthanasie

Ewiges Leben

Freilandversuche (gentechnische)

genetischer Fingerabdruck

Genforschung

Genlebensmittel

Genpatente

Genpflanzen

Gentechnologie (allgemein)

gentechnische Organisationen / Institute

gentechnische Unfälle

Gentherapie (bei Menschen und Tieren)

Gentest

Gesundheitswesen/Versorgung

Hirn- und Herztod

Homosexualität

In-Vitro-Fertilisation

Keimbahneingriffe

Kranke und Krankheiten

Krebs

Körperkult/Designerkörper

künstliche Befruchtung

Leihmütter

Menschenbild

Menschenversuche

Menschheit/Ursprung/Geschichte

Mißbildungen

Nationalsozialismus und Eugenik

Organhandel

Organspende

Pränatale Diagnostik

Psychiatrie

Psychische und soziale Faktoren bei

Krankheiten

Samenbanken

Seuchen

Standort Deutschland (und Gen-

technologie)

Sterbehilfe

Sterben

transgene Experimente

Transplantation (Gesetze und

Regelungen)

Transsexualität

Tier-Mensch-Beziehungen und

-Wertigkeiten

Tierschutz und Tierrechte

Tierversuche

Verhütungsmittel

Weltbevölkerungsentwicklung/

Welternährung

Diese in den Diskursfragmenten behandelten Unter- bzw. Einzelthemen stellen in ihrer Gesamtheit den biopolitischen Diskurs(strang) der frühen 1990er Jahre in Deutschland qualitativ dar. Das zeigt sich auch daran, dass kaum noch neue Themen gegen Ende des Untersuchungszeitraums und auch bis Ende 1995, von Kleinigkeiten abgesehen, auftauchten. [8]

Polyphone Ansprache: Verteilungen und Gewichtungen der Themen
Um herauszufinden, welche Gewichtungen in der diskursiven Ansprache zu unterscheiden sind, wurden die Einzelthemen zu Themenkomplexen gebündelt. Auf diese Weise entstanden die folgenden Themencluster, denen wir zur besseren Veranschaulichung einige Einzel-Themen zuordnen:[9]

- Krankheit/Gesundheit: z.b. Kranke, Behinderte, pränatale Diagnostik, Chromosomensuche, AIDS, Transplantion
- Ernährung: z.B. (gentechnische) Freilandversuche, Genlebensmittel, Ernährungsprobleme
- Geburt/Leben: z.B. Embryonen, künstliche Befruchtung, Samenbanken, Leihmütter, Alte
- individueller Tod/ individuelles Sterben: z.B. Abtreibung, Organhandel, Hirn- und Herztod, Sterbehilfe
- Ökonomie: z.b. Genforschung, Genlebensmittel, Genpatente, Standort Deutschland und Gentechnologie
- Bioethik/Menschenbild: z.B. Bioethikkonvention, Homosexualität

Es zeigte sich, dass diese Themenkomplexe in den Zeitungen unterschiedliches Gewicht haben. Erkennbar wird eine thematische ‚Arbeitsteiligkeit'. So nimmt zwar die Thematik ‚gentechnische Aspekte von Krankheit/Gesundheit' in allen

---

8 Die vom 1.1.1994 an durchgeführte Archivierung ist bis Ende 1996 fortgesetzt worden. Erfasst wurden alle einschlägigen Artikel der Jahrgänge 1994 und 1995, von denen jedoch nur der Jahrgang 1994 vollständig ausgewertet wurde. Gegenüber 1994 tauchten im Jahrgang 1995 nur einige neue Unterthemen auf. Dabei handelte es sich jedoch um solche, die bisherige Unterthemen differenzierten. – Und auch nach 1997 bildeten sich im biopolitischen Diskurs neue Unterthemen, so etwa durch einen Artikel des Molekularbiologen und Nobelpreisträgers James D. Watson in der FAZ vom 26.9.2000 mit dem Titel „Ethik des Genoms" oder durch Berichte über die Entschlüsselung des Genoms. Eine grundsätzliche Verschiebung des Sagbarkeitsfeldes erfolgt dadurch jedoch nicht. Zu konstatieren ist allerdings, dass die Bemühungen zur Erreichung größerer Akzeptanz in der Bevölkerung stetig zugenommen haben.

9 Hier werden die Verschränkungen und Verknotungen der Diskursfragmente mit anderen Unterthemen sichtbar. In diesen Fällen unterschieden wir zwischen Haupt- und Nebenthemen und berücksichtigten in der Regel für die Zuordnungen zu Grobthemen nur die Hauptthemen. Trotz dieser Einschränkung ist das vorliegende Resultat aber deshalb aufschlussreich, weil es bestimmte Trends sichtbar werden lässt. Die Verdeutlichung solcher Trends bildet zudem auch nur die Grundlage dafür, Ähnlichkeiten und Unterschiede der jeweiligen Zeitungen und Zeitschriften bezüglich der Art und Weise ihrer Publikumsansprache feststellen zu können.

Print-Medien eine herausragende Stellung ein. Auch ethische Probleme, die im Zusammenhang von Gentechnik und Medizin auftauchen, interessieren stark, wobei die FRANKFURTER RUNDSCHAU und DIE ZEIT solche Fragen besonders ausführlich behandeln. Hier haben wir es mit einer Verschränkung des Moral- und Gesundheitsdiskurses zu tun, die sehr tief im hegemonialen biopolitischen Diskurs verankert ist.

Auch bei den ökonomischen Implikationen der Biopolitik handelt es sich um eine Diskursverschränkung, die allerdings weniger weit verbreitet ist. Dies zeigt sich daran, dass diese in den untersuchten Publikationen unterschiedlich intensiv angesprochen wird: Am ausführlichsten geschieht dies noch in der FRANKFURTER RUNDSCHAU und relativ ausführlich auch in der Zeit und im FOCUS; schwach und eher am Rande bei WAZ und BILD. Dabei ist jedoch zu bedenken, dass der Gesichtspunkt der ökonomischen Verwertung und der ökonomischen Kosten in den anderen Zeitungen zwar selten explizit angesprochen wird, aber doch nicht selten angespielt wird, ohne dass er explizit zum Thema gemacht würde.

Dem gegenüber spielt hinter den Kulissen der Öffentlichkeit, im lobbyistischen Tummelfeld von Politik, Wirtschaft und Großforschung der ökonomische Aspekt eine überragende Rolle.[10]

Bei den anderen Hauptthemen sind unterschiedliche Schwerpunktsetzungen ebenfalls nicht zu übersehen. Das Thema individueller Tod/individuelles Sterben etwa wird in der FAZ, der WAZ, der TAZ, der FRANKFURTER RUNDSCHAU, im FOCUS und in der Zeit relativ schwach, in BILD dagegen außerordentlich intensiv angesprochen. Mit dem Thema Geburt/Leben befasst sich die TAZ relativ gründlich, intensiver als etwa FAZ und BILD, während die anderen Zeitungen dieses Thema nur am Rande ansprechen.

Das Thema Ernährung in Verbindung mit gentechnischen Veränderungen ist dagegen in fast allen Zeitungen schwach besetzt. Nur die FRANKFURTER RUNDSCHAU bildet hier eine Ausnahme. Auf der Wissenschafts-Seite nimmt sie zu diesem Thema häufig Stellung. Diese Abstinenz lässt sich erklären, wenn man bedenkt, dass gentechnologisch veränderte Lebensmittel das wohl heikelste biopolitische Thema darstellen. Sie werden von einem Großteil der Bevölkerung abgelehnt. Als Einfallstor für eine allgemeine Akzeptanzbeschaffung von Gentechnologie ist dieser Bereich deshalb denkbar ungeeignet. Gentechnik soll ge-

---

10 Vgl. etwa von Trotha 1996 in einer Schriftenreihe der Konrad-Adenauer-Stiftung, wo auch relativ offen von Genomforschung und implizit von den damit verbundenen Eingriffen auch ins menschliche Genom gesprochen wird. Vgl. ebenfalls die interessanten und aufschlußreichen kritischen Recherchen von Paul 1994 und 1996.

sund und nicht krank machen. Deshalb nehmen die Print-Medien lieber erhoffte Segnungen dieser Technologie auf, z.B. Gentheraphie gegen AIDS und Krebs; eventuelle Nachteile, die daraus entstehen können, werden nicht thematisiert, sie könnten das Bild stören.[11]

Solche thematisch ungleichen Verteilungen verdeutlichen, dass der biopolitische Diskurs in den Print-Medien unterschiedlich gewichtet ist. Die Zeitungen und Magazine betonen verschiedene Aspekte des biopolitischen Dispositivs und nehmen auf diese Weise unterschiedliche Positionen innerhalb eines insgesamt hegemonialen Diskurses ein. Diese Diskurspositionen verweisen wiederum gleichzeitig auf unterschiedliche Zielgruppen der jeweiligen Zeitungen/Magazine: Die vor allem im überregionalen Teil sehr liberal angelegte FRANKFURTER RUNDSCHAU etwa spricht das unangenehme Thema gentechnologisch manipulierter Ernährung häufiger an und bewirkt damit, dass in ihrem Leserinnen-Kreis eine kritische Haltung gegenüber solchen Produkten aufrechterhalten und stabilisiert wird. Demgegenüber verklärt die BILD-Zeitung den Tod und das Sterben und spricht damit ein Massenpublikum an, das die großen Fragen des Lebens eher sentimental und affektvoll beantwortet. Auch die Thematisierung ethischer Fragen vor allem in der ZEIT und in der FRANKFURTER RUNDSCHAU, die in Verbindung mit Medizin und Gen-Technik aufgeworfen werden, weisen auf Leserinnen hin, die sich auf eine 'rationale' Diskussion einlassen wollen (und können). Dabei darf jedoch nicht übersehen werden, dass aufgrund intermedialer Beeinflussungen nicht nur die Leserinnen der jeweiligen Zeitungen erreicht werden. Vielmehr verhält es sich so, dass durch Berichte z.B. in der ZEIT oder in BILD Schwerpunktverlagerungen stattfinden (können) und Sichtweisen verändert werden, die

---

11 Vgl. dazu die in FOCUS vom 31.10.1994 abgedruckte Umfrage. Auch andere Umfragen kommen zu dem Ergebnis, dass gentechnisch veränderte Lebensmittel von mehr als 75% der Bevölkerung abgelehnt werden und ca. 90% eine Kennzeichnung fordern, vgl. dazu GID (= Gentechnischer Informationsdienst) 116 (1996): 14. – Trotz der Wiedergabe solcher Umfragen kann der FOCUS als Wegbereiter und Normalisierer von Gentechnik und ihrer Anwendung auf Lebensmittel angesehen werden. Charakteristisch hierfür ist der Einsatz des Blattes für die Akzeptanz gentechnisch veränderter Lebensmittel in dem Artikel „Im Schlaraffenland der Gene" vom 31.10.1994. – Die massenhafte klammheimliche Einführung vermutlich gentechnisch veränderten Sojas in Deutschland seit November 1996, das in einem Drittel aller auf dem Markt befindlichen Lebensmittel verwendet wird, hat – vor Erarbeitung gesetzlicher Regelungen – als Überrumpelungsstrategie Fakten geschaffen, die kaum wieder rückgängig zu machen sind; dieser Vorgang hatte zwar auch kritische Resonanz erfahren, die aber nach kurzer Zeit wieder abebbte. Aus den Massenmedien ist das Thema aber bereits im Januar 1997 wieder verschwunden.

Einfluss auf andere Medien ausüben.[12] So zeigte z.b. die Analyse der WAZ, dass in Verbindung mit Organtransplantationen auf einen diskursiven Kontext rekurriert wird, der in dieser Zeitung selbst gar nicht entfaltet worden ist.

Es lässt sich somit sagen, dass der hegemoniale Print-Medien-Diskurs in biopolitischen Fragen die Bevölkerung in Deutschland polyphon anspricht, aber so, dass die gesamte Bevölkerung erreicht wird, indem die einzelnen Gruppen differenziert und sozusagen zielgruppenspezifisch angesprochen werden.

Ein aufgesplitteter Zusammenhang

Als ein wichtiges Ergebnis der Untersuchung kann somit festgehalten werden, dass das Thema Bio-Politik in den Print-Medien in Gestalt eines vielgestaltigen Fächers von Unterthemen auftaucht, die auch bei nicht unbedingt nur flüchtigem Zusehen in der Regel zunächst nichts miteinander zu tun zu haben scheinen. Die Untersuchung konnte zu Tage fördern, dass hier ein einheitlicher umfangreicher Diskursstrang vorliegt, der gerade durch seine Aufsplitterung erhebliche Effekte erzielen kann. Denn es wird nicht sofort sichtbar, dass hier ein einheitlicher diskursiver Trend vorliegt: Naturalisierung des Sozialen. Da das ‚gemeinsame Band' der Themen unsichtbar bleibt, kann über Trends und Themen, die unsere Gesellschaft elementar betreffen, erst gar nicht in der notwendigen Radikalität nachgedacht werden.

Ein zielgruppenspezifischer Akzeptanzdiskurs

Ein weiteres Ergebnis ist, dass diese Aufsplitterung zumindest teilweise zielgruppenspezifisch funktioniert. Wenn etwa die mit der Gentechnologie verbundenen

---

12   Eine wichtige, noch immer gültige, Beobachtung zur Repräsentativität von BILD für den gesamten deutschen Blätterwald steuert Hans-Magnus Enzensberger bei, wenn er schreibt: „Die Illusion, als wäre, wenn von der BILD-Zeitung die Rede ist, nur von der BILD-Zeitung die Rede, gehört zu den Lieblingsillusionen ihrer Kritiker. Solche Ausgrenzungsversuche beweisen nur, daß das Pharisäertum und das Behagen an der eigenen Scheiße kein Privileg des einen oder anderen Mediums sind. Insbesondere gehört es zur Lebenslüge der ‚besseren' Presse und ihres Publikums, auf BILD zu zeigen und zu rufen: Haltet den Dieb! So leichten Kaufes aber kommt niemand davon, der sich in den öffentlichen Medien dieses Landes äußert. Denn BILD ist überhaupt nur deshalb von Interesse, weil es das Projekt des Journalismus schrankenloser, erfolgreicher, radikaler verwirklicht als alle anderen Zeitungen, Zeitschriften und Sender. In diesem Blatt hat sich der Journalismus von seinen älteren Resten, von seinen bürgerlichen Ursprüngen und Maskeraden befreit; er hat Kategorien wie Information, Verantwortung, Gesittung, Kultur abgeworfen und ist zu sich selbst gekommen." (Enzensberger 1988, 86f.)

Vorteile in einer Art Divide-et-impera-Strategie fein säuberlich von den damit verbundenen Gefahren abgetrennt werden, wenn zudem die Vorteile, – wie dies geschieht – überhöht und die Nachteile in Scheindiskussionen klein geredet werden, wird aus dem biopolitischen Diskurs leicht ein Akzeptanzdiskurs.

Gerade die Feinanalysen einzelner Artikel der Zeitungen bzw Magazine konnten zeigen, dass hier auch schon einmal Scheingefechte vorgetragen werden, dass Kontroversen nur vorgetäuscht werden, wo eigentlich Konsens herrscht. Z.B. zeigte sich bei der Feinanalyse eines Artikels aus der WAZ (30.8.1994), dass dort ein Dissenz zum Thema Hirntod nur suggeriert wurde – nicht zuletzt unterstützt durch eine entsprechende grafische Gestaltung, die eine Pro- und Contra-Diskussion inszenierte.[13] Doch waren die Gesprächspartner im Grunde einer Meinung darüber, dass es zwar legitim sei, Bedenken gegenüber dem Hirntod als Todesdefinition vorzutragen, dass aber diese Todesdefinition letztlich richtig sei.

Strategische Mittel der Akzeptanzgewinnung

Im Folgenden werden einige Trends dargestellt, die sich aus der synoptischen Betrachtung der Artikel der verschiedenen Zeitungen und Zeitschriften ergeben haben. Dabei werden sowohl die Ergebnisse der Gesamtanalysen der verschiedenen Zeitungen wie auch die der Feinanalysen einzelner typischer Artikel berücksichtigt. Auf diese Weise kann deutlich werden, mit welchen unterschiedlichen diskursiven Mitteln sich die biopolitischen Positionen präsentieren und wie sie den biopolitischen Diskurs insgesamt prägen.

Wer schreibt?

Die Autorinnen und Autoren, die sich zu biopolitischen Fragen äußern, haben sich in wissenschaftliche und ethisch-moralischen Fragestellungen mehr oder minder gründlich eingearbeitet. Insofern kommen hier in der Regel ‚Experten' für diesen Diskurs zu Wort, die entweder als freie oder als feste Mitarbeiter der Zeitungen diesen thematischen Komplex diskursiv bestimmen.

Weshalb wird geschrieben?

Oft wird mit den Artikeln zur Biopolitik auf ein bestimmtes Ereignis oder eine Ereigniskette reagiert. So bezieht sich der untersuchte TAZ-Artikel auf einen zu dieser Zeit stattfindenden Aidskongress; der Artikel aus der FAZ bezieht sich auf

---

13 Siehe dazu die genaue Analyse in M. Jäger/S. Jäger/Ruth/Schulte-Holtey/Wichert 1997, 30-61.

die Kairoer Bevölkerungskonferenz; der aus der ZEIT reagiert auf ein Transplantationsgesetz, das damals ‚voreilig' in Rheinland-Pfalz verabschiedet worden war; auch der Artikel aus der WAZ nimmt auf die Diskussion um ein Transplantationsgesetz Bezug. BILD reagiert in gewohnt sensationsheischender Manier auf den Unfall-Tod einer Sportlerin und antwortet darauf mit einer Serie zum „Schönen Sterben".[14] Die WOCHE reagiert auf eine von ihr in Auftrag gegebene Forsa-Umfrage, die ermittelte, dass die Deutschen in ihrer Mehrheit Angst vor Gen-Lebensmitteln haben. Hier handelt es sich also in gewisser Weise um einen selbstgeschaffenen Anlass. Der von uns zur Feinanalyse ausgewählte FR-Artikel stellt eine Rezension Michael Emmrichs über eine Streitschrift dar, die in polemischer Zuspitzung die Biotechnologie als das Mittel feiert, mit dessen Hilfe sich die Menschheit von ihrer Verankerung im Bios verabschieden könne. Allein bei dem untersuchten FOCUS-Artikel ist auf den ersten Blick kein direkter Anlass erkennbar; bei dem ausgewählten Artikel handelt es sich um einen allgemein soziobiologisch argumentierenden Essay zur Kindererziehung, der allerdings für die soziobiologische Einstellung von FOCUS typisch ist: Von den antiautoritären Flausen der 68er müsse man sich verabschieden und die Kinder müssten härter rangenommen werden, wie dies jede gute Tiermutter dies schließlich auch tue.

Ein Effekt dieser re-aktiven Präsentation biopolitischer Themen ist, dass hierdurch der Eindruck entsteht, es handele sich jeweils um Ad-hoc-Berichte oder Reportagen zu disparaten Ereignissen. Das bedeutet, dass das gemeinsame Band all dieser Themen nicht deutlich wird. Damit aber bleiben Bedeutung und Gewicht des biopolitischen Diskurses weitgehend im Dunkeln. Dies gilt gleichfalls für mögliche Konsequenzen, die sich aus all diesen Fragen für die gesamtgesellschaftliche Entwicklung und damit auch für den Einzelnen ergeben.

Interne Verknotungen und externe Verschränkungen des biopolitischen Diskurses

Fast alle Artikel, egal welchem Unterthema (s.o.) sie zuzuordnen sind, weisen Verknotungen mit dem medizinischen Sektor (im weitesten Sinne) auf: Ärzte, Krankheit, Operation in BILD; medizinischer Fortschritt durch Genmanipulationen, künstliche Befruchtung bis hin zur Menschenzucht in der FR; Therapiemethoden und ihre Auswirkungen in der TAZ; Apparatemedizin, medizinische Todesdefinition in der WAZ; Schwangerschaft als missglückte Organtransplantation im FOCUS; der Hirntod in der ZEIT; Pest, Pilze und Seuchen in der FAZ. Dies

---

14 Um den Sport nicht als schrecklich und gefährlich erscheinen zu lassen, wird der Tod verharmlost, wobei es durchaus auch ein bisschen gruselig zugehen darf.

bedeutet, dass biopolitische Fragen häufig in enger Verbindung mit medizinischen Fragestellungen aufgeworfen werden.

Neben der Verknotung mit medizinischen Aussagen ließen sich nur noch wenige weitere interne Verknotungen auffinden. Bevölkerungskontrolle etwa in BILD und Erkenntnisse der Ernährungswissenschaft (WOCHE), der Biologie und der Soziobiologie (FOCUS). Dies bestätigt noch einmal den Eindruck der Getrenntheit eines in Wirklichkeit äußerst dichten Zusammenhangs.

Die Betrachtung der Verschränkungen zu anderen Diskurssträngen kann verdeutlichen, welche Diskursstränge durch das biopolitische Dispositiv miteinander gebündelt und verknüpft werden: Hier lassen sich zum einen wissenschaftliche Spezialdiskurse auffinden, wie etwa Religion, Ethik, Geschichte, Recht, Chemie, Soziologie und Psychoanalyse. Zum anderen bündelt das biopolitische Dispositiv in den untersuchten Artikeln Diskursstränge wie Sport, Einwanderung, Ökologie, Ökonomie, Militär. Diese Diskursstränge gehen dabei natürlich keine vollständige Beziehung miteinander ein, sondern es sind immer nur Teile des Diskursstrangs, die sich im biopolitischen Dispositiv zusammenfügen. So wird der ökonomische Diskurs insbesondere in seinem Ausschnitt der Standortsicherung und Wettbewerbsfähigkeit Deutschlands thematisiert. Es zeigt sich, dass das biopolitische Dispositiv recht unterschiedliche und heterogene Wissensbereiche miteinander in Verbindung setzt, was darauf hinweist, dass es sich umfassend in den gesellschaftlichen Diskurs und damit in die gesamtgesellschaftliche Entwicklung eingräbt.

Die hier nur grob angedeutete thematische Vernetzung verweist auf das fluktuierende Gewimmel der Diskursstränge. Man erhält so einen Eindruck davon, wie sich der biopolitische Diskurs durch die Zeit wälzt und in wie vielfältiger und vernetzter Form Massenbewusstsein reguliert wird.

Komposition und Argumentation
Biopolitische Themen und Techniken sind in großen Teilen der Bevölkerung umstritten, insbesondere dort, wo Risiken und/oder erhebliche Nachteile erwartet werden. Während dies bei der Gentherapie von Krankheiten, z.B. von Krebs und AIDS, nicht in dem Maße zutrifft, gilt es doch vor allem für ‚unnatürliche' genetische Eingriffe in die Ernährung oder die menschliche Keimbahn. Hier werden unkalkulierbare Risiken befürchtet. Vor diesem Hintergrund ist zu erwarten, dass biopolitische Themen besonders ausgewogen und sorgfältig dargestellt werden.

Es überrascht daher auch nicht, dass in den untersuchten Print-Medien das Bemühen zu beobachten ist, möglichst überzeugend und eindringlich zu argumentieren. Auch wenn die Argumentation vielfach brüchig ist und teilweise sogar in die Nähe von rhetorischem Wortgeklingel gerät, dürfen die Effekte hinsichtlich der Regulierung des Massenbewusstseins nicht übersehen werden: Das ‚Geklingel' wirkt sich aus: Mit gewissen Einschränkungen bei TAZ und FR wird durch Komposition und Argumentation der untersuchten Artikel der hegemoniale Diskurs reproduziert und stabilisiert. Bei TAZ und FR funktioniert dies nicht in dem Maße. Hier stärkt das argumentative Abwägen den biopolitischen Diskurs aber dadurch, dass er als solcher nicht wirklich kritisch hinterfragt wird. Ein Bewusstsein über sein Vorhandensein als übergreifender thematischer Zusammenhang ist nicht gegeben; große Aufmerksamkeit erfährt nur der Ausschnitt Gen- und Bio-Technik und damit gekoppelte Verschränkungen (etwa bei der ‚Bioethik').

Implikate und Anspielungen
Eine Betrachtung der in den untersuchten Artikeln enthaltenen Anspielungen und Implikate kann die Denkhorizonte aufscheinen lassen, innerhalb deren ihre ‚Botschaften' Wirkung erzielen. Im Bereich der Biopolitik stechen vor allem die Anspielungen auf die christliche Mythologie hervor. Sie erklären sich bereits aus dem thematisierten Gegenstand und zeigen, dass die aufgeworfenen Fragen als dicht mit christlichen Wertorientierungen verbunden angesehen werden.

Kollektivsymbolik
Da das System kollektiver Symbole die politische Landschaft der Bundesrepublik Deutschland repräsentiert, ist ein Blick auf die in den Artikeln verwendete Kollektivsymbolik äußerst aufschlussreich, und zwar in Bezug darauf, wie und wo biopolitische Themen in dieser symbolischen Landschaft verortet werden, zur Stärkung welcher Applikationsvorgaben sie beitragen, wo die ‚Kampffelder' liegen, in die sich die Akteure eingegraben haben, welche Felder ‚vermint' sind und an welchen Stellen eine offene Schlacht stattfindet, bei der Siege errungen und Niederlagen verkraftet werden müssen. Daher erfolgt an dieser Stelle auch eine etwas ausführlichere Betrachtung:
   Der feinanalysierte Artikel der FR (Abgesang auf den Menschen, FR vom 16.3.1994 von Michael Emmrich) arbeitet sich an einem symbolischen Szenario ab und stellt ihm ein eigenes Szenario entgegen: Einem technisierten bio-technisch erzeugten Grauen wird ein natürliches buntes Szenario entgegengesetzt. Beide Szenarien werden vom technischen Symbol des Zuges beherrscht, dessen falsche oder richtige Weichenstellung von allergrößter Bedeutung ist. Die Weichenstellung leitet eine richtige oder eine verheerende Richtung des Fortschritts ein. Denn die FR spricht sich nicht prinzipiell gegen Biotechnologien aus; fordert

allerdings deren Kontrolle. Unter den obwaltenden ökonomischen Bedingungen ist allerdings eine solche Kontrolle eher unwahrscheinlich, wenn nicht auf lange Sicht gänzlich auszuschließen. Insofern entpuppt sich Michael Emmrichs Traum vom Zug, der in die richtige Richtung fährt, als Wunschtraum, und das Szenario des von ihm kritisierten Autors muss angesichts der historischen Rahmenbedingungen als mindestens zunächst durchaus realistisch eingeschätzt werden. Der Einsatz der Auto- und Zug-Symbolik vernebelt jedoch den Blick und erweckt die Hoffnung, aus dem Gegebenen heraus werde sich schon ein richtiger Weg finden lassen.

Der Einsatz der Kollektivsymbolik im untersuchten TAZ-Artikel (Aids-Patienten tanken Anti-Körper, vom 21.11.1994) mag durchaus ironisch zu verstehen sein: Hier werden Menschen als industrialistische Vehikel gezeichnet, die man be-tanken muss. Der Sprung zur Vorstellung von Menschen als Maschine, in die man Ersatzteile beliebig einbauen kann und die in einer maschinisierten Welt leben, ist hier nicht weit. Auch durch die Verwendung entsprechend sinnstiftender Bilder kann man sich am Entwurf einer Welt beteiligen, die ihre Probleme nur noch technisch zu lösen imstande ist.

Die WAZ bedient sich einer ausgeprägten Gleichgewichtstopik und markiert damit die beabsichtigte Ausgewogenheit, die sich allerdings als eindeutige Parteinahme für die praktizierte Form der Organtransplantation und für die Akzeptanz des Hirntodkriteriums entpuppt (Transplantation – wann ist der Mensch tot? vom 30.8.1994). Güterabwägung und Interessensabwägung sind die Schlüsselbilder, durch die die Zeitung ihre Verankerung in ökonomisch-utilitaristischen Denkweisen unterstreicht.

DIE ZEIT (Im Sterben den Lebenden helfen? Vom 22.7.1994) zieht eine grundsätzliche Trennlinie zwischen vernünftigen und spendewilligen und unvernünftigen, zweifelnden oder misstrauischen Deutschen, die ihre Organe nicht ,herausrücken' wollen. Letztere werden symbolisch ausgegrenzt, indem sie als irrational und auf der symbolischen Vorwärts-Rückwärts-Achse als archaisch-rückwärtsgewandt stigmatisiert werden. Diese Symbolik verbindet sich mit Vorstellungen nationaler Homogenität der ,Vernünftigen' gegen die Abweichler, die diese Homogenität gefährden. Was wir brauchen, so wird suggeriert, das ist eine geeinte organspendenwillige Nation, sonst wächst nicht zusammen, was zusammengehört.

In den industriell produzierten Nahrungsmitteln liegt eine tödliche Gefahr. Aus diesem einfachen Antagonismus von Technik/Kultur und Natur entsteht in der wissenschaftlich-rationalen Perspektive des WOCHE-Journalismus der Gegensatz normaler, ,guter' Technik und Natur gegenüber den denormalisierten

und gefährlichen Exzessen von Wissenschaft und Technik und den (noch unbe-
kannten) Gefahren der Natur. (Ausgabe vom 14.4.1994) Für die WOCHE heißt die
Alternative zu den Gefahren und Risiken der biowissenschaftlichen Forschung
und Technologie ‚Natur' und ‚Natürlichkeit', Konzepte, die hier allerdings nichts
anderes benennen als symbolisch vergegenwärtigte Normalität.

Während sich in den anderen Zeitungen/Zeitschriften eine verwendete Kollektivsymbolik findet, die nahezu nahtlos an das System kollektiver Topik anschließt, gilt dies in BILD nur in sehr eingeschränkter Weise. Hier (in BILD vom
31.1.1994) wird symbolisch auf eine ‚Landschaft' rekurriert, die man nur ironisch als modern bezeichnen kann. Die Artikel-Serie über das „schöne Sterben"
(31.1. bis 10.2.1994) lässt zwar einerseits Felder von Diesseits und Jenseits entstehen, die sich an das Innen und Außen der kollektiven Topik anschließen lassen. Zwischen Diesseits und Jenseits existiert auch eine Mauer, die durch den
Tod überbrückt wird. Dabei wird dieser Übergang als Röhre, Tunnel oder Spirale
gezeichnet. Auch die Symbolik, mit der das Diesseits codiert wird, ist eher technisch ausstaffiert: Operationssaal, Käfig, Aquarium, Zimmer, Stadt etc. – Eine
Modifikation erfährt die Kollektivsymbolik in BILD jedoch bei der Codierung des
Jenseits, das semantisch an das Außen anschließt. Hier findet keine durchgängige
Äquivalenz zwischen Außen/Jenseits und Furcht und Schrecken statt. Vielmehr
wird das Jenseits durchaus auch mit einer „Lichtwelt" gleichgesetzt, hinter der,
abgetrennt durch einen „grauen Schleier", eine Schattenwelt existiere, die „Hölle". Hier wird die Kollektivsymbolik an ein mythisches Weltbild angekoppelt,
das seine eigene Logik entfalten kann.

Insgesamt handelt es sich bei der Serie in BILD um ein leicht säkularisiertes
oberflächlich-christlich angehauchtes Szenario, das man auch als reaktionär-auf-
geklärt oder prall gefüllte Leere bezeichnen könnte. BILD präsentiert und propagiert eine Welt des dumpfen Brütens, der kleinen animalischen Lüste, der großen
und kleinen Ängste und der diese wieder relativierenden Freuden und Ermuti-
gungen, in der „Sklaverei und Herrenkosmetik, Kriegshetze und Intimspray,
Atombombe und Babywindel, Massenmord und Katzenfutter zu Äquivalenten
geworden sind, von denen das eine das andere bedeutet, also alles nichts."
(Enzensberger 1988, 88) Kurzum: Es geht um den Alltag einer kapitalistisch
formierten und nivellierten Mittelstandsgesellschaft, in der zwar kaum einer hun-
gert, aber auch keiner so richtig lebt.

Individuum und Gesellschaft
Die in den Artikeln erkennbaren Vorstellungen darüber, was der Mensch sei und
in welcher Gesellschaft er lebt bzw. leben solle, korrespondieren selbstverständ-

lich eng mit den politischen und weltanschaulichen Positionen der betreffenden Zeitungen und Zeitschriften. Es handelt sich um die aus den großen Debatten der letzten Jahrhunderte sattsam bekannten ‚modernen' Ideen, die eigentlich nicht mehr so recht in die heutige, wenn man so will, ‚postmoderne' Zeit hineinpassen, in der man auf universalistische Geltungsansprüche, wie sie hier, wenn auch in breiter Palette postuliert werden, zu verzichten begonnen hat. Mit Ausnahme der TAZ, die zumindest implizit Kritik an der instrumentellen Vernunft übt, und der WOCHE, die den Dualismus Mensch - Tier oder die Zweiteilung des Menschen in einen biologisch-gefühlsmäßigen und einen rationalen Teil immerhin pragmatisch reflektiert, kann man sich bei den anderen untersuchten Zeitungen und Zeitschriften des Eindrucks nicht erwehren, dass neue und weitreichende technische, z.B. eben biotechnische Möglichkeiten mit philosophisch-wissenschaftlichen Erklärungsversuchen konfrontiert sind, die ihnen schlicht und ergreifend nicht gewachsen sind. Bedeutsam ist dabei vor allem, dass auf dieser Grundlage völkische und/oder autoritäre Lösungsperspektiven nicht wirkungsvoll zurückgewiesen werden.

Technikverständnis

Die Betrachtung der Technikkonzepte in den untersuchten Artikeln zeigt, dass sie sehr eng mit den Zukunftsperspektiven verbunden werden, die jeweils eingenommen werden. Eine gewisse Ausnahme bildet hier die BILD-Zeitung. Der Umgang mit Technik wird jedoch in den meisten Artikeln als Schlüssel für die Zukunft angesehen. Unterschiedlich wird dabei die Bedeutung der handelnden Menschen verortet. Während im FOCUS ein aktives Eingreifen in evolutionäre Prozesse als zweck- bzw. sinnlos angesehen wird, wird in anderen Zeitungen (z.B. der FR) ein Kampf um die Richtung des Fortschritts als notwendig angesehen. Die Träger dieser Auseinandersetzung bleiben dabei eher im Dunkeln. Allenfalls wird auf den wissenschaftlichen Sektor und die Verantwortung der Wissenschaftler verwiesen. Hierdurch wird eine diskursive Konstellation erzeugt und reproduziert, die den Einzelnen als hilf- und machtlos gegenüber sich abspielenden Prozessen erscheinen lässt, die allerdings sein Leben erheblich beeinflussen.

„Die Verstaatlichung des Biologischen". Die Relevanz des biopolitischen Diskurses

Die Mehrstimmigkeit des biopolitischen Diskurses in den Print-Medien
Es dürfte deutlich geworden sein, dass der biopolitische Diskurs (in den Print-Medien), bedingt durch die unterschiedlichen Diskurspositionen der Organe, die Bevölkerung mehrstimmig erreicht. Diese Mehrstimmigkeit bildet in ihrer Gesamtheit jedoch ein konsonantes, sozusagen arbeitsteiliges Konzert. Das bedeutet zugleich, dass die Unterschiede zwischen den Diskurspositionen nicht so gravierend sind, dass sie dem Vormarsch eines biopolitischen Denkens und Praktizierens in Deutschland Einhalt gebieten könnten. Insofern trägt dieser Diskurs mit dazu bei, die Bahn freizuschaufeln für (gen-)technische Manipulationen an Mensch und Natur, weil und indem er die dazu notwendigen Wissens- bzw. Applikationsvorgaben produziert. Die dabei auftretenden ethischen Probleme werden zwar aufgenommen und z.B. vor allem anhand der Bioethik-Konvention der Europäischen Gemeinschaft diskutiert. Insgesamt stellen sie jedoch eher ein Randthema dar.[15]

Am ungebrochensten hat sich dieses Denken in DIE ZEIT eingegraben. So wird etwa in dem feinanalysierten Artikel vom 22.7.1994 („Im Sterben den Lebenden helfen?") dafür plädiert, die Menschenrechte mit dem Hirntod enden zu lassen. Hier kündigt sich ein kultureller Wandel an, nach dessen Etablierung die breite Durchsetzung bio-politischer Konzepte auf keine nennenswerten Hindernisse mehr stoßen wird.

Dagegen wird der biopolitische Diskurs durch die FR eher ambivalent präsentiert. Die kritische Begleitung der biopolitischen Debatte ist in dieser Zeitung sehr ausgeprägt. Dennoch trägt auch die FR im Resultat dazu bei, dass keine grundsätzliche politische und wissenschaftliche Kurskorrektur vorgenommen werden kann. Dies macht die vorgenommene Analyse der Buchrezension besonders deutlich, die am 16.3. 1994 erschienen ist: Die von Buch-Autor Koch artikulierte radikal-anarchische Position wird von Michael Emmrich als zu weitgehend kritisiert. Doch gerade in der Abarbeitung dieser Zuspitzung wird deutlich, dass

---

15 Siehe Paul 1994, 1996. – Am 26. September 1996 billigte die parlamentarische Versammlung des Europarates gegen die Stimmen der deutschen Abgeordneten den umstrittenen Entwurf der Bioethik-Konvention. Der Entwurf erlaubt u.a. die fremdnützige Forschung an Menschen ohne deren Einwilligung. Damit ist der Weg frei für die Ratifizierung durch die nationalen Parlamente (vgl. dazu auch den Kommentar von Karin Rennenberg in GiD 115 vom Oktober 1996, 19f.). Bis 2006 hat diese allerdings in Deutschland nicht stattgefunden.

seine eigene Position sich lediglich dort von der von ihm kritisierten unterscheidet, wo es darum geht, den Zug der Bio- und Gentechnik auf andere Gleise zu leiten. Offenbar geht es nur noch um richtige Weichenstellungen: der Zug der Bio- und Gentechnik selbst und seine hohe Geschwindigkeit, die er inzwischen aufgenommen hat, werden demgegenüber ja nicht mehr zum Problem.

In die gleiche Richtung wirkt auch die Berichterstattung zum biopolitischen Diskurs in der WAZ. Auch hier werden durchaus damit verbundene Probleme artikuliert oder zumindest angespielt. Auf diese Weise wird der Eindruck erweckt, als würde über Biopolitik in der Gesellschaft noch gestritten. Der Blick auf die Bandbreite der vorgetragenen Argumente zeigt jedoch, dass davon nicht die Rede sein kann. Das Spannungsfeld zwischen Risiken und Nutzen z.B. der medizinischen Anwendung von Gentechnologie wird so eingeschränkt, dass unterm Strich nur eine Akzeptanz des Unvermeidbaren herauskommt.

Die WOCHE engagiert sich mit kritisch akzentuierten Beiträgen und Themenseiten in der Debatte um die Durchsetzung und gesellschaftliche Nutzung biowissenschaftlich-medizinischer Forschung und Technologien. Dabei orientiert sie auf die regulativen Leitkonzepte von ‚Natur' und ‚Natürlichkeit' – Leitkonzepten modernen Normalismus. Der WOCHE-Journalismus belegt damit, dass diese Konzepte in der Debatte um Biopolitik keine Position der Resistenz mehr zu begründen vermögen.

Die Stimme der TAZ im biopolitischen Konzert ist dagegen schwieriger auszumachen. Als Organ, das sich vor allem an gesellschaftliche Minderheiten richtet, hat sie sich seit Jahren mit den Gefahren von Gentechnik etc. intensiv auseinandergesetzt. Bestimmte Diskussionsprozesse, die derzeit in hegemonialen Medien geführt werden, sind in ihrem Umkreis insofern bereits ausgetragen worden. Um so mehr überrascht, dass auch in der TAZ der bio-medizinisch technische Fortschritt um sich greift und ethische Bedenken dagegen in den Hintergrund geraten: Hirntod wird als endgültiger Tod und Organtransplantationen (bei Einverständnis des Spenders) werden wie selbstverständlich akzeptiert.

Die BILD-Zeitung zielt im Unterschied zu den anderen untersuchten Medien auf eine existenziellere und zugleich primitivere Ebene der Wahrnehmung des biopolitischen Diskurses: Hier wird die ’Seele' aufbereitet und dafür empfänglich gemacht, sich den Körper untertan zu machen. Ziel ist es, dass die Menschen alles mit ihrem Körper geschehen lassen, da er völlig gleichgültig ist: Apparat, Ersatzteillager, Ärgernis und Ort sexueller (und sonstiger) Stimulation. Eine solche Taktik, mit der die Menschen zwischen Angst und Hoffnung hin und her gejagt werden und nicht zur Ruhe kommen, kann dabei durchaus als Psychotechnik bezeichnet werden.

Eine solche Technik ist beim FOCUS nicht zu finden. Er ist im Vergleich zu BILD geradezu als naiv offen und direkt zu bezeichnen: Gebetsmühlenartig verkündet er sein soziobiologisches Glaubensbekenntnis und trägt dazu bei, dass diese Rationalität akzeptiert wird. Man könnte diese Strategie angesichts der in großen Teilen der Bevölkerung verbreiteten sozial-darwinistischen Ideologie als Opportunismus abtun; andererseits trägt FOCUS damit zur Befestigung von Mensch- und Gesellschaftsbildern bei, mit denen sich reaktionäre gesellschaftliche Entwicklungen und biologistische Dispositive etablieren lassen. Auf den Punkt gebracht, lautet die Parole von FOCUS: Von den Tieren lernen! Dass diese Zeitschrift dieses Spruchband gern über jede Kinderzimmertür geheftet sähe, verweist darauf, wie wir uns eine menschliche Zukunft bzw. die Zukunft der Menschen à la FOCUS vorzustellen haben: als Versammlung dressierter Affen.

Diskursstrategie und Effekte der (print-)medialen Ansprache

Ein Paradigmenwechsel. Von den Sozialwissenschaften zur Soziobiologie als regulative Ideologie der Moderne
Der hohe Stellenwert, den soziobiologische Konzepte in FOCUS einnehmen, verweist dabei auch auf einen Prozess, der für eine Stärkung des biopolitischen Diskurses insgesamt von großer Bedeutung ist. Zu beobachten ist ein wissenschaftlicher Paradigmenwechsel im Verhältnis von (Human-)Wissenschaft und Staat.

Offensichtlich haben die Sozialwissenschaften als Hort der Erkenntnis gesellschaftlicher Zustände und Perspektiven abgedankt. Als Steuerungsinstrument globaler gesellschaftlicher Prozesse bis vor kurzer Zeit noch unentbehrlich, etabliert sich heute zunehmend – auf dem Umweg über soziobiologisches Denken – ein Konzept bio-technischer Steuerung sozialer Prozesse. Wenn auch noch nicht restlos durchgesetzt, so bietet es sich doch als glaubwürdige Alternative an. Bis dato – grob gesagt bis zum Niedergang sozialistischer Gesellschaftsentwürfe – musste der Staat „mit zuverlässigem Wissen über die das menschliche Verhalten bestimmenden Gesetze versorgt werden und mit den nötigen wirkungsvollen Fertigkeiten, mit denen ein Verhalten hervorgebracht werden konnte, das den modernen Ambitionen entsprach" (Bauman 1995, 139). Demgegenüber stellen sich allmählich andere Steuerungsmöglichkeiten her bzw. drängen sich in den Vordergrund, die nicht so sehr das Eingreifen des Staates erfordern, sondern die sich als eine Art Lebenskonzept darstellen, das verbreitet plausibel erscheint: Biopolitik als Konzept der Stärkung und Nutzung von Biomacht zur Steuerung gesellschaftlicher Prozesse.

Die Rolle der Medien, das Problem der Akzeptanz und sein ökonomischer
Hintergrund

Zur Durchsetzung solcher Konzepte trägt der gesamte Blätterwald bei – nicht nur die hier untersuchten Zeitungen und Zeitschriften. Sie transportieren die Leitbilder und -themen, die dann in Fit for Fun, Cosmopolitan und in Werbespots und sonstigen Zumutungen des Fernsehens umgesetzt und/oder ausdifferenziert werden.

Wenn Medienkritiker bekannter Provenienz wie Elisabeth Noelle-Neumann, Hans Mohr oder Ernst-Ludwig Winnacker den Medien und damit allen am Thema arbeitenden Journalistinnen den Vorwurf machen, sie würden die Gentechnik ‚kaputtreden‘, dann kann das – auf dem Hintergrund unserer Ermittlungen gesagt – nur darauf beruhen, dass sie das Abwägen von Risiken bereits als Ablehnung interpretieren und die dominante positiv-propagierende Seite biologischer Prozeduren bis in die alternative Presse hinein nicht zur Kenntnis nehmen.[16]

Nun soll hier nicht umgekehrt der Vorwurf erhoben werden, Journalistinnen seien blauäugige Demiurgen und willige Helfer eines biopolitischen Herrschaftskonzeptes, mit dem die Menschen und die Bevölkerung reguliert werden, die allein den herrschenden Interessen, die ja bekanntlich die Interessen der Herrschenden sind, entgegenkommt. Die Rolle der Journalist*inn*en ist sehr viel differenzierter und komplizierter. Die hier dargestellte Analyse der Print-Medien zeigt, dass die meisten Journalist*inn*en, die sich mit biopolitischen Themen befassen, – abgesehen von einigen Überzeugungstätern – redlich bemüht sind, fair und ausgewogen zu schreiben. Dies ist kein Widerspruch zu dem Befund, dass sich dieser Diskurs im wesentlichen als Akzeptanzdiskurs darstellt, sondern verweist nur darauf, dass die Mehrheit der Journalist*inn*en selbst in diesen biopolitischen Diskurs verstrickt ist und den inneren Zusammenhang des äußerst vielgestaltig realisierten biopolitischen Dispositivs nicht erkennt und wahrnimmt.

Aber es ist nicht nur dieses Problem, dem Journalist*inn*en ausgesetzt sind. Daneben ist zu beachten, dass der hegemoniale biopolitische Diskurs durch die mediopolitische Klasse mit großer Macht ausstaffiert wird, insbesondere seit Beginn der konservativ-liberalen Regierungsübernahme zu Beginn der 1980er Jahre und mit weiterer neuer Schubkraft seit dem Niedergang des Ostblocks. Der theoretische Diskurs der Moderne, der sich auf Gesellschaft als Sozius bezog, ist

---

16 Vgl. dazu den Artikel „Wer ist Schuld, wenn Gentechnik auf Ablehnung stößt?" von Michael Emmrich in der FR vom 16.10.1996. Eine breite Akzeptanzkampagne durch Schulen und Medien fordern Arnold/Gassen 1996, S. 61f.

massiv durch einen Diskurs abgelöst worden, der dieses Theorem durch das von Gesellschaft als organisch-naturhaftes Phänomen zu ersetzen begonnen hat.

Dabei ging und geht es massiv um den Abbau des Sozial- und Wohlfahrtstaates und um die Re-Etablierung eines Kapitalismus in Gestalt eines Neo-Sozialdarwinismus. Im Zusammenhang damit wird der Zwang zur Globalisierung als Argumentationsfolie eingeführt, nach dem Deutschland dazu genötigt sei, alles zu tun, um dem Standort Deutschland im Feld weltweiter ökonomischer Konkurrenz den Rücken zu stärken. Dieser neo-liberalen ökonomischen Gebetsmühle kann sich seit einiger Zeit kaum jemand entziehen, es sei denn, er versetzt sich in den schon biblisch beschworenen Rat derjenigen, in dem die Gottlosen und die Spötter sitzen. Der diskursive Sog der Biopolitik ist offenbar sehr mächtig geworden: sich ihm zu fügen, ist ‚normal' geworden; sich dem nicht zu fügen, gilt als 'verrückt'. Bestenfalls wird dieser Sog (oder auch nur Partikelchen dieses Sogs) als Teil eines hinzunehmenden ‚Kältestroms' verstanden, den Ernst Bloch als Merkmal moderner kapitalistischer Gesellschaft ausgemacht hatte.

Standort Deutschland oder die Gentechnik als „hochtourige Jobmaschine"
Dies wirft die Frage auf, wie man sich diesem Sog entziehen kann, nachdem die westlich-„liberale" Wirtschaftsordnung ihre Überlegenheit dermaßen endgültig bewiesen hat und ihre Nachteile als Kosten der Freiheit ausgewiesen werden.

Ein Weg, wie sich (nicht nur Journalist*innen) diesem Druck entziehen können, kann darin bestehen, die Argumente der Medien-Kritiker hinsichtlich ihrer Tauglichkeit genauer zu beleuchten. Dies bedeutet u.a. die Implikate und Setzungen, die in die biopolitische Argumentation einfließen, aufzunehmen und zu hinterfragen.

Hier sticht die Standortfrage als wohl wichtigstes Argument ins Auge. Konkret geht es um die Drohung bzw. die Angst, die deutsche Wirtschaft verlagere ihre Schwerpunkte in Sachen Gentechnik und Biotechnologie ins Ausland, wenn die deutsche Bevölkerung diese nicht akzeptiere. Die Folge sei ein ökonomischer Einbruch ersten Ranges, der die deutsche Wirtschaft hoffnungslos ins Hintertreffen zu bringen drohe. Doch das ist eine Position, die sachlich nicht zu halten ist, wenn man sie mit konkreten ökonomischen Fakten konfrontiert, wie dies Ulrich Dolata (1996a) getan hat. Dolata betont: „Tatsächlich sind die Einführungsprobleme in erster Linie technischer, ökonomischer und wissenschaftlicher Natur."

Dennoch setzt heutige Wirtschaftspolitik auf die Biotechnologie und nimmt solche nüchternen Einschätzungen nicht zur Kenntnis. Michael Emmrich leitete einen Bericht in der FR über eine Studie des Basler Prognos-Instituts, die vom Forschungsministerium in Auftrag gegeben worden war, folgendermaßen ein:

„Die Deutschen spielen in Brüssel Avantgarde, um daheim endlich das Image des Zurückgebliebenen loszuwerden. Die Bundesregierung drängt die EU-Partner mit Macht, die Gen-Gesetze der Gemeinschaft zu entrümpeln, um der modernen Biotechnologie noch die letzten Hindernisse aus dem Weg zu räumen. Ihre eigenen Hausaufgaben hat sie schon erledigt. Die nationalen Spielregeln wurden wissenschafts- und industriefreundlich umgestaltet, zugleich millionenschwere Förderprogramme aufgelegt. Seitdem lässt Forschungsminister Jürgen Rüttgers keine Gelegenheit aus, Deutschland an die Spitze der Gentechnologie in Europa zu reden – gigantische Umsatzzahlen und reichlich neue Arbeitsplätze vor Augen. Doch mit seiner jüngsten Studie hat das Basler Prognos-Institut den CDU-Politiker jäh auf den steinigen Boden der Gegenwart zurückgeholt. Das nüchterne Fazit: Die Gentechnologie ist alles andere als eine hochtourige Jobmaschine." (FR 26.10.1996, 9)[17]

Das bedeutet: Um den diskursivem Druck gegenüber der Einführung biotechnologischer Praktiken aufzulösen, müssen die enormen Erwartungen, die hinsichtlich der Gewinnung von Arbeitsplätzen an sie gestellt werden, in Frage gestellt werden. Das gilt ebenso für die Gewinnerwartungen der Unternehmen.

Wohin steuert die Biopolitik?

Nun könnte die ungerechtfertigte Euphorie, die der Gentechnik entgegengebracht wird, die Hoffnung nähren, dass der gesamte biopolitische Komplex möglicherweise harmloser ist als wir vermuten. Denn die totale „Vereinnahmung des Lebens durch die Macht" und die „Verstaatlichung des Biologischen" (Foucault 1992) findet eine Schranke am Zentrum menschlicher Existenz: sozial zu sein und auf Sozialität existenziell angewiesen zu sein.

Dabei muss aber beachtet werden, dass die Fehlentwicklungen, die mit der Durchsetzung insbesondere ökonomisch verschränkter biopolitischer Vereinseitigungen einhergeht, bis zur Erreichung dieser Schranke bereits enormen Schaden anrichten werden: biopolitische Regulation ist untauglich bzw. wirkt sich zerstörerisch aus, wo es um soziale Wirklichkeiten geht: um uns Menschen als sozio-historische Wesen und um die Gesellschaften als Resultat und Kampfplatz sozio-historischer Prozesse.

---

17 Vgl. etwa das Förderprogramm BioRegio, das Anfang 1996 vom damaligen Bundesforschungsminister Rüttgers mit der Absicht verkündet wurde, Deutschland bis zum Jahr 2000 an die Spitze der Länder in Europa zu führen. Vgl. dazu den Bericht in GiD 116 (1996), 7f.

Unbeantwortet ist zugleich die Frage, ob und wenn ja, inwieweit die Biopolitik die Gesellschaft dermaßen tiefgreifend verändern könnte, dass diese im Kern gefährdet wäre. Ulrich Beck fragt denn auch:

> „Erleben wir nicht den Übergang von einer Steinzeitpolitik in die genetisch-präventive Biopolitik der Zukunft, in der gesellschaftliche Zwecke nicht über die Veränderung gesellschaftlicher, sondern biologischer Kernstrukturen in einem Ausmaß vorangetrieben werden können, von dem wir heute noch keine Vorstellung haben?" (Beck 1988: 38)

Und was wäre das mögliche Resultat? Die endgültige Befreiung von der Natur durch absolute Herrschaft über sie? Oder die endgültige Unterwerfung des Sozialen unter die Natur und damit das Ende der Menschheitsgeschichte?

Beide Alternativen unterstellen, dass es möglich ist, das Menschsein zur einen oder zur anderen Seite hin ‚auflösen' zu können, entweder zur Seite des Biologischen, so dass der Mensch zum Tier oder gar zu reiner Bio-Masse würde, oder zur Seite des Sozialen, eines Wesens ohne Körper, so dass der Mensch logischerweise zum reinen Geistwesen würde. Es wird keine dieser beiden ‚Lösungen' geben. Was es geben wird, das sind Entwicklungspfade, die sich an den jeweiligen Zielvorstellungen orientieren. Die Art und Weise der Auseinandersetzung zwischen diesen Optionen wird bestimmen, welche konkrete Gestalt moderne Industriegesellschaften in den nächsten Jahrzehnten annehmen werden: Die derzeit vorherrschenden diskursiven Trends versprechen für die nächste Zeit nichts Gutes.[18] Doch solche Trends müssen nicht, wie alle Diskurse, ewig existieren. Sie sind veränderbar. Die massiven Vorbehalte in der Gesellschaft, die ja der Grund dafür sind, dass hier um Akzeptanz gerungen wird, sollten deshalb nicht übersehen werden.

---

18 Die jüngsten Erfolge beim sogenannten Klonen, aber auch die Existenz sogenannter Todescomputer sollen hier nur als Beispiel genannt werden. Dabei handelt es sich immerhin um Ereignisse, die medial Aufsehen erregt haben und dabei keineswegs auf Zustimmung in der Bevölkerung gestoßen sind.

Ansätze zu einer Dispositivanalyse anhand eines „Stadtteils mit besonderem Erneuerungsbedarf". Ein Arbeitsbericht

Vorbemerkung

„Sage mir, wo Du wohnst, und ich sage Dir, wer Du bist!" – Mit diesem leicht abgewandelten Sprichwort lässt sich ein Projekt beschreiben, das im DISS vom November 1998 bis April 1999 durchgeführt wurde und das erkunden sollte, wieso ein Stadtteil „mit besonderem Erneuerungsbedarf" trotz aller Bemühungen der Politik weiterhin verelendete.[1] Wir stellten uns primär die Frage, wie dieser Stadtteil von seinen Bewohnerinnen diskursiviert wird, ob und wie sie sich an das anschließen, was im Medien- und Politikerdiskurs über ihren und ähnliche Stadtteile gedacht wird. Im Verlaufe dieses Pilot-Projekts stellte sich uns die Frage nach den Grenzen einer Diskursanalyse, die sich allein auf die sprachlich-diskursiven Elemente bezieht. Im Resultat wurden nicht nur konkrete Ergebnisse erzielt, sondern gleichzeitig konnte herausgearbeitet werden, wie eine Ausweitung in Richtung einer Dispositivanalyse von Stadtteilen im Foucaultschen Sinne konkret gestaltet werden könnte.

Obwohl die geplante Fortsetzung dieses Projekts, in dem die folgenden Überlegungen hätten umgesetzt werden können, nicht zu Stande gekommen ist, könnte der folgende Arbeitsbericht eine Reihe von Anregungen für konkrete Forschungsprojekte bieten, die soziale Räume einer differenzierten Analyse unterziehen möchten, also möglichst das gesamte Wissen, das diese Räume hervorgebracht hat und erhält, zu elizitieren und damit erst wirklich analysierbar zu machen. Dabei ist zu bedenken, dass die folgenden Ausführungen eher noch den Charakter einer Baustelle haben und mehr ahnen lassen als zu wissen vorgeben, wie eine solche Dispositivanalyse vonstatten zu gehen hätte.

Im Folgenden werden deshalb in einem ersten Teil Verlauf und Ergebnisse

---

1 Vgl. dazu den Projektbericht M. Jäger/Cleve/Ruth/S. Jäger 2002.

dieses Pilot-Projektes knapp zusammengefasst. Der zweite Teil beschreibt die neuen Fragestellungen, die sich im Verlauf des Projektes ergeben haben. Dabei geht es vor allem darum, die Frage zu stellen, ob und wie sich Stadtteile als Dispositive im Sinne Michel Foucaults fassen und analysieren lassen.[2]

Die Beschränkung auf einen Stadtteil ist, diskursanalytisch gesehen, etwas künstlich, da Stadtteile stark von Diskursen und weiteren Dispositiven durchzogen werden, die weit über den betreffenden Stadtteil hinaus Geltung haben. Diesem Umstand muss bei der Analyse insofern Rechnung getragen werden, als stadtteilübergreifende Diskurse und Dispositive mitberücksichtigt werden. Gleichwohl sollte das zu analysierende Material primär im betreffenden Stadtteil selbst erhoben werden.

Das Projekt „Leben im Brennpunkt"

Bekanntlich gibt es im Ruhrgebiet eine Reihe von Städten und Stadtteilen, die von der Strukturkrise bei Kohle und Stahl ganz besonders gebeutelt, sprich: zunehmend denormalisiert worden sind, mit den entsprechenden Folgen für die Einwohner und die damit einhergehenden Sorgen der Politiker. In diese Stadtteile, die auch etwas euphemistisch als „Stadtteile mit besonderem Erneuerungsbedarf" bezeichnet werden, fließen seit einigen Jahren Gelder von Bund und Land, mit denen Maßnahmen finanziert werden, die diese Krisenerscheinungen bzw. den erfahrenen Notstand zurückdrängen und (wieder?) normalisieren sollen. Solche Stadtteile zeichnen sich in aller Regel durch einen hohen Ausländeranteil aus, was fast immer, doch wie sich zeigte: sehr verkürzend als eine der Hauptursachen der Krise angesehen wird.

Bei den in solchen Stadtteilen tätigen Sozialarbeitern wie auch im dafür zuständigen Ministerium in NRW haben sich jedoch mittlerweile Zweifel eingestellt, ob diese Gelder auch so ausgegeben werden, dass sie die Bedürfnisse und Nöte der Bewohnerinnen wirklich antreffen und den befürchteten „sozialen Sprengstoff" trockenlegen können. Denn im Ergebnis ist festzustellen, dass sich trotz aller ergriffenen Maßnahmen die Lage der Bevölkerung den Stadtteilen nicht wesentlich gebessert hat. Sie sind und bleiben „soziale Brennpunkte".

Das Ministerium für Arbeit und Soziales in NRW beauftragte das DISS deshalb 1998, einen dieser Stadtteile unter diskursanalytischen Gesichtspunkten zu untersuchen, um folgende Fragen zu beantworten:

---

2 Vgl. dazu Foucault 1978 und S. Jäger 2001a und c.

*   Wie wird der Stadtteil in der Öffentlichkeit dargestellt?
    Dieser Frage wurde vor allem durch die Sichtung und Analyse wichtiger
    Printmedien nachgegangen.
*   Wie wirkt sich der öffentliche Diskurs über so genannte Problemstadtteile
    auf seine Bewohnerinnen und Bewohner aus (Selbstwertgefühl, Identifika-
    tion mit dem Stadtteil, Lebensperspektiven im Stadtteil, Wahlverhalten
    etc.)? Welche Konfliktformen /-arten liegen zwischen welchen Bevölke-
    rungsgruppen vor? Welche Probleme und Konflikte werden von den Bewoh-
    nerinnen und Bewohnern im Stadtteil vorrangig gesehen, welche
    Lösungsmöglichkeiten sehen sie, und wen machen sie für die Probleme und
    Konflikte verantwortlich?
    Dieser Fragestellung wurde durch die Erhebung und Analyse von Tiefenin-
    terviews nachgegangen. Interviewt wurden sowohl Deutsche wie Nicht-
    Deutsche, Frauen und Männer sowie ältere und jüngere Bewohnerinnen. Ins-
    gesamt wurden acht Tiefeninterviews erhoben und ausgewertet.
*   Welche Probleme und Konflikte im Stadtteil werden von Sozialmanagern
    gesehen? Welche Rolle spiel(t)en Kommunal- bzw. Landespolitiker sowie
    andere staatliche oder halbstaatliche Institutionen bei der Bewältigung der
    Probleme?
    Dieser Fragenkomplex wurde durch Expertengespräche erfasst.

Somit wurden in diesem Projekt drei unterschiedliche Diskursebenen – Alltag,
Medien und ein Ausschnitt aus dem politischen Diskurs – untersucht und die
Ergebnisse aufeinander bezogen.

Die Interviews mit Sozialmanagern vor Ort zeigten, dass diese vor allem die
desolate Arbeitsplatzsituation und die damit verbundenen Folgen für den Stadtteil als vorrangiges Problem im Stadtteil ansehen. Dabei sehen sie kaum positive
Perspektiven. Auf Hilfe von außen – damit ist vor allem die politische Ebene
gemeint – glauben sie nicht bauen zu können. Vielmehr müsse sich der Stadtteil
selbst helfen. Dies wiederum erfordere Kompetenzen der Bewohner*innen*, die sie
aber auch nicht sähen.

Probleme in Verbindung mit großen Anteilen von Menschen mit Migrationshintergrund an der Gesamtbevölkerung werden ebenfalls gesehen. Hier zeigen
sich keine Abweichungen gegenüber dem herrschenden Diskurs, etwa zur Einschätzung einer sogenannten Ausländer- oder auch Jugendkriminalität generell.
Ausländer und Jugendliche werden als die Problemgruppen ausgemacht, die ein
gedeihliches Miteinander im Stadtteil erschweren oder sogar verhindern.

Das schließt an die Ergebnisse der Printmedienanalyse an. Hier wurden sowohl die Außensicht wie auch die Binnensicht auf den Stadtteil innerhalb der

letzten Jahre untersucht. Die Außensicht wurde anhand der taz und weiterer ausgewählter Zeitungen für die letzten 13 Jahre (= 1986-1999), die Binnensicht anhand der lokalen Berichterstattung vor allem der WAZ und der WESTFÄLISCHEN RUNDSCHAU für die Zeit von 1994 bis 1997 untersucht.

Vor allem in der Außensicht, die sich generell auf die Region Ruhrgebiet erstreckt, überwiegt das Wahrnehmungsmuster einer öden, verdreckten und verseuchten Industrielandschaft, deren Probleme, wenn überhaupt, nur sehr schwer in den Griff zu bekommen sind. Komplementär dazu steht die Innensicht, die durch die Analyse von Lokalpresseberichten ermittelt wurde. Hier wird zwar auch auf Notlagen hingewiesen, es überwiegen jedoch die Themen, in denen positive und konstruktive Lösungen diskutiert werden. Die diskursiven Effekte dieser Berichterstattung müssen dabei als ambivalent eingeschätzt werden: Steigerung der Motivation, sich an Projekten und Aktivitäten zu beteiligen, kann mit der Beschwichtigung einhergehen, dass alles schon „in trockenen Tüchern" sei.

Bezogen auf das Alltagsbewusstsein der Bewohnerinnen und Bewohner war festzustellen, dass diese Beschwichtigungseffekte ihre Wirkung zeigen. Die eigene Handlungsfähigkeit wird als ziemlich gering eingeschätzt. Im Diskurs kann sich offenbar die Akzeptanz erzeugende Berichterstattung vor allem der Lokalpresse durchsetzen. Dies korrespondiert mit den Einschätzungen der interviewten Sozialarbeiter. Auch die in den Medien insgesamt produzierten Bilder, wonach die Stadt und die Region besonders problembehaftet sind, können bei den Bewohnerinnen Ohnmachtsgefühle auslösen.

Es zeigt sich, dass sich die verschiedenen Diskursebenen durchaus gegenseitig verstärken: auch der Einwanderungsdiskurs strukturiert das Zusammenleben im Stadtteil recht stark. Dies wird sowohl von den Sozialmanagern als auch von den Befragten formuliert; aber auch in der Presse finden sich derartige Hinweise. Die Bewertungen, die vorwiegend von Bewohnern deutscher Herkunft gegenüber Bewohner*innen* mit Migrationshintergrund vorgenommen werden, scheinen dabei so prägend und dicht zu sein, dass von den Sozialarbeiterinnen nicht die Aufhebung, sondern nur die Abschwächung rassistischen Wissens zum Ziel erhoben wird. Aus ihrer Sicht sei schon viel erreicht, wenn In- und Ausländer auf der Basis einer gewissen gegenseitigen Akzeptanz und einer gewissen Toleranz zusammenfänden.

Doch das Zusammenleben wird nicht allein durch die Einwanderung strukturiert. Auch das konnte die Analyse von Presse- und Alltagsdiskurs zeigen. Es scheint so zu sein, dass sich das Stadtteilleben vor allem aus der Gemengelage konstituiert, die von einer Verschränkung von Sozial-, Einwanderungs- und Generationendiskurs hergestellt wird.

Erweiterte Perspektiven und neue Fragestellungen

Damit ist auch bereits ein Punkt angesprochen, der aus diskursanalytischer Sicht bei dieser Untersuchung eine Neuerung – zumindest bezogen auf empirische Untersuchungen des DISS – darstellte.

Das, was im Projekt als „Stadtteildiskurs" galt, lässt sich analytisch als eine komplexe Diskursverschränkung auffassen. In gewisser Weise wurde dieser Stadtteildiskurs erst durch die Untersuchung konstituiert, indem drei verschiedene Diskursebenen und verschiedene Diskursstränge in Bezug auf das Aussagenfeld „Stadtteil, soziales Wohnumfeld" bezogen wurden.

Wissend, dass Schaubilder in der Regel ambivalent sind, weil sie auch die Phantasie in die Irre führen können, lässt sich dieses analytische Unterfangen wie folgt skizzieren:

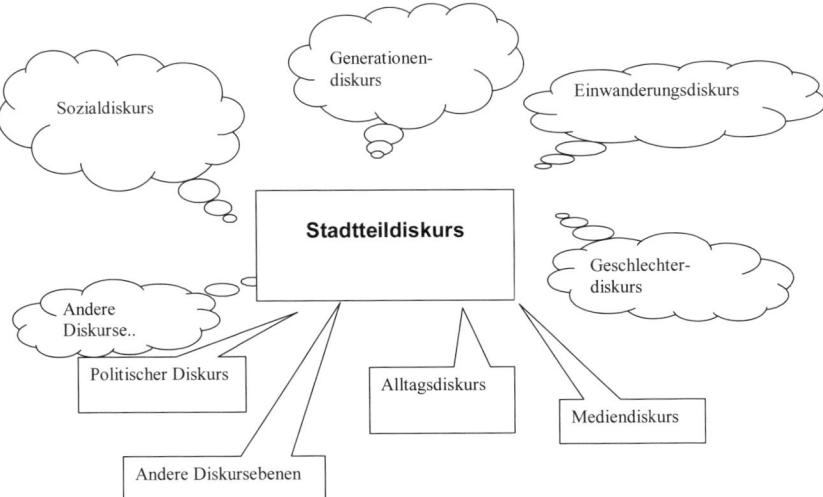

Abb.: Konstituierende Elemente des Stadtteildiskurses

Im Mittelpunkt der Untersuchung stand ein Stadtteil-Diskurs. Es handelt sich um den Stadtteil Gelsenkirchen-Bismarck/Schalke-Nord.[3] Gefragt war danach, wie sich das Wissen um den Stadtteil, d.h. um seine ökonomischen und sozialen Bedingungen, seine historische Entwicklung und seine Zukunftsperspektive im Alltagshandeln und -wissen der ansässigen Bevölkerung auswirkt. Diese Fragestel-

---

3   Dieses Namens-Ungetüm ergab sich aufgrund einer Gebietsreform, signalisiert aber bereits eine Verlegenheit: Da wurde etwas zusammengewürfelt, was eigentlich nicht zusammengehört.

lung reicht bereits über die Analyse eines bestimmten Diskursstrangs, z.B. des Einwanderungsdiskurses hinaus. Eine solche Ausweitung wurde nicht zuletzt durch die Ergebnisse eigener Untersuchungen nahegelegt. In ihnen konnte festgestellt werden, dass durch eine ausschließliche Thematisierung der Einwanderungsperspektive eine Kluft zwischen Eingeborenen und Einwanderern ständig neu reproduziert wird und dies mit dazu führt, eine produktive Einwanderungskultur zu erschweren. Außerdem wurde deutlich, dass der Faktor Migration, der ja in Deutschland immer als eine Migrationsproblematik imaginiert wird, die Diskussionen und Projekte in als sozial problematisch angesehenen Stadtteilen unverhältnismäßig stark bestimmt. In der Regel lebt in solchen Stadtteilen zwar ein hoher Anteil nicht-deutscher Bevölkerung. Dieser Umstand allein verleitet Politiker*innen*, Sozialmanager*innen* und auch Wissenschaftler*innen* oft dazu, die Problemlagen in solchen Stadtteilen bevorzugt unter der Perspektive zu betrachten, inwiefern die auftretenden Probleme sich z.B. durch mangelnde Integrationsprozesse dieses Bevölkerungsanteils ergeben.

Bezogen auf die kommunale Situation wird häufig übersehen, dass sich die Konfliktlinien in den Stadtteilen nicht allein zwischen Einheimischen und Einwanderern, sondern auch zwischen alten und jungen Personen, Arbeitenden und Arbeitslosen, Männern und Frauen, Familien und Singles usw. entwickeln (können).

Ohne bisherige Untersuchungen, die vor allem den Einwanderungsgesichtspunkt in den Mittelpunkt gestellt haben, damit in ihrer Bedeutung schmälern zu wollen[4], ist der Sachverhalt, dass Menschen in den Städten und Stadtteilen nicht allein unter der Perspektive ihrer Herkunft zusammenleben, sondern dass sich die Facetten ihrer persönlichen Situation vielfältig kreuzen und sich auch dadurch Konflikte (bzw. Gemeinsamkeiten) ergeben, Anlass, diesen sozialen Zusammenhang in die betreffenden Stadtteilprojekte einzubeziehen. Dadurch werden die Perspektiven auf den Stadtteil erweitert und andere, möglicherweise neue Handlungsansätze gefunden werden.

Damit soll nicht behauptet werden, Einwanderung und damit verbundene Integrations- bzw. Segregationsprozesse hätten keinen Einfluss auf die Gestaltung und das Leben in den Städten und Stadtteilen. Es wird lediglich davon ausgegangen, dass bei der Analyse neben diesen Prozessen weitere Aspekte nicht vernachlässigt werden sollten, die gleichfalls von Bedeutung sind und dass die Wirkungsmächtigkeit vom gesamten Problemkomplex ausgeht.

Insofern kann der ‚Stadtteildiskurs' als eine Verschränkung verschiedener

---

4   Vgl. dazu z.B. Rütten 1998.

Diskurse aufgefasst werden. Er speist sich zum Beispiel aus dem Einwanderungs-, dem Generationen-, dem Sozialdiskurs und dem Geschlechterdiskurs. In das Projekt wurden diese Diskurse in Bezug auf den Stadtteil auch in besonderer Weise einbezogen, d.h. es wurden zumindest größere Ausschnitte dieser Diskursstränge ebenfalls erfasst.– Dies geschah auf verschiedenen diskursiven Ebenen, wie dies in der obigen Skizze angedeutet wurde: Medien, Politik, Alltag.

Insofern versuchte das Projekt einen Teil eines komplexen Diskursnetzes zu erfassen. Die Ergebnisse, die dabei erzielt werden konnten, machten dann auch deutlich, dass es sinnvoll ist, eine solche Differenzierung vorzunehmen.

Doch noch in anderer Hinsicht erwies sich dieses Projekt als inspirierend. Vor allem die aus der Analyse entwickelten Schlussfolgerungen werfen die Frage auf, ob die Fragestellung überhaupt mit einer Diskursanalyse im herkömmlichen Sinne umfassend bearbeitet werden kann und soll und ob hier nicht ein Untersuchungsgegenstand vorliegt, der danach verlangt, die Diskursanalyse in Richtung einer Dispositivanalyse auszuweiten.

Kritische Diskursanalyse ist zwar in der Lage, jeweilige, teilweise bornierte Sichtweisen und Perspektiven auf Verhältnisse und Beziehungen herauszustellen. Indem das Sagbarkeitsfeld beschrieben wird, wird ja immer auch thematisiert, was (von wem) nicht sagbar ist. Auf diese Weise können Vorstellungen, die eine Lösung von Problemen behindern, herausgearbeitet und somit bearbeitbar werden. Die ‚Gefahr‘, die sich hier auftut, ist allerdings die, dass diejenigen, die mit den Ergebnissen der Analyse arbeiten, daraus die Konsequenz ziehen, eine andere Perspektivierung reiche aus, um die Probleme zu lösen.

Die diskurstheoretische Bilanzierung des Projektes bezog sich deshalb auf zwei Gesichtspunkte:

- Wie lässt sich diskursanalytisch ein so komplexer Zusammenhang wie ein Stadtteil untersuchen?
- Warum und auf welche Weise sollte eine Diskursanalyse ausgeweitet werden?

Die erste Frage ist schneller und einfacher zu beantworten als die zweite. So sollte und muss auf jeden Fall der Kreis der ‚Sozialmanager‘ erweitert werden. Darunter sind Personen zu verstehen, die sich beruflich mit den sozialen Belangen im Stadtteil beschäftigen. Die vorliegenden Studie enthielt eine Analyse von Interviews mit vornehmlich solchen Personen, die in Einrichtungen arbeiten, die sich in Verbindung mit der kommunalen oder landespolitischen Bewältigung der Stadtteil- bzw. Strukturprobleme herausgebildet haben. Sie können natürlich nur einen bestimmten Ausschnitt dessen reflektieren, was die Leute im Stadtteil bewegt und umtreibt. Das heißt, die politische Ebene – wie das Schaubild nahe legt – lässt sich damit nicht restlos erfassen. Dazu wäre es notwendig, Personen aus dem öffentlichen Leben, also Pfarrer, Lehrer, Polizisten und auch Politiker einzubeziehen.

Die Medienanalyse, im Schaubild als mediale diskursive Ebene angezeigt, richtete vornehmlich den Blick darauf, wie der Stadtteil sich in der lokalen Presse präsentiert, doch auch, wie das Ruhrgebiet aus überregionaler Sicht diskursiv hergestellt wird. Eine umfassendere Medienanalyse muss jedoch die Berichterstattung und Kommentierung des städtischem Lebens insgesamt beachten und dann speziell die Frage zu beantworten versuchen, auf welche Weise in Städten Konflikte gelöst oder auch nicht gelöst werden. Dadurch lassen sich diskursive „Muster" auffinden, mit denen kommunale Konfliktlagen bewältigt werden und die deshalb Einfluss auf die Praktiken im Stadtteil nehmen (können).

Schließlich zeigt die Dominanz des Sozialdiskurses in den Perspektiven der Bewohner*innen*, die wir in den Alltagsinterviews vorfanden, dass bei der Auswahl der Interviewten ihre soziale Herkunft stärker zu berücksichtigen ist, um unterschiedliche Diskurspositionen zu erfassen. Außerdem waren wir uns von vornherein darüber im Klaren, dass wir mit den angesetzten und durchgeführten acht Interviews den Alltagsdiskurs keineswegs vollständig erfassen konnten.

Um die Frage nach der Notwendigkeit einer Erweiterung der Diskursanalyse zu beantworten, ist es nötig, kurz und selbstkritisch zu hinterfragen, welche Mängel und Defizite sich in Verbindung mit dem bis dato eingeschlagenen Weg gezeigt haben.

Grenzen von Diskursanalyse

Die Ausgangsthese, dass sich das Stadtteilleben vielfältig strukturiert und nicht nur unter der Perspektive von Einwanderung zu betrachten ist, wurde in der Untersuchung bestätigt. Mindestens die soziale Situation, festgemacht am Problem der Arbeitslosigkeit, stellt einen weiteren wichtigen diskursiven Grundpfeiler dar. Das bedeutet, dass sich, wenn auf der einen Seite Konflikte innerhalb des Einwanderungsdiskurses eine Spaltung in Eingeborene und Eingewanderte produzieren, dieselben Personen sich innerhalb des Sozialdiskurses anders gruppieren. Die für den Sozialdiskurs spezifische Differenzierung in Arbeitende und Arbeitslose vollzieht sich unter Absehung der Herkunft. Auf diese Weise entstehen zwischen Eingeborenen und Eingewanderten Gemeinsamkeiten, die sich produktiv nutzen lassen. D.h. eine als heterogen konstituierte Bevölkerungsgruppe lässt sich durch die Herausstellung von Gemeinsamkeiten bzw. Ähnlichkeiten zusammenführen.

Gleiches oder ähnliches gilt auch für den Generationsdiskurs. Auch hier wurde in den Interviews eine Reihe von Gemeinsamkeiten hervorgehoben, mit denen die Bewohnerinnen einen anderen Blick auf ihre sozialen Konflikte bekommen und entsprechende Handlungs- und Verhaltensmotivationen gewinnen könnten.

So haben sowohl deutsche wie nicht-deutsche Mütter und Väter Probleme z.B. mit mangelnden Spielplätzen, mit schlecht ausgestatteten Schulen etc. Jugendliche – gleich welcher Herkunft – haben gemeinsame Freizeitinteressen, die sie im Stadtteil bisher nur unbefriedigend umsetzen können. Im Grunde lässt sich jede Frage der Stadtteilpolitik, die zur Diskussion steht, auch unter dem Gesichtspunkt beleuchten, ob die Einbeziehung weiterer Aspekte und Dimensionen hilfreich ist, die Situation zu erleichtern oder einen anderen Blick darauf zu gewinnen und möglicherweise auch andere Wege als die bisher bekannten zur Problembewältigung zu beschreiten.

Nun kann man mit einem gewissen Recht einwenden, dass es mit der alleinigen Artikulation solcher unterschiedlicher Aspekte wohl kaum getan sein dürfte. Wie lässt sich aber erklären, dass sich die Menschen meist nur unter so eingeschränkten Aspekten betrachten, dass sie nicht sehen bzw. sehen wollen, dass der arabische Nachbar gleichzeitig auch Familienvater ist und aus dieser Position ähnliche Sorgen um die Zukunft seiner Kinder entwickelt, wie er selbst? Um diese Frage zu beantworten, muss man mehr analysieren als das, was aktuelle Diskurse mit den Menschen machen. Dazu sind aber die gelebten, nicht mehr hinterfragten – und auch in der Regel sinnvollerweise nicht mehr zu hinterfragenden – Praxen und Handlungsweisen zu untersuchen. Sie präsentieren die Art und Weise, wie sich die Personen in die Gegenständlichkeiten einbringen, wie sie diese mitgestalten bzw. mit Leben füllen.

Dies bedeutet aber, über die Diskursanalyse hinaus in das Netz einzutauchen, dass Foucault und andere als Dispositiv begreifen.

So konnte die Diskursanalyse zwar zeigen, dass die Bewohnerinnen durchaus Interesse an einem stärkeren Engagement im Stadtteil bekundeten, dass sie aber gleichzeitig fatale diskursive Positionen artikulieren: Sie fordern einerseits Veränderungen ein, von denen sie andererseits jedoch glauben, dass sie gar nicht umgesetzt werden können. Die Presseanalyse bestätigte diese Konstellation.

Dieser nörgelnde Fatalismus herrschte vor, obwohl von Seiten der Sozialarbeiter durchaus Angebote organisiert werden, sich im Stadtteil zu betätigen. So gibt es Stadtteilfeste, Sprachkurse für nicht-deutsche Frauen, Hausaufgabenbetreuung oder Treffpunkte für Mütter mit Kinderbetreuung. Das wirft die Frage auf: Warum haben diese Bemühungen bislang nicht den erwünschten Erfolg gehabt?

Eine Antwort darauf könnte nun sein, dass die Bewohner*innen* in den Interviews nicht die Wahrheit gesagt haben. Sie haben nur behauptet, dass sie gerne mitmachen und mitreden würden, in Wirklichkeit aber haben sie daran kein Interesse. Dann stellt sich jedoch die Frage: Wieso lügen sie? Vielleicht deshalb, weil sie glauben, es gehöre sich so, einen solchen Anspruch zu formulieren? Das mag sein, doch warum haben sie dann keine Lust, dem nachzukommen?

Vielleicht verfügen sie nicht über die zu einem solchen Engagement erforderlichen Kompetenzen und Mittel, und vielleicht waren die bisherigen Angebote so angelegt, dass das so bleibt? Wer lediglich mitdiskutieren kann oder soll, wer also lediglich „angehört" wird und sieht, dass die Entscheidungen dann aber von anderen Instanzen gefällt werden, der wird wohl kaum die Motivation aufbringen, die er/sie braucht, um aus der beschriebenen resignativen Haltung herauszufinden. Das bedeutet, ‚runde Tische', wie sie in vielen Städten mittlerweile installiert wurden, sind zwar gut und richtig. Sie könnten möglicherweise aber dann erfolgreicher und auch effektiver arbeiten, wenn sie mit einer Entscheidungskompetenz, die auch immer mit einer finanziellen Kompetenz verbunden ist, ausgestattet werden. Hier sollte weiter nachgedacht werden, wie dies in Kommunalpolitik umgesetzt werden kann. Denn es hat sich gezeigt: Arbeit ist genug da. Auch Geld oder Fördermittel sind – wenn auch in beschränktem Umfang – durchaus vorhanden.

Auch hier zeigt sich also, dass wir durch unsere Diskursanalyse auf eine Reihe von Hindernissen aufmerksam geworden sind, die sich gegenüber den bisher versuchten Lösungsstrategien auftun. Eine genauere Analyse dieser Entscheidungsstrukturen und sozialen Praxen kann sie aber nicht leisten.

Und dies gilt auch für die dritte Konsequenz, die aus der Analyse gezogen werden sollte: Dabei geht es darum, bürokratische Verkrustungen aufzubrechen. Auch das lässt sich nicht allein mit einer anderen Sichtweise auf Probleme lösen, sondern erfordert eine genaue Analyse der zu beobachtenden dysfunktionalen Verkrustungen.

Eine solche Analyse würde das Untersuchungsfeld ausweiten und auch nicht-diskursive Praxen und Handlungsweisen sowie Institutionen und Sichtbarkeiten einbeziehen, die für die Strukturen im Stadtteil wesentlich sind.

Damit soll die Relevanz von Diskursanalysen nicht in Zweifel gezogen werden. Es sind ja diese Analysen, die wichtige hemmende oder stabilisierende Faktoren erfassen, indem sie benannt und problematisiert werden. Diskursanalysen führen gerade zu neuen Denkfeldern, denen in einer Dispositivanalyse genauer nachgegangen wird, die auch das im Stadtteil in den Handlungen und Vergegenständlichungen vorhandene nicht-diskursive Wissen einbezieht.

Gibt es überhaupt ein Stadtteil-Dispositiv?

Wenn die genannten Faktoren – Wissen in Diskursen, Wissen in nicht-diskursiven Handlungen und in Sichtbarkeiten/Vergegenstänlichungen – systematisch als zusammenhängender Untersuchungsgegenstand aufgenommen werden, erweitert sich die Analyse und wird zur Dispositivanalyse. Auf diese Weise können und sollen die Funktionen der einzelnen Elemente, die für Stabilität oder Instabilität des Zusammenhangs sorgen, deutlich und damit bearbeitbar werden.

Knapp formuliert soll dabei unter einem Dispositiv ein Netz von Diskursen, Praktiken und Institutionen (Sichtbarkeiten/Vergegenständlichungen) verstanden werden, das sich ständig neu ordnet und positioniert, weil und sofern es ständig auf einen „Notstand" bzw. auf Notwendigkeiten (urgence = Dringlichkeit, Druck) reagiert und damit Macht entfaltet. Macht-Dispositive sind nach Foucault komplexe und historisch jeweils spezifische interdiskursive Konfigurationen[5]

> „Kennzeichnend für diese Konfigurationen ist, dass sie selektiv diskursive und nicht-diskursive Elemente einzelner Spezialdiskurse bündeln und durch diese Bündelung konkrete hegemoniale Kräfteverhältnisse stabilisieren. (...) Solche Macht-Dispositive – und das macht ihre Bedeutung aus – konstruieren durch ihre kulturell integrative Funktion soziokulturelle Gegenstände, ‚Themen' und Problematiken. Sie definieren Subjektpositionen und Kompetenzen, sie konstruieren Wahrnehmungsweisen und Handlungsoptionen innerhalb des von ihnen begrenzten Feldes." (M. Jäger/S. Jäger/Ruth/Schulte-Holtey/Wichert 1997: 9)

Dispositive, so verstanden, zeichnen sich also dadurch aus, dass sie durch eine Verkopplung von nicht-diskursiven und diskursiven Elementen zu einem Machtbündel werden, das in der Lage ist, innerhalb eines bestimmten begrenzten Feldes Subjekte und deren Fähigkeiten zu bestimmen:

> „Ein Dispositiv ist der prozessierende Zusammenhang von Wissen, das sich in Sprechen/Denken – Tun – Vergegenständlichung artikuliert. Die Grundfigur des Dispositivs kann man sich als ein Dreieck oder besser: als einen rotierenden und historisch prozessierenden Kreis mit drei zentralen Durchlauf-Punkten bzw. Durchgangsstationen vorstellen:
>
> - diskursive Praxen, in denen primär Wissen transportiert wird,
>
> - Handlungen als nicht-diskursive Praxen, in denen aber Wissen transportiert wird, denen Wissen vorausgeht bzw. das ständig von Wissen begleitet wird,

---

5 Vgl. dazu Foucault 1978: 119-125.

- Sichtbarkeiten/Vergegenständlichungen, die Vergegenständlichungen diskursiver Wissens-Praxen durch nicht-diskursive Praxen darstellen, wobei die Existenz der Sichtbarkeiten („Gegenstände") nur durch diskursive und nichtdiskursive Praxen aufrechterhalten bleibt." (S. Jäger 2001a: 106f.)

Bezogen auf einen Stadtteil lässt sich eine solche Fassung von Dispositiv etwa wie folgt umreißen:

Es besteht ein Komplex diskursiver Verschränkungen, die wir für Gelsenkirchen-Bismarck/Schalke-Nord mit der bisherigen Untersuchung sicherlich nicht vollständig erfasst haben.

Die nicht-diskursiven Praxen sind allerdings äußerst vielgestaltig. Wichtig ist hier, dass die Selektivität, mit der diese Praxen im Stadtteil durchgeführt werden, beachtet wird. Denn diese Handlungen und Gegenstände, die im Stadtteil anzutreffen sind, sind nicht nur auf das Funktionieren im jeweiligen Stadtteildispositiv ausgerichtet. So ist z.B. das Warenangebot in den Einkaufsstätten des Stadtteils einerseits auf die Versorgung der ansässigen Bevölkerung ausgerichtet, andererseits aber auch auf die Bevölkerung der Nachbarstadtteile und -städte. Supermarktketten z.B. führen in der Regel ein gemeinsames Angebot, das im Stadtteil dann selektiv zur Geltung kommt.

Nicht-diskursive Praxen sind z.B. bei der materiellen Versorgung der Bevölkerung auszumachen. Sind die Läden, in denen Lebensmittel oder sonstige Güter des täglichen Bedarfs zu kaufen sind, vorhanden, oder verlangt die Infra-Struktur, dass man sich in einem oder zwei Supermärkten mit diesen Dingen versorgt? Je nachdem werden die sozialen Praxen anders gestaltet werden (müssen).

Nicht-diskursive Praxen finden sich auch in der Versorgungsstruktur von Kranken und Alten (Essen auf Rädern etc.). Gibt es eine Anlaufstelle der Polizei im Stadtteil? Was geschieht bei Unfällen? Dieser Katalog ist sicherlich unvollständig und soll hier nur exemplarisch darstellen, wie ein Stadtteil unter dem Gesichtspunkt von Dispositiven überhaupt zu erfassen ist.

Der hier aufgeführte Katalog der nicht-diskursiven Praxen weist jedoch bereits auf die Sichtbarkeiten hin, die im Stadtteildispositiv bestimmend sind bzw. sein können. Es geht um Gebäude, Wohnungsanlagen, Geschäftshäuser, Schulen, Parks, Altenstätten und Kindergärten, Krankenhäuser, Kirchen, Moscheen etc.

Insofern diese unterschiedlichen Elemente – diskursiver und nicht-diskursiver Art – sich im Stadtteil ständig selektiv miteinander verkoppeln, produzieren und reproduzieren sie diesen Stadtteil und reagieren damit auf den ‚Notstand', dass die Versorgung der dort lebenden Menschen einigermaßen sichergestellt werden muss bzw. dass ein solcher Notstand darin besteht, dass er sich für die politisch Verantwortlichen negativ, weil „denormalisierend", auswirkt, z.B. bei Wahlen oder indem er extremes Wahlverhalten hervorbringt. Wichtig ist, dass dies in selektiver Weise geschieht. So kann eine Kirche (bzw. können die in ihrem Auftrag tätigen Personen) im Stadtteil für diesen wichtige soziale Arbeit leisten (Altenpflege, Kindergarten, Betreuung von jungen Menschen, etc.) und gleichzeitig für die überregionale kirchliche Institution oder gar für ein Gesundheitsdispositiv eine andere Funktion einnehmen.

Analyseschritte einer Dispositivanalyse

Wenn die Analyse die drei genannten Eckpfeiler des Dispositivs berücksichtigen soll, dann heißt dies gegenüber bisherigen Arbeiten Krititischer Diskursanalyse, dass Beschreibung und Bewertung der Sichtbarkeiten und Praxen in die Analyse einfließen müssen. Schließlich soll das Netz erfasst werden, sollen die jeweiligen Beziehungen und Funktionen der Elemente zueinander (natürlich in einem gegebenen historischen Augenblick) ermittelt werden, um Antwort auf die Frage zu erhalten, wie dieses Dispositiv reproduziert wird und mit welchen Instabilitäten es ausgestattet ist.

Bei den sozialen Praxen und den Sichtbarkeiten als Bestandteilen des Dispositivs handelt es sich im Grunde um geronnene und verfestige Diskurse, bzw. um bestimmte Schlussfolgerungen, die aus den Diskursen von den handelnden Personen gezogen wurden. In die Gegenstände ist Wissen eingegangen, das zu ihrer Konstruktion notwendig war und das ständig abrufbar sein muss, um deren Bedeutung zu erhalten. Insofern geht es darum, dieses Wissen zu rekonstruieren und es wieder zu „diskursivieren". Das bedeutet, letztlich werden auch die Sichtbarkeiten und Praxen einer „Diskurs"-Analyse unterzogen werden.

Dabei ist ein mehrstufiges Verfahren vorstellbar: Zunächst müssen die wichtigsten Diskurse des Untersuchungszusammenhangs analysiert werden. Sie geben Aufschluss darüber, ob diese Verflechtungen von Diskurssträngen und -ebenen Teil eines Dispositivs sind. Für das hier beschriebene Stadtteilprojekt kann man sagen, dass dieser Schritt zwar noch nicht vollständig, aber doch in seinen Grundzügen von uns vollzogen worden ist.

Sodann müssten in einem weiteren Schritt die durch diese Analyse ermittelten wichtigsten Praxen und Sichtbarkeiten des Dispositivs rekonstruiert werden. Dabei ist besonders wichtig, dass diese Rekonstruktion sich aus der Analyse der Diskurse erschließt. Eine Erfassung der gesamten vielfältigen Praxen und Sichtbarkeiten ist nicht nur undurchführbar, sondern sie wäre auch falsch, weil ihre Bedeutung sich allein in den Diskursen artikuliert.

Die Analyse der Sichtbarkeiten und Praktiken geschieht in der Weise, dass die geronnenen Diskurse wieder „diskursiviert" werden. Das heißt, sie werden in ihrer Selbstverständlichkeit, hisichtlich ihrer Bedeutung (im mehrfachen Sinne des Wortes) hinterfragt werden. Ein Beispiel soll das erläutern: Wenn sich durch die Analyse der Diskurse herausgestellt hat, dass die AWO im Stadtteil eine wichtige Funktion hat, weil sie häufig als Bezugspunkt – positiv und negativ – auftaucht, dann würde dies bedeuten, die AWO zum Untersuchungsgegenstand zu machen. Nun taucht die AWO natürlich nicht einfach so auf, als Gebäude mit Einrichtung und Personal etc., sondern es werden in den Zeitungen, Interviews, von den Politikern etc. Zuschreibungen vorgenommen, die sich teilweise auch widersprechen können. Eine Aussage könnte zum Beispiel lauten: „Wenn ich die AWO nicht hätte, könnte ich gar nicht arbeiten gehen. Durch ihre Schulaufgabenhilfe ist mein Kind nachmittags an einem sicheren Ort." Dagegen kann in der Zeitung stehen: „Die AWO, zugehörig zum SPD-Konzern, lässt nur bestimmte Kurse zu, die anderen politischen Optionen, z.B. der Grünen oder der CDU, nicht passen. Dadurch wird die politische Willensbildung in der Stadt eingeschränkt." Ein anderer sagt: „Die da von der AWO, die machen auch so einiges, aber genau weiß ich das nicht."

Solche unterschiedlichen Zuschreibungen müssten im Zusammenhang bedacht werden. Die Aufgabe bestünde darin, das Feld zu skizzieren, in dem diese unterschiedlichen Bedeutungen nebeneinander Geltung haben können. Ein so skizziertes Feld könnte dann die Grundlage für Interviews oder weitere Recherchen in Verbindung mit der AWO sein. Die Fragestellung dieser Interviews wäre es, das, was als Wissen selbstverständlich in die Institution und/oder die soziale Praxis einfließt, wieder unter dem Gesichtspunkt besprechbar zu machen, wem es nützt, dass diese Institution so und nicht anders funktioniert? Was wird dadurch – mit Blick auf die Ergebnisse der Diskursanalyse – verhindert, was befördert? Wichtig ist, dass der Zusammenhang nicht aus den Augen verloren wird und die Praktiken und Institutionen auf das Dispositiv bezogen werden. So können z.B. die Familienstrukturen, egal ob deutscher oder ausländischer Familien, für das Stadtteil-Dispositiv eine andere Bedeutung bzw. Funktion einnehmen als etwa für das Dispositiv Schule. Insofern lässt sich auch sagen, dass ein Stadtteildispositiv aus vielen sich ineinander verschränkten Unter-Dispositiven besteht.

Analytisch praktisch ließe sich eine solche Analyse durch eine Leitfrage leisten: Was wäre, wenn die Sichtbarkeit (bzw. Praxis) nicht so wäre, wie sie sich darstellt?

Dabei sollen die besonderen Schwierigkeiten, die entstehen, wenn man sich diesen Handlungen und Sichtbarkeiten nähert, nicht verschwiegen werden. Im Unterschied zu unseren sonstigen (Diskurs-)Analysen, bei denen Texte und Bilder analysiert werden, geht es ja bei einer Analyse sozialer Praxen um die Beschreibung von Handlungen und Gegenständen.

Will man das in eine Handlung einfließende Wissen rekonstruieren, so lässt sich leider aber der Handlung keine Frage stellen. Doch man kann mit den Personen, die von den Handlungen betroffen sind oder sie durchführen, Reflektionen darüber anstellen, wieso hier so und nicht anders verfahren wird. Dies bedeutet, dass die Leitfäden, mit denen diese Interviews geführt werden, so aufgebaut sind, dass sich die Selbstverständlichkeiten darin auch zur Sprache bringen lassen können. Wahrscheinlich bedeutet das für den/die Forschenden, dass er/sie in einem vorgängigen Beobachtungsprozess diese Evidenzen selbst erfassen muss, um das „verborgene" Wissen rekonstruieren zu können. Dabei wird die Schwierigkeit darin bestehen, das Konzept der teilnehmenden Beobachtung aus der qualitativen Sozialforschung nicht einfach zu übernehmen. Denn dieses Konzept hat allerdings den ‚Pferdefuß', dass davon ausgegangen wird, es ließen sich objektive und wahre Bedeutungen des Handelns ermitteln, die sich dann auch noch allein dem beobachtenden Wissenschaftler auftun. Dennoch können bestimmte Verfahrensweisen u.U. auch für eine Dispositivanalyse hilfreich sein, wenn die Forschenden sich darüber im Klaren sind, dass sie mit bestimmten Perspektiven an die nicht-diskursiven Praxen und Institutionen herangehen.

Bei der Analyse der Sichtbarkeiten wird ein solches Konzept wohl noch erweitert werden müssen.[6] Während handelnde Personen über ihr Wissen und ihre Motive befragt werden können, sind Vergegenständlichungen erst recht ohne Stimme. Jedoch werden ihnen von den Personen, die in ihnen leben und arbeiten und die damit umgehen, ständig Bedeutungen zugewiesen. Auch in diesen Fällen käme es darauf an, diese Bedeutungen zur Sprache zu bringen, das Bedeutungsfeld aus verschiedenen Diskurspositionen zu beschreiben, das in ihnen verborgene Wissen zu rekonstruieren, um herauszufinden, in welchen Funktionen diese Vergegenständlichung im Dispositiv wirkt.

Schlussfolgerungen für eine Dispositivanalyse des Stadtteils Gelsenkirchen-Schalke/Bismarck

Die drei Analyseebenen: Politik bzw. Experten, Medien und Alltag, haben übereinstimmend einige Handlungskomplexe thematisiert, die bei einer Dispositivanalyse berücksichtigt werden sollten.

Zum einen handelt es sich um das Feld von Arbeit bzw. Arbeitslosigkeit. Der Strukturwandel bzw. die Strukturkrise des Ruhrgebiets hat zu Zechenschließun-

---

6 Vgl. dazu jetzt Caborn 2006

gen geführt, die für den Stadtteil einschneidende Veränderungen nach sich gezogen haben. Vor allem die Prozesse in Verbindung mit der Schließung und der Umgestaltung der Zeche Consolidation spielten bei der Bewertung der Zukunftsaussichten des Stadtteils eine große Rolle. Daneben wurden teilweise positiv, teilweise aber auch sehr skeptisch, die Aktivitäten der GAFÖG, der Gelsenkirchener Arbeitsförderungsgesellschaft, herausgehoben. In dieser Gesellschaft konnten in den letzten Jahren etwa 500 Arbeitsplätze geschaffen werden – zu wenig, um den Stadtteil am Leben erhalten zu können, doch zu viel, um ihn zum Absterben zu bringen. Es würde sich deshalb anbieten, diese beiden Institutionen in Bezug auf ihr Wirken im Stadtteil zu analysieren. Dabei können dann durchaus unterschiedliche nicht-diskursive Praxen zur Sprache kommen, wie zum Beispiel Umschulungsmaßnahmen, Denkmalspflege, aber auch solche Praxen wie ‚Schwellenstehen' (= mit der Bierflasche in der Hand am Kiosk stehen und ‚quatschen') oder das scheinbare Herumhängen von Jugendlichen im Park oder auf Spielplätzen.

Ein weiteres Feld, das quer durch alle drei Untersuchungsebenen angesprochen wurde, ist die soziale Infrastruktur des Stadtteils. Damit ist das Zusammenleben von Deutschen und vor allem türkischen Personen gemeint, das sehr unterschiedlich gesehen und bewertet wird. Aus Sicht der türkischen Bevölkerung schotten sich die Deutschen ab, weil diese ihnen mit Skepsis begegnen oder sie überhaupt nicht beachten. Aus deutscher Sicht stören die türkischen Bewohner häufig ihre sozialen Räume. Nächtliches lautes Lärmen wird dann angeführt oder die mangelnde Aufsicht türkischer Mütter gegenüber ihren Kindern, die auf Spielplätzen beobachtet wird. Vor allem die Aktivitäten in einer Grundschule (Marschallstraße) und im Stadtteilbüro werden als Kristallisationspunkt häufiger sowohl in der Lokal-Presse wie auch von den Interviewten genannt. Daneben werden Aktivitäten in Sportvereinen hervorgehoben, in denen die Befragten ihre Freizeit verbringen. Der häufige Hinweis auf die mangelnde Ausstattung von Spielplätzen, auf denen dann auch noch Jugendliche Kinder beim Spielen stören, könnte so genutzt werden, dass diese Orte auch in eine Analyse der Sichtbarkeiten und Praxen einbezogen werden.

Schließlich ist die kommerzielle Infrastruktur des Stadtteils ein weiteres, sich durch die verschiedenen Diskursebenen ziehendes Thema. Sie hängt eng mit den beiden vorgenannten Themenkomplexen zusammen. Doch die eigenständige und vor allem die durchgängige Thematisierung von Vor- und Nachteilen des Einkaufens im Stadtteil weisen darauf hin, dass hier ein wichtiger Knotenpunkt vorliegt. Dabei sind die Einschätzungen vor allem der Bewohnerinnen durchaus widersprüchlich. Während der eine behauptet, man könne sich im Stadtteil sehr gut versorgen, sagen andere das genaue Gegenteil. Hier müsste also nachgefragt werden, was man denn unter ‚gut' oder ‚schlecht' verstehe. Es sollten also die unterschiedlichen Bedürfnisse herausgestellt werden, auf deren Grundlage dann Lücken oder Überfluss festgestellt und abgestellt werden können.

Entsprechend verhält es sich mit der Beurteilung des öffentlichen Personennahverkehrs. Einige preisen sich glücklich, über ein Auto zu verfügen oder merken an, dass man bei Benutzung des ÖPNV Umwege in Kauf nehmen müsse. Andere sagen, die Verbindungen zur Stadtmitte bzw. anderen Orten seien sehr gut organisiert. Solche Widersprüche lassen sich auflösen, wenn diese Struktur und die damit verbundenen sozialen Praxen: Wer fährt warum mit der Bahn oder nicht? in den Mittelpunkt der Analyse gestellt werden.

Zusammenfassend kann also gesagt werden, dass bei einem Fortschreiten der Analyse des Stadtteils neben den Erweiterungen der Diskursanalyse diese Institutionen und sozialen Praxen „diskursiviert" werden müssten: Oder anders: Es muss möglichst alles relevante Wissen über den Stadtteil aufgespürt und untersucht werden. Dieses Wissen ist in Gestalt von Diskursen greifbar oder es muss diskursanalytisch rekonstruiert werden.

Ausblick

Es mag sein, dass sich bei der konkreten Analyse bzw. bei der geplanten erweiterten Diskursanalyse herausstellt, dass noch weitere Knotenpunkte im Stadtteildispositiv existieren. Insofern müssen die hier dargelegten Überlegungen auch als noch sehr vorläufig angesehen werden. Doch so viel sollte deutlich werden: Das Konzept Dispositivanalyse kann nicht als additive Verbindung von Diskursanalyse und empirischer Sozialforschung aufgefasst oder missverstanden werden. Die diskursanalytische Perspektive darf auch bei einer Dispositivanalyse nicht aufgegeben werden. Dennoch könnte das Konzept einer Dispositivanalyse einen Brückenschlag zwischen den Sozialwissenschaften und der Diskurstheorie ermöglichen.

Die Wahrheit zu sagen. Ausstieg

Im Vorwort zu diesem Buch sind wir mit Michel Foucault und seinem Postulat von der „nur jeweils gültigen Wahrheit" eingestiegen. Wir wollen mit einer anderen Aussage von ihm aussteigen, die dazu scheinbar im Widerspruch steht. In einem Gespräch mit Francois Ewald zum Thema „Die Sorge um die Wahrheit", das im Mai 1984 im Magazine littéraire Nr. 207 erschienen ist[1], heißt es:

> „Alle diejenigen, die sagen, dass es für mich *die* Wahrheit nicht gibt, sind Geister, die es sich zu einfach machen." (ebd.: 825)

Wie verträgt sich dies mit der von ihm ebenfalls vertretenen Auffassung, dass es nur jeweils gültige Wahrheiten gibt? Ist Foucault milder und weiser geworden und glaubt er, kurz vor seinem Tod, nun doch an eine objektive Wahrheit? Der obigen Aussage voran steht folgendes:

> „Was ich zu erstellen versuche, ist die Geschichte der Beziehungen, die das Denken mit der (= nicht kursiv, M.+S.J.) Wahrheit unterhält, die Geschichte des Denkens, insofern es Denken der (= nicht kursiv, M.+ S.J.) Wahrheit ist." (ebd.)

Foucaults Denken hat sich in der Tat verändert. Ging es ihm in früheren Jahren darum, „das Denken der anderen" zu verändern, so meint er in diesem späteren Gespräch:

> „Ein Universitätsmensch und ein Intellektueller zugleich zu sein heißt zu versuchen, eine Art Wissen und Analyse, die an der Universität gelehrt und akzeptiert werden, auf eine Weise funktionieren zu lassen, dass nicht nur das Denken der anderen, sondern auch das eigene Denken verändert werden." (ebd.: 832)

Seine Hinwendung zur Ethik, in die er sich als Intellektueller und Staatsbürger einbringt, definiert er in diesem Gespräch folgendermaßen: Nachdem sein Gesprächspartner F. Ewald ihn gefragt hat:

---

1   Foucault 2005b: 823-836.

„Ihre beiden letzten Werke bezeichnen gleichsam einen Übergang von der Politik
zur Ethik. Man wird diesbezüglich gewiss eine Antwort von Ihnen auf die Frage
erwarten: Was soll man tun, was soll man wollen?"

antwortet Foucault:

> „Die Rolle eines Intellektuellen ist nicht die, anderen zu sagen, was sie zu tun
> haben. ... sondern durch die auf seinen eigenen Gebieten durchgeführten Analysen
> die Selbstverständlichkeiten und die Postulate neu zu befragen, die Gewohnheiten
> und die Handlungs- und Denkweisen zu erschüttern, die übernommenen Vertraut-
> heiten zu zerstreuen, wieder die Auseinandersetzung mit den Regeln und Institu-
> tionen zu suchen und ausgehend von dieser Reproblematisierung (worin er sein
> spezifisches Metier als Intellektueller ausübt) an der Ausbildung eines politischen
> Willens (worin er seine Rolle als Staatsbürger auszuüben hat) teilzuhaben." (ebd.:
> 834)

Foucault hat seine Position also nicht geändert. Er will nur keine Vorschriften
machen und anderen sagen, wo und wie es lang zu gehen hat. Weiterhin versteht
er sich als problematisierender Wissenschaftler, dem auch, als Wissenschaftler
und Staatsbürger, die Ausbildung eines politischen Willens am Herzen liegt. Er
beschließt das Gespräch mit den Sätzen:

> „Nichts ist unbeständiger als ein politisches Regime, dem die Wahrheit gleichgül-
> tig ist; doch nichts ist gefährlicher als ein politisches System, das die Wahrheit
> vorschreiben will. Die Funktion des ,Wahr-sagens' hat nicht die Form des Geset-
> zes anzunehmen, ganz so wie es auch vergebens wäre zu glauben, dass sie ganz
> selbstverständlich in den spontanen Spielen der Kommunikation ihren Platz hätte.
> Die Aufgabe des Wahrsagens ist eine unendliche Arbeit: Sie in ihrer Komplexität
> zu beachten ist eine Verpflichtung, die keine Macht einem ersparen kann. Außer
> man erzwingt das Schweigen der Knechtschaft." (ebd.: 836)

Wir haben in unseren Projekten, über die wir in diesem Buch in Ausschnitten
berichtet haben, einige kleine Schritte in diese Richtung zu gehen versucht, größtenteils außeruniversitär, da die Spielräume dafür in dieser Institution unserer
Erfahrung nach sehr eingeschränkt sind und zunehmend eingeschränkt werden.
Dies genauer zu belegen, das wäre eine weitere diskursanalytische Fragestellung,
von denen es allerdings darüber hinaus noch eine Fülle weiterer gibt. Entwicklungen innerhalb der sozialwissenschaftlichen Diskursanalyse zeigen uns, dass
die Verbindung von Wissenschaft und staatsbürgerlicher Verantwortung gerade
von jüngeren Wissenschafter*innen* immer deutlicher erkannt und auch wahrgenommen wird. Es wäre zu wünschen, dass sich solche angewandte Kritische Dis-

kurstheorie auch mit Hilfe empirischer Untersuchungen in diese „unendliche Arbeit des Wahrsagens" einbringt.[2]

Das geschieht zwar inzwischen ansatzweise in Gestalt einer Vielzahl von wissenschaftlichen Abschlussarbeiten und auch einiger umfassender Forschungsprojekte. Zugleich ist jedoch festzustellen, dass die Diskussion um die 'richtige' Theorie und Methode in den einzelnen Disziplinen der Kulturwissenschaften und zwischen diesen Disziplinen den 'Markt' beherrscht.[3] Das ist einerseits auch gut so und kennzeichnend für den Beginn eines Paradigmenwechsels, bei dem es auch darum geht, ob und inwieweit Kritische Diskursanalyse die obwaltenden Machtbeziehungen radikal in Frage stellen kann – und darf, oder ob es nicht eher angesagt ist, sich unter dem Etikett „Foucault" eines fröhlichen Positivismus zu befleißigen.

Andererseits scheint es uns aber auch angesagt – ohne die Notwendigkeit weiterer Theoriearbeit und -debatten zu bestreiten –, auf dem Hintergrund der bereits erprobten und entwickelten Ansätze der (Kritischen) Diskursanalyse weitere empirische Projekte aufzulegen und deren Ergebnisse in den zivilgesellschaftlichen Diskurs zu tragen. Das ist nach unseren Erfahrungen zugleich hilfreich, diese Modelle fortzuschreiben und zu verfeinern. Mit diesem Buch, das auch eine 20jährige Forschungsarbeit in Ausschnitten dokumentiert, möchten wir dazu beitragen.

---

2   Zum Verständnis des „Wahrsagens" vgl. auch Foucaults Berkeley-Vorlesungen 1983 (Foucault 1996). Der „parrhesiastes" ist der, der die Wahrheit sagt, *die* Wahrheit.

3   Hier sind insbesondere die Aktivitäten des „Arbeitskreis Diskursforschung und Wissenssoziologie der DGS" und das „Netzwerk Interdisziplinäre Diskursforschung" zu nennen.

Anhang

Handreichung zur Diskursanalyse[1]

Verortung des Analysegegenstandes
Am Anfang jeder Diskursanalyse steht – natürlich – die genaue Bestimmung des Gegenstandes. Dabei geht es auch um genaue Verortung der eigenen Untersuchung innerhalb der Diskursstrukturen. Zu klären ist also, welchen oder welche Diskurse untersucht werden sollen, auf welchen Diskursebenen unter Berücksichtigung welcher Diskurspositionen dies geschehen soll. Ein ‚synchroner' Schnitt durch einen Diskursstrang, der immer insofern zugleich diachron-historisch ist, als er ‚geworden' ist, kann je nach Thema und Diskursebene unterschiedlich aussehen.

Vorgehensweise
Als Vorgehensweise für eine (einfache) Diskursanalyse bietet sich nach Vorstellung und Begründung der Fragestellung an:
- knappe Charakterisierung (des Sektors) der Diskursebene sowie Skizzierung des diskursiven Kontextes des betreffenden Diskursstrangs oder der Diskursverschränkung
- Erschließen und Aufbereiten der Materialbasis (s.u.: Analyseleitfaden zur Materialaufbereitung)
- Auswertung der Materialaufbereitung im Hinblick auf den zu analysierenden Diskursstrang (s. Analyseleitfaden zu Materialaufbereitung, Pkt. 1 = ‚Strukturanalyse')
- Feinanalyse eines oder mehrerer für den Sektor bzw. etwa auch für die Diskursposition der Zeitung möglichst typischen Artikels oder Diskursfrag-

---

1 Diese Handreichung beruht im wesentlichen auf S. Jäger: 2004 und ist teilweise identisch mit dem Anhang des Buches: M. Jäger/S. Jäger / Schulte-Holtey /Ruth /Wichert 1997.

ments, der/das einem dominierenden Oberthema zuzuordnen ist (s. Analyseleitfaden zu Materialaufbereitung, Pkt. 2).

- Erstellung der Gesamtanalyse. Das bedeutet: Es werden alle bisher erzielten wesentlichen Ergebnisse (der Struktur- und Feinanalyse) reflektiert und einer differenzierten Gesamtaussage über den Untersuchungsgegenstand zugeführt. Die über diesem Teil ,schwebende' Frage könnte z.B. lauten: Welchen Beitrag leistet das untersuchte Medium zu Entwicklung des untersuchten Diskursstrangs in der BRD in der Gegenwart und welche weitere Entwicklung ist vermutlich zu erwarten?

Materialaufbereitung

Vorbemerkung

Das folgende stellt eine Art Analyseleitfaden für die Materialaufbereitung dar, der besonders die Probleme von Medienanalyse berücksichtigt. Er lässt sich aber leicht auch für weitere Diskursebenen abwandeln. Im Anschluss ist deshalb zum Beispiel eine Modifikation des Leitfadens die Analyse von Tiefeninterviews, die zur Erfassung des Alltagsdiskurses dienen können, wiedergegeben. Wichtig ist, dass die jeweilige Fragestellung der Untersuchung in den Analyseleitfaden einfließt.

Materialaufbereitungen sind Basis und Herzstück der anschließenden Diskursanalyse. Sie sind sorgfältig vorzunehmen und sollten sich an dem zuvor für die Untersuchung modifizierten Analyseleitfaden abarbeiten – ohne dadurch schematisch zu werden. In die Materialaufbereitungen können/sollten durchaus auch Einfälle und/oder Interpretationsansätze eingehen. Bei mehreren Materialaufbereitungen, z.B unterschiedlicher Zeitungen, empfiehlt es sich, die aufzubereitenden Punkte in der gleichen Reihenfolge zu bearbeiten. Dies deshalb, weil eine synoptische Analyse im Anschluss davon profitieren kann.

Analyseleitfaden zur Materialaufbereitung für die Analyse eines Diskursstrangs in einer Zeitung/Zeitschrift

1. Strukturanalyse

1.1 Allgemeine Charakterisierung der Zeitung: Politische und gesellschaftliche Verortung, Leserschaft, Auflage usw.

1.2 Überblick über den gesamten Untersuchungszeitraum in Hinblick auf den jeweiligen Sektor des Diskursstrangs
   - Liste der erfassten relevanten Artikel mit jeweiliger Angabe der bibliographischen Daten; Stichwort(en) zur Thematik; Angabe der

Textsorte; mögliche Besonderheiten; Angabe der Rubrik bei Wochenzeitungen/-zeitschriften

- Zusammenfassender Überblick über die in der Zeitung/Zeitschrift angesprochenen/aufgegriffenen Themen; qualitative Bewertung; auffälliges Fehlen bestimmter Thematiken, die andernorts angesprochen wurden; zeitliche Präsentation und Häufungen bestimmter Thematiken in Hinblick auf mögliche diskursive Ereignisse
- Zuordnung der Einzelthemen zu möglichen thematischen Bereichen

1.3 Zusammenfassung von 1.1 und 1.2: Bestimmung der Diskursposition der Zeitung/Zeitschrift in Hinblick auf den untersuchten Diskursstrang

2. Materialaufbereitung für die exemplarische ‚Feinanalyse' von Diskursfragmenten: eines für die Diskursposition der Zeitung möglichst typischen Artikels bzw. von Artikelserien u.ä.

2.1 Institutioneller Rahmen: Kontext
- Begründung der Auswahl des Artikels
- Autor (Funktion und Gewicht innerhalb der Zeitung, Spezialgebiete usw.)
- Anlass des Artikels
- Rubrik

2.2 Text-‚Oberfläche'
- Grafische Gestaltung inkl. Bebilderung und Grafiken
- Überschriften, Zwischenüberschriften
- Gliederung des Artikels in Sinneinheiten
- Im Artikel angesprochene Themen (ihre Berührungen, Überlappungen)

2.3 Sprachlich-rhetorische Mittel
- Art und Form der Argumentation, Argumentationsstrategien
- Logik und Komposition
- Implikate und Anspielungen
- Kollektivsymbolik bzw. Bildlichkeit: Symbolik, Metaphorik usw.
- Redewendungen, Sprichwörter
- Wortschatz und Stil
- Akteure (Personen, Pronominalstruktur)
- Referenzbezüge: Berufung auf die Wissenschaft(en) o.ä.

2.4 Inhaltlich-ideologische Aussagen
Diese Fragen sind vom Gegenstand der jeweiligen Untersuchung abhängig und müssen in jedem Fall neu entwickelt werden.

- Welches Menschenbild setzt der Artikel voraus, vermittelt der Artikel?
- Welches Gesellschaftsverständnis setzt der Artikel voraus, vermittelt der Artikel?
- Welches Technikverständnis setzt der Artikel voraus, vermittelt der Artikel?
- Welche Zukunftsperspektive entwirft der Artikel?
- ....

2.5 Zusammenfassung

- sonstige Auffälligkeiten
- Das ‚Argument‘, die Kernaussage des gesamten Artikels; seine allgemeine ‚Botschaft‘ oder ‚Message‘
- Zusammenfassung und Verortung im Diskursstrang (s. 1.3)

Analyseleitfaden zur Materialaufbereitung für die Analyse eines Diskursstrangs anhand von Interviews (z.B. im Alltagdiskurs)

1. Strukturanalyse

1.1 Der sprachliche Kontext im engeren Sinne: Interviewte Person, Verhältnis zur Interviewerin, Vorgespräche, Ort und Zeitpunkt des Interviews, Weitere TeilnehmerInnen, Störungen etc.

1.2 Das Interview als Ganzes

- Gliederung in Sinnabschnitte
- Insgesamt angesprochene Themen
- Aussagen über EinwanderInnen bzw. ‚fremde‘ Gruppen
  Die folgenden Punkte sind von der Fragestellung der jeweiligen Untersuchung abhängig und müssen in jedem Fall neu entwickelt werden.
  ∞ Angesprochene Nationalitäten bzw. Gruppen
  ∞ Charakterisierungen dieser Nationalitäten und/oder Gruppen
- Charakterisierungen von Deutschen
- Charakterisierungen von Frauen und Männern
- Charakterisierungen von jungen und alten Personen
- Zusammenfassende Betrachtung der Charakterisierungen der Gruppen und Geschlechter
- ‚Lebensweisheiten‘ der Interviewten (z.B. ihr Menschenbild, ihre Selbsteinschätzung)
- Quellen des Wissens (eigene Erfahrungen, Bekannte und Verwandte, Medien etc.)

Nachdem auf diese Weise die aktuelle Ausprägung des Diskursstrangs transparent geworden ist, wird in einem weiteren Analyseschritt eine synoptische Analyse dieser Makrostruktur vorgenommen. Diese synoptische Betrachtung dient dazu, den Stellenwert der Fragestellung im untersuchten Diskursstrang (auf der Ebene des Alltags), typische Verschränkungskonstellationen sowie typische Diskurspositionen der Beteiligten herauszuarbeiten.

Die synoptische Analyse ist die Grundlage für die Feinanalyse: Mit ihrer Hilfe können Interviewausschnitte (Diskursfragmente) ausgesucht werden, die für die jeweilige Untersuchung von besonderer Bedeutung sind. Diese werden dann einer Feinanalyse unterzogen.

2. Feinanalyse

2.1 Art und Form der Argumentation, Argumentationsstrategien

2.2 Logik und Komposition

2.3 Implikate und Anspielungen

2.4 Kollektivsymbolik bzw. Bildlichkeit: Symbolik, Metaphorik usw.

2.5 Redewendungen, Sprichwörter

2.6 Wortschatz und Stil

2.7 Akteure (erwähnte Personen, Pronominalstruktur)

2.8. Referenzbezüge: Berufung auf die Wissenschaft(en) o.ä.

2.9. Sprecherwechsel (Unterbrechung, Abbruch)

2.10. Sprachliche Besonderheiten: Stottern, Dialekt, sprachliches „switching", Lachen etc.)

2.11. Was kann als Konsens, was muß als Dissens im Gespräch festgehalten werden? Welche diskursiven Effekte werden hierdurch erzielt?

2.12. Was wäre alternativ sagbar gewesen? Was wäre nicht sagbar gewesen, weshalb nicht?

Literatur

Adamzik, Kirsten (2001): Die Zukunft der Text(sorten)linguistik. Textsortennetze, Text-
sortenfelder, Textsorten im Verbund. In: Fix / Habscheid / Klein (Hrsg.) (2001): 5-30

Adamzik, Kirsten (Hrsg.) (2002): Texte. Diskurse. Interaktionsrollen: Analysen zur Kommunikation im öffentlichen Raum. Tübingen: Stauffenberg-Verlag

Albrecht, Richard (1989): ... Fremd und doch vertraut. Skizzen zur politischen Kultur des
Witzes gestern und heute. Münster: LIT

Anderson, Benedict (2005): Die Erfindung der Nation. Zur Karriere eines erfolgreichen
Konzepts. 2. Aufl. Frankfurt/M.: Campus

Antirassistische Initiative Berlin (2001): Bundesdeutsche Flüchtlingspolitik und ihre töd-
lichen Folgen. 8. aktualisierte Aufl. Berlin: Eigenverlag

Arnold, Norbert / Gassen, Hans Günter (1996): Perspektiven der Biotechnologie in
Deutschland. Sankt Augustin (= Innere Studien Nr. 118 der Konrad-Adenauer-Stiftung)

Backes, Ingrid (1986): Das FrauenReiseBuch. Reinbeck: Rowohlt

Bade, Klaus J. (1994): Ausländer, Aussiedler. Asyl in der Bundesrepublik Deutschland. 3.
neubearbeitete und aktualisierte Ausgabe. Hannover (= Niedersächsische Landeszen-
trale für politische Bildung (Hrsg.)): Aktuell-Kontrovers

Balibar, Etienne (1989): Gibt es einen "neuen Rassismus"? In: DAS ARGUMENT 175. 369-
379

Balibar, Etienne (1990): Die Nation-Form: Geschichte und Ideologie. In: Balibar / Wallerstein (1990): 107-130

Balibar, Etienne / Wallerstein, Immanuel (1990): Rasse, Klasse, Nation. Hamburg: Argument

Bauman, Zygmunt (1995): Ansichten der Postmoderne. Hamburg: Argument

Beck, Ulrich (1988): Gegengifte. Die organisierte Unverantwortlichkeit. Frankfurt/M.:
Suhrkamp

Becker, Frank / Gerhard, Ute / Link, Jürgen (1997): Moderne Kollektivsymbolik. Ein
diskurstheoretisch orientierter Forschungsbericht mit Auswahlbibliographie. In: IN-

TERNATIONALES ARCHIV FÜR SOZIALGESCHICHTE DER DEUTSCHEN LITERATUR (IASL).
22. Bd. 1. Heft. 70-154

Bender, Peter (2006): Hamburger „Zeit"-Geist. In: BLÄTTER FÜR DEUTSCHE UND INTERNA-
TIONALE POLITIK 9 (2006). 1057

Bergfleth, Gerd (1994): Erde und Heimat. Über das Ende der Ära des Unheils. In: Schwilk
/ Schacht (Hrsg.) (1994): 101-123

Bergmann, Werner (1990): Der Antisemitismus in der Bundesrepublik. In: Strauss / Bergmann / Hoffmann (Hrsg.) (1990): 151-166

Bergmann, Werner (1995): Antisemitische und fremdenfeindliche Einstellungen im vereinten Deutschland. In: FES: Antisemitismus und Fremdenfeindlichkeit: Herausforderung für die Demokratie, Bonn: 17-40

Bergmann, Werner / Erb, Rainer (1991): Antisemitismus in der Bundesrepublik Deutschland. Ergebnisse der empirischen Forschung von 1946-1989. Opladen: Westdeutscher
Verlag

Biedenkopf, Kurt (1973): Bericht des Generalsekretärs. In: CDU (Hrsg.): 22. Bundesparteitag der Christlich Demokratischen Union Deutschlands. Niederschrift. Hamburg
18.-20. November. Bonn

Bluhm, Claudia / Deissler, Dirk / Scharloth, Joachim / Stukenbrock, Anja (2000): Linguistische Diskursanalyse: Überblick, Probleme, Perspektiven. In: SPRACHE UND LITERA-
TUR IN WISSENSCHAFT UND UNTERRICHT 86 (2000). 3-19

Böke, Karin / Jung, Matthias / Wengeler, Martin (Hrsg.) (1996): Öffentlicher Sprachgebrauch. Praktische, theoretische und historische Perspektiven. Opladen: Westdeutscher Verlag

Bonfadelli, Heinz (2004): Medienwirkungsforschung I. Grundlagen. 3.Aufl. Konstanz:
UVK

Braun, Christina von / Heid, Ludger (Hrsg.) (1990): Der ewige Judenhaß. Stuttgart: Burg

Breuer, Stefan (1993): Anatomie der Konservativen Revolution. Darmstadt: Wissenschaftliche Buchgesellschaft

Brieler, Ulrich (1998): Die Unerbittlichkeit der Historizität. Foucault als Historiker. Köln:
Böhlau-Verlag

Brüggemann, Heinz (2004): Martin Walsers „Geschichtsgefühl" – Konstruktion nationaler Homogenität und innerkulturelle Feinderklärung. In: Jäger / Januschek (Hrsg.)
(2004): 15-46

Bublitz, Hannelore / Bührmann, Andrea D. / Hanke, Christine / Seier, Andrea (Hrsg.)
(1999): Das Wuchern der Diskurse. Perspektiven der Diskursanalyse Foucaults.
Frankfurt/M./New York: Campus

Bührmann, Andrea D. (2005): Chancen und Risiken angewandter Diskursforschung. In:
Keller / Hirseland / Schneider / Viehöver (Hrsg.) (2005): 229-250

Bünger, Iris (2002): Der McPherson-Report. Grundlage zur Entwicklung von Instrumenten gegen den institutionellen Rassismus in Großbritannien. In: Jäger / Kauffmann (Hrsg.) (2002): 239-253

Burkart, Roland (2002): Kommunikationswissenschaft. Grundlagen und Problemfelder. Umrisse einer interdisziplinären Sozialwissenschaft. 4., überarbeitete und aktualisierte Aufl. Wien: Böhlau-Verlag

Busse, Dietrich (1987): Historische Semantik. Stuttgart: Klett-Kotta

Busse, Dietrich (1992): Textinterpretation. Sprachtheoretische Grundlagen einer explikativen Semantik. Opladen: Westdeutscher Verlag

Busse, Dietrich / Hermanns, Fritz / Teubert, Wolfgang (Hrsg.) (1994): Begriffsgeschichte und Diskursgeschichte. Methodenfragen und Forschungsergebnisse der historischen Semantik. Opladen: Westdeutscher Verlag

Busse, Dietrich / Teubert, Wolfgang (1994): Ist Diskurs ein sprachwissenschaftliches Objekt? Zur Methodenfrage der Historischen Semantik. In: Busse / Hermanns / Teubert (Hrsg.) (1994): 10-28

Bußmann (1990): Lexikon der Sprachwissenschaft, Stuttgart: Kröner

Butterwegge, Christoph / Jäger, Siegfried (Hrsg.) (1992): Rassismus in Europa. Köln: Bund-Verlag

Caborn, Joannah (2006): Schleichende Wende. Diskurse von Nation und Erinnerung bei der Konstituierung der Berliner Republik. Münster: Unrast

Carius, Björn (2004): Im „berechtigten Eigeninteresse". Die Konstruktion nationaler Identität im Bericht der Unabhängigen Kommission „Zuwanderung" (2001) und in der daran anschließenden Print-Medienberichterstattung. In: Jäger / Januschek (Hrsg.) (2004): 105-131

Çelik, Semra (2006): Grenzen und Grenzgänger. Diskursive Positionierungen im Kontext türkischer Einwanderung. Münster: Unrast

Cleve, Gabriele (1998): Rassismus und völkisches Denken im Alltag. In: Jäger / Kretschmer / Cleve u.a.: (1998): 214-246

Deleuze, Gilles (1991): Was ist ein Dispositiv? In: Ewald / Waldenfels (Hrsg.) (1991): 153-162

Demirovic, Alex / Bojadzijev, Manuela (Hrsg.) (2002): Konjunkturen des Rassismus. Münster: Westfälisches Dampfboot

Derrida, Jacques (1995): Marx' Gespenster. Der verschuldete Staat, die Trauerarbeit und die neue Internationale. Frankfurt/M.: Fischer

Derrida, Jacques (2006): Schurken. Zwei Essays über die Vernunft. Frankfurt/M.: Suhrkamp.

Derrida, Jacques / Roudinesco, Élisabeth (2006): Über den künftigen Antisemitismus. In: Derrida / Roudinesco (2006): 179-230

Derrida, Jacques / Roudinesco, Élisabeth (2006): Woraus wird Morgen gemacht sein? Ein Dialog. Stuttgart: Klett-Cotta

Diaz-Bone, Rainer (2003): Entwicklungen im Feld der foucaultschen Diskursanalyse. In: HISTORICAL SOCIAL RESEARCH, Vol. 28. No. 4 (2003). 60-102

Dietzsch, Martin / Jäger, Siegfried / Kellershohn, Helmut / Schobert, Alfred (2004): Nation statt Demokratie. Sein und Design der ‚Jungen Freiheit'. 2. Aufl. Münster: Unrast

Dietzsch, Martin / Jäger, Siegfried / Schobert, Alfred (Hrsg.) (1999): Endlich ein normales Volk. Vom rechten Verständnis der Friedenspreis-Rede Martin Walsers. Eine Dokumentation. Duisburg: DISS

Dietzsch, Martin / Schobert Alfred (Hrsg.) (2001): Ein „jüdischer David Irving"? Norman G. Finkelstein im Diskurs der Rechten – Erinnerungsabwehr und Antizionismus. Duisburg: DISS

Disselnkötter, Andreas (2002): Nahost in der Zeitung. Zum Anteil der Medien am neuen Feindbild „Israel". In: TRIBÜNE Heft 163. 41. Jg. 10-16

Disselnkötter, Andreas / Parr, Rolf (1994): Kollektivsymbolsystem – Didaktisch aufbereitet (mit Graphiken von Dorothea Hein). In: KULTURREVOLUTION 30 (1994). 52-65

Dijk, Teun A. van (1987): Communicating Racism. Ethnic Prejudice in Thought and Talk. Newbury Park: Sage Publications

Dijk, Teun A. van (1991): Rassismus heute: Der Diskurs der Elite und seine Funktion für die Reproduktion des Rassismus. Dortmund (=DISS-Texte Nr. 14): DISS

Dijk, Teun A. van (2006): Rassismus in Spanien (unveröffentlichtes Manuskript)

Dolata, Ulrich (1994a): Wird die Zukunft zur Auswanderung gezwungen? Die Widerlegung einer Legendenbildung – Strategien der deutschen Pharmaindustrie in der Gentechnologie. In: FRANKFURTER RUNDSCHAU Dokumentation vom 12.9.1994

Dolata, Ulrich (1994b): Internationales Innovationsmanagement. Die deutsche Pharmaindustrie und die Gentechnik. (=Diskussionspapier 3/1994) Hamburg: Hamburger Institut für Sozialforschung

Dolata, Ulrich (1996a): "Der Arbeitsplatzzuwachs tendiert gegen Null". In: FRANKFURTER RUNDSCHAU vom 26.10.1996

Dorer, Johanna (2005): Das Internet und die Genealogie des Kommunikationsdispositivs: Ein medientheoretischer Ansatz nach Foucault. In: Hepp / Winter (Hrsg.) (2006): 353-365.

Drews, Axel / Gerhard, Ute / Link, Jürgen (1985): Moderne Kollektivsymbolik. Eine diskurstheoretisch orientierte Einführung mit Auswahlbibliographie. In: INTERNATIONALES ARCHIV FÜR SOZIALGESCHICHTE DER DEUTSCHEN LITERATUR (IASL), 1. Sonderheft Forschungsreferate. 256-375.

Dreyfus, Hubert L. / Rabinow, Paul (1987): Michel Foucault. Jenseits von Strukturalismus und Hermeneutik. Frankfurt/M.: Athenäum

Duisburger Institut für Sprach- und Sozialforschung (DISS) (1993): SchlagZeilen. Rostock: Rassismus in den Medien. 2. Aufl. Duisburg: DISS

Eder, Franz X. (Hrsg.) (2006): Historische Diskursanalysen. Genealogie, Theorie, Anwendungen. Wiesbaden: VS Verlag

Emmrich, Michael (1996): Wer ist schuld, wenn Gentechnik auf Ablehnung stößt? Das Verhältnis zwischen Journalisten und Wissenschaftlern: Konflikt oder Kooperation. In: FRANKFURTER RUNDSCHAU vom 16.10.1996

Enzensberger, Hans Magnus (1988): Der Triumph der Bild-Zeitung oder Die Katastrophe der Pressefreiheit. In: Enzensberger (1988): 74-88

Enzensberger, Hans Magnus (1988): Mittelmaß und Wahn. Frankfurt/M.: Suhrkamp

Enzensberger, Hans Magnus (1996): Aussichten auf den Bürgerkrieg. Frankfurt/M.: Suhrkamp

Esser, Hartmut (2000): Soziologie. Spezielle Grundlagen. Band 5: Institutionen. Frankfurt/M.: Campus

Ewald, François / Waldenfels, Bernhard (Hrsg.) (1991): Michel Foucaults Denken. Frankfurt/M.: Suhrkamp

Faulstich, Werner (1994): Grundwissen Medien. München: Fink-Verlag

Feyerabend, Erika (1996): Die bundesdeutsche Debatte um Peter Singer. In: Jäger / Wichert (Hrsg.) (1996): 80-83

Fischer, Gerhard (2006): Jyllands-Posten: Publizistischer Begleitschutz. In: SÜDDEUTSCHE ZEITUNG vom 6.2.2006.

Fix, Ulla / Adamzik, Kerstin / Antos, Gerd / Klemm, Michael (Hrsg.) (2002): Brauchen wir einen neuen Textbegriff? Antworten auf eine Preisfrage. Frankfurt/M./Berlin/ Bern: Lang-Verlag

Fix, Ulla / Habscheid, Stephan / Klein, Josef (Hrsg.) (2001): Zur Kulturspezifik von Textsorten. Tübingen: Stauffenberg-Verlag

Forschungsinstitut der Friedrich Ebert-Stiftung (Hrsg.) (1998): Ghettos oder ethnische Kolonien. Entwicklungschancen von Stadtteilen mit hohem Zuwanderungsanteil. Bonn

Foucault, Michel (1973): Wahnsinn und Gesellschaft. Eine Geschichte des Wahns im Zeitalter der Vernunft. Frankfurt/M.: Suhrkamp

Foucault, Michel (1976): Mikrophysik der Macht. Berlin: Merve

Foucault, Michel (1977): Überwachen und Strafen. Frankfurt/M.: Suhrkamp

Foucault, Michel (1978): Dispositive der Macht. Berlin: Merve

Foucault, Michel (1983): Der Wille zum Wissen. Sexualität und Wahrheit 1. Frankfurt/ M.: Suhrkamp

Foucault, Michel (1988): Archäologie des Wissens. 3. Aufl. Frankfurt/M.: Suhrkamp

Foucault, Michel (1992): Was ist Kritik? Berlin: Merve

Foucault, Michel (1994): Die Ordnung des Diskurses. Mit einem Essay von Ralf Konersmann. Frankfurt/M.: Suhrkamp

Foucault, Michel (1996): Diskurs und Wahrheit. Berkeley-Vorlesungen 1983. Berlin: Merve

Foucault, Michel (2005a): Dits et Ecrits. Schriften. Vierter Band, hrsg. von Daniel Defert und François Ewald unter Mitarbeit von Jacques Lagrange. Frankfurt/M.: Suhrkamp

Foucault, Michel (2005b): Die Sorge um die Wahrheit. In: Foucault, Michel (2005a): 823-836

Fricke, Georg / Koch, Frank / Lugowski, Klemens (Hrsg.) (1941): Von deutscher Art in Sprache und Dichtung. Bd. 1. Stuttgart: Kohlhammer.

Fried, Barbara (2004): Presse-Reaktionen auf die Studie des DISS „Medienbild Israel. Zwischen Solidarität und Antisemitismus". In: Jäger / Januschek (Hrsg.) (2004): 169-184

Gardt, Andreas / Mattheier, Klaus J. / Reichman, Oskar (Hrsg.) (1995): Sprachgeschichte des Neuhochdeutschen. Gegenstände, Methoden, Theorien. Tübingen: Niemeyer

Gehlen, Arnold (1955): Der Mensch. 5. Aufl. Bonn: Athenäum

Gehlen, Arnold (1986): Anthropologische und sozialpsychologische Untersuchungen. Mit einem Nachwort von Herbert Schnädelbach. Reinbek: Rowohlt

Geißler, Rainer / Pöttker, Horst (Hrsg.) (2005): Massenmedien und die Integration ethnischer Minderheiten in Deutschland. Problemaufriss, Forschungsstand, Bibliographie. Bielefeld: transcript

Goethe, Johann Wolfgang von (1960): Gesammelte Werke. Band 3. 5. Aufl. (Trunzsche Ausgabe). Hamburg: Christian-Egener-Verlag

Gogolin, Ingrid / Nauck, Bernhard (Hrsg.) (2000): Migration, gesellschaftliche Differenzierung und Bildung. Opladen: Leske & Budrich

Göhler, Gerhard (Hrsg.) (1994): Die Eigenart der Institutionen: Zum Profil politischer Institutionentheorie. Baden-Baden: Nomos-Verlag

Gomolla, Mechtild / Radtke, Frank-Olaf (2000): Mechanismen institutionalisierter Diskriminierung in der Schule. In: Gogolin / Nauck (Hrsg.) (2000): 321-341

Grewenig, Adi (2000): Die Wehrmachtsausstellung als „Tatort" – Hybride Formen der Vermittlung zeitgeschichtlicher Diskurse. In: Grewenig / Jäger (Hrsg.) (2000): 69-93

Grewenig, Adi / Jäger, Margret (Hrsg.) (2000): Medien in Konflikten. Holocaust, Krieg, Ausgrenzung. Duisburg: DISS

Grubitzsch, Siegfried / Weber, Klaus (Hrsg.) (1998): Psychologische Grundbegriffe. Ein Handbuch. Reinbek: Rowohlt

Günther, Hans F(riedrich) K(arl) (1923): Rassenkunde des deutschen Volkes. München: J.F. Lehmanns

Günther, Hans Friedrich Karl (1966): Platon als Hüter des Lebens. Platons Zucht- und Entwicklungsgedanken und deren Bedeutung für die Gegenwart. 3. Aufl.. Pähl: Hohe Warte.

Hall, Stuart (1989): Rassismus als ideologischer Diskurs. In: DAS ARGUMENT 178 (1989). 913-921.

Hall, Stuart (2004): Ideologie, Identität, Repräsentation. Ausgewählte Schriften 4. Hamburg: Argument

Hall, Stuart (2004): Wer braucht „Identität"? In: Hall (2004): 167-187

Haug, Wolfgang Fritz (Hrsg.) (1995): Historisch-kritisches Wörterbuch des Marxismus. Band 2. Hamburg: Argument

Haury, Thomas (2002): Antisemitismus von links. Hamburg: Hamburger Edition

Hepp, Andreas / Winter, Rainer (Hrsg.) (2006): Kultur – Medien – Macht. Cultural Studies und Medienanalyse. 3. überarbeitete und erw. Auflage. Wiesbaden: VS Verlag

Heringer, Hans Jürgen (Hrsg.) (1982): Holzfeuer im hölzernen Ofen. Aufsätze zur politischen Sprachkritik. Tübingen: Narr

Herrnkind, Martin (2002): „Schleierfahndung". Institutionalisierter Rassismus und weitere Implikationen sogenannter verdachtsunabhängiger Polizeikontrollen. In: Komitee für Grundrechte und Demokratie (Hrsg.) (2002): 99-143

Hitler, Adolf (1941): Mein Kampf, 626-630. Aufl., München: Zentralverlag der NSDAP. Frz. Eher Nachf.

Hitzler, Roland / Honer, Anne (Hrsg.) (1997): Sozialwissenschaftliche Hermeneutik. Eine Einführung. Opladen: Leske & Budrich

Horkheimer, Max / Adorno, Theodor (1969): Dialektik der Aufklärung. Frankfurt/M.: Fischer

Huhnke, Brigitta (1993): Intermediale Abhängigkeiten bei der Inszenierung rassistischer Feindbilder seit Mitte der achtziger Jahre am Beispiel der Wochenzeitungen „Bild am Sonntag" und „Der Spiegel". In: Jäger / Link (Hrsg.) (1993): 213-266

Huntington, Samuel P. (1996): Kampf der Kulturen. Die Neugestaltung der Weltpolitik im 21. Jahrhundert. München/Wien: Europaverlag

Initiative Intelligente Deeskalationsstrategie – IIDS (2001). In: Jäger / Paul (Hrsg.) (2001): 341-347

Jäckel, Michael (2002/2005): Medienwirkungen. Ein Studienbuch zur Einführung, 2., vollständig überarbeitete und erweiterte Aufl. 2002. Wiesbaden: Westdeutscher Verlag. 3. überarbeitete und erweiterte Aufl. 2004. Wiesbaden: VS-Verlag

Jacoby, Stefan (2001): „Nur weil man keine Juden mag, muß man die Araber lieben?" Die Reaktionen der deutschen extremen Rechten auf die Anschläge vom 11. September. In: ARCHIVNOTIZEN (DISS), Oktober 2001. 1-18

Jäger, Margret (1996): Fatale Effekte. Die Kritik am Patriarchat im Einwanderungsdiskurs. Duisburg: DISS

Jäger, Margarete (2003): Die Kritik am Patriarchat im Einwanderungsdiskurs. Analyse einer Diskursverschränkung. In: Keller / Hirseland / Schneider / Viehöver (Hrsg.) (2003): 421-437

Jäger, Margret / Cleve, Gabriele / Ruth, Ina / Jäger, Siegfried (1998): Von deutschen Einzeltätern und ausländischen Banden. Medien und Straftaten. Mit Vorschlägen zur Vermeidung diskriminierender Berichterstattung. Duisburg: DISS

Jäger, Margarete / Cleve, Gabriele / Ruth, Ina / Jäger, Siegfried (2002): Leben im Stadtteil. Der öffentliche Diskurs über den Stadtteil Gelsenkirchen-Bismarck/Schalke-Nord und seine Auswirkungen auf die Bevölkerung. DISS-Forschungsbericht 2002. Duisburg: DISS.

Jäger, Margret / Jäger, Siegfried (1993): Verstrickungen – Der rassistische Diskurs und seine Bedeutung für den politischen Gesamtdiskurs in der Bundesrepublik Deutschland. In: Jäger / Link (Hrsg.) (1993): 49-79

Jäger, Margret / Jäger, Siegfried (Hrsg.) (1991): Aus der Mitte der Gesellschaft I. Zu den Ursachen von Rechtsextremismus und Rassismus in Europa. Dortmund: DISS.

Jäger, Margret / Jäger, Siegfried (Hrsg.) (1995): Studien zu rechtsextremen und (neo-)konservativen Diskursen. Duisburg: DISS

Jäger, Margret / Jäger, Siegfried (Hrsg.) (1996): Baustellen. Beiträge zur Diskursgeschichte deutscher Gegenwart. Duisburg: DISS

Jäger, Margret / Jäger, Siegfried / Ruth, Ina / Schulte-Holtey, Ernst / Wichert, Frank (Hrsg.) (1997): Biomacht und Medien. Wege in die Bio-Gesellschaft. Duisburg: DISS

Jäger, Margret / Jäger, Siegfried / Link, Jürgen / Schulte-Holtey, Ernst (Hrsg.) (1999): Im Auge des Tornados: Sonderheft des DISS-JOURNALS und der KULTURREVOLUTION

Jäger, Margret / Wichert, Frank (Hrsg.) (1996): Rassismus und Biopolitik. Werkstattberichte (=DISS-Forschungsbericht 1996). Duisburg: DISS

Jäger, Margarete / Jäger, Siegfried (Hrsg.) (2002): Medien im Krieg. Der Anteil der Printmedien an der Erzeugung von Ohnmachts- und Zerrissenheitsgefühlen. Duisburg: DISS

Jäger, Margarete / Kauffmann, Heiko (Hrsg.) (2002): Leben unter Vorbehalt. Institutioneller Rassismus in Deutschland. Duisburg: DISS

Jäger, Margarete / Link, Jürgen (Hrsg.) (2006): Macht – Religion – Politik. Zur Renaissance religiöser Praktiken und Mentalitäten. Münster: Unrast.

Jäger, Siegfried (1993a): Kritische Diskursanalyse. Eine Einführung. 1. Aufl. Duisburg: DISS

Jäger, Siegfried (1993b): Der Groß-Regulator. Analyse der BILD-Berichterstattung über den rassistisch motivierten Terror und die Fahndung nach der RAF im Sommer 1993. Duisburg: DISS

Jäger, Siegfried (1988): „Ich würde mich nicht schuldig fühlen...“ Mit MUT für Einigkeit und Recht und Freiheit für das ganze Vaterland. In: Jäger (Hrsg.) (1988): 167-194.

Jäger, Siegfried (1995): Diskurstheorie und Diskursanalyse. In: Jäger, M. / Jäger, S. (Hrsg.) (1995): 3-16

Jäger, Siegfried (1996a): BrandSätze. Rassismus im Alltag, 4. Aufl. Duisburg: DISS

Jäger, Siegfried (1996b): Die Wirklichkeit ist diskursiv. In: Jäger / Wichert (1996): 9-19

Jäger, Siegfried (1996c): Wörter im Diskurs: das Beispiel „Rassismus“. In: Böke / Jung / Wengeler (Hrsg.) (1996): 391-402

Jäger, Siegfried (1997): Die Anstifter der Brandstifter? Zum Anteil der Medien an der Eskalation rassistisch motivierter Gewalt in der Bundesrepublik. In: Scheffer (Hrsg.) (1997): 73-98

Jäger, Siegfried (1999): Sprache – Wissen – Macht. Victor Klemperers Beitrag zur Analyse von Sprache und Ideologie des Faschismus. In: MUTTERSPRACHE 109 (1999). 1-18

Jäger, Siegfried (2001a): Diskurs und Wissen. Theoretische und methodische Aspekte einer Kritischen Diskurs- und Dispositivanalyse. In: Keller / Hirseland / Schneider / Viehöver (Hrsg.) (2001): 81-112

Jäger, Siegfried (2001b): Institutioneller Rassismus. Diskursanalytische Annäherungen an einen umstrittenen Begriff. In: Jäger / Paul (Hrsg.) (2001): 49-67

Jäger, Siegfried (2001c): Dispositiv. In: Kleiner (Hrsg.) (2001): 72-89

Jäger, Siegfried (2004a): Kritische Diskursanalyse. Eine Einführung. 4. Aufl. Münster: Unrast

Jäger, Siegfried (2004b): Paradoxe Entschärfungen im Interesse der Nation. In: Schobert, / Jäger (Hrsg.) (2004): 167-189

Jäger, Siegfried (2005): Zur diskursiven Dynamik des Redens über Antisemitismus. Überlegungen zu den EUMC-Berichten 2003 und 2004 zum Thema „Antisemitismus“. In: Zuckermann (Hrsg.) (2005): 110-139

Jäger, Siegfried (2006a): Diskursive Vergegenkunft. Rassismus und Antisemitismus als Effekte von aktuellen und historischen Diskursverschränkungen. In: Eder (Hrsg.) (2006): 239-252

Jäger, Siegfried (2006b): Zwischen den Kulturen. Diskursanalytische Grenzgänge. In: Hepp / Winter (Hrsg.) (2006): 327-351

Jäger, Siegfried (Hrsg.) (1988): Rechtsdruck. Die Presse der Neuen Rechten. Berlin/Bonn: Dietz.

Jäger, Siegfried / Paul, Jobst (Hrsg.) (2001): „Diese Rechte ist immer noch Bestandteil unserer Welt.“ Aspekte einer neuen Konservativen Revolution. Duisburg: DISS

Jäger, Siegfried / Schobert, Alfred (Hrsg.) (2000): Weiter auf unsicherem Grund. Faschismus, Rechtsextremismus, Rassismus. Kontinuitäten und Brüche. Duisburg: DISS

Jäger, Siegfried / Jäger, Margarete (2002): ... mit ruhig festem Schritt. Kampagnen gegen Alltagsrassismus greifen nur langsam. In: FORUM FORSCHUNG. Das Wissenschaftsmagazin der Gerhard-Mercator-Universität Duisburg. Duisburg. 65-70

Jäger, Siegfried / Jäger, Margarete (2003): Medienbild Israel. Zwischen Solidarität und Antisemitismus. Münster: LIT

Jäger, Siegfried / Januschek, Franz (Hrsg.) (1992): Der Diskurs des Rassismus. Oldenburg (= OBST Nr. 46)

Jäger, Siegfried / Januschek, Franz (Hrsg.) (2004): Gefühlte Geschichte und Kämpfe um Identität. Münster: Unrast

Jäger, Siegfried / Kretschmer, Dirk / Cleve, Gabriele / Griese, Birgit / Jäger, Margret / Kellershohn, Helmut / Krueger, Coerw / Wichert Frank (1998): Der Spuk ist nicht vorbei. Völkisch-nationalistische Ideologeme im öffentlichen Diskurs der Gegenwart. Duisburg: DISS

Jäger, Siegfried / Link, Jürgen (Hrsg.) (1993): Die vierte Gewalt. Rassismus und die Medien. Duisburg: DISS

Januschek, Franz (1994): J. Haider und der rechtspopulistische Diskurs in Österreich. In: Trubitsch (Hrsg.) (1994): 284-335

Jung, Matthias (2001): Diskurshistorische Analyse – eine linguistische Perspektive. In: Keller / Hirseland / Schneider / Viehöver (Hrsg.) (2001): 29-51

Kalpaka, Annita / Räthzel, Nora (Hrsg.) (1990): Die Schwierigkeit, nicht rassistisch zu sein. 2. völlig überarbeitete Aufl., Leer: Mundo

Kaltenbrunner, Gerd Klaus (1987): Bestimmt Hitler die Richtlinien unserer Politik? In: MUT 234 (1987). 16f.

Kammler, Clemens / Parr, Rolf (Hrsg.) (2006): Foucault in den Kulturwissenschaften. Eine Bestandsaufnahme. Heidelberg: Syncron

Keller, Reiner (1997): Diskursanalyse. In: Hitzler / Honer (Hrsg.) (1997): 309-333

Keller, Reiner (2004): Diskursforschung. Eine Einführung für SozialwissenschaftlerInnen. Opladen: Leske & Budrich

Keller, Reiner / Hirseland, Andreas / Schneider, Werner / Viehöver, Willy (Hrsg.) (2001): Handbuch sozialwissenschaftliche Diskursanalyse. Band 1: Theorien und Methoden. Opladen: Leske & Budrich

Keller, Reiner / Hirseland, Andreas / Schneider, Werner / Viehöver, Willy (Hrsg.) (2003): Handbuch sozialwissenschaftliche Diskursanalyse. Band 2: Theorien und Methoden. Opladen: Leske & Budrich

Keller, Reiner / Hirseland, Andreas / Schneider, Werner / Viehöver, Willy (Hrsg.) (2005): Die diskursive Konstruktion von Wirklichkeit. Konstanz: UVK

Kellershohn, Helmut (1992): "Unser Programm heißt Deutschland" – Der Beitrag der REPublikaner zur Renaissance völkischen Denkens in Deutschland. In: Butterwegge / Jäger (Hrsg.) (1992): 86-104

Kellershohn, Helmut (Hrsg.) (1994): Das Plagiat. Der völkische Nationalismus der Jungen Freiheit. Duisburg: DISS

Kepplinger, Hans Mathias (1989): Künstliche Horizonte. Folgen, Darstellung und Akzeptanz von Technik in der Bundesrepublik. Frankfurt/M: Campus.

Keupp, Heiner (1998): Identität. in: Grubitzsch / Weber (Hrsg.) (1998): 239-245

Kiesow, Rainer Maria / Simon, Dieter (Hrsg.) (2000): Auf der Suche nach der verlorenen Wahrheit. Zum Grundlagenstreit in der Geschichtswissenschaft. Frankfurt/M.: Campus

Kirchner, Andrea / Kreischer, Sebastian / Ruth, Ina (2002): Bilder, die zum Handeln auffordern. In: M. Jäger / S. Jäger (Hrsg.) (2002): 29-72

Kleiner, Marcus S. (Hrsg.) (2001): Michel Foucault. Eine Einführung in sein Denken. Frankfurt/M.: Campus

Klemperer, Victor (1987): LTI. Notizbuch eines Philologen. 4. Aufl. Köln: Röderberg (zuerst 1947).

Kloepfer, Rolf / Moeller, Karl Dietmar (Hrsg.) (1986): Narrativität in den Medien. Mannheim: Metzler

Kluge, Friedrich (1960): Etymologisches Wörterbuch der deutschen Sprache. 18. Aufl. bearbeitet von Walther Mitzka. Berlin: de Gruyter

Koch, Claus (1994): Ende der Natürlichkeit – Eine Streitschrift zur Biotechnik und Biomoral. München/Wien: Hanser

Komitee für Grundrechte und Demokratie (Hrsg.) (2002): Verpolizeilichung der Bundesrepublik Deutschland. Polizei und Bürgerrechte in den Städten. Köln: Eigenverlag

Kuhn, Thomas S. (1996): Die Struktur wissenschaftlicher Revolutionen. 13. Aufl. Frankfurt/M.: Suhrkamp (zuerst engl. 1962)

Kunczik, Michael / Zipfel, Astrid (2001): Publizistik. Ein Studienhandbuch. Köln: Böhlau

Kunz, Thomas (2005): Der Sicherheitsdiskurs. Die Innere Sicherheitspolitik und ihre Kritik. Bielefeld: transcript

Lacan, Jacques (1991): Das Drängen des Buchstabens im Unbewußten oder die Vernunft seit Freud. In: Schriften, hrsg. von N. Haas und H.J. Metzger. Bd. 2. 3. Aufl. Weinheim/Berlin: Quadriga: 15-55.

Lakoff / Johnson (1980): Metaphors we live by. Chicago: The Chicago Press

Landwehr, Achim (2001): Geschichte des Sagbaren. Einführung in die historische Diskursanalyse. Tübingen: edition diskord

Lau, Jörg (2001): Hans Magnus Enzensberger. Ein öffentliches Leben. Frankfurt/M.: Suhrkamp

Liedtke, Frank / Wengeler, Martin / Böke, Karin (Hrsg.) (1991): Begriffe besetzen. Strategien des Sprachgebrauchs in der Politik. Wiesbaden: Westdeutscher Verlag.

Link, Jürgen (1982): Kollektivsymbolik und Mediendiskurse. In: KULTURREVOLUTION 1 (1982). 6-21

Link, Jürgen (1983a): Asylanten. Ein Killwort. In: KULTURREVOLUTION 2 (1983). 36-38

Link, Jürgen (1983b): Was ist und was bringt Diskurstaktik? In: KULTURREVOLUTION 2 (1983). 60-66

Link, Jürgen (1983c): Kleines Begriffslexikon: Interdiskurs. In: KULTURREVOLUTION 2 (1983). 66

Link, Jürgen (1986a) Elementare narrative Schemata in der Boulevard-Presse. In: Kloepfer / Moeller (Hrsg.) (1986): 209-230

Link, Jürgen (1986b): Kleines Begriffslexikon. In: KULTURREVOLUTION 11 (1986). 71

Link, Jürgen (1988): Über Kollektivsymbolik im politischen Diskurs und ihren Anteil an totalitären Tendenzen. In: KULTURREVOLUTION 17/18 (1988). 47-53

Link, Jürgen (1992a): Normalismus. Konturen eines Konzepts. In: KULTURREVOLUTION 27 (1992). 50-70

Link, Jürgen (1992b): Die Analyse der symbolischen Komponenten realer Ereignisse. Ein Beitrag der Diskurstheorie zur Analyse neorassistischer Äußerungen. In: Jäger / Januschek (Hrsg.) (1992): 37-52

Link, Jürgen (1993): "Der irre Saddam setzt seinen Krummdolch an meine Gurgel!" Fanatiker, Fundamentalisten, Irre und Trafikanten – Das neue Feindbild Süd. In: Jäger (1993a): 382-401

Link, Jürgen (1995a): Grenzen des flexiblen Normalismus? In: Schulte-Holtey (Hrsg.) (1995): 24-39

Link, Jürgen (1995b): Diskurstheorie. In: Haug (Hrsg.) (1995): Sp. 744-748

Link, Jürgen (1996): Versuch über den Normalismus. Wie Normalität produziert wird. Opladen: Westdeutscher Verlag

Link, Jürgen (2000): „Diese Bilder!" Über einige Aspekte des Verhältnisses von dokumentarischen Bildmedien und Diskurs. In: Grewenig / Jäger (Hrsg.) (2000): 239-251

Link, Jürgen (2002a): Institutioneller Rassismus und Normalismus. In: Jäger / Kauffmann (Hrsg.) (2002): 31-46

Link, Jürgen (2002b): Risikoanalytische Überlegungen zur politisch-militärischen Globalisierung im Zeichen des Terrors. In: KULTURREVOLUTION 44 (2002). 36-46

Link, Jürgen (2005): kultuRRevolution – ein notwendiges Konzept. Interview mit Jürgen Link. In: DISS-JOURNAL 14 (2005). 17-18

Link, Jürgen (2006a): Versuch über den Normalismus. Wie Normalität produziert wird. 3., ergänzte, überarbeitete und neu gestaltete Aufl. Göttingen: Vandenhoeck & Ruprecht

Link, Jürgen (2006b): As-Sociationskrisen zwischen Kapitalismus und Normalismus und die verstärkte Attraktivität apokalyptischer Religiosität. Einige vorläufige Gesichtspunkte. In: M. Jäger / Link (Hrsg.) (2006): 265-279

Link, Jürgen (2006c): Dispositiv und Interdiskurs. Mit Überlegungen zum ,Dreieck' Foucault - Bourdieu - Luhmann. In: Kammler / Parr (Hrsg.) 2006: 219-238

Link, Jürgen / Link-Heer, Ulla (1990): Diskurs/Interdiskurs und Literaturanalyse. In: LiLi 77, (1990). 88-99

Link, Jürgen / Link-Heer, Ulla (1994): Kollektivsymbolik und Orientierungswissen. Das Beispiel des „Technisch-medizinischen Vehikel-Körpers". In: DER DEUTSCHUNTERRICHT 4, (1994). 44-55

Lucke, Albrecht von (2005): Diskursiver Dammbruch. In: BLÄTTER FÜR DEUTSCHE UND INTERNATIONALE POLITIK 1 (2005). 9-11

Mak, Geert (2005): Der Mord an Theo van Gogh. Geschichte einer moralischen Panik. Frankfurt/M.: Suhrkamp.

Martschukat, Jürgen (Hrsg.) (2002): Geschichte schreiben mit Foucault. Frankfurt/M./ New York: Campus

Maset, Michael (2002): Diskurs, Macht und Geschichte. Foucaults Analysetechniken und die historische Forschung. Frankfurt/M./New York: Campus

Medienbericht '94 (hrsg. vom Presse- und Informationsamt der Bundesregierung) (1994): Bericht der Bundesregierung über die Lage der Medien in der Bundesrepublik Deutschland 1994 (vom 20. 10.1994), Bonn

Meinhardt, Rolf (1984): Pollaken, Itaker, Kanaken – Zur Leidensgeschichte der Fremden in Deutschland. In: Meinhardt (Hrsg.) (1984): 9-21

Meinhardt, Rolf (Hrsg.) (1984): Türken raus? oder Verteidigt den sozialen Frieden. Reinbek: Rowohlt

Merten, Klaus (1994): Wirkungen von Kommunikation. In: Merten / Schmidt / Weischenberg (Hrsg.) (1994): 291-328

Merten, Klaus / Schmidt, Siegfried J./ Weischenberg, Siegfried (Hrsg.) (1994): Die Wirklichkeit der Medien. Opladen: Westdeutscher Verlag

Miles, Robert (1991): Rassismus. Einführung in die Geschichte und Theorie eines Begriffs. Hamburg: Argument

MIZ (2006): Kontroverse in der Zeit. In: MIZ 1 (2006). 19-20

Müller, Albrecht (2006): Unsere Eliten – eine Gefahr für die Demokratie. In: BLÄTTER FÜR DEUTSCHE UND INTERNATIONALE POLITIK 4 (2006). 436-488

Paul, Jobst (1994): Im Netz der Bioethik. Duisburg: DISS

Paul, Jobst (1996): Menschenwürde als Verhandlungssache. Der Griff der Wissenschaft nach politischer Macht. In: Jäger, M. / Jäger, S. (Hrsg.) (1996): 298-312

Paul, Jobst (2000): Von „Einzeltätern" zum Institutionellen Rassismus. In: DISS-JOURNAl 5 (2000). 14-15.

Paul, Jobst (2002): Medien und Diskursanalyse – eine heftige Begegnung. Die DISS-Studie trifft auf Kritik, auf Interesse und auf Breitseiten, In: KULTURREVOLUTION 44 (2002). 47-50

Peter, Lothar (2006): Wozu noch Gesellschaftskritik? In: BLÄTTER FÜR DEUTSCHE UND INTERNATIONALE POLITIK 5 (2006). 587-599.

Pinn, Irmgard / Wehner, Marlies (1995): EuroPhantasien. Die islamische Frau aus westlicher Sicht. Duisburg: DISS

Quehl, Thomas (Hrsg.) (2000): Schule ist keine Insel. Britische Perspektiven antirassistischer Pädagogik. Münster: Waxmann

Quinkert, Andreas / Jäger, Siegfried (1991): Warum dieser Haß in Hoyerswerda? Die rassistische Hetze von BILD gegen Flüchtlinge im Herbst 1991. Duisburg: DISS

Räthzel, Nora (1991): Formen von Rassismus in der Bundesrepublik. In: Jäger / Jäger (Hrsg.) (1991): 31-48

Rehberg, Karl-Siegbert (1994): Institutionen als symbolische Ordnungen. Leitfragen und Grundkategorien zur Theorie und Analyse institutioneller Mechanismen. In: Göhler (Hrsg.) (1994): 47-84

Reinfeldt, Sebastian / Schwarz, Richard: Biopolitische Konzepte der Neuen Rechten. Duisburg 1992 (= DISS-Texte Nr. 25): 6-26

Rensmann, Lars (2000): Aufgearbeitete Vergangenheit? Zur Erforschung gegenwärtiger Dynamiken von Nationalismus und Judäophobie. In: Jäger / Schobert (Hrsg.) (2000): 75-101

Reumuth, Karl (1941): Deutsche Spracherziehung. Leipzig: Dürr.

Rommelspacher, Birgit (2002): Anerkennung und Ausgrenzung. Deutschland als multikulturelle Gesellschaft. Frankfurt/M.: Campus

Rommelspacher, Birgit (2005): „Islamistische Unterdrückung" und „westliche Emanzipation". Der Streit um das Kopftuch ist auch ein symbolischer Kampf um die Definitionsmacht. In: LILA BLÄTTER 31 (Juli) 2005

Rütten, Anton (1998): Integrationspolitik der Landesregierung Nordrhein-Westfalen. In: Forschungsinstitut der Friedrich-Ebert-Stiftung (Hrsg.) (1998): 15-28

Said, Edward (1978): Orientalism. Western Conceptions of the Orient. London: Routledge & Kegan.

Salecl, Renata: Phantasmen des Krieges. Patriarchat und Mutterland – Heimat und Rassismus. In: LETTRE INTERNATIONAl 21 (1993). 8-11

Sarasin, Philipp (2003a): Geschichtswissenschaft und Diskursanalyse. Frankfurt/M.: Suhrkamp

Sarasin, Philipp (2003b): Die Wirklichkeit der Fiktion. In: Sarasin (2003a): 150-176

Schedel, Gunnar (2006): Identität und Emanzipation. In: MIZ, 35. Jg., Heft 2. 21-25

Scheffer, Bernd (1997): Medien und Fremdenfeindlichkeit. Alltägliche Paradoxien, Dilemmata, Absurditäten und Zynismen. Opladen: Leske & Budrich

Schell, Thomas von / Mohr, Hans (Hrsg.) (1995): Biotechnologie – Gentechnik – eine Chance für neue Industrien. Berlin/Heidelberg: Springer

Schiewe, Jürgen (1998): Die Macht der Sprache. Eine Geschichte der Sprachkritik von der Antike bis zur Gegenwart. München: Beck

Schiffer, Sabine (2004): Die Darstellung des Islams in der Presse. Sprache, Bilder, Suggestionen. Eine Auswahl von Techniken und Beispielen. Geilenkirchen: Eigenverlag

Schmidt-Salomon, Michael (2006): Die apokalyptischen Reiter und die Achse des Blöden. In: MIZ 1 (2006). 1-5

Schnädelbach, Herbert (1986): Nachwort. In: Gehlen (1986): 267-274.

Schobert, Alfred (1999): Stoibers RAF. In: KONKRET 2 (1999). 34f.

Schobert, Alfred (2001a) „Ein Jude spricht die Deutschen frei". Norman G. Finkelstein im Diskurs der Rechten. In: Dietzsch / Schobert (Hrsg.) (2001): 5-29

Schobert, Alfred (2001b): „Holocaust-Industrie". Kulturkritik oder Koschermachen einer neonazistischen Propagandaformel? In: Jäger / Paul (Hrsg.) (2001): 77-101

Schobert, Alfred / Jäger, Siegfried (Hrsg.) (2004): Mythos Identität. Fiktion mit Folgen. Münster: Unrast

Schrenck-Notzing, Caspar von (1993): Charakterwäsche. Die Politik der amerikanischen Umerziehung in Westdeutschland. Frankfurt/Berlin: Ullstein

Schulte-Holtey, Ernst (Hrsg.) (1995): Grenzmarkierungen. Normalisierung und diskursive Ausgrenzung. Duisburg: DISS

Schwilk, Heimo / Schacht, Ulrich (Hrsg.) (1994): Die selbstbewußte Nation. „Anschwellender Bocksgesang" und weitere Beiträge zu einer deutschen Debatte. Frankfurt/M./ Berlin: Ullstein

Siebert-Ott, Gesa (1991): Sprachliche Homogenität und kollektive Identität. Der Beitrag der Geisteswissenschaften zum sprachkritischen Diskurs über sprachliche, kulturelle und nationale Identität. In: Liedtke / Wengeler / Böke, (Hrsg.) (1991): 355-373

Strauss, Herbert A. / Bergmann, Werner / Hoffmann, Christhard (Hrsg.) (1990): Der Antisemitismus der Gegenwart. Frankfurt/M.: Campus

Terkessidis, Mark (1998): Psychologie des Rassismus. Opladen: Westdeutscher Verlag

Thiele, Matthias (2005): Flucht, Asyl und Einwanderung im Fernsehen. Konstanz: UVK

Titscher, Stefan / Wodak, Ruth / Meyer, Michael / Vetter, Eva (1998): Methoden der Textanalyse. Leitfaden und Überblick. Opladen: Westdeutscher Verlag

Toker, Arzu (1984): Zwischen staatlicher und alltäglicher Diskriminierung. Wie eine Türkin die Bundesrepublik erlebt. In: Meinhardt (Hrsg.) (1984): 24-33

Trotha, Klaus von (1996): Potentiale der Biotechnologie. In: von Trotha / Ziller (1996): 7-17

Trotha, Klaus von / Ziller, Gebhard (1996): Innovation und Biotechnologie. Sankt Augustin (= Aktuelle Fragen der Politik 35, hrsg. von der Konrad-Adenauer-Stiftung)

Trubitsch, Gudmund (Hrsg.) (1994): Schlagwort Haider. Ein politisches Lexikon seiner Aussprüche von 1986 bis heute. Mit einem Essay von Franz Januschek. Wien: Falter

Uske, Hans (1995): Das Fest der Faulenzer. Die öffentliche Entsorgung der Arbeitslosigkeit. Duisburg: DISS

Voigt, Rüdiger (Hrsg.) (1987): Über die Schwierigkeit der Verständigung beim Reden. Beiträge zur Linguistik des Diskurses. Opladen: Westdeutscher Verlag

Volkow, Shulamit (2000): Antisemitismus als kultureller Code. 10 Essays. 2. Aufl. München: Beck

Warnke, Ingo (2002a): Texte in Texten – Poststrukturalistischer Diskursbegriff und Textlinguistik. In: Adamzik (Hrsg.) (2002): 1-17

Warnke, Ingo (2002b): Adieu Text – bienvenue Diskurs? Über Sinn und Zweck einer poststrukturalistischen Entgrenzung des Textbegriffs. In: Fix / Adamzik / Antos / Klemm (Hrsg.) (2002): 125-141

Weber, Max (1980): Wirtschaft und Gesellschaft. Grundriß der verstehenden Soziologie. 5., revidierte Aufl. Studienausgabe. Tübingen: Mohr

Weber, Max (1985): Gesammelte Aufsätze zur Wissenschaftslehre, hrsg. von Johannes Winckelmann. 6. Aufl. Tübingen: Mohr

Weber-Menges, Sonja (2005): Die Wirkungen der Präsentation ethnischer Minderheiten in deutschen Medien. In: Geißler / Pöttker (Hrsg.) (2005): 127-184

Weisgerber, Leo (1941): Die deutsche Sprache im Aufbau des deutschen Volkslebens. In: Fricke / Koch / Lugowski (Hrsg.) (1941): 3-41

Wichert, Frank (1995): Die konjunkturelle Entwicklung des Themas Asyl im deutschen Bundestag. In: Schulte-Holtey (Hrsg.) (1995): 99-118

Wolf-Almanasreh, Rosi (1984): Wie es einer Deutschen ergeht, die einen Ausländer heiratet. In: Meinhardt (Hrsg.) (1984): 34-54

ZGIF: Unabhängige Kommission „Zuwanderung" (Hrsg.) (2001): Zuwanderung gestalten – Intergration fördern. Bericht der unabhängigen Kommission „Zuwanderung". Berlin

Ziller, Gebhard (1996): Förderung innovativer Technologien als Zukunftssicherung. In: von Trotha / Ziller (1996): 17-25

Zuckermann, Moshe (Hrsg.) (2005): Antisemitismus, Antizionismus, Israelkritik. Tel Aviver Jahrbuch für deutscher Geschichte XXXIII. Göttingen: Wallstein

Nachweise

1. *Diskurs als „Fluss von Wissen durch die Zeit". Ein transdisziplinäres politisches Konzept zur Deutung gesellschaftlicher Wirklichkeit*: überarbeitete und erweiterte Fassung eines Artikels aus APTUM. Zeitschrift für Sprachkritik und Sprachkultur 1 (2005), 52-72. Verfasser: Siegfried Jäger

2. *Das „Sysykoll". Kollektivsymbolik als diskurstragende Kategorie, am Beispiel von Konfliktdiskursen*: überarbeitete Fassung des unter dem Titel „Die Theorie der Kollektivsymbole im Rahmen kritischer Diskursanalyse – Am Beispiel ihres Auftretens in der Berichterstattung über Konflikte" erschienenen Artikels aus LiSt Quaderni di studi linguistici 10/11 (2003) (=Dipartimento di lingue per le politiche pubbliche facoltà di scienze politiche Università di Roma „La Sapienza", Roma), 139-162. Verfasserin: Margarete Jäger

3. *Normalität um jeden Preis? Normalismus und Normalisierung als diskurstragende Kategorien in modernen Industriegesellschaften*: Originalbeitrag. Verfasserin: Margarete Jäger

4. *Die BILD-Zeitung als Großregulator. Die Berichterstattung über Einwanderung und Flucht und die Fahndung nach der RAF im Frühjahr 1993 und ihre normalisierenden Effekte*: Überarbeitete Fassung eines Artikels, der unter dem Titel „Der Groß-Regulator – oder wie die „Bild"-Zeitung das Bewußtsein der Menschen reguliert" erschienen ist in: Frank Deppe / Georg Fülberth / Rainer Rilling (Hrsg.) 1996: Antifaschismus. Heilbronn: Distel: 478-500. Verfasser: Siegfried Jäger

5. *Das Dispositiv des Institutionellen Rassismus. Eine diskurstheoretische Annäherung an einen umstrittenen Begriff*: überarbeitete Fassung des Artikels aus: Alex Demirovic / Manuela Bojadzijev (Hrsg.) 2002: Konjunkturen des Rassismus. Münster: Westfälisches Dampfboot: 212-224. Verfasser*innen*: Siegfried Jäger / Margarete Jäger

6. *Gefährlich fremd? Zur Dynamik des Zusammenwirkens unterschiedlicher Diskursstränge und -ebenen am Beispiel der Kopftuchdebatte*: Originalbeitrag. Verfasserin: Margarete Jäger

7. *Rassisierende Deutungen. Der „Karikaturenstreit" in deutschen Print-Medien und seine Auswirkungen auf den Einwanderungsdiskurs:* Originalbeitrag. Verfasser: Siegfried Jäger

8. *„Wir hatten einen Schwarzen..." Konstanz und Konjunkturen des alltäglichen Rassis-*

mus seit Beginn der 90er Jahre: Originalbeitrag. Verfasser*innen*: Margarete Jäger /
Siegfried Jäger

9. *Der „konservative Revolutionär" bei der Schreibtisch-Arbeit. Feinanalyse eines
typischen Artikels aus der extrem rechten Jungen Freiheit*: Überarbeitete Fassung
eines Kapitels des Buches: Martin Dietzsch / Siegfried Jäger / Helmut Kellershohn /
Alfred Schobert (2004): Nation statt Demokratie. Sein und Design der Jungen Freiheit, 2. Aufl. Münster: Unrast: 157-203. Verfasser: Siegfried Jäger

10. *Die zahnlose Kritik der Medien am NATO-Krieg in Jugoslawien*: erweiterte Fassung
des Artikels, der unter dem Titel: „Die Kritik der Medien am NATO-Krieg in Jugoslawien" erschienen ist in: Siegfried Jäger / Jobst Paul (Hrsg.) (2001): „Diese Rechte
ist immer noch Bestandteil unserer Welt." Aspekte einer neuen Konservativen Revolution. Duisburg: DISS, 287-302. Verfasserin: Margarete Jäger

11. *Zwischen Antisemitismus, Rassismus und Solidarität. Die Berichterstattung zur
Zweiten Intifa in deutschen Printmedien*: Überarbeitete Fassung des Artikels „Die
Nahost-Berichterstattung zur Zweiten Intifada in deutschen Printmedien", der
erschienen ist in: Siegfried Jäger / Franz Januschek (Hrsg. (2004): Gefühlte
Geschichte und Kämpfe um Identität, Münster: Unrast: 147-168. Verfasser*innen*:
Siegfried Jäger / Margarete Jäger

12. *Ein Puzzle, das sich zu einem Gesamtbild zusammensetzen lässt. Biopolitik in deutschen Printmedien*: Aktualisierte Fassung des Aufsatzes aus: Thomas von Schell /
Rüdiger Seltz (Hrsg.) (2000): Inszenierungen zur Gentechnik. Konflikte, Kommunikation und Kommerz. Wiesbaden: Westdeutscher Verlag: 246-266. Verfasser*innen*:
Siegfried Jäger / Margarete Jäger

13. *Ansätze zu einer Dispositivanalyse anhand eines „Stadtteils mit besonderem Erneuerungsbedarf"*: Originalbeitrag. Verfasser*innen*: Margarete Jäger / Siegfried Jäger

Über die Autorin und den Autor

Margarete Jäger, Dr. phil., Dipl. oec, ist Mitarbeiterin und stellvertretende Leiterin des
Duisburger Instituts für Sprach- und Sozialforschung (DISS)
Forschungsschwerpunkte: Diskursanalysen zu Migration und Rassismus, Frauen,
Rechtsextremismus und Krieg
Siegfried Jäger, Prof. Dr., Universität Duisburg-Essen, Fachbereich Geisteswissenschaf-
ten, Institut für Germanistik und Leiter des Duisburger Instituts für Sprach- und Sozi-
alforschung (DISS)
Forschungsschwerpunkte: Diskurstheorie, Diskursanalyse, Rechtsextremismus, Ras-
sismus, Militarismus und Biopolitik.
Publikationen siehe unter www.diss-duisburg.de